그린란드

● 13 누나부트, 서머싯섬

북아메리카

● 9 워싱턴, 레이니어 국립공원

9 와이오밍, 그랜드티턴 국립공원

와이오밍, 잭슨홀 5 ●

● 22 와이오밍, 붉은 사막

태평양

대서양

● 4 파나마, 파나마시티

● 14 베네수엘라, 아라티티요페

남아메리카

● 21 퀸모드랜드

● 12 라르센 빙붕

남극대륙

● 8 빈슨산

● 6 칠레, 아콩카과

15, 17 칠레, 푸말린 국립공원

● 24, 25 칠레, 라고 헤네랄카레라

23 칠레, 파타고니아 국립공원

● 11 칠레, 마젤란 피오르드

이야기 속 위치

1 에베레스트를 위한 기도(네팔 에베레스트)

2 K2 삶과 죽음의 경계에서(파키스탄 K2)

3 구름 속에 남은 사람(중국 미냐콩카)

4 모험의 시작(중국 베이징, 파나마 파나마시티)

5 잃는 것과 얻는 것 중 무엇이 더 문제인가?(네팔 카트만두)

6 세븐 서미츠 오디세이(네팔 에베레스트, 칠레 아콩카과)

7 보르네오섬 횡단(보르네오섬)

8 등반의 새 역사를 쓴 초보 산악인들(남극대륙 빈슨산)

9 재미를 찾는 녀석들, 두 보이즈(와이오밍 그랜드티턴 국립공원, 워싱턴 레이니어 국립공원)

10 용들이 있는 곳(부탄 강카르 푼섬)

11 미답의 땅, 칠레 마젤란 피오르드(칠레 마젤란 피오르드)

러시아

유럽

아프리카

러시아 비킨강 **16**

중국

4 중국, 베이징

파키스탄, K2 **2** ● **21** 티베트, 창탕

네팔, 에베레스트 **1, 6**

인도

3, 20 중국, 미냐콩가

네팔, 카트만두 **5**

10 부탄, 강카르 푼섬

7 보르네오

18 케냐, 차보

19 케냐, 사바키강

인도양

오스트레일리아

12 남극대륙의 마지막 개썰매 팀(라르센 빙붕)

13 벨루가에게 말을 걸다(누나부트 서머싯섬)

14 타인의 문명(베네수엘라 아라티티요페)

15 지구를 위한 한 걸음(칠레 푸말린 국립공원)

16 환경운동가가 된 기업가들(러시아 비킨강)

17 일관성은 소인배의 증거(칠레 푸말린 국립공원)

18 먹이사슬 속의 삶(케냐 차보)

19 긴 활을 가진 사람들(케냐 사바키강)

20 두 번의 장례식(중국 미냐콩가)

21 창탕, 인간 없는 세상을 걷다(티베트 창탕고원)

22 어슬렁거릴 자유(와이오밍 붉은 사막)

23 세계 최고의 국립공원을 꿈꾸다(파타고니아 국립공원)

24 두 보이즈의 마지막 탐험(칠레 라고 헤네랄카레라)

25 인간과 야생의 완충지대, 파타고니아 국립공원

지도 끝의 모험

Life Lived Wild

: Adventures at the Edge of the Map

Life Lived Wild
지도 끝의 모험

지구의 마지막 야생에서 보낸 35년

릭 리지웨이 지음 | **이영래** 옮김

라이팅하우스

이 이야기들에 몇 번이고 귀를 기울여 준
사랑하는 나의 아내 벨라에게 바칩니다.

←

티베트 북서부 창탕고원. 식량과 보급품을 실은 113kg의 인력거를 끌고 자급자족 트레킹 중 이동 경로를 탐색하고 있는 나. 사진: 지미 친

자연을 마음껏 즐기던 이들의 마지막 도전

_한비야, 국제구호전문가·오지여행가

한 편의 아이맥스 영화 같은 책! 주인공은 모험가 릭 리지웨이다. 책 속에서 희박한 공기를 뚫고 가는 그의 거친 숨소리가 들리고 그의 차가운 손이 느껴지고, 뒤에 펼쳐진 광활한 빙원이 보이는 걸 보면 3D 영화 같은 책이 틀림없다. 이 놀라운 책은 등반가, 작가, 사진작가, 다큐멘터리 제작자이자 환경운동가이기도 한 주인공의 70년 인생을 장엄한 대자연을 배경으로 풍성하게 담고 있다.

오랜만에 500여 쪽의 두꺼운 책을 단숨에 읽었다. 숨 가쁘게 진행되는 이야기와 숨 멎게 하는 사진들이 긴장감과 속도감을 더한다. 그의 이야기는 크게 두 가지 여행으로 나뉜다. 대자연 속으로의 여행과 사람과 나눈 우정과 사랑 여행.

K2에 오르고, 카약을 타고 남미의 거친 물살을 가르고, 개썰매로 남극을 가로지르고, 걸어서 보르네오섬과 아프리카대륙과 티베트고원을 횡단하는 등 릭 리지웨이는 전 세계 미답지를 종횡무진 누빈다.

가장 가까웠던 두 명의 친구를 잃은 후에도 계속되는 그의 도전. 그는 정녕 두려움이란 없는 사람인가!

우정과 사랑 여행도 대자연 못지않게 감동적이다. '두 보이즈(Do Boys)'라는 이름으로 파타고니아 창업자 이본 쉬나드(작년에 4.2조 원 회사 지분을 통째로 환경단체에 기부한 바로 그 사람이다), 노스페이스 창업자 더그 톰킨스와 함께한 50년의 우정과 도전은 아름답기만 하다.

이들의 마지막 도전은 거대한 규모의 환경운동! 자연을 마음껏 즐기던 이들이 사랑하는 그 자연을 보호하기로 마음먹은 건 어쩌면 당연한 수순인지도 모르겠다.

마지막 페이지를 덮으면서 생각한다. 하루 24시간, 1년 365일을 얼마나 뜨겁게 살았길래 이리도 많은 일을, 이리도 멋들어지게 해낼 수 있단 말인가? 놀랍고 부럽다. 한편, 이를 위해 그가 얼마나 치밀하게 계획하고, 신중하게 선택하고, 치열하게 체력과 정신력을 키웠을까를 생각하면서 나를 돌아본다.

극한 스포츠와 모험을 좋아하는 사람은 물론, 인생을 원하는 삶으로 꽉꽉 채우고 싶은 모든 분에게 이 책을 강력히 추천한다. 무엇을 상상하든 그 이상을 얻을 것이다. 내가 그런 것처럼!

목차

추천의글 자연을 마음껏 즐기던 이들의 마지막 도전 _한비야   6

프롤로그 일단 저지르고 그다음에 해결하라   11

1   에베레스트를 위한 기도   19

2   K2 삶과 죽음의 경계에서   49

3   구름 속에 남은 사람   73

4   모험의 시작   99

5   잃는 것과 얻는 것 중 무엇이 더 문제인가?   119

6   세븐 서미츠 오디세이   142

7   보르네오섬 횡단   159

8   등반의 새 역사를 쓴 초보 산악인들   171

9   재미를 찾는 녀석들, 두 보이즈   191

10   용들이 있는 곳   213

11   미답의 땅, 칠레 마젤란 피오르드   237

12   남극대륙의 마지막 개썰매 팀   255

13   벨루가에게 말을 걸다   273

14   타인의 문명   287

15   지구를 위한 한 걸음   299

16   환경운동가가 된 기업가들   315

17   일관성은 소인배의 증거   335

18   먹이사슬 속의 삶   347

19   긴 활을 가진 사람들   362

20   두 번의 장례식   377

21   창탕, 인간 없는 세상을 걷다   394

22   어슬렁거릴 자유   419

23   세계 최고의 국립공원을 꿈꾸다   444

24   두 보이즈의 마지막 탐험   467

25   인간과 야생의 완충지대, 파타고니아 국립공원   487

끝맺는 말   길을 잃고 길을 이으며 그렇게 나아간 길   506

감사의 말   516

감수의 글   '파타고니아 정신'이 궁금하신 분들에게 _김광현   520

더그 톰킨스, 나, 이본 쉬나드(왼쪽부터). 2008년, 파타고니아 국립공원이 조성되기 전 칠레 남부의 산 정상. 당시에는 이름도 등정 기록도 없는 산이었다. 처음에 우리가 붙인 이름은 세로 기저(Cerro Geezer)봉이었 는데, 이후 더그가 국립공원 조성에 힘을 쏟은 자신의 아내 크리스 톰킨스를 예우해 세로 크리스티나(Cerro Kristina)라고 칭하자는 청원을 했고 칠레 정부가 이를 받아들였다. 사진: 지미 친

일단 저지르고 그다음에 해결하라

텐트에서 잔 시간을 계산해 본 적이 있다. 총 5년이었다. 텐트를 친 곳은 대부분 세상에서 가장 외딴 지역이었고, 나는 자연과 깊이 연결되어 있었다. 야생에서의 경험은 내 인생과 삶의 방식을 완전히 바꿔 놓았다. 나는 자연을 통해 인생에서 중요한 것과 중요치 않은 것을 구분하는 법을 배웠다.

어느덧 일흔두 살이 되었다. 첫 모험이라 할 만한 일을 꼽으라면, 열여덟 살에 다섯 명의 친구들과 작은 배를 타고 타히티로 항해를 한 것이다. 그 시절 모험에 대한 열정은 바다와 산에서 시작해 밀림, 고원, 빙원으로 이어졌다. 당시 나는 신체적 기술과 강인한 정신력을 동시에 요구하는 아웃도어 스포츠에 완전히 매료되어 있었다. 그런 스포츠들이 야생, 심지어는 개척조차 되지 않은 지구상의 가장 외딴 곳에서 비밀스럽게 이루어진다는 사실이 너무나 매력적이었다. 20대 초반까지 그렇게 또래 친구들과 낯선 세계를 떠돌며 많은 것을 배웠다.

그러다 20대 후반에 이본 쉬나드를 만났고 그의 소개로 더그 톰킨스도 알게 되었다. 두 사람은 나보다 나이가 많았지만 우리는 금세 친구가 되었다. 이본과 더그는 1960년대 초반부터 등반, 스키, 카약을 함께 해온 사이였는데, 두 사람 모두 아웃도어 회사를 차렸다는 공통점이 있었다. 더그는 노스페이스를 창업했고, 매각 후에는 아내 수지와 에스프리를 공동 창업하기도 했다. 이본은 1970년대 초반에 새로이 아웃도어 의류 사업을 시작했는데 거기에 '파타고니아'라는 이름을 붙였다. 가파른 암벽과 얼음, 험한 날씨 때문에 그와 더그가 무려 두 달 동안이나 등반을 해야 했던 지역의 이름을 따온 것이었다. 이본은 그때를 회상할 때마다 그 등반 경험이 더그와 자신에게 앞으로 해야 할 일을 깨닫게 만드는 영감을 주었다고 말하곤 했다. 더그 역시 자주 이렇게 말했다. "어린 나이에 사람의 손이 닿지 않은 야생 세계에 들어간 덕분에 자연의 '아름다움'을 영혼에 새겨 넣을 수 있었다"고.

인간은 자신이 사랑하는 것을 보호하기 위해 애쓴다. 더그와 이본에게는 자연을 훼손하며 살 수밖에 없는 인간이라는 종으로부터 자연을 보호하는 것이 가장 중요한 일이었다. 두 사람을 만나기 전까지 나는 내 나름대로 자연에서 배운 지혜를 잘 활용하며 살고 있다고 생각했었다. 하지만 그들과 함께하면서 더 민감하게 세상을 느끼고 적극적으로 행동해야 내가 원하는 환경과 삶을 만들 수 있다는 것을 깨달았다. 그시절 더그의 에스프리 사무실 벽에는 이런 메모가 붙어 있었다. "일단 저지르고 그다음에 해결하라." 지금까지 인생의 중요한 변곡점마다 이 말이 방향타가 되어 주었다.

더그는 위험한 스포츠를 즐기던 우리 패거리에 '두 보이즈(Do Boys)'라는 이름을 붙였다. 그의 말에 따르면 에스프리의 디자인 스튜디오가 있던 일본에서 이 말을 우연히 알게 되었다는데, 당시 일본에서 인기가 높았던 만화책의 제목이었다. 일단의 젊은이들이 모험을 하며 돌아다니는 내용이었는데, 점점 더 많은 친구들이 점점 더 많은 모험에 참여하기 시작한 우리 패거리에 잘 맞는 이름 같았다. 두 보이즈의 특성은 이본이 표현한 대로였다. "우리는 무엇을 하자고 얘기하지 않는다. 우리는 그저 한다."

두 보이즈는 아웃도어 스포츠 활동뿐 아니라 사업에서도 믿을 수 없을 만큼 큰 성공을 거뒀다. 나 역시 자연과 모험 이미지를 전문으로 취급하는 콘텐츠 에이전시를 세계 최대 규모로 키워냈고 성공적으로 매각했다. 그러나 사업은 결코 우리가 누구인지를 정의하는 핵심 속성이 될 수 없었다. 특히 더그와 이본은 '사업가'라는 꼬리표를 싫어했다. 회사를 매각하고 파타고니아에 합류한 지 수년이 흐른 어느 날, 나는 비즈니스 콘퍼런스에 참석했다가 한 참가자와 엘리베이터를 함께 타게되었다. 말쑥한 맞춤 양복을 입은 인상 좋은 남자였다.

"파타고니아에서 일하시는군요?"

그가 내 이름표를 보고 말했다. 그는 코카콜라의 지속 가능성 부문 부사장이었다.

"당신 동료인 이본 쉬나드를 만난 적이 있어요. 토론 패널로 함께 초대됐죠."

"그러셨군요. 좋은 이야기 나누셨습니까?"

"사회생활을 하면서 면전에서 저를 '믿을 수 없는 비즈니스맨'이라고 부르는 사람은 처음 봤습니다."

다시 한번 말하지만, 사업은 우리를 정의하는 핵심 속성이 아니었다. 우리의 목적은 사업적 성공이 아니라 '어떻게 하면 황무지와 야생 동물을 보호하는 데 사업 기술을 이용할 수 있을까'에 있었다. 사업 방식도 우리가 아웃도어 스포츠를 하면서 깨달은 것들에 의해 좌우됐다. 사실 사업이든 아웃도어 스포츠든 실수로부터 가장 중요한 배움을 얻는다는 것은 똑같았다. 한 가지 다른 게 있다면 아웃도어 스포츠에서는 실수를 기회의 발판으로 삼을 수 없다는 것이다. 죽을 수도 있으니까. 사업이든 스포츠든 잘 해내고 싶다면 위험을 감수하는 것보다 '관리'하는 것이 중요하다.

1980년 이본과 나는 티베트 동부의 미냐콩카(Minya Konka)라는 산을 오르는 원정대에 참가했다. 중국이 외부 산악인들에게 등반을 허가한 첫해였다. 등반도 등반이지만, 이 거대한 사회주의 국가를 통과해 티베트라는 금단의 고원에 간다는 사실에 가슴이 벅찼다. 너무 들떴던 걸까. 나와 이본을 비롯한 일행 네 명은 약 6096미터 지점에 장비와 음식을 저장해 두고 전진 캠프로 내려가다가 눈사태를 일으키고 말았다. 네 사람 모두 부상을 당했는데, 그중에서도 조나단 라이트의 부상이 가장 심했다. 나는 어떻게든 그를 살려 보려고 애썼다. 그는 내 친구였고 오랫동안 함께 일한 사업 파트너였다. 그러나 모든 노력에도 불구하고 그는 결국 내 품 안에서 숨을 거뒀다. 다음 날 동료들과 나는 그가 목숨을 잃은 곳에서 멀지 않은 땅에 납작한 돌로 관대(棺臺, 관을 안치하는 낮은 대-옮긴이)를 만들고 그를 묻었다.

집으로 돌아온 나는 모험에서 얻는 보상이 목숨을 잃을 수 있는 위험을 상쇄할 수 있는지 분석해 보려고 애썼다. 하지만 어떤 결론도 내릴 수 없었다. 그로부터 몇 년 후, 이본과 오랜만에 서핑을 하러 가던 길이었다. 그때까지도 나는 등반을 다시 할지 결정하지 못한 상태였다. 그 눈사태에 대해서도 이야기를 꺼낸 적이 없었다. 그 기억이 우리를 힘들게 할 거라는 걸 알았기 때문이다. 하지만 그날은 그 이야기를 하지 않고는 견딜 수 없었다. 침묵을 깨고 내가 말했다.

"그 눈사태에 대해서, 조나단의 죽음에 대해서 늘 생각해요."

이본이 대답했다.

"나도 그래. 매일 생각하지."

이본도 나도 다른 말은 하지 않았다. 말하지 않아도 같은 생각을 하고 있다는 것을 알 수 있었다. 우리 일행이 눈사태를 야기했고 그로 인해 조나단이 죽었다는 것을. 그리고 그 사실이 남은 평생 우리를 짓누르리라는 것을 말이다. 우리는 위험을 관리하는 데 실패했다. 그 책임을 각자 무겁게 지고 살아가게 될 터였다. 얼마 후 나는 결혼식을 올렸고 이본은 나의 들러리가 되어 주었다. 그리고 나는 아내 제니퍼의 지지와 도움을 받아 다시 모험가이자 작가이자 영화제작자로서의 삶을 시작할 수 있었다.

30년 동안 나와 이본, 더그는 수십 번의 여행을 함께했다. 서로의 친구들이 합류했고 그들이 또 친구가 되며 생각지도 못했던 다양한 모험을 했다. 카약 여행을 할 때는 짐 엘리슨이 종종 참여했는데, 짐은 최고경영자들에게 환경에 대한 책임 의식을 심어 주는 '지속 가능성 컨설팅 회사'를 운영했다. 그는 'CEO 위스퍼러(Whisperer)'라고 불렸다. 에스프리 동업자 피터 버클리는 난이도가 낮은 등반이나 바다 카약을 할 때 합류하곤 했다. 작가이자 환경운동가인 더그 피콕과 뉴스 앵커 톰 브로코우도 마찬가지였다.

저녁마다 모닥불을 둘러싸고 이루어지는 대화는 언제나 환경 위기 쪽으로 흘러가기 마련이었다. 그때마다 더그 톰킨스는 환경의 '위기(crisis)'가 아니라 '환경의 곤경(environmental predicament)'이라고 정정하며 이렇게 말했다. "위기는 사람들을 결집시켜 해법을 찾게 하지. 하지만 곤경은 조금 더 어려워." 더그는 언제나 환경운동의 선봉에 있었고 우리가 읽어야 할 책들의 목록을 만들어 건네주었다.

나는 2000년대 초부터 파타고니아에 합류해 15년 동안 환경 사업 부문과 지속 가능성을 위한 사업 전략을 관리했다. 지금은 너무나 유명해진 '뉴욕타임스 블랙프라이데이 전면 광고'도 그때 기획한 것이었다. 파타고니아에서 가장 잘 팔리는 재킷 사진 위에 굵은 글씨로 "이 재킷을 사지 마시오(Don't Buy This Jacket)"라고 적은 그 광고 말이다. 결과적으로 파타고니아 제품을 더 유명해지게 만들었지만, 인간이 지구의 한정된 자연 자원을 심각하게 남용하고 있다는 사실을 공론화하는 계기가 되기도 했다. 여러 경영대학원에서 교과과정에 포함시킬 정도였으니까. 그러나 가장 잘 팔리는 제품 사진 위에 "이 옷을 사지 마시오"라는 헤드라인을 사용한 광고를 처음 낸 사람은 내가 아니었다. 1980년대 말 에스프리 재임 말기의 더그 톰킨스다. 그는 내가 만난 현명한 사람들 중에서도 가장 먼 곳을 내다볼 줄 알았던 사람이었다.

'인생의 다음 단계로 넘어가는 중요한 전환기마다 길을 알려 주는 멘토가 있느냐 없느냐에 성공이 달려 있다'는 말이 있다. 운 좋게도 나는 두 보이즈 안에서 더그와 이본을 비롯한 많은 멘토들의 안내를 받았다. 그리고 야생에서 스포츠를 즐기는 것뿐만 아니라 우리가 사랑하는 야생을 구하는 일을 직업으로 삼는 행운까지 누렸다.

　나에게 있어 그것은 세상을 바라보는 관점이 변화한 느리지만 꾸준한 진전이었다. 그 이행을 겪는 데 내 인생의 대부분이 필요했지만 다시 돌아간다고 해도 나는 똑같이 선택할 것이다. 앞으로도 내게 주어진 시간을 소중한 지구와 야생 지역을 지키기 위해 쓰고 싶다.

릭 리지웨이

1

에베레스트를 위한 기도

조나단 라이트, 앙 푸르바와 나는 우기에 내린 비로 미끄러워진 길을 따라 에베레스트산으로부터 약 41.9킬로미터 떨어진 막다른 계곡의 툽텐 촐링 사원에 들어섰다. 우리 세 명은 라마 투셰 린포체의 축복을 받기 위해 그곳을 찾았다. 축복은 우리만을 위한 게 아니라 미국 200주년 에베레스트 원정대를 위한 것이었다. 원정대의 목표는 두 번째로 에베레스트를 등정하는 것이었고, 나는 원정대에서 가장 어린 대원이었다. 그리고 조나단은 1시간짜리 텔레비전 특별 방송을 만드는 방송팀의 카메라맨이었고, 영어를 할 줄 아는 앙은 셰르파 팀의 등반 대장이었다. 우리 셋은 그날 아침 일찍 다른 대원들을 남겨 두고 캠프를 떠났다. 전날 행군을 끝마친 오후부터 미리 준비한 일정이었다. 원정대에는 나의 등반 파트너 크리스 챈들러도 있었는데, 크리스와 나는 3년

크리스 챈들러(쪼그려 앉은)와 내가 등반 루트를 만들기 위해 쿰부 아이스폴(icefall)을 지켜보고 있다. 이곳은 네팔 쪽에서 에베레스트에 오르는 루트 중 가장 위험한 부분이다. 현재 에베레스트 등반을 원하는 고객들을 위해 이 루트를 정찰하고 유지하는 셰르파 팀은 가이드 서비스에 10만 달러 이상을 받는다. 1970년대에는 우리 스스로 루트를 만들 수밖에 없었다. 사진: 요한 라인하르트

전 페루 안데스에서 한 시즌을 함께 보내며 등반을 한 사이였다. 우리는 페루에서 코르디예라 블랑카의 주봉으로 가는 새로운 루트를 만드는 데 성공했었다. 처음 만났을 때는 크리스가 내 등반 멘토였지만, 이후 내가 등반을 빨리 익혀서 그 즈음 우리 두 사람은 로프팀에서 동등한 위치에 있었다.

미국 200주년 에베레스트 원정대는 1920년대와 1930년대 처음으로 에베레스트 등반을 시도했던 영국 팀 스타일을 따르고 있었다. 구식 원정대의 마지막 세대랄까. 우리는 카트만두 외곽에서 차로 두 시간 거리인 트레일의 기점에서 시작하는 전통적인 방식으로 산에 접근했다. 그곳에서 베이스캠프까지의 코스는 약 273.6킬로미터였고 한 달이 걸렸다. 원정대의 규모 역시 구식이었다. 등반가 12명, 셰르파 44명, 저지대 부족 중에서 고용된 600명이 약간 넘는 포터가 있었다. 놀랍지 않은가. 포터가 자그마치 600명이었다! 페루에서는 당나귀 몇 마리와 그 동물들을 베이스캠프까지 데려가 줄 마부 한 명을 고용한 게 전부였다. 에베레스트 원정대는 그 자체의 복합적인 타성에 젖어 규모가 커진 것 같았다.

원정의 계기는 상당히 색달랐다. 하버드 로스쿨 동기인 세 친구가 있었다. 그들은 졸업 후 매년 한두 차례씩 여행을 함께하면서 모험에 대한 열정을 꺼뜨리지 말자고 약속했다. 각자 부동산, 국제법, 국무부에서 성공적인 경력을 쌓은 그들은 그 다짐을 실행에 옮겼다. 엘즈미어섬에서 스키를 타고, 보르네오섬에서 래프팅을 하고, 뉴기니 최고봉인 칼스텐츠 피라미드를 등반했다.

1970년대에는 에베레스트 등반 허가를 받기 위해 10년씩 기다려야 했다. 중국이 폐쇄된 상태였고 네팔이 가이드 등반가들에게 개방되지 않았다. 그런데 이 하버드 동기 가운데 국무부에서 일하던 친구가 카트만두 주재 미국대사관에 있는 동료로부터 프랑스 팀이 자금 조달에 실패해서 자리가 생겼다는 이야기를 듣게 되었다. 그들은 그 기회를 놓치지 않고 외교적인 인맥을 총동원해서 허가를 받아냈다. 하지만 에베레스트를 등반하기 위해서는 등반가들, 그중에서도 고급 등반 기술을 가진 등반가들이 더 필요했다. 그들은 원정대에 참가할 등반가를 찾겠다는 희망을 안고 전미알파인클럽(American Alpine Club) 연례 모임에 참석했다. 그리고 뷔페 음식을 먹기 위해 줄을 서 있다가 체격이 좋은 긴 금발 머리 남자와 인사를 나눴다. 그가 바로 크리스 챈들러다. 음식을 다 먹을 때쯤 크리스는 원정대의 일원이 되어 있었다.

그때 나는 서퍼 친구들 몇 명과 말리부에 있었다. 한 달 후면 UC 버클리에서 문화지리학 박사 과정을 시작할 예정이었다. 교수가 되기로 결심한 나는 좋은 학교에 들어가기 위해 진로 전략을 세웠었다. 그 첫 단계가 안데스에서의 현장 실습이 포함된 페루의 한 대학 문화인류학과에 입학하는 것이었다. 나는 바라던 대로 공부도 하면서 안데스도 마음껏 누볐다. 수업이 끝나면 크리스를 비롯한 등반가 친구들을 만나 그들의 지도 아래 고지대 산악 등반 훈련을 하는 게 페루에서의 내 일상이었다. 학과 과정을 마친 후에는 계획한 대로 일류 대학에도 합격할 수 있었다. 그렇게 순조로운 새 출발을 앞두고 휴식을 즐기던 차에 크리스의 전화를 받은 것이다.

"릭, 우리가 히말라야 원정대에 참여할 수 있게 됐어."

"히말라야? 세상에! 어느 봉?"

"에베레스트!"

"에베레스트?"

아마도 크리스는 내 목소리에서 낭패감을 읽었을 것이다. '에베레스트라니! 하지만 학교는 어떻게 하지? 대학 교수라는 내 미래는? 어머니는 이제야 내가 마음을 잡은 것 같다고 안심하셨는데. 그래도… 에베레스트잖아!' 나는 두 가지 선택지를 놓고 미래를 곰곰이 가늠해 보려고 했다. 시간이 더 필요했다.

"하루만 시간을 줘." 크리스에게 말했다. "갈 수 있는지 얘기해 줄게."

우리 모두 갈림길에 놓일 때가 있다. 표지판이라고는 직감밖에 없는 갈림길에. 나는 스물여섯 살이었고 토마스 아퀴나스의 글을 떠올렸다. "본능의 권위를 믿어라." 지금 나에게 적합한 조언처럼 느껴졌다. 다음 날 나는 크리스에게 전화를 걸었다.

"상부 부분의 공략 계획부터 세우고 아래쪽으로 내려오면 좋을 것 같아." 내가 말했다.

베이스캠프로 향하는 길에 들어선 지 2주쯤 됐을 때, 조나단, 앙 푸르바와 나는 동이 트기 전 일행에서 빠져나와 우리 캠프가 자리 잡은 텐트촌을 벗어났다. 우리 계획은 라마의 축복을 받고 다시 일행을 따라잡는 것이었다. 우리는 어려울 일이 전혀 없다고 생각했다. 650명이 넘는 사람들은 그리 빨리 움직이지 못할 테니까.

경내에는 백 개는 족히 될 건물들이 중앙의 곰파(gompa, 신전)를 둘러싸고 있었다. 그런데 사람은 한 명도 보이지 않았다.

"모두들 어디 간 거죠?" 내가 앙에게 물었다.

"명상을 하는 시간이에요."

"그럼 기다려야 라마를 만날 수 있다는 거네요?"

"그 분은 우리가 온 걸 압니다."

곰파의 정문을 지나 안뜰로 들어서자 앙의 말처럼 세 명의 승려가 우리를 기다리고 있었다. 우리는 천장이 낮은 출입구를 통해 연기가 가득한 작은 주방으로 들어갔다. 한 명의 승려가 벤치에 앉으라고 손 짓을 했고, 다른 한 명은 야크 버터와 소금으로 만든 티베트 차를 내어 주었다. 구석에는 노승 한 명이 조금 높은 단 위에 가부좌를 틀고 앉아서 코안경 너머로 우리를 응시하고 있었다. 그의 주위에 있는 여러 개의 선반에는 자명종, 벽시계, 뻐꾸기시계, 낡은 추시계 등이 놓여 있었다. 모두 같은 시간을 가리켰다. 오전 8시 50분.

또 다른 승려가 다가오더니 자신을 따라오라고 말했다. 나는 10분만 기다려 달라고 말하고 싶었다. 9시 정각이 되면 어떤 일이 일어나는지 보고 싶었기 때문이다(노승이 더없이 행복한 미소를 지을 것이란 확신이 들었다). 하지만 무례한 일일 수도 있겠다고 생각해 잠자코 그를 따랐다. 승려는 우리를 뜰 뒤쪽으로 안내했다. 이후 나무 계단을 오른 뒤 정교하게 수를 놓은 천이 드리워진 출입구에 이르렀다. 우리는 신을 벗고 안으로 들어갔다.

약 1.9제곱미터쯤 되는 방의 한쪽 구석, 방석 위에 라마가 앉아 있었다. 앙 푸르바가 엎드렸다. 조나단도 마찬가지였다. 나도 그들이 하는 대로 따랐다. 나는 이런 일이 조나단에게 익숙하다는 것을 잘 알고 있었다. 그는 대학에 들어간 뒤 일 년 동안 터키, 이란, 아프가니스탄, 파키스탄, 인도, 네팔을 거치는 육로 여행을 했는데 그중 네팔에 여러 달

크리스 챈들러가 에베레스트 베이스캠프로 향하는 273.6킬로미터 코스 중 만난 몬순 활엽수림을 촬영하고 있다. 사진: 릭 리지웨이 소장

동안 머물렀다. 이 경험은 그의 인생을 바꿔 놓았다. 그는 불교로 개종했고 수천 장의 사진을 찍었다.《내셔널지오그래픽》의 일을 맡을 만큼 충분히 인상적인 포트폴리오가 그때 만들어졌다.

　라마는 우리에게 앉으라고 손짓을 했다. 그는 벽장에서 네 개의 은제 성배를 꺼내 사각형 모양의 만다라로 배열했다. 그는 기도문을 외우며 성배 하나를 열고 누런 쌀을 손가락으로 집어냈다. 우리는 고개를 숙였고 그는 그 쌀을 우리 머리카락 사이로 밀어 넣었다. 다음으로 그는 접혀 있는 세 장의 종이를 꺼내 각각에 쌀알 몇 개씩을 놓고 다시 접은 뒤 실로 묶어서 우리에게 하나씩 건넸다.

"신성한 쌀을 넣은 이 종이에 덮개를 꿰매서 목에 걸 거예요. 원정에 행운을 가져다줄 겁니다. 쌀은 머리카락 안에 하루를 둡니다. 초몰룽마(에베레스트의 티베트어 이름)의 신성한 쌀이죠." 앙이 말했다.

초몰룽마-에베레스트. 라마는 또 다른 성배를 열어 한 쌍의 주사위를 꺼냈다. 나는 앙에게 호기심 어린 시선을 보냈다.

"라마님은 지금 미래를 보고 계십니다. 원정 도중에 사고가 있을지 알아보는 거죠. 아주 중요해요. 등반에 적합하지 않다는 결과가 나오면 셰르파들은 초몰룽마에 가려 하지 않을 겁니다."

나는 이것이 무슨 의미일지 생각해 보았다. 라마가 우리 미래를 예언하기 위해 주사위를 굴리려 한다. 혹 주사위의 점괘가 나쁘게 나오면 셰르파들은 등반을 하려 하지 않을 테고, 그들이 가지 않는다면 등반은 시작도 하기 전에 끝이 날 것이다.

라마는 기도문을 다시 외우면서 오른손으로 주사위를 들고 그것들을 자신의 이마에 댔다. 그는 눈을 감고 기도문을 계속 외웠다. 앙은 나만큼이나 긴장한 것 같았다. 나는 조나단을 봤다. 그는 두 손을 모아 쥐고 눈을 감은 채 기도문을 외우기 시작했다. 라마가 눈을 뜨고 주사위를 던진 뒤 그것들을 살피기 위해 몸을 앞으로 기울였다. 우리 세 사람도 앞으로 몸을 기울였다. 라마는 아무런 말도 하지 않았다.

"점괘가 어떻게 나왔나요?" 내가 물었다.

"기다려 봅시다." 앙이 대답했다.

마침내 라마가 등을 다시 펴더니 고개를 저었다.

"좋지 않은 것 같네요." 앙이 말했다.

"좋지 않다고요?"

앙은 대답하지 않았다. 나는 조나단을 봤다. 그는 손을 펴서 일이 어떻게 될지 지켜보자는 손짓을 했다. 나도 그처럼 평정심을 유지할 수 있으면 좋겠다고 생각했다.

이후 라마가 앙에게 조용하게 말했다.

"라마님께서 할 일이 하나 더 있다고 말씀하십니다." 앙이 말했다. "라마님이 초몰룽마의 여신인 미욜랑상마에게 기도를 할 것입니다. 여신님께 베이스캠프에 기도 깃발을 많이 세우고 큰 의식을 거행할 거라고 말할 겁니다. 신성한 쌀도 많이 뿌리고요. 그 후에 미욜랑상마께서 괜찮다고 하실지 다시 볼 것입니다."

라마는 다시 기도문을 외우기 시작했다. 주사위를 들고 다시 이마에 댔다. 이번에는 기도문이 더 길었다. 그는 기도문을 마치고 주사위를 던졌다. 주사위를 확인하기 위해 몸을 숙였다가 일으키더니 미소를 지으며 앙 푸르바에게 말했다. "라마님께서 이제 모든 것이 좋다고 말씀하십니다." 앙이 통역을 해주었다.

나는 조나단을 보면서 안도의 한숨을 쉬는 입모양을 만들어 보였다. 조나단은 미소를 지었다. 불교 수련을 했던 그는 예언이 어느 쪽이든 괜찮았을 거라는 표정이었다. 이후 라마는 앙에게 다시 말을 건넸다. 앙이 나에게 몸을 돌리더니 말했다. "라마님께서 당신들이 왜 초몰룽마를 오르려 하는지 알고 싶다고 하시네요."

그런 질문을 받으리라고는 생각지 못했다. 허를 찔린 기분이었다. 나는 그 질문이 조나단이 아닌 나를 향한 것임을 알았다. 조나단은 카메라맨이었고 등반 과정을 카메라에 담는 것이 그의 일이었다. 그럼 내 등반의 동기는 무엇일까? 외딴 사원에 와서 라마와 만나는 모험을 하게 된 이유는 무엇이었을까? 등반이 내가 잘하는 것이어서? 산이 거기에 있으니까?

"세상에서 가장 높은 곳에 서면 어떤 느낌일지 알고 싶다고 말씀드려 주세요."

앙이 통역을 할 때부터 이미 나는 그 답이 변변치 않다고 생각했다. 라마는 눈도 깜빡이지 않고 나를 보았다. 아마 그도 같은 생각을 하지 않나 싶었다.

우리가 일행을 따라잡았을 때 그들은 막 하루의 행군을 시작한 참이었다. 조나단과 더 이야기하고 싶었지만 크리스 옆자리로 대열에 끼어들었다. 이곳에 온 후 나는 다른 사람들, 특히 조나단에 대해서 알아 가는 것이 즐거웠다. 조나단도 나처럼 오지에서, 우리와는 동떨어진 낯선 문화에 대해 알아 가는 것을 매력적으로 여겼기 때문이다. 나는 그도 나만큼 라마와의 만남에 가치를 두고 있다는 것을 알고 있었다. 그래서 라마의 질문에 관해 그와 더 깊은 이야기를 나누고 싶었다. '왜 에베레스트에 오르려고 하느냐는 질문은 스스로에게 솔직해지라는 충고였을까?'

등반에 심취(어머니는 집착이라고 불렀다)하기 시작한 것은 열네 살 때부터였다. 부모님은 별거 중이셨다(당시의 나는 몰랐지만). 남동생은 캘리포니아 남부에 있는 1에이커 규모의 작은 목장에서 어머니와 살았고, 나는 아버지와 캘리포니아 시에라 구릉에 있는 125에이커의 새로운 목장에서 살았다.

어머니는 평생 항공기 공장에서 일을 했다. 반면 아버지는 새로운 목장에 살면서 몇 주는 벌목 일을 하고 몇 주는 석회암 광산에서 일했다. 지금 생각해 보면 어머니와 아버지의 결혼 생활이 위험에 빠져 있다는 지표가 곳곳에 있었다. 아버지의 삶을 이끌었던 원칙은 책임을 피하는 것이었다. 일하는 시간보다 술집에서 술고래 친구들과 야한 농담을 주고받으며 보내는 시간이 많았고, 새로운 목장에 어머니와 동생을 합류시킬 어떤 준비 작업도 하지 않았다.

아버지와 살던 목장에서 고등학교에 가려면 버스를 타고 32킬로미터쯤 가야 했다. 어느 날 버스가 우리 목장 바로 앞의 작은 언덕을 오를 때였다. 나는 버스 뒤쪽에 앉아 있었다. 그다음 내가 기억하는 것은 벽돌 굴뚝 주위로 아직도 연기를 내뿜고 있는 불타 버린 우리 집의 잔해가 아니라, 버스가 멈추자 모든 사람이 일제히 나를 돌아본 일이었다. 그중에는 표정만 봐도 어떤 생각을 하는지 알 수 있는 버스 기사도 있었다.

나는 축구팀에서 같이 뛰는 가장 친한 친구 옆에 앉아 있었다. 그의 부모님은 마을에서 식료품점을 하고 조부모님은 철물점을 하셨다. 나는 대부분의 주말을 그의 집에서 보내곤 했다.

"너희 집에 가도 돼, 더그?"

"그럼."

"밥 아저씨(우리는 버스 기사를 이렇게 불렀다), 더그네 집에 내려 주세요."

이후 거의 2년 동안 아버지를 만나지 못했다. 집이 불타고 몇 달이 지나 아버지가 남태평양에서 보낸 엽서를 받았다. 머리에 붉은 히비스

커스 꽃을 꽂고 가슴을 드러낸 여자 그림 뒷면에는 다시 자리를 잡으면 나를 부르겠다는 짧은 메시지가 있었다. 수년이 흐른 뒤, 보험금을 받으려고 아버지가 집에 불을 냈다는 것을 알게 되었다. 하지만 당시에는 사고였다는 아버지의 말을 곧이곧대로 믿었다.

어머니는(하늘나라에서도 평안하시길) 남은 학기를 마칠 때까지 더그네 집에서 머무는 것을 허락해 주셨다. 내 자신이 10대 아이들을 키우게 되기 전에는 그것이 얼마나 감사한 일인지 알지 못했다.

대학원 대신 에베레스트에 가기로 한 것이 인생의 갈림길이었다면 친구의 가족들과 살기로 한 것 역시 내 인생의 또 다른 갈림길이었다. 지금 와서 생각해 보면 어떤 길을 택하느냐에 따라 완전히 다른 인생이 이어질 수 있었다.

더그의 방은 두 사람이 쓰기엔 비좁았다. 우리는 그 집의 에어스트림 트레일러로 이사를 했고, 나는 더그네 식료품점에서 물건을 진열하고 현금계산기를 조작하는 일을 했다. 나는 내 '집'과 '직업'이 있었고 생활비도 벌었다. 비록 어머니가 매달 편지를 부칠 때마다 20달러 지폐를 접어 넣어 주셨지만, 당시 나는 스스로 완전히 독립했다고 믿었다. 그리고 그런 믿음은 나에게 지속적인 만족감을 주었다.

물론 모든 일이 다 평화롭고 느긋했던 것만은 아니다. 살라미 슬라이서에 더그의 엄지손가락 끝이 잘리는 사고도 있었다. 하지만 피가 멈추고 상처가 아문 뒤에 그의 부모님이 우리에게 더 책임 있는 일을 주셨다. 그 당시 내 마음을 가장 아프게 한 것은 아버지와 이혼한다는 소식을 전한 어머니의 편지였다. 다시 한번 말하지만, 갖가지 증거들에도 불구하고 나는 아버지가 남태평양의 그 섬에서 '회복' 과정을 마치기만 하면 부모님이 다시 합칠 것이라고 믿었었다. 나는 트레일러 옆에 있는 통나무에 걸터앉아 눈물을 흘렸고 더그는 내 어깨를 안아주었다.

잊지 못할 성취감을 느낀 날도 있었다. 아버지가 집을 홀랑 태워 먹기 전, 어머니는 나에게 《내셔널지오그래픽》을 구독하게 해주셨다. 그 집의 유일한 난방기였던 거실 벽난로 앞에 앉아 1963년 10월호 잡지를 읽던 기억이 난다. 미국 최초의 에베레스트산 등정이 커버스토리였고, 세계 최고봉에 오른 최초의 미국인 짐 휘태커의 사진이 실려 있었다. 오리털 재킷과 바지를 입고, 작은 미국 국기와 내셔널지오그래픽협회의 깃발로 장식된 아이스 액스를 든 채 눈보라가 몰아치는 산 정상에 서 있는 사진이었다. 나는 혼자 중얼거렸다. "이 남자처럼 되고 싶어." 그리고 얼마 뒤 내가 원하던 일이 일어났다.

더그의 부모님은 시에라 고지대에 있는 고산 호수 근처의 오두막을 빌려 여름휴가를 보내곤 했다. 캘리포니아 북부에서 보내는 나의 마지막 여름이었고 나는 그 여행에 합류하게 된 것이 무척 좋았다. 호수 건너에는 천둥산이라는 가파른 사면을 가진 봉우리가 있었다. 나는 더그에게 그 가파른 면을 오르고 싶다고 말했다. 여행이 길어질 예정이라면 부모님께 허락을 받는 정도의 분별은 있었다. 하지만 그 사면을 올랐다가 어두워지기 전에 충분히 돌아올 수 있을 것이라고 계산했다. 우리는 호수를 둘러싼 길을 달린 후 산짐승들의 이동로를 따라갔다. 숲을 통과해 최고봉 기슭을 지나는 길이었다. 그러고는 등반을 시작했다. 꾸준히 나아가다가 최고봉 바로 밑에서 약 3미터 길이의 수직 바위를 맞닥뜨렸다.

"내게 좋은 방법이 있어." 내가 말했다.

더그가 쪼그리고 앉은 상태에서 내가 그의 허벅지와 어깨를 순서대로 딛고 올라선 다음, 그가 일어나면 수직 바위 꼭대기에 있는 모서리를 내가 움켜잡고 버텨 더그가 올라갈 수 있도록 하는 방법이었다.

"내가 여기에서 버틸게." 나는 더그에게 말했다. "이제 네가 내 다리와 팔을 타고 올라 가."

더그는 나보다 체중이 더 나갔기 때문에 버티려면 가능한 모든 힘을 끌어내야 했다. 마침내 정상에 오른 나는 들뜨고 우쭐한 기분이었지만, 더그는 어둡기 전에 오두막으로 돌아갈 일을 걱정했다. 우리는 하산을 시작했다. 3미터 직벽 꼭대기에서 내가 제안했다. "뛰자."

벼랑의 나머지 구간을 굴러서 내려가는 일을 피하기 위해 우리는 극도로 주의하며 한 사람씩 착지했다. 그리고 어두워지기 전에 무사히 오두막에 도착했다. 그의 부모님과 베란다에 앉아서 그날의 마지막 태양 빛을 받고 있는 천둥산을 올려다보며 나는 더그에게 말했다.

"좋은 등산이었어."

미국 200주년 에베레스트 원정대의 셰르파 44명 중 21명은 고산 등반가였다. 앙 푸르바가 이끄는 이 팀은 낮은 곳의 캠프로 짐을 옮기는 나머지 셰르파보다 높은 보수를 받았다. 다만 파상 카미(모두 PK라고 불렀다)만은 예외였다. PK는 전체 셰르파 팀의 총지휘관인 사다(sirdar)였다.

그도 내가 무척 좋아한 사람이다. 왜소한 체격에 두꺼운 안경을 끼고 있어 교수처럼 보였다. 나는 매일 아침 그가 손에 클립보드를 들고 바위나 캠핑 의자에 앉아 자신의 마른 몸과는 어울리지 않는 권위적인 목소리로 할 일을 지시하는 것을 지켜보는 게 좋았다. 그는 지적인 면모로 팀원들로부터 존경받는 리더였다. PK와 대화를 할 때면 입을 열기도 전에 내가 할 말을 그가 이미 알고 있는 듯한 느낌을 받았다.

어느 날 행군 중에 나는 그와 함께 걸을 기회를 얻었다. 그는 남체바자르의 셰르파 마을에 산장과 잡화점을 갖고 있다고 했다. 그가 원정이나 여행에 나섰을 때는 그의 아내가 그곳을 운영했다. 그는 가이드를 맡았던 서구인들의 초대로 유럽과 미국을 여행한 적도 있었다. "미국에서 보신 것 중에 가장 인상적인 것은 뭐였나요?" 내가 물었다.

"디즈니랜드요." 그가 대답했다. "꿈속 같았어요. 현실 같지가 않았죠. 언젠가는 아이들도 데려가고 싶어요."

며칠 후에는 또 다른 셰르파, 니마 노르부와 같이 걷게 되었다. 니마도 남체바자르에 산장을 갖고 있었다. 니마는 카트만두 인근의 트리부반 대학을 다녔고 세 가지 현지어를 구사했다. 영어에 능통했고 일본어도 그런대로 했다. 촬영팀의 말에 따르면 기술적인 면에서도 습득이 빠르다고 했다. 사운드레코더 조작법(마이크를 붐 막대에 위치시키고 인풋 트랙을 조정하는 법)이며 16mm 필름 매거진을 체인징백(changing bag, 암실 대용으로 쓰이는 차광 가방-옮긴이)에 넣는 법을 짧은 시간에 익혔다.

나는 PK에게 그런 것처럼 니마에게도 미국에 가본 적이 있는지 물었다. 그는 가본 적은 없지만 여동생이 시애틀의 대학에 갈 예정이고 그때 동생을 방문하고 싶다고 얘기했다. 이후 나는 PK가 미국에서 가장 기억에 남는 것이 디즈니랜드라고 하더라는 이야기를 들려주었다.

"우리한테는 그렇게 얘기하지 않았어요." 니마가 대답했다. 그리고

PK가 남체에 있는 모든 사람들에게 한 이야기를 전했다.

PK는 미국 중서부의 작은 도시를 방문했으며 그가 등반 가이드를 했던 부부의 집에 머물렀다. 어느 날 아침 그는 일찍 일어나 산책을 나갔다. 전면에 큰 창이 있는 집 앞을 지나던 그는 정원 의자에 앉은 여러 명의 노인들이 그를 바라보는 것을 보았다. 당황한 그는 부부에게 그 집에 대해 물었고 그들은 그곳이 노인들을 위한 집이라고 설명했다.

"PK는 그 점을 이해할 수 없었다고 했습니다." 니마가 말했다. "어떻게 어머니와 아버지를 집에서 모시지 않고 다른 집에 보낼 수 있는가 하고요. 제 생각에 그에게 가장 인상 깊었던 것은 그 일인 것 같아요."

일주일 후 나는 다시 한번 니마와 걷게 되었다. 인근의 쿰부 빙하에 연결된 측퇴석(빙하의 가장자리에 쌓인 암석 부스러기-옮긴이)을 오르는 길이었다. 우리는 다음 날 베이스캠프에 도착했다. 산마루로 접근하는 길에 남색 하늘을 배경으로 여섯 개 초르텐(chorten, 티베트식 불탑)의 윤곽이 보였다.

"몇 년 전 일본인 원정대와 함께 등반하다 죽은 여섯 명의 셰르파를 위한 거예요." 니마가 말했다.

"무슨 일이 있었는데요?"

"쿰부 아이스폴을 지나던 중에 점심을 먹기 위해 멈췄죠. 그런데 눈사태가 일어났어요."

아이스폴(icefall, 빙하가 마치 폭포처럼 수직에 가깝게 급경사를 이루는 상태-옮긴이)은 에베레스트 등반길에서 가장 위험한 부분이다. 세락(seracs, 급경사의 빙하가 완경사로 변하는 지점에서 갈라진 틈과 틈이 교차해 생

사다인 파상 카미가 에베레스트 베이스캠프에서 기도 깃발의 위치를 지시하고 있다. 사진: 릭 리지웨이 소장

기는 얼음덩어리-옮긴이)이라고 불리는 불안정한 얼음덩어리가 뒤섞여
있어서 빙하가 가파른 기저의 암반 위로 심하게 움직일 경우 흔들리고
무너진다(18쪽 그림 참조). 니마가 이야기를 이어갔다.

　"세락이 그들을 쓸어 버렸죠. 전부요. 바로 이 지점이 아내들이 와서
시신을 수습해 간 곳이에요."

　우리는 걸음을 멈추고 초르텐을 마주했다. 니마는 손을 모으고 절을
했다. 니마가 우리의 침묵을 깰 때까지 아무도 말을 하지 않았다.

"저도 그 원정에 참여했었어요. 모두가 가까운 친구들이었죠."

잠시 후 내가 물었다. "그렇게 위험한데도 셰르파들이 이 일을 좋아하는 이유가 뭐라고 생각해요?"

"트레킹 가이드 일을 좋아하는 사람들도 있죠. 그렇게 위험하지 않으니까요. 하지만 돈은 많이 벌 수 없어요."

"이번 원정에 참여한 셰르파들은요? 돈을 많이 벌면 다른 일을 하길 원하나요?"

"맞아요. 특히 집에서 아내, 아이들과 함께할 수 있다면요."

"우린 어떤가요?"

"당신들이요?"

"셰르파들이 보기에 우리는 왜 등반을 하는 것 같아요?"

"모르겠어요." 니마가 웃었다. "그에 대해 이야기해 본 적은 있어요. 돈이 너무 많아서 어떻게 써야 할지 모르는 걸 수도 있죠. 당신들은 좋은 옷을 입고 좋은 차를 타잖아요. 휴일이 되면 뭘 해야 할지 몰라서 산에 가는 거 아닐까요?"

"그래도 이상하지 않아요? 대단히 어렵고 위험한 일에 휴일과 돈을 투자한다는 게."

"우리가 정말 어떻게 생각하는지 알고 싶다면…" 니마가 또 한 번 웃으면서 말했다. "바보 같은 짓이라고 생각해요. 그런데 당신들은 그걸 좋아하는 것 같아 보여요."

돌 제단 위에 쌓인 향나무 가지가 연기를 내면서 향이 피어올랐다. 셰르파들이 모두 연기를 마시려고 앞다투어 몰려들었다. 거의 모든 사람이 기도문을 외우고 있었다. 근처에서는 일단의 다른 셰르파들이 약 9미터의 막대에 기도 현수막을 장식하고 긴 두 줄의 기도 깃발을 막대 끝에 묶고 있었다. 베이스캠프에서의 둘째 날이었다. 셰르파들은 미욜 랑상마의 은혜를 받기 위해 라마가 처방한 의식을 치르고 있었다.

몇 병의 창(네팔의 막걸리)이 돌았고, 기도문을 외우는 소리가 점점 커졌다. 막대가 들어 올려졌을 때 최고조에 달한 것 같더니 이내 셰르파들이 라마의 쌀자루에 손을 뻗어 신성한 곡식을 공중에 뿌리면서 고함을 치고 환호하는 소리로 바뀌었다.

나흘 후, 크리스와 나는 향나무 연기를 맡기 위해 제단 앞에 섰다. 조나단이 촬영을 위해 함께했고, 셰르파 등반팀에서 가장 나이가 많고 공경을 받는 50대 후반의 셰르파 한 명도 참여했다. 우리 팀의 목적은 쿰부 아이스폴을 통과하는 루트를 탐색하는 것이었다. 우리 뒤에 오는 다른 사람들이 크레바스(crevasse, 빙하 속의 깊이 갈라진 틈—옮긴이) 위로 로프를 고정하고 사다리를 설치해서 셰르파들이 위쪽 캠프로 보급품을 나를 수 있도록 할 예정이었다.

우리는 날이 밝기 전, 헤드램프 불빛으로 길을 찾으며 베이스캠프를 떠났다. 새벽녘에는 잠시 걸음을 멈추고 쉬는 시간을 가졌다. 담배를 피우지 않는 조나단 외에는 모두가 담배에 불을 붙였다. 60년대나 70년대에는 내가 아는 대부분의 고산 등반가들이 담배를 피웠다. 당시의 우리는 담배의 온기가 주는 편안함이 신체적 유해성을 상쇄해 준다고 믿었다.

계곡 건너 고깔 모양의 푸모리산에 쌓인 눈이 연분홍색으로 변했다. 나이 든 셰르파가 담배를 빨아들이고는 천천히 내뿜었다. 담배 연기가

고요하고 차가운 공기 속으로 서서히 올라갔다.

"사히브(sahib, 과거 인도에서 사회적 신분이 높은 유럽 남자에게 쓰던 호칭으로, 히말라야 현지 인부들이 서구 등반가들을 부를 때 썼다-옮긴이)!" 그가 말했다. "이제 좋은 경치다."

우리가 할 일은 아이스폴에서 가장 안전한 길을 찾는 것이었다. 그래봐야 아주 약간 덜 위험할 뿐이었지만. 나는 크리스가 선등하는 동안 확보를 봤고(로프를 이용해 동행자의 추락을 방지하는 일-옮긴이) 확보가 끝나면 그를 따라갔다. 크리스는 따로 멈춰서 내 확보를 봐주지 않았다. 나이 든 셰르파와 조나단은 다른 로프를 이용해 우리를 뒤따랐다. 우리는 집채만 한 얼음덩어리들 주위를 돌며 약 18미터마다 대나무 표지를 설치했다.

4시간 만에 아이스폴 꼭대기에 접근했다. 셰르파가 깊은 크레바스를 가로지르는 가느다란 얼음 다리로 앞서갔다. 그는 반대편에서 확보를 준비했다. 조나단이 촬영을 하는 동안 크리스가 그 뒤를 따랐다. 크리스가 다리를 반쯤 건넜을 때 크레바스 깊숙한 곳에서 갑자기 커다란 총소리 같은 것이 들렸다. 지진이 난 것처럼 눈이 흔들리더니 15미터 높이의 세락에 둘러싸였다. 머리로 피가 몰리고 위장이 조여들었다.

"올라가? 내려가?" 크리스가 소리를 쳤다.

"올라가!" 내가 외쳤다.

조나단은 배낭에 카메라를 쑤셔 넣었고 우리는 약한 얼음 다리 위에 무게가 많이 실리는 위험을 무릅쓰고 가능한 빨리 올라갔다. 15미터를 오르자 비로소 세락 위쪽에 있을 수 있게 됐다. 우리는 숨을 몰아쉬며 아무렇게나 쓰러졌다. 셰르파가 기도문을 외우기 시작했다.

"이 길은 좋지 않다." 셰르파가 말했다. 그는 자신의 배낭에 손을 넣어 신성한 쌀을 한 줌 꺼내더니 크레바스 너머로 던졌다.

"이번에는 운이 좋았다."

크리스 챈들러는 내 등반 파트너이자 가장 친한 친구였다. 크리스는 운동신경을 타고났고 키는 183센티미터에 체격이 좋은 데다 북유럽풍의 잘생긴 외모에 금발 머리를 하나로 묶고 다녔다. 그는 시애틀에 있는 병원 응급실에서 일하는 의사였다. 반면 나는 페인트를 칠하는 일을 해서 원정 비용을 벌었다. 그래서 크리스를 만날 때마다 그의 사회적 위치와 내 일자리가 비교돼 자괴감이 들 때가 많았다. 하지만 크리스는 한 번도 좋은 직업을 가진 티를 낸 적이 없었다. 오히려 중고 의류를 입고, 낡은 차를 몰고, 집세가 싼 아파트에 사는 것을 자랑스럽게 여겼다. 그는 직장 생활에 따르는 책임과 속박에 대해 이야기하며 임시직이 누리는 자유도 지금 우리에겐 가치가 있다고 나를 격려했다. 나는 에베레스트 원정대에 참여하기 위해 교수가 될 기회를 포기했고, 원정 후에 무슨 일을 해야 할지도 아직 모르지만, 설사 페인트공 일을 다시 한다 해도 오랫동안 잡역부로 생계를 잇지는 않을 거라고 그에게 말했다. 크리스는 나보다 겨우 한 살이 많았지만 결혼을 했다가 이혼을 해서 두 명의 아들이 있었다. 아들 둘의 양육권은 아내가 갖고 있었는데 그가 지난 결혼에 대해 이야기하는 것을 좋아하지 않아서 더 깊

←

크리스와 내가 다른 팀원들의 도움을 받아 아이스폴을 통과하는 루트를 만든 후, 셰르파 팀은 세락이 이동하고 크레바스가 확장, 수축되는 형태에 따라 그 루트를 유지하는 임무를 맡았다. 사진: 요한 라인하르트

1 에베레스트를 위한 기도

은 이야기는 알지 못했다. 다만 위자료를 지불하기 위해 고군분투했다고 고백한 적은 있었다.

크리스는 사생활에 대한 이야기를 많이 하는 편이 아니어서 우리의 우정은 주로 뭔가를 하는 데 기반을 두었다. 그때까지만 해도 남자 친구들과의 우정은 대부분 그런 식이었다. 하지만 조나단과는 많은 이야기를 나누며 공통의 즐거움을 발견하면서 우정을 쌓았다. 특히 그의 독실한 불교 신앙에 대해 이야기하면서 우리는 더욱 가까워졌다. 그는 말이 많지 않았다. 더 정확히 말하자면 과묵하고 조용했다. 하지만 나는 그가 경험한 불교 사원 생활에 관심이 많았고 그는 기꺼이 그 이야기를 들려주었다. 3년 전 대학을 중퇴하고 유럽에서부터 인도와 네팔을 오직 버스로 이동하며 히말라야에 왔던 그의 첫 여행을 포함해서 말이다. 그는 스무 살이었고 불교 사원에서 2주간 명상을 배웠다. 그는 그 경험이 자신의 인생에 큰 영향을 미쳤다고 말했다.

"예전에는 성질이 급했어." 그가 내게 말했다. 불가사의할 정도로 차분한 그의 태도를 생각하면 상상하기 어려운 일이었다.

당시 조나단은 불교 사원에서 2주를 보내고 한 셰르파의 집에 잠시 머물렀다. 그런데 그 집 천장이 너무 낮아서 어느 날 들보에 머리를 부딪쳐 거의 기절할 뻔했다. 그는 너무 아파서 들보에 대고 욕설을 퍼부었다. 그때 셰르파의 가족들이 갑자기 웃음을 터뜨렸다. 그는 얼떨떨한 표정으로 그들을 바라보다가, 불현듯 머리를 감싸 쥐고 나무에 소리를 지르는 모습이 얼마나 우스꽝스러울지 깨달았다. 그가 뒷머리를 긁적이며 웃자, 셰르파의 가족들은 한 명씩 일어나서 머리를 들보에 부딪치는 시늉을 하더니 들보를 가리키며 욕을 했다. 그들은 다 함께 웃었다. 그날부터 그는 감정이 격해질 때면 그 들보를 떠올렸고, 불편함에 짜증을 내거나 화를 내는 일이 점점 없어졌다고 한다.

기억은 영화와 같다. 때로는 줄거리보다 장면이 기억난다. 아이스폴을 통과하는 루트를 만든 후, 어느 날 아침 크리스, 조나단, 나는 다음 캠프 장소로 장비를 옮기기 위해 베이스캠프를 떠났다. 우리는 다시 내려오기 전에 잠시 휴식을 취했다. 아직 이른 아침이었다. 우리는 제각각 앉아서 쿰부의 계곡 건너를 응시했다. 쿰부의 한쪽은 로 라(Lho La)의 길이 감싸고 있었고 그곳의 구름이 발할라(Valhalla, 북유럽 신화에 나오는 전사한 영웅들이 머무는 궁전-옮긴이)의 깃발처럼 바람을 따라 흘러가고 있었다. 하지만 우리는 산으로 둘러싸여 바람이 불지 않는 곳에 있었다. 크리스는 배낭에서 해시볼(대마초와 수지를 이용해 공 모양으로 만든 것-옮긴이)을 꺼내 파이프에 채운 뒤 불을 붙였다. 조나단은 카메라를 꺼냈다. 두 손으로 카메라를 들고 팔꿈치를 무릎 위에 괸 그는 로 라를 찍는 동안 석상처럼 움직이지 않았다.

"내가 찍은 최고의 산 사진일 것 같아." 그가 조용히 말했다.

4년 후, 조나단의 아내는 그 사진을 액자에 담아 내게 주었다. 나는 그 사진을 45년 동안 내 책상 위에 올려놓았다. 이제는 색이 바랬지만 옴마니반메훔('온 우주에 충만하여 있는 지혜와 자비가 지상의 모든 존재에게 그대로 실현될지어다'라는 뜻의 티베트어-옮긴이)이라고 쓴 조나단의 필적은 그대로다. 그 사진을 보면서 가끔 장엄한 대자연을 목격하는 특전에 대해 나름의 방식으로 감사하던 그날 아침의 우리 세 사람을 생각한다. 이후 몇 년 동안 우리 세 사람은 오지의 높은 산을 오르고자 하는 열정에 충실했다. 하지만 살아남은 것은 나뿐이다. 나는 삶의 짐을 웃음으로 내려놓던 크리스의 미소와 애착을 경계하고 두려움을 줄이는 법을 가르쳐 주는 듯한 조나단의 미소를 여전히 기억하고 있다.

그 후 3주 동안 크리스와 나는 팀의 다른 등반가들과 웨스턴쿰이라고 알려진 거대한 빙하 계곡을 지나 로체 페이스, 그다음으로 사우스 콜까지 밀고 나갔다. 원정대의 리더는 정상 공격팀을 발표했고 크리스와 나는 두 번째 공격팀(첫 번째 팀에 이어서 정상에 도전하는 팀)에 뽑혔다. 크리스는 우리 팀이 올라갈 수 있을 만큼 충분한 산소가 없을 것이라고 생각하고 실망했다. 나는 그렇게 생각지 않았다. 오히려 목이 아프고 기침을 하는 크리스가 하루나 이틀 동안 회복할 시간을 가질 수 있어 다행이라고 판단했다.

상부 캠프로 날라야 할 보급품이 더 있었고 이 과제를 셰르파들에게만 맡기는 데 죄책감을 느낀 나는 산소통 두 개를 운반하기로 마음먹었다. 크리스는 휴식을 위해서 제2캠프에 남았다. 그날 오후 캠프로 돌아온 나는 다른 등반가로부터 새로운 소식을 들었다.

"막판에 정상 공격팀에 변화가 생겼어요."

나는 조리 텐트로 가서 구석에 앉아 있는 크리스를 만났다. 처음에는 그가 아직 아픈 것이라고 생각했다. 하지만 얼마 지나지 않아 선발팀의 등반가 하나가 컨디션 난조를 보여 몸이 나아진 크리스가 그 자리를 대신하게 되었음을 알게 되었다. 그는 나를 보았고 우리의 시선이 얽혔다.

"아쉽다." 그가 말했다. "여태 등반을 같이 했는데."

다음 날 아침 일찍, 크리스와 그의 새로운 팀은 캠프를 떠났다. 고산 등반가인 셰르파 리더 앙 푸르바가 함께했다. 내가 속한 두 번째 팀은

에베레스트 정상의 크리스 챈들러. 극심한 바람 속에서 이전 해에 중국 팀이 설치한 측량용 삼각대를 붙잡고 있다. 사진: 밥 코맥

이틀 후 출발했다. 나에게도 기회가 있을 것이라고 굳게 믿고 있었지만 크리스가 없는 상황에서는 달성하기 힘든 일이었다. 로체 페이스를 향해 고정된 로프를 타면서 크리스와 파트너들이 세 개의 붉은 점이 되어 서서히 사우스콜 위쪽 하이캠프로 전진하고 있는 것을 볼 수 있었다. 눈 기둥이 피라미드 정상에서 끊어오르는 거대한 깃발처럼 보였다. 보이기만 하는 것이 아니라 먼 해변에서 들려오는 커다란 파도 소리 같은 바람 소리도 들렸다.

그날 밤 바람이 텐트를 뒤흔들었다. 다음 날에는 크리스와 그의 팀의 흔적이 보이지 않았다. 하지만 늦은 오후 베이스캠프의 무전을 통해 망원경으로 정상 바로 밑 힐러리 스텝(Hillary Step)을 오르는 두 개의 붉은 점이 보인다는 소식을 들었다. 한 사람은 내려온 것이다. 곧 그 사람이 앙 푸르바라는 것을 알게 되었다. 우리 쪽에 도착한 그는 산소 조절기가 얼어서 따라갈 수가 없었기 때문에 돌아왔다고 말했다. 그는 배낭에서 조절기를 꺼내 넌더리를 내며 내던졌다.

"저와 우리 팀은 이제 끝이군요." 그가 말했다.

나는 정상에 오르고 싶은 그의 바람이 누구 못지않게 강하다는 것을 느꼈다. 정상 등반이 명예를 가져다주는 것은 물론이고 장래의 등반 원정에서 높은 지위를 보장해 주기 때문일 것이다. 한편 베이스캠프에서 두 개의 붉은 점이 정상에 도달했다는 보고가 들어왔다. 이제 해가 지고 있는 가운데 크리스와 파트너가 어둠 속에서 8382미터 하이캠프의 텐트까지 하산할 수 있느냐가 관건이었다.

간밤에 나는 괴로워하며 잠에서 깼다. 꿈에 나이를 먹고 등이 굽은 데다 얼굴과 수염에 얼음이 잔뜩 붙은 크리스가 먹구름 가운데에서 한 팔을 내민 채 절뚝거리며 나타났기 때문이었다. 나는 더는 잠들지 못하고 슬리핑백 안에 누워 멀리 정상에서부터 불어오는 바람의 포효를 들었다. 이튿날 하이캠프에서는 아무런 소식이 없었다. 우리는 고정된 로프를 올라가 정오 직전에 두 명의 등반가(두 개의 작은 점)가 하이캠프를 떠나는 것을 목격했다. 두 시간 후 크리스와 파트너가 우리 쪽에 도착했다. 우리는 서로를 꼭 껴안았다. 그의 눈빛에는 피로와 기쁨이 뒤섞여 있었다. 그는 내 머리를 쓰다듬으며 나도 해낼 것이라고 말해 주었다. 하지만 나는 확신할 수 없었다. 아침마다 숨 쉬기가 힘들었고 기관지에 울혈이 있는 듯한 소리가 났다. 높은 고도에서 종종 발생하는 폐부종이 생긴 것일까? 이대로 폐에 체액이 계속 축적되면 치명적일 수 있었다. 나는 내 파트너에게 크리스 일행이 하산할 때 나도 내려가야 할 것 같다고 말했다.

그것이 원정의 끝이 되고 말았다. 크리스와 파트너가 정상에 도달했기 때문에 원정은 성공이었다. 일주일 후 베이스캠프에서 내려오는 길에 트레킹을 하는 사람들이 우리를 불러 세워 크리스의 사인을 받았다. 조나단을 비롯한 촬영팀이 그 장면을 카메라에 담는 동안 나는 카메라가 닿지 않는 곳에 서 있었다. 촬영이 끝나자 조나단이 내게 다가와서 미소를 지었다.

"괜찮은 거지?"

"그럼."

이후에 그 장면을 떠올려 보다가 조나단이 내 머릿속에 어떤 생각이 있는지 알 정도로 나를 잘 파악하고 있었음을 깨달았다. 나는 크리스는 정상에 오르고 나는 그러지 못했다는 것을 받아들이려 애쓰고 있었다.

"언젠가 다시 히말라야에 오자." 조나단이 말했다. "우리 함께. 사원에 가서 몇 주 머물면서 명상도 하자."

이튿날 우리는 쿰중의 셰르파 마을에 도착했다. 그곳에서 축하 파티를 할 계획이었다. 셰르파 니마 노르부가 1920년대 영국 원정대에 참여한 후 유일하게 생존하고 있는 80대 셰르파에게 잠깐 들러보겠냐고 물었다. 나는 바로 승낙했다. 소문으로만 듣던 사람을 만나보고 싶었다. 우리는 곧장 그의 집으로 갔다. 그는 180센티미터가 넘는 키에 넓은 어깨를 가졌고 등도 전혀 굽지 않았다. 그는 니마와 이야기를 나누면서 우리에게 차를 내주었다.

"원정에 성공해서 다행이라고 말씀하시네요." 니마가 통역을 했다. "원정대와 함께하는 일은 정말 좋은 직업이라고, 이 일을 계속하는 게 좋다고 저에게 말씀하셨어요. 위험하기는 하지만 그 때문에 돈을 많이 받는 거라고요."

"외국인들이 에베레스트에 오르려는 이유가 뭐라고 생각하시는지 여쭤봐 주세요." 내가 말했다.

니마가 늙은 셰르파에게 물었다.

"어르신이 말씀하시길, 돈을 많이 벌고, 유명해지고, 책을 쓰기 때문이라네요."

나는 다시 부탁했다.

"그보다는 모험을 좋아하고, 도시와 빌딩에서 벗어나 다른 사람이 가보지 않은 외딴 곳에서 등산과 등반을 하는 것을 좋아하기 때문에 에베레스트 같은 산에 오르는 거라고 말씀드려 주세요."

니마가 통역을 하자 늙은 셰르파가 웃으며 말했다.

"내가 그런 말을 믿을 거라고 생각하는 건 아니지?"

톱텐 촐링 수도원의 라마가 우리에게 준 신성한 쌀이 담긴 부
적. 나는 셰르파들의 말대로 '행운'을 위해 등반 내내 이 부적을
지니고 있었다.

2

K2 삶과 죽음의 경계에서

에드먼드 힐러리와 텐징 노르게이가 1953년 에베레스트 첫 등정에 성공하기 전까지, 이 봉우리는 영국 산으로 인식되었다. 대부분의 초기 시도를 영국인들이 했기 때문이다. 마찬가지 이유로 지구에서 두 번째로 높은 K2는 미국 산으로 여겨졌다. 1930년대에 미국인들이 두 차례 등정을 시도했고, 그중 한 번은 정상까지 불과 몇 백 미터를 남겨 둔 지점까지 올랐다. 두 번째 시도는 1953년이었다. 그러나 정작 첫 번째 등정에 성공한 것은 1954년 이탈리아인들이었다. 이후 파키스탄 정부는 중국과의 국경 분쟁 때문에 카라코람산맥(K2가 있는 히말라야의 서쪽 연장)을 1974년까지 외국인들에게 개방하지 않았다.

　1975년 미국인들은 다시 K2에 도전했고 아쉽게도 실패했다. 그때의 원정 대장이 미국인 최초로 에베레스트에 오른 짐 휘태커다. 그런 그가 1978년 다시금 등반 허가를 받고 크리스 챈들러에게 팀 합류를

←

K2의 북동쪽 산마루, 나이프 에지(Knife Edge). 앞쪽이 나이고 그 뒤에 루 라이하르트가 있다. 우리는 해발 7010미터의 제4캠프에 접근하는 중이다. 멀리 나이프 에지 끝 쪽에 제3캠프의 텐트들이 보인다. 사진: 존 로스 켈리

권했다. 그리고 크리스는 2년 전 에베레스트 원정 때 그랬던 것처럼 짐 휘태커에게 나를 K2 원정대에 넣어 달라고 이야기했다.

그 초대를 받은 나는 흥분과 예감이 뒤섞인 감정을 느꼈다. 나는 열네 살에 《내셔널지오그래픽》에서 아이스 액스를 들고 정상에 선 휘태커의 사진을 보면서 '이 사람처럼 되고 싶어'라고 진심으로 바랐다. 그런데 바로 그 사람이 이끄는 원정대에 합류하게 된 것이다!

한편으로는 에베레스트에서 사우스콜에 이르려고 애쓰던 날이 떠올라 걱정스럽기도 했다. 숨을 쉴 때마다 극심한 고통을 느꼈던 그날 말이다. 다행히 폐부종은 아니었지만, 해발 8000미터에서 다시 비슷한 일이 일어나 정말 심각한 결과로 이어지면 어쩌나 하는 걱정이 들었다. K2는 에베레스트보다 더 어렵고 더 위험할 것으로 예상됐기 때문이다.

하지만 거절은 할 수 없었다. 다시 없을 기회였다. 게다가 크리스와 정상에 오를 수 있는 또 한 번의 기회이기도 했다. 나는 크리스와 내가 세계에서 가장 오르기 어려운 고산 정상에 선 모습을 상상했다.

에베레스트 원정 때와 마찬가지로, K2 등반은 베이스캠프까지 먼 거리(편도 177킬로미터)를 걸어야 했고 그 절반은 길이 없는 빙하였다. 에베레스트에서와 같이 우리는 현지 포터들을 고용했다. 이번에는 발티라는 부족의 사람들이었다. 그렇지만 에베레스트 원정과 달리 히말라야 서쪽 끝에는 고지대 포터로 고용할 수 있는 셰르파가 없었다. 결국 훈자에서 우리 장비를 아래 쪽 캠프로 날라 줄 등반 경험이 약간 있는 네 명의 사람을 고용했다. 그 외에는 등반하면서 모든 장비를 우리

K2 원정대의 리더 짐 휘태커는 미국인 최초로 에베레스트 정상을 밟았다. 1963년 《내셔널지오그래픽》 10월 호에 게재된 이 사진은 나에게 등반가의 꿈을 심어 주었다. 사진: 셰르파 나왕 곰부가 촬영한 오리지널 코다크롬, 짐 휘태커 패밀리 소장

가 옮겨야 했다.

　우리는 등반 기록이 없는 북동 능선을 공략할 계획이었다. 2년 전 폴 란드 원정대가 시도했다가 실패한 루트로, 그 원정대는 세계에서 가장 강인한 등반가로 알려진 사람들로 이루어졌었다. 하지만 우리는 굴하 지 않고 행군을 시작했다. 가는 길에 서쪽 능선 등반을 시도했다가 실

패하고 내려오는 영국 팀을 지나쳤다. 그 팀에도 세계 최고 수준의 등반가들이 있었는데 그중 한 명이 눈사태로 목숨을 잃었다.

우리는 북동 능선으로 이어지는 포켓 빙하를 반 정도 올라가 약 5486미터 고도에 전진 베이스캠프를 설치했다. 나는 크리스와 함께 히말라야에 다시 오르게 된 것이 무척 기뻤다. 하지만 크리스는 에베레스트 등정 때만큼 컨디션이 좋지는 않은 것 같았다. 북동 능선 기슭에 제1캠프를 만든 후, 우리 팀 네 명은 제2캠프로 향하는 길을 탐색해 달라는 요청을 받았다. 그런데 손목시계 알람이 울리는데도 크리스는 느릿느릿 움직였다. 결국 그가 옷을 입느라 꾸물대는 바람에 30분이나 지체되고 말았다. 탐색을 시작한 후에는 선두에 선 그가 몇 번이나 돌멩이를 떨어뜨려서 "이러다 돌에 맞아 죽겠다"고 내가 고함을 질렀다.

그럼에도 불구하고 우리는 순조롭게 제2캠프까지 고정 로프를 설치했고 다른 팀이 제3캠프로 가는 길을 탐색하는 동안 제2캠프로 보급품을 날랐다. 크리스도 다시 의욕을 보여서 나도 덩달아 힘이 났다. 하지만 얼마 지나지 않아 크리스의 움직임이 다시 둔해졌고 보급품 운반에도 별로 힘을 보태지 않아, 다른 등반가는 열심히 일을 하지 않는다면서 크리스와 언쟁을 벌였다.

그사이 나는 팀에서 가장 경험이 많은 등반가 중 하나인 존 로스켈리와 더 많은 시간을 보내기 시작했다. 나는 등반가의 입장에서 그의 힘과 우아함에 주목했다. 우리는 이 루트를 먼저 시도했던 폴란드 팀의 원정 보고서를 통해, 800미터 길이의 나이프 에지 능선을 더 높은 곳에서 통과해야 한다는 것을 알고 있었다. 기술적으로 가장 어려운 등반 구간이었기 때문에, 짐 휘태커는 진작부터 두 개의 로프팀이 하루씩 번

갈아 선두에 서며 나이프 에지 능선을 통과해 고정 로프를 설치하는 것에 대해 이야기하고 있었다. 존과 또 한 명의 매우 강인한 등반가가 첫 번째 로프팀으로 선정됐고 크리스와 내가 두 번째 로프팀이 됐다. 나는 로스켈리와 등반을 시작했으면 좋겠다고 생각했다가 곧바로 죄책감을 느꼈다. 나는 크리스가 위자료와 양육권 문제로 전처와 갈등을 빚고 있다는 것을 알고 있었다. 그에 대해 깊은 이야기를 나누지는 않았지만, 그런 문제들이 그에게 부담을 주고 있고 그 때문에 등반에 집중하지 못하는 거라고 짐작할 수 있었다. 다만 안타까운 것은 짐 휘태커가 등반을 가장 잘하는 것은 물론이고, 가장 열의가 있고 열심히 일하는 사람을 정상 공격팀으로 선발할 것이라는 사실이었다. 나는 간절히 정상 공격팀에 선정되고 싶었지만 지금보다 더 열심히 하지 않는다면 크리스는 선택되지 않을 게 뻔했다. 돌멩이가 떨어졌을 때 크리스에게 고함을 친 일이나 열심히 일하지 않는다고 비난했던 것에 내가 미안함을 느끼는 것도 그 때문이었다. 그가 선택되지 않고, 내가 로스켈리와 등반을 하게 된다면 그건 크리스를 버리는 일이 될 테니까.

　제2캠프에 보급품이 채워지자 우리 몇 명은 나이프 에지 초입에 제3캠프를 만들기 위해 그곳에 자리를 잡았다. 하지만 다음 날 눈이 오기 시작했고 우리는 캠프 안에 머물러야 했다. 눈은 그다음 날에도 계속됐다. 결정을 내려야 했다. 제2캠프에 머무른다면 고두순응에 유리할 것이다. 하지만 그곳까지 어렵게 운반한 식량과 연료를 허비해야 했다. 폭풍이 짧다면 그곳에 머무는 것이 이치에 맞겠지만, 그렇지 않다면 제1캠프로 복귀하는 것이 나은 상황이었다. 우리는 하루만 더 기다려 보기로 했다.

눈이 더 많이 오자 우리는 텐트 주위의 눈을 치우고 등산로를 확보해 줄 두 사람만 남기고 하산하기로 했다. 원정팀의 세 여성 대원 중 하나인 체리가 남고 싶어 하자 크리스도 따라 남겠다고 말했다. 폭풍이 나흘, 닷새, 엿새 동안 이어졌다. 짐 휘태커는 무전으로 크리스와 체리에게 하산하라고 명령했지만 그들은 고도순응을 위해 남는 것이 좋다고 고집을 피웠다.

졸지에 파트너를 잃은 나는 존과 텐트를 함께 쓰고 있었다. 우리는 서로 농담이 잘 통했는데 어느 날 난데없이 존이 이렇게 말했다.

"미안해."

"뭐가?"

"내가 여자가 아니어서."

우리는 웃었다. 하지만 사실 웃을 일이 아니었다. 캠프 전체에 크리스와 체리가 우정 이상의 관계로 발전한 것 같다는 소문이 돌기 시작했는데, 그녀의 남편도 원정 대원이었기 때문이다. 언쟁으로 번진다면 원정 자체가 위험해질 수 있었다. 폭풍이 걷히자 크리스와 체리가 올라가는 사람들을 위해 눈길을 내며 하산했다. 등반 대원 중 하나가 제2캠프로 보급품을 옮기다 하산하던 그들과 마주쳤다. 그는 크리스에게 왜 휘태커의 하산 명령을 따르지 않았냐고 따져 물었다. 그러자 크리스가 대답했다.

"휘태커는 우리에게 하산하라고 명령한 적이 없어요. 내려오면 좋겠다고 말했죠. 원한다면 내려와도 좋다는 뜻으로 들렸다고요. 우리는 거기 있는 게 더 유리하다고 생각했을 뿐이에요."

"당신과 체리는 대체 무슨 사이요?"

"그건 당신이 상관할 일이 아니죠. 내가 친구를 선택하기 전에 당신에게 허락을 받아야 하는 건 아니잖아요?"

"내 일이야. 아니, 우리 모두의 일이지. 팀에 영향을 주니까."

나는 크리스에게 휘태커가 단단히 벼르고 있으니 잘 설명해야 할 거라고 알려 주고, 필요하다면 체리의 남편에게도 사과를 하는 것이 좋겠다고 말했다. 그리고 더 이상은 개입하지 않았다. 충돌을 피하기만 하는 것이 좋은 해결책은 아니라는 건 알지만 내가 나서서 할 수 있는 일이 없었다. 크리스는 그렇게 하겠다고 답했지만 상당히 곤혹스러워하는 것 같았다.

폭풍이 지나가고 우리는 다시 등반을 재개할 준비를 했다. 짐 휘태커는 공격팀을 새롭게 개편했다. 존 로스켈리와 내가 나이프 에지의 가장 어려운 첫 부분을 선등하는 것이었다. 그날 아침 존과 나는 제3캠프를 떠났다. 하늘은 구름 한 점 없었고 바람도 불지 않았다. 30분 후 우리는 나이프 에지의 초입에 도착했다. 800미터 길이의 톱니 모양 칼날에서 튀어나온 날카로운 산마루가 파키스탄과 중국의 국경을 나누고 있었다.

"내가 비자를 가져왔는지 모르겠네." 존이 첫 번째 확보 지점을 설치하면서 농담조로 말했다

존이 로프로 확보를 봐주는 동안 나는 능선의 측면을 게걸음으로 나아갔다. 깎아지른 얼음과 나를 연결하는 것은 크램폰(아이젠)의 앞 발톱과 두 개의 아이스 액스뿐이었다. 나는 15미터마다 빙벽에 알루미

늄 스크류를 돌려 박고 내 로프를 고정시키며 전진했다. 60미터쯤 전진한 후에는 스크류를 2개씩 박고 로프를 고정했다. 존은 주마(jumar)라고 불리는 기계식 등강기를 이용해서 올라왔고 이후 그가 다음 구간을 선등하는 동안 내가 확보자의 역할을 맡았다. 고도는 약 7010미터였다. 우리 두 사람은 기운이 충분했고 고개를 끄덕이고 미소를 지어 보이는 것만으로도 충분할 정도로 합이 잘 맞았다.

오후 서너 시쯤 됐을 때 우리는 약 305미터의 로프를 설치한 상태였다. 나는 두 개의 아이스 스크류에 매달려 존의 확보를 보는 중이었고, 내 밑에는 수천 피트에 이르는 절벽이 있었다. 그 절벽은 창탕이라고 알려진 광활한 티베트 북서쪽 고원까지 이어진 빙하와 만났다. 나는 붉은색 로프를 풀면서 존의 움직임에 따라 흩날리는 눈가루 사이로 부드럽게 로프가 움직이는 것을 지켜보았다. 그때 로프 옆에 앉은 나비가 보였다. 고향에 있는 작은 멋쟁이 나비처럼 주황색과 검은색이 섞인 얼룩 무늬였다. 어릴 때 잠자리채로 그런 나비를 잡곤 했다.

나비? 해발 7000미터 높이에? 내가 나비가 있다고 소리치자 존은 그쪽에 더 많은 나비가 있다고 대답했다. 곧이어 산비탈에 수십, 수백 마리의 나비들이 나타났다. 나비 떼는 기류를 따라 카라코람의 눈 위로 더 높이, 더 높이 올라갔다. 존은 나비들의 사진을 여러 장 찍었다. 나는 K2 원정에 대한 내 책 《마지막 걸음(The Last Step)》에서 그 나비들에 대해서 묘사했다. 40년 후 그 책을 읽은 곤충학자가 우리에게 연락을 해왔고 존은 그에게 사진을 보냈다. 그 곤충학자는 그 나비들이 바네사카두이(Vanessa cardui, 작은멋쟁이나비)라고 알려 주었고, 존과 나는 역사상 가장 높은 고도에서 나비를 관찰한 사람으로 기록되었다.

존이 곤충학자에게 보낸 사진. 존과 나는 역사상 가장 높은 고도에서 나비를 관찰한 사람으로 기록됐다. 사진: 존 로스켈리

　일주일 후 나이프 에지를 가로지르는 루트가 개척되었고 제4캠프가 만들어졌다. 짐 휘태커는 첫 번째 정상 공격팀을 발표했다. 존과 내가 제1팀이었고, 두 명의 다른 등반가들이 제2팀에 배정되었다. 크리스는 제2팀에도 포함되지 않았다. 크리스는 텐트 비닥을 응시했다. 우리는 눈을 마주치지 않았다.

　다음 날 정상 공격을 시도하기 전에 또 한 번 폭풍이 찾아왔다. 우리는 또다시 현수하강으로 전진 베이스캠프까지 내려갔다가, 폭풍이 멎은 후 로프를 타고 등반하면서 눈 속에 파묻힌 로프를 파내고 무너진 텐트를 수리해 캠프를 다시 세웠다. 우리는 다음 캠프까지 전진했지만 또다시 폭풍이 일어서 다시금 하산해야 했다. 그 폭풍은 일주일간 이어졌다. 폭풍이 약해졌을 때 다시 등반을 했고 며칠을 고생한 끝에 이

전에 올랐던 고점까지 오를 수 있었다.

폭풍 때문에 50일 동안 5486미터 부근에 발이 묶여 있었다. 좁은 캠프에서 진척 없는 시간을 보내게 되자 여기저기서 불만이 터져 나왔다. 원정 대원들은 첫 정상 공격팀으로 선발된 1, 2팀 네 사람을 A팀, 자신들을 B팀이라고 부르기 시작했다. 나는 이것이 정상 공격 순서를 가리키는 말이라고 생각했다. B팀의 한 멤버가 A가 멍청이(Asshole)를 나타내는 거라고 말하기 전까지는 말이다.

8월 말이었다. 카라코람에서 좋은 날씨를 기대할 수 있는 시기가 끝나가고 있었다. 다행히 히말라야 서부에서 형성된 고기압이 잠깐 동안 인디언 서머(Indian summer, 한가을부터 늦가을 사이에 비정상적으로 따뜻한 날이 계속되는 기후 현상-옮긴이)를 만들어 주어서, 우리 A팀은 막판 시도를 위한 최종 준비에 돌입할 수 있었다.

그런데 정상 공격 루트를 두고 팀원들의 의견이 엇갈렸다. 다른 두 명, 루 라이하르트와 짐 위크와이어(이하 '윅')는 정상 피라미드 아래를 횡단한 뒤, 과거 K2 등정에 성공한 두 탐험대가 선택한 아브루치 능선으로 올라가야 한다고 주장했다. 반면 존과 나는 북동쪽 능선의 교차점에 있는 수직벽을 곧장 올라가길 원했다. 더 어렵겠지만 우리 생각에는 더 멋진 루트였다.

4시간의 격론 끝에 우리는 두 개의 다른 루트로 등반을 마무리하기로 합의했다. 루와 윅은 아브루치 능선을 향한 횡단에 나섰고, 존과 나는 우리가 하이캠프를 마련한 절벽 기슭까지 긴 사면을 올랐다. 다음 날 아침 절벽을 오르기 시작했는데 눈 상태가 너무 불안정하고 위험했다. 더 이상의 도전은 무모해 보였다. 그때 전진 베이스캠프 동료들이

망원경을 통해 루와 윅이 정상에 접근하는 것을 보았다는 무전이 흘러
나왔다.

　존과 나는 직선 코스를 포기하고 아브루치로 횡단해 가서 루와 윅을
따라가기로 결정했다. 체력이 떨어진 우리는 힘을 비축하기 위해 피켓
과 스노우 플루크(snow fluke, 장비를 고정하는 데 사용하는 기구-옮긴이) 같
은 필수 장비만 남기고 짐을 버리기로 했다. 존은 앵커가 없는 상황에
서 한 사람이 미끄러질 경우 둘 다 죽을 것이기 때문에 로프를 서로 묶
으면 안 된다고 지적했다. 때문에 우리는 로프도 버렸다. 산소 없이 K2
를 오를 수 있을지 확신이 없었기 때문에 산소통은 각자 하나씩 챙기
기로 했다.

　늦은 오후, 루와 윅의 캠프에 도착했다. 우리는 눈 사면에 우리의 작
은 텐트를 세우기 위해 아이스 액스로 텐트 칠 장소를 만들었다. 몇 번
눈을 파내면 쉬어야 했다. 8000미터 고도에서 꼬박 사흘째였다. 우리
는 텐트를 치고 루와 윅이 정상에서 돌아오기를 기다렸다. 날이 어두
워지자 걱정스런 마음이 들기 시작했다. 우리는 5~10분마다 텐트 밖
으로 몸을 내밀어 호루라기를 불고, 헤드램프로 슬로프를 훑으며 루와
윅에게 신호를 보냈다. 그렇게 한 시간쯤 흘렀을까. 마침내 루가 도착
했다. 그는 너무 추워서 떨면서 말을 제대로 하지 못했다. 핫초코를 먹
이려 했지만 수염에 얼음이 너무 많아서 컵을 입술에 댈 수가 없었다.
우리는 그가 핫초코를 마실 수 있을 때까지 얼음을, 그러니까 수염 뭉
치를 뜯어냈다. 말을 할 수 있게 되자 그는 윅이 아직 내려오는 중일 거
라며, 아마도 비박을 할 것 같다고 말했다. 영하 40도였다. 윅이 살아남
을 수 있을 것 같지가 않았다. 존과 나는 잠을 자지 않고 눈을 녹여 물

병에 채웠다. 우리가 모든 준비를 마쳤을 때는 자정이 조금 지난 때였다. 우리는 한 시간만 눈을 붙였다가 일어나기로 했다.

새벽 1시 30분에 스토브를 켰다. 우선 물을 데우고 다음으로 가죽 부츠와 울 장갑을 데웠다. 가능한 따뜻한 음료를 많이 마시려고 노력했지만 따뜻한 코코아 잔을 들고 있자니(차가운 손가락에 느껴지는 온기는 너무나 위로가 되었다) 윅이 얼마나 절실하게 그것을 필요로 할지 생각하지 않을 수 없었다. 그가 아직 살아 있을까? 영하 40도의 날씨에 침낭도 없이 살아남았을까?

새벽 3시 30분, 우리는 배낭에 각자 산소통 하나씩을 포함한 물건들을 챙겼다.

"행운을 빌어." 루가 옆 텐트에서 소리쳤다. "윅이 괜찮을 거란 느낌이 들어."

우리는 몸이 식지 않을 만큼 꾸준한 속도를 유지하며 전진했다. 나는 존의 몇 발자국 뒤에서 지그재그로 사면을 올라갔다. 방향을 바꿀 때마다 감사했다. 아이스 액스를 든 손을 바꿀 수 있었기 때문이다. 손가락에 감각이 없었다. 나는 손가락이 얼지 않았다고 생각하려고 노력했다. 해가 뜨자 우리는 걸음을 멈추고 휴식을 취했다.

"지금쯤이면 윅이 움직이고 있을 거야."

"나도 그러길 바라고 있어."

"상태가 좋지 않으면 로프 없이 윅을 하산시키기 힘들 거야."

"응, 아마 그럴 거야."

한 시간 만에 우리는 약 8230미터의 암반대를 가르는 좁은 협곡을 오르기 시작했다. 존은 나보다 단 몇 센티미터 위에 있었다. 나는 그의 크램폰 발톱을 똑바로 바라봤다. 얼음과 바위에 박혀 있지 않은 날카로운 쇠 발톱들이 사형 집행인의 도끼처럼 나를 향해 있었다. 존이 미끄러지지 않길 바랐다.

나는 존이 가파른 보틀넥(Bottleneck)을 지나기 위해 필요한 조치를 끝내기를 기다렸다. 그가 어려운 고비를 넘기자 이번엔 내 차례였다. 나는 손잡이로 삼을 만한 것 두 개를 찾아서 팔로 균형을 잡고 다리를 밀어 몸을 위로 올린 후, 더 높은 곳에 있는 손잡이로 손을 옮기고 한 발을 그리고 다음 발을 옮겼다. 다리 사이로 협곡이 아브루치의 어깨까지 이어진 게 보였다. 그로부터 약 300미터 아래로 고드윈-오스틴 빙하가 있었다.

나는 끊임없이 스스로에게 속삭였다. '이 손잡이는 단단해. 손가락이 나무토막 같지만 손잡이를 꽉 잡아야 해. 다리를 높이 들어. 울 속옷과 두 겹의 옷과 나일론 점프 수트가 있으니까 안전해. 그래, 이제 크램폰의 앞 발톱을 바위에 있는 작은 돌기에 조심스럽게 대는 거야. 기다려, 우선 아이스 액스를 배낭의 어깨끈에 끼워서 양손을 자유롭게 만들어야지. 자, 균형을 잡고 호흡해. 손잡이에 있는 눈을 치우고 흔들어서 단단한지 확인해. 천천히 움직여. 균형을 유지하고. 모든 움직임이 완벽해야 해. 에너지를 낭비하지 마. 떨어지면 안 돼. 넌 로프를 묶지 않고 있어.'

돌풍이 눈보라를 일으키자 작은 눈 회오리가 아침 햇살에 반짝거렸다. 하늘에는 구름 한 점 없었고 바람도 잦아들고 있었다. 정상 공략에 완벽한 날씨였다. 웬만 살아 있다면 말이다. 아침 7시 30분 정도가 되었을 것으로 추측됐다. 웍은 어디에 있을까? 지난밤에 하산을 시도했다가 떨어졌다면 우리는 그를 찾을 수 없을 것이다.

존을 볼 수는 없었지만 나는 그가 왼쪽으로 이동했을 거라고 생각했다. 얼음으로 뒤덮인 암벽을 횡단하기 전에 나를 기다릴 것이다. 예상대로 보틀넥 꼭대기에서 그를 찾았다.

'저기 있군. 그런데 잠깐, 존 위쪽에 누군가 서 있어. 다리도 팔도 움직이지 않는데… 어? 웍이구나! 설마. 얼어붙은 거야?'

나는 존이 웍에게 기어올라 가는 것을 지켜보았다. 웍이 겨우 팔을 들어 인사를 했다. 다행이다. 목숨은 붙어 있었다. 가까이 가자 그들의 대화가 들렸다.

"정상 바로 아래, 조그만 평지에서 비박을 했어. 더럽게 춥더군."

"동상이야?"

"그런 것 같아."

"내려갈 수 있겠어?"

"할 수 있을 것 같아. 힘든 부분은 지나왔어. 저 위 암벽 횡단 구간이 고비였어."

웍은 아이스 액스로 얼음이 뒤덮인 가파른 바위를 가리켰다. 보틀넥도 힘들었는데 다음 구간은 더 힘들다니… 좋은 소식은 아니었다. 웍의 수염에도 얼음이 잔뜩 붙어 있었다. 하지만 눈빛에서 그의 결의를 볼 수 있었다.

"행운을 빌어. 아래 캠프에서 다시 만나자구." 웍이 말했다.

존이 웍의 어깨에 손을 올리며 대답했다.

"조심해, 웍. 협곡을 내려가야 해. 천천히 가."

"걱정 마. 잘 해낼 거야."

존은 다시 한번 윅의 머리를 토닥였다.

나중에 안 사실이지만 당시 윅은 동상과 폐손상, 제대로 기능하지 않는 횡격막과 사투를 벌이고 있었다. 홀로 있던 14시간 동안 매 분 매 초 삶과 죽음 사이를 오락가락했던 것이다. 그때 그가 수없이 되뇌인 것은 가족에게 돌아가겠다는 다짐이었다고 한다. 그는 병원에서 이런 얘기도 했다. 존이 걱정스런 표정으로 자신의 머리와 어깨를 토닥일 때 얼마나 눈물이 나왔는지 모른다고. 하지만 그런 와중에도 그는 우리의 정상 도전을 응원했었다.

윅이 말한 대로 횡단은 쉽지 않아 보였다. 나는 산소를 사용하자고 존에게 말했다. 그러자 존은 눈 위에 산소통을 내려놓고 다시 배낭을 멨다.

"뭐 하는 거야?"

"산소를 두고 가려고. 산소 없이 갈 거야."

나는 내 9킬로그램짜리 산소통을 바라봤다.

"그걸 지고는 정상까지 갈 수 없어." 존이 자신의 산소통을 가리키며 말했다. "산소 없이도 올라갈 수 있어."

나는 그가 옳다는 것을 알았다. 그는 산소 없이도 정상에 갈 수 있을 것이다. 어제 루도 산소 없이 성공했다. 나는 두 사람이 나보다 체력이 좋다는 것을 알고 있었다. 내가 산소 없이 등반을 할 수 있을까? 여태 이 고도에서 산소 없이 등반을 한 것은 몇 달 전 에베레스트에 오른 페터 하벨러와 라인홀트 메스너뿐이었다. 그들이 뇌손상을 입었다는 이야기가 돌고 있었다.

"나는 사용할래."

"그렇게 해."

존은 내가 조절기를 꺼내 산소통에 연결하고 밸브를 여는 동안 기다려 주었다. 압력은 충분했고 누출도 없었다. 나는 배낭을 어깨에 메고 2단 셀렉터 밸브를 어깨 쪽 고정 끈에 고정한 뒤 마스크를 얼굴에 단단히 부착시키려 했다. 하지만 잘 되지 않았다. 단단히 부착시키지 않으면 산소가 빠져나간다.

존은 인내심을 갖고 나를 지켜봤다. 나는 마스크를 벗고 끈을 조절한 뒤 다시 배낭을 멨다. 하지만 마스크가 여전히 느슨했다. 나는 다시 배낭을 내려놓고 마스크를 벗어 위아래 끈을 조정했다.

"위에서 보자." 그가 말했다.

나는 존이 횡단을 시작하는 것을 지켜봤다. 산소통의 무게가 줄어드니 좀 더 쉽게 움직이고 있었다. 그는 눈 덮인 바위 위에 크램폰을 정확하게 올리고 발이 단단히 자리를 잡을 때까지 손잡이를 놓지 않았다. 그는 그렇게 한 번에 한 손이나 한 발만 움직이며 항상 세 개의 접점을 유지했다.

존은 수십 년의 경험에서 오는 자신감으로 몸을 움직였다. 가파른 얼음과 바위 구간을 지날 때는 얼음 위에 아이스 액스의 픽을 고정하고, 한 손으로는 아이스 액스의 머리를, 한 손으로는 자루를 움켜쥐었다. 그 모습을 보고 있자니 위대한 프랑스 산악인 아르망 샤를레의 발레리나처럼 우아하고 정교한 등반 모습이 담긴 오래된 세피아톤 사진이 떠올랐다. 아르망 샤를레는 북미에 프랑스식 빙벽 등반 기술을 소개했고 나의 친구 이본 쉬나드에게도 영향을 끼쳤다. 하지만 로프가 없는 존은 훨씬 더 우아했다.

꿈을 꾸는 듯한 기분으로 존의 발 밑을 바라보던 내 눈에 불현듯 3킬로미터 아래로 펼쳐진 빙하의 얼룩말 줄무늬가 보였다. '집중해! 얼른 출발하지 않으면 존을 따라잡을 수 없어.' 나는 산소 마스크를 다시 조절했다. 하지만 도무지 얼굴에 고정시킬 수 없었다. 나는 위를 봤다. 존은 모퉁이 너머로 사라지고 없었다. 그는 이제 정상으로 향하는 긴 만년 설원을 올라가고 있을 것이다.

'미치겠군. 불과 며칠 전에 조정해 뒀는데 왜 이러는 거지? 이 정도 시간이면 어설픈 침팬지도 해냈을 거야. 대체 몇 분이나 이걸 만지작거린 거지? 5분? 20분? 침착하자. 이 끈을 다른 고리에 끼우는 거야. 아니야… 이건 아닌 것 같아. 존은 지금 어디 있지? 존은 어떤 순간에도 나보다 빨라. 그럼 난 어떻게 해야 하지? 산소 없이 올라가야 하나? K2를?'

나는 위험한 보틀넥을 통과했고 이 지점까지 자신감 있게 올랐다. 아마도 다음 구간 역시 산소 없이 존의 우아한 발길음을 따라할 수 있을 것이다. 그런데 더 높은 곳에서도 그럴까? 에베레스트에서 나는 사우스콜을 눈앞에 두고 폐의 통증으로 하산할 수밖에 없었다.

빨리 결정을 해야 했다. 존은 앞서가고 있었고 날씨는 점점 추워지고 있었다. 나에게 남은 기회는 산소통을 버리는 것뿐이었다. 나는 산소통과 조절기를 내려놓았다. 그리고 거의 빈 배낭을 메고, 아이스 액스를 들고, 발과 손의 움직임에 집중하면서 가파른 얼음과 바위 구간을 건너기 시작했다.

한 시간 가까이 안간힘을 쓰며 따라갔지만 존을 따라잡지는 못했다. 그래도 다행히 격차가 조금씩 좁혀지고 있었다. 나는 스스로에게 계속 속삭였다.

'60미터만 더 가면 돼. 어쩌면 그보다 더 적을 수도 있어. 발을 올려야 해. 아니, 못 해. 해야 해. 여기까지 해냈잖아. 존이 내 앞에 있어. 그리 멀지 않아. 그러니까 나도 할 수 있어. 존은 이미 길을 많이 개척했어. 이번엔 내 차례야. 그가 멈췄어. 그가 아이스 액스 위로 몸을 웅크리고 있어. 그에게 가야 해. 열 걸음만 가고 쉬자. 좋아. 호흡을 하고, 호흡을 하고, 한 발 내딛고. 이건 아니야. 멈춰야 해. 어지러워. 아냐, 네 걸음만 더 가면 돼!'

"괜찮아?" 존이 물었다.

"천천히 가자. 숨 쉬기가 힘들어."

"선두에 좀 설 수 있겠어?"

"해볼게. 일 분만 쉬었다가."

"거의 다 왔어. 한 45미터만 가면 될 거야."

"거기가 정상이라면 말이지. 만약 아니라면…"

"걱정 마. 이제 다 왔어."

존의 격려에 나는 다시 나와의 싸움에 돌입했다.

'존의 말이 맞아. 다 왔어. 그것만 기억해. 정상에 너무 가까워서 성공하지 않을 수가 없어. 발을 움직여. 발목이 아파? 무시해. 다른 발을 올려. 크램폰이 제 위치에 있는지 집중해. 이 소리는 뭐지? 이 목소리는? 주위에 사람이 많은 것 같아. 사람들이 시끄럽게 떠드는 만원 열차에 있는 기분이야. 메아리, 소음, 목소리… 백만 명이 떠드는 것 같아. 말도 안 되지. 주변엔 아무도 없어. 바로 밑에 존뿐이야. 발을 올려. 멀리 눈 위에 초승달을 봐. 저기가 우리 목표야. 발을 들어. 이번엔 다른 발. 저기 뾰족하게 솟은 초승달까지 가야 해. 호흡을 하고, 호흡을 하고, 호흡을 하고. 또 어지럽네. 당황하지 말고 숨을 내쉬어. 아, 초승달이 사라지네.'

"괜찮아?"

"쉬어야겠어. 너무 빨리 오르려 했어. 어지러워. 환각이 있어."

"내가 선두에 설게."

'그래, 존이 올라가는 동안 좀 쉬자. 그는 나보다 강해. 어떻게 저렇게 하는 거지? 킥 스텝(kickstep, 설사면에서 등산화 앞부분으로 눈을 차 발디딤을 만들면서 오르는 방법-옮긴이)을 거의 완벽하게 하고 있잖아. 나도 내몫을 해야 해. 거의 다 왔어. 저기가 정상 능선인가? 15미터? 존은 거의 다 갔어. 그의 머리가 거의 능선에 닿았어. 그에겐 뭐가 보일까? 정상은 얼마나 멀까? 아무 말도 없네. 아직 더 가야 하나? 내가 할 수 있을까? 할 수 있어. 발을 올려. 자, 이제 다음 발. 이제 존과의 거리가 3미터밖에 안 돼. 호흡을 몇 번만 하면 대화를 할 수 있을 거야.'

"얼마나 멀어?"

"15미터, 50걸음만 가면 돼."

'바람도 구름도 없다. 파란 하늘, 짙은 파란색 하늘과 빛나는 태양과 파카를 통해 들어오는 온기. 그런데 이상하게도 춥다. 모든 것이 비현실적이다. 아래쪽 세상이 온통 멀어지는 것 같다. 아래에는 눈이 쌓인 봉우리들이 있다. 눈 쌓인 봉우리들의 바다다. 빙하가 먼 수평선으로 이동하고 있다. 조용하다. 이 울림 말고는. 이건 침묵의 소리인가? 언

정상 등반 날 해가 뜨기 전의 추위 때문에 손가락이 동상에 걸렸다. 죽은 조직이 떨어져 나가고 한 손가락 끝이 약간 둥글어졌지만 더 큰 영구적인 손상은 없었다. 사진: 다이앤 로버츠

젠가 나이가 들면 이 순간을 떠올리고 싶겠지. 그러니 잘 기억하자. 중요한 순간이야.'

정상, 해발 8611미터에는 바람도 잠잠했다. 구름 한 점 없는 대기를 뚫고 햇살이 내리쬤다. 우리는 지구의 곡선을 볼 수 있었다. 북쪽과 동쪽으로 중국 투르케스탄의 광활한 황무지에 두 개의 먼 봉우리가 서 있었다. 서쪽으로는 샹그릴라의 훈자봉, 서남쪽으로는 봉우리와 빙하가 끝도 없이 이어진 카라코람, 남쪽 멀리에는 낭가파르바트봉이 두드러져 보였고 더 가까이에는 가셰르브룸산이, 우리 밑에는 세계에서 12번째로 높은 브로드피크산 정상이 보였다.

정상으로부터 약 6미터 아래에 납작한 바위가 있었다. 우리는 그곳으로 내려가 휴식을 취했다. 바위는 따뜻했다. 등을 대고 눕자 호흡이 느려졌다. 나는 눈을 감고 반쯤 무의식 상태에 빠져 다시 혼잣말을 했다. '내가 있는 곳을 기억해. 세계에서 두 번째로 높은 곳이야. 이걸 기억해야 해.' 문득 아이디어가 떠올랐다. 돌멩이를 주워서 집으로 가져가는 것이다. 기억에 도움이 되도록. 나는 바위 주변의 돌멩이들을 배낭에 담기 시작했다.

"뭐하는 거야?"

"기념품. 이곳을 기억하려고."

"좋은 생각인데?"

존과 나는 바위 위에 앉아서 돌멩이를 골랐다.

"사진도 찍어야지." 존이 말했다.

"아, 그래. 잊고 있었다."

내가 바위에 누워 있는 동안 존이 내 사진을 찍었다.

"이 위에서 한 시간은 있었던 것 같아." 그가 말했다.

"한 시간?"

"정상에서 사진을 좀 더 찍고 내려가야겠다."

우리는 정상으로 다시 돌아갔다. 나는 정상에서 찍은 보통의 사진들을 떠올렸다. 등반가들이 서 있고, 아이스 액스를 머리 위로 올리고 승리의 깃발을 흔드는 사진들 말이다. 하지만 나는 뭔가를 정복했다는 느낌이 전혀 들지 않았다. 우리는 세상에서 가장 멋진 산꼭대기에 있는 작은 두 사람이었을 뿐, 산은 우리에게 무관심했다. 나는 아이스 액스를 허리에 걸고, 어깨를 내리고, 허공을 응시했다. 존이 사진을 찍었고 우리는 하산을 시작했다.

K2 정상에 선 나. 미국 최초의 에베레스트 등정에 성공한 후 배리 비숍은 이렇게 말했다. "정복자는 없다⋯ 생존자만이 있을 뿐이다." 사진: 존 로스켈리

3

구름 속에 남은 사람

이본 쉬나드를 만난 건 1970년대 초 말리부에 살 때였다. 그는 아내 말린다와 어린 두 아이와 함께 벤투라 해변의 작은 오두막에서 살고 있었고, 나는 서핑을 하기 위해 자주 그의 집으로 갔다. 당시 이본은 쉬나드 이큅먼트라는 자신의 회사에서 등반 장비를 제작하고 있었는데, 우리는 제품 테스트를 위해 종종 시에라로 함께 등반을 떠나곤 했다. 나는 이본에게 말리부, 특히 으스대고 허세를 부리는 성공한 사람들에게 염증이 난다고 털어놓았다. 그러자 이본은 벤투라 해변에 있는 낚시꾼의 판잣집이 매물로 나왔다는 말을 전해 주었다. 때마침 나에게는 K2에 관한 책을 출간하고 받은 인세가 있었다.

그렇게 해서 1979년, 나는 이본의 집 근처로 이사를 했다. 얼마 후 우리는 데날리를 등반하기 위해 알래스카로 여행을 갔고, 이 탐험은 우리의 우정을 굳건하게 만들어 주었다.

←

이본 쉬나드와 내가 청두행 열차를 타고 베이징으로 출발하고 있다. 우리 뒤에 서 있는 사람은 카메라맨 에드가 보일즈. 사진: 릭 리지웨이 소장

데날리 정상에서 돌아온 후 이본은 티베트 고원 동쪽 끝에 있는 7559미터 봉우리, 미냐콩카 원정대에 합류하겠냐는 연락을 받았다. 1980년 중국은 국제 등반에 문호를 개방하기로 결정했는데, 그랜드티턴 국립공원에서 엑섬등반학교를 운영하던 알 리드가 이끄는 미국 팀이 등반 허가를 받았다. 이본은 당연히 수락했다. 그리고 알 리드가 원정 자금을 모으기 위해 텔레비전 방송사와 접촉하고 싶어 하는 것을 알고 나를 추천했다. 내가 에베레스트 등반 중에 촬영팀을 도왔고 이후 아마존과 남극을 포함해 모험 영화를 찍기 위한 원정에도 몇 번 참여했다는 것을 알고 있었기 때문이었다.

나는 원정대에 합류해 달라는 알의 요청에 몹시 흥분했다. ABC와 원정 촬영 계약을 맺을 때도 마찬가지였다. ABC는 나에게 감독과 촬영팀을 지원하는 현장 제작자 역할을 맡아 달라고 제안했다. 더 기뻤던 것은 감독이 고용한 카메라맨 중 한 명이 조나단이라는 사실이었다.

다시 만난 조나단과 나는 더욱 친밀한 사이가 되었고, 함께 더 넓은 세계를 모험하자는 계획도 세웠다. 우리는 각자 내셔널지오그래픽협회 임원과 인맥이 있었다. 조나단의 경우 그곳의 TV팀에 채용되어 페루 등반 원정을 다룬 프로그램의 스틸 사진을 촬영했었고, 나는 K2 등반에 관한 특집 기사에 내 일기를 제공했었다. 특집 기사는 좋은 반응을 얻었고 존 로스켈리가 찍은 내 사진은 표지사진으로 실리기까지 했다. 그렇게 자격을 검증받은 조나단과 나는 《내셔널지오그래픽》에 사가르마타(에베레스트산을 일컫는 네팔 이름) 국립공원을 취재해 보고 싶다고 제안했다. 바라던 대로 우리는 취재 청탁을 받았고, 미냐콩카 원정이 끝난 후 라싸로 가서 카트만두와 에베레스트에 이르는 육로 여행을 하기로 계획을 짰다. 꿈이 실현되기 시작했다는 예감이 들었다. 국립 공원 취재는 앞으로 우리가 해나갈 수많은 모험의 발판이 될 터였다. 우리는 보르네오 횡단, 아마존에 있다는 신비의 화강암 산 탐사, 남극 스키 탐험 등 이제껏 누구도 시도하지 않았던 프로젝트를 기획했다.

미냐콩카 등반에 성공한 것은 단 두 번뿐이었다. 미국 팀이 1932년 최초로 등정했고, 중국 팀이 1957년 등반에 성공했다. 우리는 최초 등정 이후 그 지역에서 처음으로 등반 허가를 받은 미국인이었고, 우리가 여행을 계획할 때 갖고 있던 정보는 최초 등반팀이 쓴 책《구름 가까이의 사람들(Men Against the Clouds)》에 실린 설명이 전부였다.

베이징은 문화대혁명에서 막 벗어나고 있었다. 모두가 인민복을 입고 있었고 자동차 한 대당 자전거가 대략 백 대씩 있었다. 자전거 핸들에 달린 벨소리가 도시를 가득 채웠다. 우리는 증기기관차가 끄는 전용 객차를 타고 베이징에서 청두까지 나흘 동안 이동했다. 청두는 중국의 새로운 리더 덩샤오핑의 고향으로 그는 이 도시를 시장 주도 경제를 만들기 위한 발판으로 이용하고 있었다.

청두에는 변화의 조짐이 보였다. 일부 여성들은 머리를 길게 기르기 시작했고(베이징에서는 볼 수 없던 모습이었다) 인민복을 입지 않은 대담한 여성들도 몇몇 눈에 띄었다. 장난기가 많았던 이본은 공산주의 시대를 상징하는 우리 호텔에 들어가 투숙객 카드를 작성하면서 직업란에 '자본가'라고 적어 넣었다.

"아, 쉬나드 씨." 공산당 연락 담당자는 우리가 작성한 카드를 읽으며 이렇게 말했다. "당신은 자본가로군요. 아주 좋습니다. 아주 좋아요. 그렇다면 당신은 대단히 부유하겠군요."

"아무렴요." 이본이 답했다. "아주 돈이 많죠."

"좋습니다. 아주 좋아요."

이 도시에 외국인이라고는 원정을 온 우리밖에 없는 것 같았다. 과감하게 호텔 밖으로 나간 우리는 낯선 외국인을 보려고 몰려든 인파에 뿔뿔이 흩어지고 말았다. 팀에서 가장 키가 작았던 나와 이본은 일행을 놓치지 않으려고 애썼지만 소용없었다. 어느 순간 이본과도 헤어지게 된 나는 가로등에 기어올라 일행을 찾기 시작했다. 15미터쯤 떨어진 곳에 사람들이 가장 많이 모여 있었다. 나는 다시 땅으로 내려가 사람들을 헤치고 중심으로 다가갔다. 이본이 스크럼을 밀어붙이는 럭비 선수처럼 애를 쓰고 있는 것이 보였다.

청두에서 미니버스를 타고 나흘간 동쪽으로 이동해 티베트 자치구에 도착했다. 그곳은 중국의 침략에 마지막까지 격렬하게 저항했던 티베트 저항군 캄파스의 고향이었다. 길은 고원까지 지그재그로 가파르게 이어졌다. 작은 마을을 지나는데 벽화가 보였다. 중국 전투기가 마을에 폭탄을 떨어뜨리고 사람들의 사지가 공중을 날아다니는 그림이었다. 우리는 사진을 찍기 위해 버스 운전사에게 차를 멈춰 달라고 부탁했다. 그러자 중국 연락관이 화를 내며 벽화 촬영은 금지라고 말했다.

비포장도로 끝에서 원정대의 중국 측 진행요원과 티베트 통역사가 마을 사람들에게 장비를 운반할 말을 빌렸다. 에베레스트나 K2에 접근할 때와는 달리, 이번 트레킹은 닷새 정도밖에 걸리지 않을 것이었다. 그런데 둘째 날부터 이질로 고생하던 감독이 몸이 너무 안 좋아져

조나단 라이트는 친한 친구이자 작업 파트너였다. 우리는 작가-사진작가 팀이었고 우리가 상상할 수 있는 먼 미래까지 여러 프로젝트를 계획해 두고 있었다. 사진: 에드가 보일즈

서 촬영을 계속할 수 없을 것 같다고 전해 왔다. 나는 현장 제작자로서 그가 마을에서 몸을 회복하고 원정대에 합류할 때까지 대신 감독 역할을 맡기로 했다.

다음 날 우리는 장비를 실은 말들을 따라 미냐콩카 서쪽 사면의 배수로가 되는 수목한계선 위의 길로 향했다. 눈이 오고 있어서 봉우리는 보이지 않았지만 눈 덮인 비탈을 내려오는 일행의 모습이 극적으로 보였다. 불현듯 등반가들과 말을 모는 티베트인들을 합류시켜야겠다는 아이디어가 떠올랐다. 그렇게 하면 모두를 한 프레임 안에 넣고 멋

진 영상을 찍을 수 있을 것 같았다.

　나는 길의 위쪽과 아래쪽에 카메라맨을 한 명씩 배치했다. 그러나 등반가들이 말 가까이 다가가자 한 마리가 겁을 먹고 쓰러져 30미터 아래로 미끄러지고 말았다. 다행히 말도 사람도 다치지 않았지만 큰 실수를 할 뻔했다는 생각이 들었다. 알은 촬영이 말의 안전보다 우선해서는 안 된다고 당부했다. 감독과 가까운 몇몇 팀원들은 내가 과한 의욕을 부리고 있다고 말하기도 했다. 나는 아무 말도 하지 않았다. 감독의 빈자리를 잘 채우고 싶었던 마음을 오해받는 것이 섭섭하기도 했지만 독단적으로 성급한 결정을 내린 것도 사실이었기 때문이었다.

　내가 촬영에 참여하게 된 것은 4년 전 에베레스트에서부터였다. 모험 다큐멘터리 제작자인 마이크 후버가 감독한 CBS 스페셜 프로그램 촬영이 그곳에서 있었다. 나는 로체 페이스 7315미터 지점에서 조나단을 비롯한 촬영팀이 어떤 장면을 녹화하는 것을 돕겠다고 자원했다. 카메라맨 한 사람이 자리를 잡기를 기다리는 동안 나는 웨스턴쿰을 내려다보고 빙하를 건너 푸모리로 향했다. 사운드맨이 내 옆에 있었고 조나단도 근처에 있었다. 놀라울 정도로 맑은 날씨 속에서 우리는 최고의 풍광을 카메라에 담기 위해 한마음으로 걸었다. 한 가지 차이가 있다면 그들은 그 일을 돈을 받으며 한다는 사실이었다.

　캘리포니아로 돌아간 나는 마이크 후버에게 전화를 해서 영화 일을 하고 싶다고 이야기했다.

　"가장 중요한 것은 좋은 아이디어가 있어야 한다는 점이에요." 그가 말했다.

"물론이죠. 저는 좋은 아이디어가 많아요." 내가 대답했다.

진심이었다. 내 방 책상에는 3단짜리 서류함이 있었는데 나는 거기에 '아이디어' '좋은 아이디어' '훌륭한 아이디어'라는 이름표를 붙이고 아이디어를 모아 놓고 있었다. 그와 통화를 마치고 맨 윗서랍에 있는 기아나 순상지(Guiana Shield) 폴더를 펼쳤다. 기아나 순상지는 오리노코강 상류를 가로지르는 광활한 규암층으로 위가 평평하고 측면은 수직이라 테이블산, 테푸이(tepui)라고 불린다. 나는 그 수직 산들 중 하나를 오르자는 제안서를 썼고, 후버가 그 제안서를 방송사에 보냈다. 몇 개월 후 우리는 아마존으로 떠났다. 후버는 감독을 맡았고 나는 등반팀을 이끌면서 등반과 영화 제작을 도왔다.

나는 후버가 모든 장면을 세심하게 구성하는 것을 지켜보았다. 이 작업은 배낭에 담을 수 있는 필름의 양이 얼마나 많은지(사실은 얼마나 적은지)를 헤아리는 단순한 셈법에 의해 이루어졌다. 때문에 그는 모든 카메라의 모든 장면을 꼼꼼히 계산했다. 또 하나 인상 깊었던 것은 좋은 다큐멘터리는 그냥 생겨나지 않는다는 후버의 확신이었다. 그는 60년대 초반 큰 인기를 끌었던 서핑 영화 〈끝나지 않는 여름(Endless Summer)〉을 예로 들며, 감독이 자유롭고 개성 넘치는 두 서퍼를 따라다닌다고 해서 저절로 그런 영화가 나오는 것은 아니라고 강조했다. 인물이 이루고자 하는 목표가 있어야 하고 그걸 방해하는 장애물과 도움을 주는 캐릭터가 개연성 있게 연결되어야 한다는 것이다. 그러면서 후버는 이렇게 덧붙였다. "그리스인들이 수천 년 전에 알아낸 스토리텔링의 기본이지."

그런데 후버가 내게 가르쳐 주지 않은 것이 있었다. 큰 프로젝트를 진행하려면 동료들에게 자신의 아이디어를 충분히 납득시키고 같은 목표를 추구하게 만드는 것이 우선되어야 한다는 점이었다.

다시금 대열을 정돈한 우리는 몇 년 전 홍위병들의 손에 폐허가 된 사원에 도착했다. 말이 갈 수 없는 곳이라 캠프를 만든 후 몇몇 사람만 사원의 잔해를 둘러보러 갔다. 조나단은 이본과 나를 가장 온전하게 남은 벽 부분으로 불렀다. 여러 부처와 보살을 그린 프레스코화가 그려져 있던 곳이었다. 하나를 제외하고는 모두 산산조각이 나 있었다.

"흥미롭네." 조나단이 말했다. "남아 있는 게 이 부처라니."

"그게 누군데?"

"미륵불. 미래의 부처야."

"거기 메시지가 있다고 생각하는 거야?"

"응." 조나단이 대답을 하며 나를 돌아봤다. 늘 그렇듯 살짝 미소를 지은 표정이었다. "존재의 첫 번째 진실은 덧없음이라는 것을 기억해야 해."

다음 날 우리는 베이스캠프를 세우기에 적당한 장소를 물색할 때까지 계곡을 더 올라가면서 짊어지고 갈 장비들을 골랐다. 느긋한 아침 시간이었다. 나는 흥미로운 새들을 볼 수 있지 않을까 하는 희망을 품고 사원 뒤쪽 언덕을 탐험했다. 사원에 더 이상 사람이 살지 않아서 이렇게 먼 산까지 오는 사람들은 계절에 따라 풀을 찾아 야크를 몰고 오는 목동들뿐이었다. 그 지역은 멋진 야생동식물로 가득했다. 우리는 숲에서 사향노루를 목격했고 고도가 더 높은 곳의 산비탈에서는 히말라야산양을 만났다. 일행 중 한 명은 혼자 산길을 가다가 아시아검은 곰과 마주치기도 했다. 가슴에 있는 반달무늬 때문에 반달곰이라고도 알려진 것이었다. 그러나 당시 야생동식물에 대한 내 관심은 주로 새에 집중되었다.

새에 매료된 것은 내 개인사 덕분이었다. 11살 때 부모님은 캘리포니아 롱비치 외곽에 있는 오래된 집을 팔고 로스앤젤레스 남쪽 오렌지 카운티에 있는 1에이커 규모의 작은 목장으로 이사를 했다. 친할아버지가 우리와 함께 이사해서 헛간에서 지내셨다. 할아버지와 아버지는 그 헛간에 작은 주방과 화장실, 샤워 시설을 마련했고, 나는 대부분의 시간을 아담한 아파트 같은 헛간에서 할아버지와 보냈다.

할아버지와 나는 커다란 닭장도 만들었는데 어느 날 꿩 한 마리가 철조망 울타리 옆을 서성대는 게 보였다. 나는 울타리 주변을 빙빙 돌면서 닭장 문을 열고 꿩을 안으로 몰아넣었다. 그리고 할아버지를 설득해 내가 잡은 꿩의 여자 친구가 될 꿩을 사오시게 했다. 2년 만에 우리 둘은 일 년에 수백 마리의 꿩을 키워 사냥 클럽에 판매하기에 이르렀다. 나는 다른 종의 꿩들을 추가했고 집착에 가까울 정도로 그 일에 완전히 빠져 버렸다. 《세계의 꿩》이라는 책을 사서 포르노 잡지라도 되는 것처럼 모서리를 접어가며 탐독했다. 결국 나는 10종의 꿩을 키우게 됐고, 내 동물원을 찾는 사람들에게 종별 특징은 물론 그들의 원산지인 히말라야의 산이며 아시아의 밀림 같은 외딴 지역에 대해서까지 상세하게 설명할 수 있게 되었다.

사원 뒤쪽의 가파른 언덕에는 울창한 숲이 있었다. 나는 키가 작은 식물들 사이를 천천히 헤치며 나아갔다. 철쭉 관목이 만드는 어두운 그늘 아래에서 움직임이 포착됐다. 나는 망원경을 조절해 큰 수탉 크기의 새 그림자를 보았다. 실루엣으로 미루어 꿩 같았다. 어린 시절의 '집착' 덕분에 나는 중국에 갈색, 푸른색, 흰색귀꿩이 있다는 것을 알고 있었다. 그것은 아마도 푸른귀꿩 같았다. 어린 시절 또 다른 꿩 애호가가 키우던 한 쌍의 푸른귀꿩을 본 적이 있었다. 나도 갖고 싶었지만 75달러였고 내 용돈으로 감당할 수 있는 액수가 아니었다.

그 무리에 십여 마리가 있을 것으로 짐작됐다. 그들은 낮은 덤불 뒤에 숨거나 깊은 그늘 안에 머물면서 은밀하게 움직였다. 빛이 좀 들자 한 마리의 머리 위에 있는 검은 왕관이 보였고 다음에는 다른 녀석의 날개에 있는 짙은 반점이 눈에 띄었다. 나는 새들을 좀 더 잘 볼 수 있길 기대하며 움직이지 않고 있었다. 하지만 새들은 내가 그곳에 있다는 것을 알았고, 현지인들에게 사냥을 당해 봐서인지 좀처럼 모습을 드러내지 않고 도망쳐 버렸다.

하지만 그것만으로도 좋았다. 어린 시절 《세계의 꿩》에서 그 세 종류 꿩에 대해 공부한 것이 생생하게 떠올랐다. 나는 그들의 서식지였던 히말라야 동부 지도도 찾아서 연구했었다. 그때의 나에게는 완전한 미지의 세계였다. 당시 누군가 내게 언젠가 그곳에 가서 야생의 그 새들을 볼 수 있을 거라고 말했다면 나는 믿지 않았을 것이다.

짐이 꾸려지자 우리는 골짜기 측면에 쌓인 빙퇴석 상단을 걸으며 바위 절벽이 있는 능선 초입으로 나아갔다. 1932년 미국인들이 등반했던 정상 능선으로 이어지는 곳이었다. 그리고 그곳에 베이스캠프를 만들고 며칠 동안 사원 인근에 둔 보급품을 실어 나른 후 다시 능선을 오르기 시작했다.

해발 5486미터, 눈 덮인 바위 더미 사이에 제1캠프가 만들어졌다. 바위 절벽 꼭대기에 도달하려면 약 609미터가 더 남아 있었다. 제1캠프에서 이틀을 보낸 후 이본과 조나단, 나, 그리고 킴 슈미츠는 다른 사람들이 베이스캠프에서 제1캠프로 식량과 장비를 운반하는 동안 제2캠프를 탐색하기 위해 떠났다. 우리 계획은 제2캠프를 물색해 짐을 놓아두고 제1캠프로 하산하는 것이었다.

1980년 10월 13일이었다. 수십 년이 흐른 지금도 나는 그날을 생생하게 기억한다. 제1캠프를 떠난 것은 아침 9시 30분이었다. 내가 먼저 선두에 서서 산비탈에 로프를 설치했다. 다음으로 킴, 그다음에는 이본이 선두에 섰다. 정오에는 점심을 먹기 위해 크레바스 옆에 멈췄다. 이본은 치즈 한 조각을 베어 물고 조나단을 향해 돌아섰다.

"빙하 구간에서 쉴 때는 항상 크레바스 가장자리에 머물러야 해. 그래야 숨겨진 크레바스 위에서 멈추는 일이 안 생기거든. 캠프를 세울 때도 마찬가지야." 그가 말했다.

"고마워요." 조나단이 대답했다.

카메라맨인 조나단은 선등을 헤본 적이 없었고 뭔가 생각날 때마다 자신에게 조언을 해달라고 부탁했었다. 이본은 배우려는 사람에게 항상 친절했다. 우리는 점심을 먹고 등반을 계속했다. 곧 가슴까지 눈이 쌓인 험한 급경사 지역이 나타났다. 다른 선택지가 없어서 그대로 올라가기로 했다. 내가 선두에 서고 킴이 뒤따랐다. 그런데 경사가 너무 심해서 아무리 조심조심 눈을 다지며 올라가도 뒤따라오는 킴에게 눈이 떨어졌다.

"망할!" 그가 소리쳤다.

베이스캠프로 가는 길. 등반가와 티베트인들을 한 프레임에 담으려다 말 한 마리가 쓰러지기 직전 찍은 사진
이다. 이 일로 나와 몇몇 등반가들 사이에 긴장이 시작되었다. 며칠을 이어진 습기 많은 눈이 내리기 시작한 때
이기도 하다. 어쩌면 두 가지 일은 앞으로 닥칠 일의 전조였다. 사진: 릭 리지웨이

"미안해. 어쩔 수가 없어."

"너한테 그런 거 아냐. 옷깃으로 눈이 들어와서 반사적으로 튀어나온 말이야."

킴이 웃으며 말했다. 우리는 산비탈에 매달려 등반을 계속했다. 30미터쯤 더 가자 조금 단단한 눈이 나타났다. 이어서 구름 사이로 비탈진 빙벽이 교차하면서 두 개로 쪼개진 거대한 세락 지대가 보였다. 나는 걸음을 멈추고 어느 길로 가야 할지 살펴보았다.

"두 가지 방법이 있어." 내가 소리쳤다. "세락 중앙을 타고 넘든가 우측으로 돌아가거나."

"오른쪽이 좀 더 나아 보이는데." 이본이 소리쳤다.

킴이 선등하는 동안 조나단이 비켜서서 사진을 몇 장 찍었다. 나는 로프를 풀어 주며 길고 가파른 경사지로 바뀌는 세락의 측면으로 우회해 올라가는 킴을 뒤따랐다. 무거운 배낭과 희박한 공기 때문에 힘이 들었지만 우리는 꾸준한 속도를 유지했다. 나는 자기최면 상태에 빠진 것처럼 내 앞의 발자국에만 집중하려고 노력했다.

"하트브레이크 힐(Heartbreak Hill)이다." 이본이 외쳤다.

허리의 로프가 팽팽하게 당겨졌다. 우리는 아침에 제1캠프 위에 있는 첫 크레바스를 건너면서 로프를 묶었다. 위를 올려다보니 킴이 걸음을 멈추고 내가 따라잡을 수 있도록 기다려 주고 있었다. 나는 속도를 높이기 위해 노력했다. 로프를 풀고 내 페이스대로 가고 싶었지만 아직 위험한 크레바스 지대라 그렇게 할 수는 없었다. 눈이 얼어붙어 딱딱해진 표면에 다시 10센티미터 가량의 눈이 쌓여서 발을 디디기가 여간 힘들지 않았다. 몇 번이나 부츠가 미끄러지면서 새로 쌓인 눈이 긴 발자국을 내며 밀려 떨어졌다. 눈사태가 일어나는 건 아닐까 걱정스런 마음이 들었지만, 일단은 세락 지역을 무사히 통과하는 게 먼저라는 생각이 들었다. 우리는 누가 선두에 서든 크레바스 가장자리에서 세락 측면으로 붙어 눈사태의 위험이 있는 넓은 산비탈을 최대한 피했다.

경사가 다소 완만해질 때까지 킴이 계속 선두에 섰고 그다음부터는 내가 한동안 앞에서 눈길을 헤쳐 나갔다. "한 발을 올리고 호흡 한 번 하고 다음 발을 옮기고…." 나는 주문을 외며 거의 최면 상태로 걸었다. 그때 조나단이 소리쳤다.

"릭, 좀 쉬었다 갈까?"

조금 위 크레바스 가장자리에 평평한 지점이 보였다. 거기까지 간 다음에 쉬는 게 좋을 것 같았다.

"30미터만 더 가자."

그 부분에 도착하자 나는 털썩 주저앉아 배낭에 등을 기대고 눈을 감은 채 깊게 숨을 쉬었다. 이제 고도는 약 6096미터였고, 나는 완전히 적응하지 못한 상태였다. 잠시 후 다른 사람들이 도착했다.

"애썼어." 이본이 말했다.

"여기부터는 내가 길을 낼게." 킴이 쉬지 않고 눈 속으로 다리를 밀어 넣으며 말했다. 로프가 팽팽해져서 어쩔 수 없이 모두 일어나 무거운 배낭을 메고 뒤를 따랐다. 구름 사이로 앞쪽의 능선 꼭대기가 보였다. 91미터쯤 남은 것 같았다. 이내 바람이 시속 48킬로미터 정도로 강해지더니 구름이 눈 위로 깔리면서 시야를 가렸다. 조금 후에 구름이 다시 걷히면서 안전해 보이는 루트가 눈에 들어왔다.

"좌측면으로 횡단하는 게 좋겠어. 산꼭대기 쪽으로. 바람을 피해서."

몇 분 후 우리는 능선 아래 바람이 닿지 않는 평평한 장소에 도착했다. 어깨에서 배낭을 내렸다.

"텐트 치기 좋겠는데."

"제2캠프에 온 것을 환영합니다."

"우우위." 조나단이 외쳤다. 그가 기분이 좋을 때 내는 소리였다. 거의 자신에게만 들리게 조용히 말하긴 했지만.

우리는 정상 능선을 바라보았다. 구름에 많이 가려졌지만 1932년에 찍은 사진들을 통해서 정상이 어떤 모습인지 잘 알고 있었다.

"캠프를 두 개만 더 만들면 정상 등정이겠네요." 내가 말했다.

"날씨만 도와준다면 열흘이면 되겠지." 이본이 덧붙였다.

우리는 몇 분 더 휴식을 취한 뒤 빈 배낭을 메고 제1캠프를 향해 내려가기 시작했다. 크레바스 위에 설치한 다리를 테스트해 보기도 하고 킴이 좋아하는 크레바스 뛰어넘기도 하면서 즐거운 시간이 흘러갔다. 얼마 지나지 않아 하트브레이크 힐에 도착했다. 우리는 아이스 액스를 앵커로 삼아 서로를 확보해 주며 하산했다. 경사가 완만한 곳에서는 제동활강(glisade, 스키를 타는 것처럼 설사면을 미끄러져 내려가는 기술—옮긴이)을 하기로 했다. 웃고 소리치며 엉덩이로 사면을 미끄러져 내려갔다. 로프가 팽팽해지면서 이쪽저쪽을 당겼다. 눈이 쌓인 모래놀이 상자 안에서 놀고 있는 아이가 된 기분이었다. 우리는 몇 초 만에 가파른 경사면 바닥에 닿았고 다시 일어서서 점프 스텝을 이어갔다. 우리는 빠르게 움직였다. 사기가 드높았다.

제1캠프 바로 위 언덕에 도착했을 때 세 동의 노란 텐트와 캠프로 이어지는 눈길 위에 있는 세 사람이 보였다. 아마도 캠프로 올라오는 동료들일 것이다. 모든 것이 계획대로 진행되고 있었다. 우리는 다시 한 번 제동활강을 하기로 했다. 이본이 맨 앞에, 다음으로 나, 조나단, 마지막이 킴이었다. 킴의 함성이 들렸고 나는 "야호!"라고 화답했다. '밑에 있는 사람들도 우리가 미끄럼을 타는 걸 보면서 스릴을 느끼겠지'라는 생각을 했던 것이 기억난다.

그리고 그 일이 터졌다.

나는 이본 바로 뒤에 있었고 우리는 빠르게 속도를 높였다. 주위에 쌓인 눈이 눈에 날아들었다. 앞을 보기 힘들었지만 굳이 볼 필요가 없었다. 이본이 선두에 있었기 때문에 나는 그가 낸 길을 따라가기만 하면 그만이었다.

'이거 좋은데.' 나는 생각했다. '몇 초면 내려갈 수 있겠어. 그런데 허리의 로프가 당겨지는데? 이본이 무척 빨리 가고 있나 봐. 그런데 잠깐, 이본은 길을 내고 있어서 이렇게 빨리 갈 수가 없는데. 이상하네. 주위에 눈이 쌓이고 있어. 눈이 너무 많아. 뭔가 잘못됐어. 경사면에 무게가 실릴 거야. 활강을 멈춰야 해. 그만! 멈춰! 세상에, 너무 늦었어!'

마치 눈이 부글부글 끓기 시작한 것 같았다.

'이제는 나갈 방법이 없어. 텐트 바로 아래에서 멈출 거야. 그래야 해. 아니, 속도가 빨라지고 있잖아. 안 돼. 안 돼. 누군가 옆에 있는데? 소리치는 게 들려. 조나단인가? 킴인가? 말을 할 수가 없어. 벗어날 수가 없어. 어쩌면 갑자기 멈출지도 몰라. 멈추면 나는 묻힐 거야. 정신 차려. "눈사태에 휘말리면 수영을 해서 위로 올라오라"는 말이 있잖아. 배영을 하듯 팔을 저어. 아직 위쪽에 있어. 그 위치를 지켜. 힘차게. 배영을

해. 곧 멈출 거야. 세상에, 통제가 되지 않아. 안 돼. 위쪽에 있어야 해. 안 돼. 뒤집히고 있어.'

옆으로 재주를 넘듯 한 바퀴를 굴렀다. 눈, 하늘, 눈이 눈앞에 나타났다 사라졌다. 올라갔다, 내려갔다, 또 올라갔다. 그다음에는 안으로 파묻혔다.

'안 돼. 눈 밑에 묻혔어. 모든 것이 여전히 빠르게 움직이고 있어. 비행기가 비상 착륙할 때 하는 것처럼 몸을 단단히 웅크리고 있어야 해. 앞가슴 쪽에 공간을 확보해. 멈췄을 때 에어포켓으로 쓸 수 있도록. 그러면 사람들이 나를 파내 줄 때까지 버틸 수 있어. 캠프로 올라오던 사람들이 봤을 거야. 무슨 일이 일어났는지 알 테니 우리를 꺼내 줄 거야. 에어포켓. 몸을 웅크려. 난 할 수 있어. 아직도 빠르게 움직이는 것 같아. 숨을 쉴 수가 없어. 공기가 필요해. 눈앞에 점들이 보여. 검고 흰 점이. 아직 살아 있는 건가? 살아 있어!'

갑자기 얼굴이 표면으로 나왔다. 나는 가능한 빨리 공기를 마시고 팔을 뒤로 저어 가슴까지, 다음에는 무릎까지 빠져나왔다. 주위의 눈이 살아 있는 것처럼 들썩이고 있었다. 옆으로 암석이 흐릿하게 지나갔다. 다음에는 내 발 앞쪽으로 지나갔다. 나는 경사면이 가팔라지다가 모서리 너머로 사라지는 것을 보았다. 갑자기 시간이 느려졌다. 깊게 숨을 들이쉬고 내쉬었다. 그 짧은 순간에 정신을 가다듬을 수 있었다. 나는 우리가 타고 내려오던 경사면의 눈덩이가 몇 천, 어쩌면 몇 만 톤가량 쏟아져 내린 것을 봤다.

'1980년 10월 13일, 31세의 나이에 티베트에 묻히다.'

'다시 눈 속에 갇혔다. 몸을 웅크렸다. 눈덩이가 내 등과 팔을 강타했다. 팔에 심한 충격이 왔다. 난 죽은 걸까? 팔이 아프다. 그렇다면 아직 살아 있는 거다. 들어 봐요, 어머니, 아버지, 동생, 모두 들어 봐요. 모두들 나를 사랑한다는 걸 알아요. 나도 사랑해요. 괜찮아요. 그렇게 나쁜 상황은 아니에요.'

'또 부딪혔다. 아직 살아 있나? 아직 안 죽었어? 통증… 통증을 느끼고 있어! 아픈 걸 보니 살아 있는 게 분명해. 아직 묻혀 있어. 눈을 떠. 얼굴 앞에 흰 눈이 있어. 왔다 갔다 움직이고 얼음처럼 파랗게 변하고, 다시 움직이고. 언제든, 언제든, 최후의 일격이 가해질 수 있어.'

'다시 위로 올라왔다. 가능한 빨리 공기를 들이마셨다. 살아남을 수 있을까? 어쩌면. 그러니까 빨리 숨을 쉬어. 아래로 다시 내려가면 공기가 필요할 거야. 팔을 뻗어. 좋아. 이제 다른 팔도. 다리를 꺼내. 주위가 온통 얼음이야. 얼음이 움직이고 있어. 얼음이 고동치면서 숨을 쉬고 있어. 소음. 얼음이 만드는 소음. 옆으로 바위 절벽이 빙빙 돌며 지나가. 협곡 안에 있는 걸 거야. 바위 표면으로 내려가고 있어.'

'빨리 머리를 굴려 봐. 지금까지 견뎠잖아. 해낼 수 있어. 그럴 거야. 싸워야 해! 헤엄을 쳐! 숨을 빨리 쉬고, 위쪽에 있어야 해! 내 앞에 이본이 있어. 바로 앞에. 그의 머리도 밖으로 나왔어. 기다려 봐. 속도가 떨어지고 있어. 눈사태가 멈추고 있어. 멈췄어!'

'빠져나가자! 아, 움직일 수가 없어. 허리의 로프가 너무 조여서 나갈 수가 없어. 칼은? 배낭은 어디에 있지? 세상에, 눈이 다시 움직여. 다시 시작하려나 봐. 나가야 해, 빨리! 세상에, 또 시작하네! 아래쪽에 절벽이 있어. 그쪽으로 미끄러지고 있는 거야. 안 돼, 그건 아주 깊어. 할 수 있는 한 힘껏 로프를 당겨! 절벽이 가까워져! 잠깐… 다시 속도가 떨어지네. 천천히 천천히 멈추고 있어. 멈추고 있어… 멈췄어! 이제 빨리 나가자. 로프를 풀어야 해. 그래야 나갈 수 있어. 허리를 풀고 고리를 다리 쪽으로 내려, 부츠 위로. 그래, 이제 됐어. 옆으로 기어나가자. 눈사태가 다시 나지 않게 조심해야 해. 골절이 있을 수 있으니까 차분하게. 차분하면서도 신속하게. 그래 그런 식으로 옆으로 기어가. 계속해. 저 바위까지. 바위는 안전해. 눈이 덮치지 않았어. 거의 다 왔어. 이제 안전해. 좋아. 숨을 쉬어. 한 번 더. 살았어. 세상에, 나 살아 있어…!'

숨을 고를 때까지 아무것도 할 수 없어서 헐떡이며 앉아 있었다. 그저 살아 있다고 나 자신에게 말하는 것밖에는 아무것도 할 수 없었다. 어딘가 다쳤을 텐데…. 나는 다리와 팔을 차례로 만져 봤다. 심하게 아팠지만 뼈는 부러지지 않은 것 같았다.

'다들 어디에 있지?' 주위를 둘러보니 10미터쯤 아래에 이본이 보였다. 허리까지 파묻혀 있었지만 천천히 눈에서 빠져나오고 있었다. 얼굴에서 피가 흘렀다. 나는 고개를 돌려 킴을 봤다. 그와 눈이 마주쳤다. 그는 눈을 크게 뜨고 있었다. 곧 죽을 것을 아는 동물 같았다. 입에서 피가 천천히 흘러 그의 이를 물들이고 있었다. 이내 그가 비명을 질렀다. 마치 동물의 울부짖음 같았다.

조나단이 나와 가장 가까운 곳에 있었다. 몇 미터 떨어진 얼음 가장자리였다. 그는 고개를 숙이고 있었다. 허리에 감긴 로프가 이제는 콘크리트처럼 단단하게 굳은 얼음 속에 파묻혀 있었다. 그가 뭔가를 중얼거렸지만 알아들을 수가 없었다. '어쨌든 모두 살아 있다.' 나는 우리 모두 여기서 빠져나갈 수 있다고 생각하며 잠시 바위 위에 누워 있었다. 호흡이 느려졌다. '이제 어떻게 해야 하지?' 나는 괜찮지만 다른 친구들은 도움이 필요하다. 그런데 누구부터?

이본은 빠져 나오기를 포기한 것처럼 아직도 허리까지 눈에 묻힌 채로 등을 대고 누워 있었다. 입술 옆으로 피가 흐르고 있었다. 그는 여전히 빙하용 안경을 쓰고 있었다. '저게 어떻게 가능하지?'

"이본, 괜찮아요?"

"여기가… 어디야?"

그때 킴이 다시 비명을 질렀다. 그는 한쪽 무릎을 꿇은 채 일어나려고 미친 듯이 애를 쓰고 있었다. 아마도 얼음이 다시 움직일 거라고 생각하는 것 같았다.

"숨을 못 쉬겠어." 그가 소리쳤다. 공황 상태에 빠진 목소리였다.

"로프를 풀어!"

내가 소리치자 그는 얼음 속으로 사라진 로프를 잡아당기기 시작했다. 다급하게 로프를 잡아당기며 그가 다시 소리를 질렀다.

"숨을 쉴 수가 없어!"

'킴부터 도와야 해.' 나는 킴에게 가기 위해 일어섰다가 조나단을 내려다봤다. 그 역시 신음을 하고 있었다.

"조나단, 괜찮아?" 그가 웅얼거렸지만 알아들을 수가 없었다.

'조나단부터 돕자. 머리가 비탈 아래로 향해 있어서 움직일 수 없을 거야.' 나는 조나단에게 다가가 그의 눈을 보며 말했다.

"조나단, 우리 모두 살아 있어. 해냈다고. 이제 다 잘될 거야."

그는 대답은 하지 못했지만 나와 눈을 맞췄다.

"걱정 마."

눈사태 다음 날 우리는 킴을 응급 들것에 실어 운반하려 했다. 하지만 척추가 부러진 상태여서 무척 고통스러워했다. 결국 그는 모르핀을 맞으며 트레일의 시작 지점까지 3일을 걸어서 이동했다. 사진: 릭 리지웨이

나는 이렇게 말하며 몸을 굽혔다. 척추가 부러졌을 경우를 대비해 머리와 등에 팔을 넣고 천천히 들어 올려 몸을 바로 해주었다.

"됐어. 이제 조금은 편안할 거야."

그는 여전히 대답을 하지 못했지만 눈을 맞추었다. 킴이 소리쳤다.

"숨을 쉴 수가 없어! 로프, 로프를 풀어 줘!"

"조나단, 킴을 도와줘야 해. 숨을 쉴 수 없대. 곧 돌아올게. 다 잘될

거야." 나는 조나단에게 말한 후 킴에게 가서 로프를 당기지 말라고 말
했다.

"숨을 쉴 수가 없어. 등을 다쳤어. 숨을 쉴 수가 없어!"

"진정해. 로프를 당기지 마. 그래야 내가 풀 수 있지."

킴은 무릎을 대고 쓰러졌다. 나는 그를 달래서 로프가 좀 느슨해지
도록 몇 센티미터 움직이게 했다. 하지만 매듭이 너무 단단해서 풀리
지 않았다. '계속 여기에 매달려야 할까? 아님 다른 친구부터 도와야
하나?' 아래를 봤다. 이본이 눈 속에서 거의 몸을 빼내고 드러누워 있
었다. 멍해 보였다.

"이본, 다쳤어요?"

"무슨 일이야?"

"괜찮아요?"

"여기가 어디야?"

나는 다시 킴에게 몸을 돌리고 간신히 매듭을 풀어냈다.

"됐어, 이제 다른 친구들을 도와야 해."

나는 산사태의 잔해를 헤치고 이본에게로 내려갔다.

"다쳤어요?"

"아닌 것 같아. 무슨 일이 일어난 거지?"

"눈사태가 나서 파묻혔어요. 여기 그대로 계세요. 조나단을 도와야
해요."

조나단에게 가서 상태를 묻기 위해 몸을 굽히는 순간 가슴이 콱 막
히는 느낌이 들었다. 그의 눈이 뒤로 넘어간 상태였다. 그의 입술에 귀
를 댔다. 숨을 쉬지 않았다. 나는 그의 목에 손가락을 댔다. 맥이 빠르

고 강하게 뛰고 있었다. 나는 무릎에 그의 머리를 얹고 손가락으로 혀를 누른 뒤 입 안으로 숨을 불어 넣었다. 한 번, 두 번, 세 번. 아무 반응이 없었다. 다시 한 번, 두 번, 세 번. 반응이 없었다. 그때 갑자기 그의 가슴이 부풀었다 내려갔다. 다시 숨을 쉬기 시작했다. 나는 안도하며 속삭였다. '조나단, 넌 해낼 거야! 괜찮아질 거야. 우리 모두 여기서 살아나갈 거야.'

얼마 지나지 않아 그의 호흡이 다시 멈췄다. 나는 숨을 불어 넣었다. 한 번, 두 번, 세 번. 그가 다시 자발 호흡을 시작했다. 그런데 가슴 안쪽에서 이상한 소리가 들렸다. '아냐, 안 돼. 그런 일은 일어나지 않아. 우리 모두 무사히 여기서 벗어나야 해. 우린 아직 다 살아 있어.'

그는 그렇게 두세 번 숨을 쉬고 호흡을 멈췄다. 나는 다시 그의 입에 숨을 불어 넣으며 자발 호흡을 할 수 있게 했다. 맥박은 여전히 뛰고 있었다. 그를 지켜야 했다. 도와줄 사람들이 도착할 때까지. 반드시.

'캠프 사람들은 어디에 있는 거지? 우리가 눈사태에 휘말리는 걸 봤을 텐데. 그렇다면 지금쯤이면 도착했어야 하는데. 눈사태가 너무 크게 나서 그들도 휩쓸린 게 아닐까? 눈 속에 묻혔는지도 몰라.'

일어나서 주위를 둘러봤지만 다른 사람의 흔적은 없었다. 이본은 이제 일어나서 나를 응시하고 있었다. 킴은 여전히 고통으로 신음을 하면서 얼음 위를 기어가고 있었다. 우리의 붉은 로프가 속이 터진 동물의 창자처럼 얼음덩어리들 사이에 뒤섞여 있었다. 나는 다시 조나단에게 몸을 돌렸다. 그는 또다시 숨을 멈췄고 나는 또다시 인공호흡을 시작했다. 가슴이 부풀어 올랐다가 내려갔다. 내가 숨을 불어 넣자 가슴이 올라갔다가 멈추고 이내 가라앉았다. 그리고 스스로 다시 올라갔다가… 멈췄다. 나는 그를 지켜보면서 기다렸다. 그리고 입에 다시 숨을 불어 넣었다. 목에 손을 대보았다. 아직 심장이 뛰고 있었다.

이본이 다가와서 몇 센티미터 떨어진 곳에 섰다. 그는 허수아비처럼 움직이지 않고 서 있었다. 얼굴에는 피가 흘렀다.

"정말 괜찮은 거예요?"

"도통 기억이 나질 않아."

"큰 눈사태가 일어났어요. 500미터, 어쩌면 600미터 정도 굴러 떨어졌어요. 저도 잘 모르겠어요. 어쨌든 상당한 거리예요. 다 살아 있는데 조나단이 많이 다쳤어요."

"여기가 무슨 산이야?"

"이본, 가서 킴을 좀 도와주세요."

이본이 킴을 바라봤다. 킴은 이제 얼음에서 벗어나 옆으로 누운 채 몸을 웅크리고 신음하고 있었다.

"여기가 무슨 산이지?"

이본이 갑자기 자신이 묻혀 있던 곳을 향해 걸어가기 시작했다. 몇 미터 떨어지지 않은 절벽으로 갈까 봐 겁이 났다.

"이본, 돌아다니지 마세요. 이쪽으로 와요."

어리둥절한 상태로 그는 몸을 돌려 다시 내 쪽으로 오기 시작했다. 도움이 필요했다. '사람들은 어디 있는 거야?'

"도와주세요!" 내가 소리쳤다. "여기 아래쪽이야. 도와줘!"

대답은 없었다. 나는 다시 소리쳤다. 이본이 다시 내 곁에 와서 서 있었다.

"여기가 어디라고?"

"미냐콩카잖아요, 이본."

"어디?"

"미냐콩카. 티베트. 중국."

나는 조나단에게로 몸을 돌려 인공호흡을 계속했다. 숨을 불어 넣을 때마다 그의 가슴에서 쉭 하는 소리가 났다. 나는 그가 자발 호흡을 하도록 기다렸다. 그의 머리는 여전히 내 무릎 위에 있었다. 나는 그의 머리칼을 쓰다듬으며 그의 얼굴을 내려다봤다. 입술이 새파랬다. 곧이어 존재의 일부가 증발해 버린 것처럼 갑자기 얼굴이 창백해졌다. 일 초도 안 되는 사이에 조금 전까지와는 전혀 다른 존재가 된 것 같았다. 나는 계속 그의 머리카락을 쓰다듬었다. 그리고 고개를 숙여 그의 이마에 입을 맞추고 머리를 바닥에 내린 뒤 편안하게 보이도록 팔을 상체 위에 모아 주었다. 이본이 서서 지켜보고 있었다. 그는 아무 말도 하지 않았다. 아직 이 상황을 이해하지 못한 것 같았다.

"이본, 조나단이 방금 죽었어요."

베이징에서 청두로 향하는 열차에서 조나단 라이트. 나는 그의 일기를 읽다가 그의 불교 스승, S. N. 고엔카의 말을 발견했다. "당신의 이름과 당신이라는 사람 중에 어떤 것이 더 소중한가? 당신이라는 사람과 당신이 가진 것 중에 어떤 것이 더 가치 있는가? 득과 실 가운데 어떤 것이 더 큰 문제인가?" 사진: 릭 리지웨이

4

모험의 시작

눈사태를 겪은 다음 날 나는 해가 뜨자마자 다른 사람들이 텐트에서 나오기 전에 캠프를 나섰다. 조나단과 단 둘이 시간을 갖고 싶었다. 그의 주검이 있는 곳으로 가자 전날 다른 사람들이 푸른색 비박용 자루를 덮어 놓은 것이 보였다. 나는 그것을 잡아당겼다. 그는 무릎을 굽힌 채였고 팔은 가슴 앞에 교차되어 있었다. 아래쪽에는 내가 놓아둔 그의 배낭이 있었다. 배낭이 옆에 있으면 그가 따뜻해할 것 같았다. 나는 그것을 열고 그의 아내에게 가져다 줄 것이 있는지 살폈다.

카메라는 망가졌지만 필름이 온전한 것을 보고 내 배낭에 챙겼다. 조금 떨어진 곳에 그의 야구모자가 있었다. 어떻게 해서인지 눈사태로 그 먼 거리를 밀려 내려오면서도 우리 곁에 있었던 물건이었다. 그는 매일 그 모자를 썼다. 땀 때문에 테두리는 색이 바랬지만 거기에 그가 적어둔 자신의 이름자와 '옴마니반메훔'이라는 글자는 선명히 보였다. 핏자국이 있어서 그의 아내에게 주어도 좋을지 망설여졌다.

주위를 둘러보다가 경사면에서 돌출된 바위를 찾았다. 주변의 평평한 암석들이 단을 만들기에 적합해 보여서 나는 관대를 만들기 시작했

다. 곧 다른 사람들이 합류했고 우리는 조용히 작업을 했다. 해가 높이 떠서 재킷을 벗었다. 관대를 완성한 후 우리는 조나단의 시신을 어깨에 멨다. 한쪽에 두 명씩이었다. 몸이 얼고 무거워서 걸음을 옮기기가 힘들었다. 부츠 밑에서 조약돌이 짤각거리는 소리가 들렸다. 시신에서는 냉기가 느껴졌고 얼굴에는 태양의 열기가 느껴졌다. 입술에서는 땀 때문에 소금 맛이 났다.

단 위에 그를 눕혔다. 굽은 무릎이 살짝 휘어진 봉분 안쪽에 딱 맞았다. 우리는 돌로 그의 시신을 덮고 무덤 위에 대나무 지팡이 두 개를 꽂아 기도문 깃발을 걸었다. 산들바람에 깃발이 펄럭였다. 위쪽에서는 빙하의 서쪽 사면이 측퇴석 쪽으로 굴러 떨어졌다. 빙하의 귀퉁이에서 녹은 물이 야룽강, 양쯔강, 동중국해를 향하는 여정을 시작하고 있었다.

우리는 들어왔던 길을 따라 베이스캠프를 떠났다. 킴은 부상 부위를 고정하기 위해 상체에 수면 패드를 둘렀다. 나중에야 척추에 금이 가고 무릎에 손상이 있었다는 것을 알게 되었다. 그는 양손에 하나씩 스키 폴을 들고 천천히 걸었다. 팀 닥터가 모르핀을 주었지만 그의 표정에서는 여전히 통증이 느껴졌다. 하늘은 맑고, 가벼운 산들바람이 불었다. 말이 겁을 먹고 비탈에서 미끄러지는 사고가 있었던 산길에서 우리는 몸을 돌려 마지막으로 미냐콩카를 눈에 담았다.

"이 산은 너무 높군." 이본이 말했다 "망할 놈의 산"

우리는 두 개의 지팡이 사이에 기도 깃발을 묶었고 내가 조나단의 무덤 위에 마지막 돌을 놓았다. 사진: 에드가 보일즈

3일 후에야 길 입구에 도착했다. 우리를 청두로 데려다 줄 차량은 다음 날 아침 도착하기로 되어 있었다. 청두에서 항공편으로 베이징에 간 뒤 집으로 갈 예정이었다. 우리는 마을에 있는 학교의 콘크리트 바닥에서 잠을 잤다. 그날 저녁 눈이 내렸다. 나는 조나단의 무덤이 눈에 묻히는 모습을 상상했다. 베이스캠프를 떠나기 전 카메라맨 한 명과 나눴던 대화가 떠올랐다. 일부 팀원들이 눈사태를 유발했다고 우리 팀을 비난한다는 이야기였다. 그들은 특히 내가 영화를 만드는 것, 영화를 찍기 위해 정상에 도달하는 것에만 집중했다고 말하며 더 큰 경멸감을 표현했다. 그들은 그 둘 모두가 내 개인의 명예를 위해서라고 생각했다.

나는 다른 사람들이 일어나기 전 조용히 일어나 앉은 뒤 교실 벽에 몸을 기댔다. 팀원 하나가 일어나서 소음을 만들지 않으려 조심조심 옷을 입고 밖으로 나갔다. 팀 내의 다른 많은 사람들처럼, 그는 그랜드 티턴 국립공원 쪽에 사는 가이드였다. 그가 유난히 나를 비난한 사람 중 하나였다는 얘기를 들었다. 하지만 나는 눈사태에 대해서 다른 사람들보다 더 큰 책임감을 느끼지는 않았다. 우리는 위험을 관리하지 못했고 그것은 우리 모두의 실패였다.

밖에서 개똥지빠귀 한 무리의 웃음소리가 들렸다. 나는 팀원들을 바라봤다. 슬리핑백에 파묻힌 그들은 형형색색의 고치들이 흩어져 있는 것 같았다. 다른 건 몰라도 영화에 집중했다는 사람들의 지적은 옳았다. 그들에게 내가 편집광처럼 비춰질 수 있다는 것도 알고 있었다. 끝없이 이어지는 개똥지빠귀들의 웃음소리를 들으며 나는 생각했다. '저 새들도 나를 비웃는 걸까?'

팀원들이 일어나 앉기 시작했다. 조나단과 친했던 에드가 보일즈가 조나단의 일기를 읽고 있었다. 그는 조나단이라면 자신의 일기를 읽도록 허락해 주었을 거라고 생각하고 있었다. 에드가는 내게 조나단이 나와의 우정, 작가-사진작가 팀으로서의 협력 관계에 대해서 자주 언급했다고 말해 주었다. 내 이기심에 대한 이야기는 없었지만, 거기에 그런 내용이 없다고 해서 내가 해결할 문제가 없다는 의미는 아니라는 것을 알고 있었다. 나는 에베레스트 베이스캠프에서 내려오던 날을 떠올렸다. 등산객들이 크리스 챈들러를 멈춰 세워 사인을 요청하던 그때 말이다. 조나단은 내가 아쉬워한다는 것을 알아차리고 나에게 다가와 히말라야에 다시 돌아와 불교 사원에 함께 가자고 이야기했다. 그리고 다른 말은 없었다. 굳이 할 필요가 없었다. 언젠가 사원에 가자는 그의 말이 우리 삶에서 진짜 중요하고 가치 있는 것에 대해 생각해 볼 시간을 갖자는 의미라는 것을 나 역시 알았기 때문이다.

그 기억에 가슴이 따뜻해졌다. 불교 사원에 갈 날이 있을지는 모르겠지만, 그의 삶의 방식 일부가 내 삶에 녹아든 덕분에 나는 더 나은 사람이 될 수 있었다.

에드가가 조나단의 일기를 다 읽은 후 나는 그것을 빌려 달라고 부탁했다. 그리고 훗날 조나단의 아내에게도 아시아, 그가 다른 어떤 곳보다 사랑해서 딸아이의 이름으로 택한 그곳을 기록한 다른 여행 일기를 빌려 달라고 부탁했다.

개똥지빠귀 소리는 계속 이어졌다. 하지만 더 이상 비웃음처럼 들리지 않았다. '그들은 나를 비웃는 게 아냐. 개똥지빠귀는 개똥지빠귀가 할 일을 하고 있는 것뿐이야.'

나는 히말라야의 고산 지대를 걷고 있었다. 사람도 나무도 없었고 길은 탁 트여 있었다. 멀리 산들이 병풍처럼 서 있는 게 보였다. 별다를 것 없는 수직 암벽이었다. 나는 기슭을 따라 걷다가 암벽 한가운데 있는 문 앞에 도착했다. 문은 굳게 잠겨 있었다. 두드려도, 소리를 질러도 아무도 나오지 않았다. 아무 대답도 없었다. 나는 문에 귀를 댔다. 반대 편에서는 아무 소리도, 누구의 소리도 들리지 않았다.

나는 눈을 떴다. 잠시 내가 어디 있는지 알 수가 없었다. 창문을 가린 얇은 커튼을 통해서 들어온 빛이 호텔 방의 연한 녹색 벽을 흐릿하게 비추고 있었다. 자전거 벨소리가 들렸다. 나는 베이징에 있었다. 미냐 콩카에서 집으로 가는 길이었다. 나는 침대에 누워서 그 꿈에 대해 생각했다. 눈사태에서 생환한 후에 두 번째로 그 꿈을 꾼 참이었다. 문 반대편에 무엇이 있었는지, 왜 같은 꿈을 두 번이나 꿨는지 궁금했다.

자리에서 일어나 창가로 걸어갔다. 날이 막 밝은 때인데도 이미 수백 대의 자전거가 하루의 일을 시작할 장소로 향하고 있었다. 집으로 가는 비행기를 타기 전에 도시를 돌아볼 시간이 하루 더 있었다. 나는 옷을 입고 아침 식사를 하기 위해 아래층으로 내려갔다. 팀원들 몇 명이 그곳에 있었지만 여전히 나를 냉대했다. 하늘은 푸르렀고 공기는 차갑지만 깨끗했다. 우리는 여행을 위해 미니버스에 올랐다. 정류장 가운데 하나는 베이징 동물원이었다.

다른 사람들이 대형 포유류를 보는 동안 나는 조류장에서 꿩을 바라봤다. 금계, 은계, 레이디 애머스트, 긴꼬리꿩, 테밍크트라고판을 비롯한 일곱 종이 있었다. 모두 중국이 원산인 종들이었다. 푸른귀꿩과 흰귀꿩도 있었다. 나는 두 종을 비교해 보았다. 검은 왕관과 짙은 색 꼬리털, 짙은 색 날개깃으로 보아 내가 미냐콩카 기슭의 사원 위 언덕에서 본 새들이 푸른귀꿩이 아니라 흰귀꿩이라는 것을 확인할 수 있었다.

호텔로 돌아오는 버스 안에서 나는 자전거 페달을 밟는 수많은 사람들을 보았다. 모두가 똑같은 인민복을 입고 있었다. 자전거도 모두 같은 모델이었고 모두가 같은 벨소리를 내는 같은 핸들바 벨을 달고 있었다. 나는 꿩과 뒷마당에 있던 내 동물원에 대해서 생각했다. 당시에는 내가 그 새들의 원산지인 중국과 아시아의 오지에 오리라고는 상상도 하지 못했다. 그런 생각은 지나치게 허황된 상상이었다. 지금의 나는 그런 곳을 이미 몇 곳 돌아보았다. 그러나 앞으로도 그럴지는 확신할 수가 없었다. 내가 모험을 계속할 수 있을까? 내 인생은 어떤 이야기로 남게 될까? 그러다 나이가 들면 다시 꿩을 키울 수 있겠다는 생각이 들었다. 그 생각에 미소가 지어졌다. 나는 계속해서 창밖을 바라보았다. 갑자기 꿈에 나온 문의 반대편에 무엇이 있는지 알 것 같았다. 그 문은 내 어린 시절로 되돌아가는 길이었다.

아버지가 집을 태워 버리고 남태평양으로 떠난 뒤 친구네 에어스트림 트레일러에 살며 남은 학기를 마친 나는 고등학교를 졸업할 때까지 어머니와 살기 위해 캘리포니아 남부로 돌아왔다. 3년 만에 돌아온 집은 많이 변해 있었다. 뒷마당 동물원이 있던 우리집 목장은 어느 건축회사의 자재 창고가 되어 있었고 내가 초등학교를 다녔던 마을도, 한 칸짜리 은행과 작은 식료품점, 대장간, 믹싱시럽으로 콜라를 만들어 내던 잡화점이 있는 올리브란 이름의 마을도 사라지고 없었다. 대신 오렌지 카운티와 애너하임 시티가 자라나는 암세포처럼 시 경계를 넓혀가면서 거의 똑같이 생긴 주택 단지로 변해 있었다.

나는 10대 초반, 산타아나강에 접한 관목 지대에서 22구경 단발식 권총으로 메추라기와 토끼를 사냥하곤 했다(강바닥은 이제 콘크리트 수로가 되었다). 그리고 혼다90이라는 모터스쿠터를 가지고 있었는데, 몇 번 수업을 빼먹고 로스앤젤레스 분지 위의 샌가브리엘산까지 운전해서 볼디산 정상에 올라갔다.

해발 3000미터가 조금 넘는 볼디산은 샌가브리엘산맥에서 가장 높은 봉우리로, 거기에는 양쪽 면이 가파른 낭떠러지인 데블스백본이라는 구역이 있었다. 나는 봄과 여름에 한 번씩 정상에 오른 후 데블스백본이 얼음으로 덮인 겨울에 등반을 시도했다. 다행히 무사히 정상까지 올라갔다 내려올 수 있었지만 너무 미끄러워서 사고가 날 뻔한 순간이 여러 번 있었다. 빙벽을 오르는 게 얼마나 위험한 일인지 깨닫게 되는 순간이었다. 나에게는 부츠와 크램폰과 아이스 액스가 필요했다. 에베레스트 정상에 선 짐 휘태커의 사진에서처럼 말이다.

동네의 스포츠용품점에는 크램폰과 아이스 액스가 없었다. 하지만 《서밋》이라는 잡지에 등반 장비를 보유한 상점의 광고가 실려 있었다. '하이랜드 아웃피터'라는 이름의 그 상점은 그리 멀지 않은 리버사이드에 있었다. 당시 고등학교 졸업반이었던 나는 혼다 스쿠터를 1949년 산 쉐보레 미니밴으로 바꾸고, 학교 친구 몇 명을 태워 리버사이드까지 갔다. 우리는 거기에서 부츠, 크램폰, 아이스 액스와 《등산 마운티니어링(Freedom of the Hills)》이라는 책을 샀다. 선반에 있는 것 중에 우리의 새로운 장비 사용법을 다룬 유일한 교본이었다. 그리고 해발 3500미터 샌고르고니오산 정상으로 향하는 트레일 기점으로 차를 몰았다. 젖은 눈을 뚫고 힘겹게 산에 오른 우리는 정상까지 절반쯤 되는 지점에 캠프를 설치했다. 눈 위에서 잠을 자는 것은 모두 처음이었다. 나는 해가 지기 전 몇 시간을 이용해서 군용 텐트 위쪽의 사면을 올랐다. 그리고 《등산 마운티니어링》에서 읽은 대로 몇 번이나 일부러 사면에서 미끄러지면서 아이스 액스로 '추락'을 저지했다. 다음 날 매서운 추위에 등산을 포기한 친구들을 캠프에 남겨 두고, 나는 혼자 캘리포니아 남부에서 가장 높은 봉우리에 올랐다.

어머니는 고등학교 졸업 선물로 '아웃워드 바운드'라는 산악학교에 나를 등록해 주셨다. 그곳에서 너덜너덜해진 《등산 마운티니어링》에서보다 더 나은 등반 기술을 배우게 되길 바라셨다. 나는 쉐보레 미니밴을 몰고 오리건 캐스케이드로 갔고 한 달 동안 기본 등반과 암벽등반 기술을 익혔다.

그해 초 나는 대학을 선택해야 했다. SAT 점수가 그리 높지 않았고 금전적인 여유도 많지 않았기 때문에 일류 대학은 무리였다. 그때 아버지의 엽서가 눈에 들어왔다. 당시 아버지는 하와이에 있는 ICBM(Intercontinental Ballistic Missile, 대륙간탄도미사일) 사정권을 추적하는 광학 시스템 관련 군수업체에서 일을 하고 있었는데 매달 나에게 엽서를 보냈다. 남태평양에서 온, 가슴을 드러낸 여자들이 활짝 웃고 있는 엽서에는 한결같이 '내가 잘 지내길 바라고 다시 나를 만나길 고대한다'는 메시지가 담겨 있었다. 하와이라니. 그곳은 내가 오를 수 있는 산이 많지 않다는 점만 제외하면 모든 면에서 환상과 같았다. 그 섬은 바다로 둘러싸여 있었고 나는 고등학교 때 이미 서핑을 시작했었다.

1967년 가을, 나는 하와이 대학에서 첫 수업을 들었다. 서핑을 계속

1967년 오리건 캐스케이드에서의 아웃워드 바운드 과정 동안 사우스시스터 정상에 오르는 모습. 사진: 로리 쉐리던

하긴 했지만, 항구에 요트를 가지고 있는 이웃을 만나면서 서핑은 곧 항해에 대한 열정에 가려졌다. 1학년이 끝나갈 무렵에는 5명의 친구들과 함께 11미터짜리 슬루프(sloop, 돛대가 하나인 작은 범선-옮긴이)를 타고 타히티로 항해를 떠났다.

나는 19살이었고 그것은 내가 처음 경험한 큰 모험이었다. 나는 항해에 완전히 매료됐다. 학업을 위해 하와이로 돌아왔지만 시간이 날 때마다 계속 섬 주변을 항해했다. 그리고 프랑스령 폴리네시아에서 멕시코로, 그곳에서 다시 파나마 해변으로 또 한 번의 원거리 항해를 해냈다.

파나마에서 나는 25미터 길이의 알덴 스쿠너(schooner, 돛대가 두 개 이상인 범선-옮긴이)를 가지고 있는 사람을 알게 되었다. 30대 중반인 그와 그의 1등 항해사는 운하 지대에 있는 소총 사격 연습장에서 22구경 탄약을 사려는 계획을 갖고 있었는데 나에게 같이 해보자고 제안했다. 그들의 계획은 배를 몰고 콜롬비아로 가서 고지대 원주민들과 탄약을 거래하는 것이었다. 그곳 원주민들이 생계 때문에 소총을 사용하는데 탄약이 부족해 어려움을 겪고 있다고 했다. 듣자 하니, 원주민들은 에메랄드 광산에서도 일을 하는데 원석을 몰래 빼돌려 탄약과 맞바꾸는 것 같았다. 그 보트 주인과 동료는 맞바꾼 에메랄드를 스쿠너에 싣고 인도 상인들이 국제 원석 무역을 하는 피지로 가서 판매한 다음, 그 돈으로 섬을 사서 '모험 항해 전문' 리조트 사업을 시작하는 것이 최종 목표라고 했다.

고백하건대, 나는 평생 나 자신을 기업가로 생각해 왔지만 사업 계획의 실현 가능성을 세심히 살피는 기술을 개발하는 데는 상당한 시간이 걸렸다.

우리는 22구경 탄약 5만 발을 주문했다. 하지만 상대 쪽에서 그 정도의 탄약을 얻으려면 몇 주는 걸린다고 말해, 인근에 있는 휴양지 섬으로 가서 기다리기로 했다. 그곳에서 우리는 세 명의 여성을 만났고 그들 역시 이번 항해에 동참하기로 했다. 나는 다른 사람들이 운하 지대에 가서 피지까지의 긴 항로를 위한 보급품을 구입하는 동안 세 명의 여성 중 한 명인 캔디스와 배에서 일을 하고 있었다. 그때 파나마 해군 순찰대의 배가 우리 옆으로 다가왔다.

캔디스와 나는 체포됐다. 그녀는 여자 교도소로 끌려가고 나는 남자

교도소의 구치소에 던져졌다. 그 안에는 수십 명의 사람들이 있었는데 대부분이 취해 있었다. 그때 나는 내 상황이 얼마나 심각한지 확실히 알지 못했다. 취해 있는 사람 중 한 명은 꽤 어린 친구였는데 간수들에게 욕을 하다가 잠이 들었다. 동이 트기 전 간수들이 들어와 그를 끌고 가더니 한 시간쯤 뒤 심하게 맞은 상태로 다시 데려왔다. 동이 틀 때쯤 그는 죽었다. 간수들이 들어와서 그의 팔을 잡고 시신을 구치소 밖으로 끌고 나갔다.

이틀 후 나는 2층에 있는 감방으로 옮겨졌다. 폭 2.4미터, 길이 3.7미터의 공간에 8명이 더 있었다. 가장 고참인 두 사람, 30대 초반의 크리올(Créole, 백인과 흑인의 혼혈인-옮긴이)과 20대 중반으로 보이는 건장한 메스티조(mestizo, 스페인인과 북미 원주민의 피가 섞인 라틴아메리카 사람-옮긴이)가 벽 쪽의 2층 침상에서 자고 다른 사람들은 판지 위에서 잤다. 화장실은 없었지만 감방이 복도와 면해 있었고 그 끝에 변소가 있었다. 곧 철창 밖으로 팔을 내밀고 '이아베(Llave, 스페인어로 '열쇠'라는 뜻)'라고 소리를 치면 간수들이 떠나도 좋다는 허락의 신호를 보내는 절차를 익히게 됐다. 감방의 문은 사실상 잠겨 있지 않았다(따라서 그냥 걸어서 복도로 나가 변소에 갈 수 있었다). 하지만 복도 자체에 이중으로 잠긴 문이 있었고 간수들이 총을 들고 수감자의 뒤를 따라왔다.

이감이 되고 둘째 날, 간수 두 명이 내가 있는 감방에 와서 자신들과 함께 나가자는 지시를 내렸다. 그들은 나를 작은 방으로 데려갔다. 방에는 민간인 복장의 다른 두 남자가 있었다. 심문관인 것 같았다. 의자세 개와 작은 탁자가 있었고, 그들은 의자 하나를 가리키며 내게 앉으라고 말했다. 나는 전기선이나 채찍, 벽에 튄 핏자국이 없는 것을 눈으로 확인하며 마음을 가라앉히기 위해 노력했다.

"마리화나는 어디에 있지?" 한 사람이 말했다.

"우리는 당신을 해치지 않을 겁니다." 다른 사람이 덧붙였다.

나는 좋은 경찰과 나쁜 경찰을 구분할 능력이 없었지만 진실을 말하기로 마음을 정한 상태였다. 우리는 범죄를 저지르지 않았다. 22구경 탄약 5만 발을 주문한 것이 죄가 아닌 한은 말이다.

"너희들은 탄약을 마리화나와 교환했어. 마리화나는 어디 있지?"

심문관은 협박과 확언을 교대로 반복했다. 나는 계속 같은 이야기를 했다. 마리화나는 없다고.

끝없이 계속될 것 같은 시간이 흐른 뒤, 간수들이 나를 감방으로 다시 데려갔다. 같은 방 사람들은 무슨 일이 있었느냐고 묻지 않았고 나도 이야기하지 않았다. 다음 날 두 남자가 다시 찾아왔다. 한 시간 동안 똑같은 대답을 한 후에 나는 다시 감방으로 돌려보내졌다.

나는 체포될 당시 소지품(주소록, 펜, 노트, 항해 중 야간 경계를 설 때 즐겨 피웠던 담배와 파이프)을 넣은 가방을 소지해도 좋다는 허락을 받았었는데, 심문을 받고 돌아오니 아래 쪽 침상 위에 놓아두었던 내 가방이 없었다.

"내 가방 어딨어?"

아무도 대답하지 않았다.

"누가 내 가방 가져갔어?"

"무슨 가방?" 몸이 좋은 메스티조가 말했다. 그는 1층 침대를 차지하고 있었다.

"빨간색 작은 가방."

그는 어깨를 으쓱했다. 그를 따라 다른 사람들도 나를 외면했다. 나는 1층 침대에 앉았다. 낮 동안에는 침대에 앉아도 괜찮았다.

잃어버린 가방에 대해서 모른 척하면 안 될 것 같았다. 안에 있는 물건이 문제가 아니었다. 이 도둑질을 묵인하면 무슨 일이 생길지 모른다는 게 문제였다. 감옥에 얼마나 있게 될지 알 수 없는 일이었다. 일주일? 한 달? 1년? 만약 내가 가방을 빼앗긴 일을 문제 삼지 않는다면 이 지옥의 한쪽 구석에 처박혀 있는 동안 괴롭힘과 따돌림을 당할 것 같았다.

나는 침상에 앉아 무릎에 팔을 올린 뒤 손을 모았다. 다른 녀석들의 다리와 발이 보였다. 그들은 쇠창살이 있는 창문에서 역시 쇠창살이 있는 출입문까지 두서없이 걸으며 자기들끼리 잡담을 시작했다. 내가 용기를 낼 수 있을까? 나는 학교에서 싸워 본 적이 없었다. 복싱을 배워 본 적도 없었다. 어린 시절 남동생과 투덕거린 것 외에는 누군가를 때려 본 일도 없었다. 그걸 지금 할 수 있을까?

그때 창문에서 문 쪽으로 걸어가는 우두머리의 발이 보였다. 그는 내게 등을 보이고 있었다. 나는 있는 힘을 다해 그를 밀치고 창살 사이로 그의 머리를 집어넣었다. 그리고 주먹을 그의 머리에 내리꽂았다. 다시 한번 팔을 구부려 주먹을 날릴 자세를 취했지만, 다른 녀석들이 고함을 치며 나에게 달려들어 주먹질을 해댔다. 다른 감방에서도 고함 소리가 이어지더니 호루라기 소리와 달려오는 발소리가 들렸다.

"그만해!"

간수들이 감방에 들어와 모두에게 일어서라고 명령했다. 사람들이 내 등에서 떨어져 나갔다. 한 놈이 이렇게 속삭였다. "너는 잠드는 순간 죽었어."

내가 일어섰다. 간수들은 방아쇠에 손가락을 대고 사격 준비 자세를 취하고 있었다.

"무슨 일이야?" 한 사람이 물었다.

"제 가방을 훔쳐 갔습니다." 내가 말했다. "제 소지품이 들어 있는 작은 가방입니다."

"그래서 어떻단 거야?" 또 다른 간수가 답했다.

"이 미국 놈 가방은 어딨어?" 또 다른 간수가 말했다. 그는 체격이 크고 뚱뚱했다. 나는 그가 선임이라는 것을 눈치챘다.

"아무도 훔치지 않았습니다." 우리 방의 우두머리가 오만하게 답했다. 머리에 작은 상처가 나 있었다. 상처가 더 크지 않아서 실망스러웠다.

"미국 놈 물건을 내놔." 어떤 목소리가 말했다.

간수까지 모두가 고개를 돌렸다. 건너편 방의 죄수가 이쪽을 바라보며 서 있었다. 그는 짧게 깎은 흰머리에 검은 눈을 가진 50대 정도의 메스티조로 늘 셔츠를 단정하게 바지 안에 넣어 입었다. 매일 한 시간씩 주어지는 운동 시간에 콘크리트 마당으로 나가면 모두가 그가 지나갈 때 "안녕하십니까, 마젤란 형님"하고 공손히 인사를 했다.

"그 미국 놈 물건을 내게 달라고." 마젤란이 다시 말했다.

우두머리가 자기 침상의 매트리스를 들자 안쪽에 솜을 파낸 부분이 드러났다. 그는 내 가방을 꺼내 마젤란에게 건넸다.

"미국 놈이 내 감방에 있었으면 하는데." 마젤란이 선임 간수에게 말했다.

간수가 고개를 끄덕이고 복도 건너 마젤란의 감방으로 나를 끌고 갔다. "용기가 필요했을 텐데." 마젤란이 말했다.

나는 고개를 저었다. 너무나 당황해서 답을 할 수가 없었다.

그가 담배를 꺼내면서 말했다.

"나는 배짱 있는 놈을 좋아해." 그러더니 몸을 돌려 새로운 감방 사람들에게 나를 소개했다.

마젤란의 영향력이 어디에서 나오는지는 알 수가 없었다. 하지만 모든 수감자들이 그에게 공손하다는 것만은 분명했다. 간수들조차 그를 존중했다. 다른 수감자에게 하는 것처럼 명령을 내리는 법이 없었고 허술한 식사를 하러 식당에 가는 길에 빨리 움직이라며 총열로 찔러대는 일도 없었다. 그 영향력의 근원이 무엇이든 나는 그의 보호가 반가웠다. 위험은 현실이었으니까. 어느 날 밤 탈옥 시도가 있었고 간수들이 감옥 주위의 담을 넘으려던 사람들에게 총을 쏴서 네 명이 목숨을 잃었다.

나의 가장 큰 문제는 감옥에 얼마나 있어야 하는지 확실치 않다는 점이었다. 그런데 뜻밖에도 알덴 스쿠너의 소유주가 그 배를 파나마의 장군들에게 몰수당하면서 나는 풀려났다. 캔디스도 같은 날 방면됐고 우리는 그녀의 친구들과 축하 만찬을 가졌다.

캔디스는 감옥에서 꽤 괜찮은 대우를 받았다고 했다. 그러나 하루는 얼굴에 곰보 자국이 있는 마누엘 노리에가의 사무실로 끌려갔다. 그의 제안은 간단했다. 자유를 대가로 밤을 보내는 것이었다. 캔디스의 대답은 이랬다. "엿이나 먹어!"

캔디스가 풀려났기 때문에 친구들은 함께 미국으로 돌아가길 바랐다. 하지만 그녀는 법학대학원을 시작할 때까지 7개월의 시간이 더 있었고 그 시간을 미국에서 보내고 싶어 하지 않았다.

"난 남아메리카로 갈 거야." 그녀가 내게 말했다. "너도 같이 갈래?"

다음 날 어머니에게 왜 한 달 동안 소식을 전하지 못했는지 설명하는 편지를 썼다. 며칠이면 편지가 도착하리라는 것을 알았지만 그 전에 내가 가진 얼마 안 되는 돈을 들여 어머니께 전화를 해야 한다는 생각이 들었다.

내가 "여보세요"라고 하자 어머니가 말씀하셨다. "리처드! 통 소식이 없어서… 너 괜찮은 거니?"

나는 어머니께 감옥에 갔었다고 말씀드렸다. "세상에…"라고 탄식하는 목소리만 들어도 충격을 받으셨다는 것을 알 수 있었다. 지금은 괜찮다고 말하는데 어머니가 우는 소리가 들렸다. 그간의 사연을 소상히 적은 편지가 곧 도착할 거라고, 전화비가 너무 비싸서 오래 통화하지 못한다고, 남아메리카로 갈 생각이지만 법을 어기는 일이 없도록 조심할 것이라고 이야기했다.

그 후 몇 개월 동안, 캔디스와 나는 차를 얻어 타고 값싼 버스를 타면서 콜롬비아와 에콰도르를 여행했다. 페루에 도착했을 때는 심한 엘니뇨(El Niño, 페루 및 에콰도르의 서부 열대 해상에서 바닷물 수온이 평년보다 높아지는 현상-옮긴이) 때문에 홍수가 나서 해안 도시로 도망쳐야 했다. 그래서 우리는 생각보다 많은 돈을 써서 리마행 DC-3(프로펠러기) 티켓을 끊었다.

그 무렵은 남태평양으로의 항해를 포함해서 여행을 한 지가 1년이

넘은 때였다. 리마에서 머물던 어느 날 나는 캔디스에게 말했다.

"리마에서 한동안 머물고 싶어. 대학에서 수업을 좀 듣고, 산에 가서 등반가들을 만날 수 있는지 알아볼래. 등반으로 돌아가야겠어."

어려운 결정이었다. 캔디스와 남아메리카 남부를 더 여행하고 싶은 마음도 있었지만 언젠가 교수가 되고 싶은 꿈도 있었다. 여기에서 대학에 다니면 대학원에 입학하는 데 도움이 되는 학점을 딸 수 있을 터였다. 우리는 리마에서 서로를 꼭 안아 주고는 헤어졌다. 나는 혼자 싸구려 버스에 오르는 그녀를 지켜봤다. 어깨에 배낭을 멘 그녀에게서는 혼자 여행을 하는 데 대한 두려움은 찾아볼 수 없었다. 그녀는 볼리비아, 칠레, 아르헨티나에서 전보를 보내 주었다.

대학에서 한 학기를 마친 나는 코르디예라블랑카 기슭에 있는 안데스의 작은 마을로 가는 저렴한 버스표를 샀다. 듣기로 등반가들이 모여 등반 계획을 세우는 곳이라고 했다. 어머니가 고등학교 시절 샀던 부츠와 크램폰, 아이스 액스를 보내 주셨고, 그곳에서 크리스 챈들러를 비롯한 몇 명의 등반가를 만나 그들의 지도와 보호 아래 등반을 배웠다. 이후 2년 동안 페루 안데스와 리마를 오가는 생활을 했다. 몇몇 새로운 루트를 개척했고 첫 등정에도 성공했다. 이후 크리스가 미국 200주년 에베레스트 원정대에 참여하게 해주었고 그것은 미국 K2 원정대와 미냐콩카 원정대 초청으로 이어졌다.

←

에베레스트 위성봉 쿰부체. 조나단과 나, 크리스 챈들러가 에베레스트 제1캠프에서 휴식을 취할 때 조나단이 찍은 사진이다. 조나단의 사인이 있는 이 사진은 내 아파트 벽에 40년간 걸려 있었다. 사진: 조나단 라이트

잃는 것과 얻는 것 중
무엇이 더 문제인가?

미냐콩카에서 집으로 돌아오는 길에 나는 베이징에서 도쿄를 들러 로스앤젤레스로 향했다. 그리고 해변의 판잣집으로 돌아오기 전 조나단의 장례에 참석하기 위해 아스펜으로 갔다. 장례식이 끝난 후 나는 그의 아내와 16개월 된 그의 어린 딸 아시아와 함께 산책을 했다. 우리는 시냇물 옆 바위에 앉아 조나단이 목숨을 잃은 눈사태에 대해 이야기했다. 간혹 아스펜의 앙상한 나뭇가지에 쌓인 눈이 땅에 떨어지면서 희미한 쿵 소리를 내서 시냇물이 흐르는 소리에 끼어들었다. 아시아는 엄마 품에 안겨 잠들어 있었다. 머리색은 엄마와 같았지만 다른 부분은 아빠를 많이 닮은 듯 보였다.

해변의 판잣집으로 돌아와 며칠 동안은 멍하니 바다를 보며 파도 소리만 들었다. 그러다 문득 궁금해졌다. '조나단 바로 옆에 있었는데 어떻게 나는 눈에 파묻히지 않았을까. 눈사태가 덮칠 때 우리가 움직인 경로에 차이가 있었던 걸까?' 답은 알 수 없었다. 언제나 그랬듯 혼자

←——

제니퍼와 나. 몬테시토 바로 밑에 있는 내 서핑용 오두막 앞에서 결혼 직후인 1982년. 사진: 리어 레빈

였지만 외롭지는 않았다. 때는 겨울이었고 북극권의 여름 번식지에서 바닷새들이 내려왔다.

한 달 뒤, 조나단의 아내로부터 그녀와 가족들이 나에게 부탁할 것이 있다는 전화를 받았다. 조나단과 내가 《내셔널지오그래픽》과 진행하던 프로젝트에 관한 것이었다. 사진작가와 글작가로서 서로 협력해 사가르마타 국립공원을 다룬 기사를 쓰는 프로젝트. 그들은 그 프로젝트를 내가 완성하기를 바랐다. 조나단은 이미 네팔을 한 차례 여행하고 사진을 찍어둔 상태였다. 내가 다른 사진작가와 네팔에 돌아가서 기사를 완성할 수 있을까?

니콜라스 드보레는 《내셔널지오그래픽》과 많은 프로젝트를 협업해 온 사진작가였다. 그는 아스펜에서 조나단과 함께 자란 소꿉친구이기도 했는데, 그와는 달리 너무나 종잡을 수가 없어서 어떻게 대해야 할지 알 수가 없는 사람이었다. 성적 지향도 약간 모호해서, 야외에서는 가혹한 환경을 즐기며 거친 면모를 보여 주었지만 도시에서는 두꺼운 화장을 즐기고 여행 가방에 각기 다른 파스텔 색상의 턱시도 다섯 벌을 가지고 다녔다.

1981년 3월 말, 미냐콩카에서 눈사태가 있고 6개월도 채 지나지 않은 어느 날 니콜라스와 나는 카트만두의 야크앤예티 호텔에 투숙했다. 그는 시내에서 가장 좋은 호텔에 묵어야 한다는 고집을 꺾지 않았다. 또 서둘러 은행에 가야 한다고도 말했다. 2만 달러짜리 여행자 수표를 바꿔야 했기 때문이다. 헬리콥터 같은 항공편이 필요할 거라며 그가 《내셔널지오그래픽》을 설득해 얻어낸 돈이었다.

그는 수표를 루피로 바꾸면서 "셰르파도 있어야 돼"라고 말했다.

"너무 많이 고용할 필요는 없어. 요리사와 보조 요리사도 필요하고, 모든 설비가 갖춰진 캠프와 테이블, 의자, 식탁보, 싱싱한 꽃도 있어야지. 매일 싱싱한 꽃이 있어야 해."

은행에서 나서면서 나는 루피를 옮길 또 다른 셰르파가 필요할 것 같다는 생각을 했다. 우리는 두 개의 호텔 방 금고에 지폐를 보관한 다음(하나에 다 들어가지가 않았다) 두르바르 광장과 아산바자르를 찾았다. 행상인, 호객꾼, 거지, 성자들이 모두 모여 있는 그곳에서 우리는 신성한 소의 똥 냄새와 향신료 냄새를 맡았고, 탑에 새겨진 공주와 왕자가 여러 자세로 성교하는 장면을 묘사한 조각 장식을 슬쩍슬쩍 쳐다보는 관광객을 구경했고, 이마에 티카(tika, 힌두교에서 하얀색 진흙이나 붉은색 가루로 이마에 그려 넣는 종교적 표식-옮긴이)를 그린 코끼리가 불쑥 나타나 사람들을 놀래키고, 조련사가 그 거대한 동물을 사람들 사이로 몰아가는 신기한 광경을 목격했다. 니콜라스는 목에 걸린 두 대의 카메라에 필름을 갈아 끼우며 활짝 웃었다. 나 역시 피터 마티센이 '동양의 난장판'이라고 말하는 곳에, 카메라에 담긴 장면만큼이나 특이한 조나단의 어린 시절 친구와 함께 돌아왔다는 것이 기뻐서 싱글벙글 웃었다.

이튿날 아침에는 에베레스트 원정을 함께했던 셰르파 사다, 파상 카미(PK)와 아침 식사를 했다. 테이블 맞은편의 그를 보고 있자니 5년 동안 만나지 못했던 박식한 삼촌과 다시 만난 기분이었다. 그는 등반 원정대를 관리하는 일을 줄이고 아내와 함께 남체바자르에서 트레커들을 위한 산장과 잡화점을 운영하며 잘 지내고 있다고 했다.

"크리스 챈들러와 여자 친구 체리가 지난주에 여기 왔었어요. 아내

일 수도 있겠네요. 아무튼 함께 저녁 식사를 했죠." 그가 말했다.

"둘이 결혼한 것 같진 않아요." 내가 말했다. "체리의 남편이 K2 원정대에 함께 있었는데… 복잡했어요."

"저도 알아요." PK가 말했다. "히말라야는 넓은 곳이지만 소문은 끝에서 끝까지 빠르게 움직이죠."

"크리스와 체리는 여기에서 뭘 했어요?"

"얄룽캉 등반을 시도하러 가던 중이었어요. 칸첸중가의 서쪽 정상이요. 짐을 옮길 셰르파 몇 명만 데리고 단 둘이 갔어요."

나는 PK에게 크리스와 체리가 세계를 항해할 계획으로 배를 만들었다는 이야기를 전했다. 내가 K2 등반을 다룬 《마지막 걸음》을 집필하고 있을 때 크리스는 체리와의 관계를 언급하지 않았으면 한다고 얘기했다. 나는 시애틀로 가서 그와 이야기를 나눴다. 우리는 그의 배 갑판에 앉았고 나는 그와 체리의 사건이 그 원정에서 일어난 모든 일에서 중심이 되기 때문에 그 이야기를 포함시키지 않고는 책을 쓸 수가 없다고 말했다. 대신 사실만 정확하게 쓰겠다고 약속했지만 크리스는 그 이후 나에게 말을 하지 않았다.

"아무래도 크리스와 다시 얘기를 해봐야 할 것 같아요. 편지를 써보려고 해요." 내가 PK에게 말했다.

"좋은 생각이에요. 그들이 카트만두를 다시 지날 때 전해 줄게요." PK가 말했다. 그리고 이렇게 덧붙였다.

"그나저나 두 사람이 등반하는 건 위험해 보여요. 단 둘이라니. 알다시피 그 산은 눈사태가 자주 일어나요."

나는 아무 말 없이 내 아침 식사를 응시했다. 눈사태를 언급한 것이

나를 멈칫하게 만들었다는 것을 느꼈는지 PK 역시 조용히 있었다. 나는 고개를 들고 이렇게 말했다.

"제가 등반을 하러 돌아올 수 있을지 모르겠어요. 조나단의 죽음 때문이기도 하지만 눈에 깔려 있던 나 자신 때문이기도 해요. 몇 분 동안 저 역시 죽었다고 생각했었어요."

PK는 차를 한 모금 마셨고 아무 대답도 하지 않았다. 하지만 안경을 통해서 나를 찬찬히 살폈다. 그를 처음 만났을 때 나는 그에게 상대의 심중을 꿰뚫어 보는 능력이 있다고 느꼈다. 그건 다른 셰르파에게서는 받지 못했던 느낌이었고, 사물을 있는 그대로 바라보고 이해하는 선천적인 능력이 있다고 밖에는 설명할 수 없는 것이었다.

"아마도 포기하게 될 것 같아요." 내가 말했다.

"좋은 생각이에요." PK가 대답했다. 그는 손을 내밀었고 나는 그의 손을 맞잡았다. 그는 내가 등반을 계속할 수 있을지 없을지 여전히 불확실하다고 처음으로 고백한 상대였다. 나는 존경하는 누군가의 현명한 조언이 나의 선택에 영향을 줄 수 있다고 기대하며 계속 말했다.

"어려운 결정이에요. 포기하지 않고 K2를 등반하는 내 모습을 자주 상상해요. 하지만 그런 생각을 할 때마다 계속 폭풍이 불어닥쳐요. 그 일은 제게 큰 교훈을 줬어요."

PK가 말했다. "당신은 아직 젊어요. 결혼을 하고 아이가 생기면 할 수 있는 다른 많은 일이 있다는 걸 깨닫게 될 거예요."

나는 미소를 지으며 고개를 끄덕였다. 결혼에 대해서는 확신이 없었다. 하고 싶은 마음이 없는 것은 아니었지만 결혼은 내가 통제할 수 없는 우연에 달려 있는 것 같았다. 나는 여자들과 함께 있으면 어색했다.

고등학교 때도 데이트를 한 것은 단 한 번뿐이었는데, 그때 너무 긴장한 모습을 보이는 바람에 다시는 데이트 수락을 받아내지 못했다. 대학을 졸업한 후에는 캘리포니아 남부의 작은 암벽등반 모임에 가입했다. 거기에는 남자만큼이나 여자 회원이 많아서 여자들이 자연스럽게 느껴졌지만 그것은 아마도 등반이라는 공통점이 있어서였을 것이다. 다른 남자 등반 친구들의 경우도 마찬가지였다. 이본은 아버지의 건강 때문에 메인주 북부에서 캘리포니아로 이주한 프랑스계 캐나다 가정에서 그가 어떻게 성장했는지 이야기한 적이 있다.

"10대인데 영어는 그다지 잘하지 못하고 키는 163센티미터라면 데이트하기가 정말 힘들지. 남은 건 암벽등반뿐이야."

적어도 등반은 내 통제 하에 있었다. 그리고 카트만두에서 체류하는 동안, 꼭 암벽을 오르지 않더라도 원정대의 일원으로 여행을 즐길 수 있고, 이런 경우가 아니면 결코 만날 수 없었을 니콜라스 같은 독특한 친구를 사귀는 즐거움도 얼마든지 누릴 수 있다는 것을 깨달았다.

니콜라스와 나는 에베레스트 지역으로 떠나기 전 카트만두에 이틀을 더 머물렀다. 나는 크리스에게 서로의 의견 차에 대해 만나서 이야기할 날을 기다린다는 편지를 썼다. 그리고 그 편지를 PK의 산장 일을 대행하는 트레킹 여행사 사무실에 맡겼다. 그런 다음 에베레스트 트레킹과 니콜라스가 원하는 항공 촬영을 허가받기 위해 하루를 보냈다.

오후에는 야크앤예티 호텔의 로비 바에서 니콜라스와 만났다. 두 테이블 건너에 내 나이 또래의 아름다운 여성이 혼자 앉아 있는 것을 발견했다. 이전에 엘리베이터에서도 본 적이 있는 사람이었다. 그녀는 청바지에 깔끔하게 다린 티셔츠를 입고 금색 귀걸이를 하고 있었다. 그녀의 갈색 머리는 그녀를 잘 아는 누군가가 잘라 준 것처럼 보였다.

"저 여자 정말 귀여운데." 니콜라스가 말했다.

"누구?"

"네가 쳐다보고 있는 여자."

니콜라스는 내가 얼굴을 붉히는 것을 틀림없이 보았을 텐데도 나를 부추겼다. 그는 웨이터를 불러서 여자가 뭘 마시고 있는지 물었다.

"진 토닉입니다, 손님."

"진 토닉을 한 잔 더 가져다 드리고 여기 내 친구가 대접하는 거라고 얘기해 주실래요?"

웨이터가 음료를 가져다주자 그 젊은 여성은 나를 바라봤고 니콜라스는 그녀에게 건너오라고 손짓을 했다. 그녀는 음료를 집어 들었고 우리는 서로를 소개했다. 그녀는 제니퍼라고 했다.

"휴가 오셨나요?" 니콜라스가 물었다.

"아뇨, 전 캘빈 클라인에서 일해요. 실크를 구입하러 태국에 갔었어요. 일을 끝내고 집으로, 그러니까 뉴욕으로 돌아가는 비행기를 예약했는데 델리에서 경유 시간이 길어서 호텔에 투숙했죠. 그런데 호텔에서 절 깨워 주질 않아서 비행기를 놓쳤어요. 팬암 1이 온 세계를 도는 거 아시죠?" 그녀가 검지로 원을 그리면서 말했다.

"그래서 네팔에 오셨어요?"

"그 비행기가 다시 돌아오려면 3일이 남았는데 호텔 로비에서 뭘 할까 생각하다가 여행사 사무실 앞에 '카트만두로 오세요'라는 안내판을 봤어요. 캣 스티븐스의 노래 〈카트만두〉가 생각났죠. 그렇게 해서 여기 있게 되었네요."

니콜라스의 웃음에서 그가 그 이야기를 무척 마음에 들어 한다는 것을 알 수 있었다. 우리는 그녀에게 《내셔널지오그래픽》 프로젝트와 우리가 앞두고 있는 에베레스트 지역 트레킹에 대해서 이야기를 했다.

"우리와 함께 가시죠!" 내가 불쑥 말했다. 내 뻔뻔함에 스스로도 놀랐다. 내 제안에 찬성하는 것이 분명한 니콜라스가 "우리는 아주 멋진 방식으로 여행을 해요"라고 말했다. "당신은 당신만의 텐트와 당신만의 세르파를 갖게 될 거예요."

"전 이 높은 구두밖엔 없는걸요." 제니퍼가 염소 가죽으로 만든 자신의 힐을 가리키며 말했다.

"부츠를 사면 되죠." 내가 말했다. "시내 곳곳에서 트레킹용품을 팔아요."

"정말 친절하시네요. 하지만 제가 걸었던 가장 긴 거리는 택시에서 버그도프굿맨 정문까지예요."

그 대답은 니콜라스의 마음에 더 든 것 같았다. 제니퍼에게 우리와 함께 가자고 설득하지는 못했지만 저녁을 같이 먹자고 얘기할 수는 있을 것 같았다.

"그럼 야크 스테이크는 어때요?" 내가 말했다. "보리스 레스토랑이라고, 마음에 드실 거예요."

나는 200주년 에베레스트 원정대와 네팔에 왔던 5년 전에 보리스를 처음 만났다. 보리스는 러시아계 백인으로 그의 어머니와 함께 1917년 볼셰비키 혁명 때 도망쳐서 무용단에 들어갔고 유럽을 거쳐 아시아까지 순회공연을 오게 되었다. 이후 그는 캘커타에 자리를 잡고 '클럽

포켓용 구조 거울로 매무새를 가다듬고 에베레스트 베이스캠프로 향하는 길 위에서 그날의 무대를 준비하는 니콜라스. 사진: 릭 리지웨이

300’을 시작했는데, 아시아 부유층이 좋아하던 이 나이트클럽에 간 네 팔의 왕이 그에게 카트만두 이주를 권유했다. 제안을 받아들인 보리스는 18세기 라나 궁전 안에 식당과 호텔을 열었고 야크앤예티는 그 나라 최고의 호텔이 되었다. 그러나 값비싼 부속 건물을 지으며 호텔을 확장하던 보리스는 부채를 감당하지 못해 동업자에게 축출됐고 최근에야 어느 정도 상황이 수습되어 새로운 식당을 연 상태였다.

보리스는 문 앞에서 우리를 맞이했다. 그날 저녁 의상으로 연한 청색의 턱시도를 선택한 니콜라스가 마음에 드는 듯 눈썹을 치켜올렸다. 다른 두 명의 친구가 우리를 기다리고 있었다. 미냐콩카 원정의 리더였던 알 리드와 그의 아내 제니퍼(그녀 역시)였다. 자리에 앉으면서 미냐콩카 원정과 조나단의 죽음에 대해서 이야기하게 될 것 같다는 생각이 들었다. 그런 일이 일어난다면 새로운 손님인 제니퍼가 어색하게 여기지 않기를 바랐다. 하지만 그날 저녁은 멀고 먼 미국에서 방금 도착한 알이 깜빡 졸다가 그의 보르쉬 수프에 얼굴을 처박는 황당한 분위기로 흘러갔다. 그는 바로 얼굴을 들었다. 그의 아내 제니퍼가 냅킨으로 남편의 얼굴을 닦아 주는 동안 나는 다른 제니퍼가 웃으면서 '뭐 이런 사람들이 다 있어?' 하는 표정으로 고개를 젓는 것을 볼 수 있었다.

알이 보르쉬 수프 사건에서 회복된 후 우리는 눈사태와 조나단의 아내가 어린 딸 아시아와 어떻게 지내는지에 대해 이야기를 나눴고, 나는 제니퍼가 조용히 듣고 있는 것을 보았다. 나는 카트만두에 있는 다른 친구에게 주기 위해 《마지막 걸음》 한 부를 가지고 왔었다. 하지만 야크앤예티로 돌아가는 택시에서 제니퍼에게 그 책을 주고 싶다고 얘기했다. 호텔에 돌아온 나는 책을 가지고 그녀의 방에 방문했다. 그녀의 방은 깨끗하게 정리되어 있었다. 옷은 모두 단정하게 접혀 가죽으로 된 하트만 수트케이스에 놓여 있었다. 나는 그녀에게 책을 건넸다. 그녀가 고맙다고 인사를 했다. 책에 글을 남겨 달라고 하지 않아서 다행이라고 생각했다. 뭐라고 써야 할지 몰랐기 때문이다.

"친구 조나단 일은 애석하게 됐어요."

"… 그가 죽은 후 6개월 동안은 정말 힘들었어요. 그를 잃은 것도, 나자신이 목숨을 잃을 뻔한 것도 떨쳐낼 수 없었죠. 다시 등반을 할 수 있을 것 같지가 않아요. 특히 고산 등반은."

하트만 수트케이스와 화장품 가방 등 짐을 잔뜩 싣고 카트만두 야크앤예티 호텔에 도착하는 제니퍼. 우리 인생의 길이 다른 사람의 길과 교차할 때 우리 모두는 영원히 새로운 항로에 들어서는 경험을 한다. 사진: 제니퍼 리지웨이 소장

나는 그녀가 눈물을 흘리는 것을 볼 수 있었다.

"당신 이야기는… 제게 일어난 일과 너무 비슷해요."

"당신에게요?"

"아무에게도 말하고 싶지 않았어요… 이상하네요. 당신은 알지도 못하는 사람인데…."

"원치 않으면 어떤 얘기도 하실 필요 없어요."

"… 시기까지도 당신이 겪은 눈사태와 … 아주 비슷해요."

"뭐가 비슷해요?"

"해일이요."

그녀가 이야기를 하는 동안 우리는 계속 서 있었다. 그녀는 나처럼 모험을 좋아하는 스포츠맨인 멕시코인 남편과 결혼을 했었다. 그는 폴로와 항해를 특히 좋아했다. 그녀는 푸에르토 바야르타에서 그들이 어떻게 만났는지, 그가 그녀를 항해에 초대한 후 어떻게 청혼했는지, 그녀의 남편이 배로 세계를 일주하기로 마음먹고 어떻게 그 결심을 실천에 옮겼는지 차분하게 이야기했다.

해일이 발생했을 때 두 사람은 오스트레일리아와 뉴기니 사이의 좁은 해협을 건너던 중이었다. 갑자기 큰 지진이 일어나면서 해일이 일었다. 제니퍼는 수영을 잘하지 못했기 때문에 남편은 그녀가 갑판으로 나올 때마다 구명조끼를 입도록 했다. 지진이 났을 때도 그녀는 구명조끼를 입고 후갑판에서 일광욕을 하고 있었다. 그런데 갑자기 해일이 밀어닥치더니 보트가 갈라지면서 가라앉았다. 오스트레일리아 해안경비대는 헬리콥터를 보내 그 지역을 저공비행하며 해일을 만난 배가 있는지 살폈다. 제니퍼는 병원에서 의식을 되찾았다. 그녀는 이후 요트에 타고 있던 십여 명의 사람들 중에 살아남은 사람은 그녀 외에 한 명뿐이고 그 사람이 자신의 남편이 아니라는 이야기를 들었다. 그녀는 임신을 한 상태였고 아기마저 잃었다.

할 수 있는 말이 아무것도 없었다. 나는 그녀를 안아 주었고 그녀는 눈물을 흘렸다. 나는 그녀에게 내 주소와 전화번호를 건네면서 다시 만나게 되길 바란다고 말했다. 그리고 그녀의 뺨에 입을 맞추고 잘 자라고 인사를 했다.

두 달 후 제니퍼에게 전화가 왔다. 그녀는 캘빈 클라인의 트렁크쇼

(trunk show, 의상이나 보석 등 신제품이 출시되었을 때 소수의 상위 소비자를 위해 개최하는 소규모 패션쇼-옮긴이)를 위해 베벌리힐스에 왔는데, 나를 찾아와도 괜찮겠냐고 물었다. 카트만두에서 만났을 때 나는 그녀에게 '몬테시토 바로 아래쪽'에 있는 해변의 집에서 산다고 말을 했었다. 그 게 '옥스나드 바로 위쪽'보다 훨씬 그럴듯하게 들렸다. 그 '집'이란 것 도 실은 방 한 칸에 샤워 시설은 밖에 있고 벽은 모래 묻은 말뚝 위에 합판 한 장을 못질해 놓은 것뿐이었지만 해변에 있는 것만은 확실한 집이었다. 이본도 그의 아내 말린다와 우리 동네에 살고 있었다. 물론 그는 진짜 집을 짓기 위해 판잣집을 허물고 가족과 함께 와이오밍주 잭슨에 있는 그들의 통나무집에서 살았지만. 그래도 때때로 캘리포니 아에 있는 파타고니아와 쉬나드 이큅먼트 작업실에 들를 때면 나와 함 께 머물면서 내 집 앞에 있는 모래 위에서 잠을 잤다.

그해 여름 내 판잣집에는 손님이 한 명 더 있었다. 이본의 쉬나드 이 큅먼트 영업 담당자였던 일본인 등반가 나오에였다. 그 역시 모래 위 에서 잤다.

"비행기를 타고 옥스나드 공항으로 오세요. 내가 데리러 갈게요."

나는 제니퍼에게 이렇게 말한 후 이본과 나오에에게 카트만두에서 만난 제니퍼라는 여자가 방문할 것이라고 얘기했다. 그녀에게 침실을 내주고 그들과 해변에서 잘 거라고 말이다.

"좋지." 이본이 말했다. "같이 저녁 식사를 하러 가자. 내가 옥스나드 에 신선한 성게를 내는 스시집을 알아."

등반을 함께하는 두 명의 친구를 데리고 그녀를 마중하는 것이 이상 하게 보일 수 있다는 생각은 들지 않았다. 옥스나드 공항은 지방의 작은 공항이었다. 그곳에 도착한 우리는 비행기가 취소되어서 사람들을 버스로 수송하고 있다는 이야기를 전해 들었다. 공항에 있는 바가 마침 해피아워여서 나오에와 이본과 나는 1달러짜리 마가리타를 신나게 마셨다. 버스가 도착하자 우리는 바에서 나가 한 줄로 나란히 서서 제니퍼를 맞았다. 그녀는 패션쇼 차림 그대로 도착해서 키가 183센티미터는 되어 보였다. 나는 겨우 165센티미터였고 이본은 나보다 조금 작았으며 나오에는 우리 두 사람보다 조금 더 작았다. 나중에 그녀는 세 명의 술 취한 난장이를 만난 듯했다고 첫 만남을 떠올리며 말했다.

나는 이본의 낡은 도요타 스테이션 웨건(접거나 뗄 수 있는 좌석이 있고 뒷문으로 짐을 실을 수 있는 자동차-옮긴이) 조수석 문을 열었고 제니퍼는 옷이 상하지 않게 조심하며 차에 탔다. 뒷자리에는 작업장에서 묻은 기름얼룩이 있었지만 앞자리는 우리가 치워 둔 덕분에 깨끗했다. 그러나 제니퍼가 나중에 말하길, 그녀가 입은 옷이 적어도 이본 차 값의 네 배는 됐을 거라고 했다.

1981년은 캘리포니아에 스시 열풍이 불기 시작한 때였지만 아직 '생'성게는 대중적인 음식이 아니었다. 가격도 무척 비쌌다. 하지만 우리는 기린 맥주와 그것만 주문했고 이본이 제니퍼에게 성게의 생식샘이라고 말한 것을 한 조각씩 집어 먹었다.

판잣집에 도착한 후 우리 세 사람은 제니퍼에게 그녀가 묵을 방을 자랑스럽게 보여 주었다. 그녀는 고맙다고 말하더니 자신의 하트만 수트케이스에서 방한 양말에 넣어 온 뭄 샴페인 한 병과 세심하게 포장된 워터포드 크리스털 샴페인잔 두 개를 꺼냈다.

"당신을 위해서 샀어요." 그녀가 말했다.

"근사하네요." 내가 말했다. "정말 고마워요. 마침 와인잔이 두 개 더 있어요. 사람 수가 딱 맞네!"

다음 날 나는 제니퍼를 로스앤젤레스 공항까지 태워다 주었다. 그녀는 다시 등반을 할지 결정했냐고 물었다. 나는 늦여름에 이본과 와이오밍으로 가서 암벽등반을 할 예정이라고 말했다. 암벽등반은 고산 등반처럼 위험하진 않지만 그 결정을 하기까지 몹시 힘들었다고도 고백했다. 그러나 힘든 이유 중 하나가 등반이 내가 가장 잘하는 일이기 때문이라는 말은 하지 않았다.

등반은 나 자신을 정의하는 한 방식이자 다른 사람이 나를 이해하는 핵심 단서였다. 따라서 이성적으로는 나를 제대로 알리고 싶다면 내가 잘하는 일에 대해 말해야 한다는 것을 알고 있었다. 하지만 감정적으로는 열정을 바쳐서 정말로 잘하게 된 어떤 일을 외면하고 있는 현실이 여전히 말도 꺼내기 싫을 만큼 고통스러웠다. 게다가 고산 등반이란 신체적인 기술보다 정신적인 수양에 많은 시간이 필요한 스포츠여서 가장 뛰어난 기량을 가지려면 30대는 되어야 하는데 그때가 믹 30대에 접어든 시점이라서 특히 더 힘들었다.

나는 제니퍼를 공항에 내려 주고 그녀에게 계속 연락을 하겠다고 약속했다. 그녀도 그렇게 하겠노라고 했다. 한 달 후 나는 잭슨으로 가서 이본과 그의 가족과 함께 지냈다. 티턴에서 암벽등반을 하고 있을 때 이본이 물었다.

"그때 우리를 찾아 왔던 제니퍼는 어떻게 지내?"

"뉴욕으로 돌아갔을 거예요."

"전화번호가 있어?"

"네."

"그럼 전화해서 여기로 초대해."

제니퍼는 이틀 뒤에 도착했다. 이본은 내게 차를 빌려줬고 이번에는 나 혼자 그녀를 마중 나갔다. 그녀는 내가 야크앤예티의 엘리베이터에서 처음 보았을 때처럼 청바지를 입고 두 개의 하트만 수트케이스를 가지고 도착해 있었다. 그녀가 원래 짐을 많이 들고 여행을 다니는 건지 여기에 한동안 머물기로 작정을 한 것인지 확실치가 않았다. 이본의 집에 도착한 나는 그녀를 손님방으로 안내했다. 그 방은 제퍼스 룸이라고 불렸다. 몇 년 전 이본의 친구 하나가 빅서에 있는 버려진 오두막에서 가져온 철제 싱글 침대 때문이었다. 그 오두막은 시인 로빈슨 제퍼스의 집이었다. 제퍼스는 이본이 가장 좋아하는 시인이었고 그 오두막에서 많은 시를 썼기 때문에 이본은 그 침대를 손님방에 보관했다. 벽에는 제퍼스의 시 한 편도 걸려 있었다.

나는 손님방 의자에 그녀의 수트케이스를 내려놓았다. 방에 있는 창문 너머로 넓은 목초지와 숲, 그랜드티턴산이 보였다. 내 짐도 그 방에 있었다. 무슨 말을 해야 할지 생각이 나지 않았다. 하지만 그녀는 내게 다정했고, 나도 그녀에게 다정했다. 나는 우리가 서로의 연약함을 감지했다고 생각했다. 그날 밤 산봉우리에 달빛이 비칠 때 우리는 침대에 누워 있었다. 내가 안고 있는 이 여자와 여생을 함께 보내게 되리란 것은 상상도 못한 채로. 다만 로빈슨 제퍼스가 잠들던 침대에서 그녀를 안고 있는 데 감사했다. 침대 옆에 걸린 그의 시가 등대처럼 나를 인도해 주는 듯했다.

나는 갈색 숲의 삶으로 들어왔다

고대 봉우리들의 위대한 삶

바위의 인내심 속으로

산의 목구멍에서

정맥의 변화가 느껴진다

나는 나무에서 물을 빼내는 줄기였다

그리고 그 물을 마시는 수사슴이었다

나는 빛으로 끓어오르며

정상의 제왕 하나하나를 홀로 헤매는 별이었다

나는 별들 바깥의 어둠이었고, 그들은 나에게 속했다

그들은 내 일부였다

나는 인간이기도 했다, 둥근 돌의 뺨 위에 낀 이끼 같은

그러나 그들은 어떤 말도 하지 않았다

사물의 경계 너머

시간과 시대 너머로 가라

그리고 항상 모든 것이 되어라

3주 후 제니퍼가 나의 판잣집에 방문했다. 아침에 눈을 뜨니 아이보리색 실크 잠옷을 입은 그녀가 아침 식사를 준비하러 주방으로 들어가는 게 보였다. 잠시 후 그녀가 "오!" 하며 놀라는 소리가 들렸다. 찬장

아래에 사는 생쥐를 봤구나 짐작한 나는 벌떡 일어나 주방으로 갔다. 그런데 그녀는 뭔가 기쁜 듯 팔을 벌리고 나를 바라봤다.

"괜찮아요?"

"에스프레소 커피를 열었는데 향이 너무 좋아요!" 그녀가 신나게 손을 흔들며 말했다.

이틀 뒤 우리는 시애틀로 가서 퓨젓사운드에 있는 짐 휘태커의 요트를 탔다. 그가 초대했다는 소식을 전하면서 그녀가 거절할 수도 있다고 생각했다. 그녀는 해일로 남편과 태중의 아이를 잃은 후 배를 탄 적이 없었기 때문이다. 하지만 그녀는 이제 준비가 된 것 같다고 말했다.

이틀간의 항해였다. 9월 중순이었고 날씨는 따뜻하고 구름도 없었다. 가벼운 산들바람뿐이었지만 돛은 잔뜩 부풀었고 우현 들보 너머로 올림픽산맥의 콘스탄스산이 보였다. 햇살이 동쪽 사면의 눈에 반사되고 있었다. 우리는 나란히 앉아 있었다. 서로의 어깨가 닿았다. 보나파르트 갈매기 한 마리가 날아갔다. 나는 그녀도 나만큼 만족스러울까 하는 생각이 들었다.

"오늘이 사고 2주년이 되는 날이에요." 제니퍼가 말했다.

"괜찮아요? 내 말은… 다시 배를 탄 거 말이에요."

"괜찮아요. 솔직히 즐기고 있다고 느낄 정도예요. 사고 후 처음으로 행복해요."

"저도 그래요. 눈사태 이후 처음으로요."

한 달 후 나는 제니퍼에게 청혼을 했고 그녀는 허락했다. 그리고 해변의 판잣집으로 들어와서 그곳을 내가 상상도 못한 모습으로 만들었다. 어깨 높이의 담을 만들어 준 후에는 옥외 샤워도 받아들였다. UPS

배달원과 어색한 순간이 있기는 했지만 말이다. 그러면서 그녀는 자신이 이렇게 살 거라고는 정말 상상도 못했다고 말했다. 나 역시 마찬가지였다. 만약 결혼을 하게 된다면 그 상대는 '아웃도어' 생활에 익숙한 누군가가 될 것이라고 생각했으니까.

제니퍼는 종종 이렇게 말했다. "당신의 여행에 초대되는 건 즐거워요. 하지만 난… 룸서비스가 있는 호텔까지만 갈게요."

우리는 1982년 발렌타인데이에 산타바바라의 빌트모어 호텔에서 결혼식을 했다. 그녀의 부모님은 딸이 다시 제자리를 찾았다는 안도감과 뿌듯함으로 활짝 웃고 계셨다. 좋은 카메라 앵글을 만들기 위해 벽을 타는 등반가와 서퍼 무리 때문에 조금 당황하시기는 했지만. 이본은 내 들러리가 되어 주었고 핑크색 턱시도를 입은 니콜라스가 이 날을 위해 한층 더 두꺼운 화장을 하고 참석해 주었다.

포틀랜드에서 자란 제니퍼는 10대 때 잔트젠 수영복 모델을 한 것을 시작으로, 인생의 대부분을 의류업계에서 보냈다. 이본은 그녀를 파타고니아의 CEO 크리스 맥디비트에게 소개해 주었고 제니퍼는 크리에이티브서비스 사업부라고 불리는 파타고니아의 사내 신생 광고팀에서 일하게 되었다. 그리고 크리스라는 새로운 친구도 사귀었다. 크리스는 제니퍼의 들러리가 되어 주었고 그해 가을 첫 딸 카리사가 태어났을 때 분만실에 우리와 함께 있었다.

결혼식이 있고 얼마 되지 않아 장인어른이 갑자기 돌아가셨다. 이후 장모님이 카리사를 함께 돌봐주기 위해 우리 집으로 들어오셨다. 장모님은 이후 25년 동안 우리와 함께 사셨다. 우리는 어머니와 아들 같은 사이가 되었고 단 한 번도 말다툼을 한 적이 없었다.

나는 제니퍼를 만나고 두 달 만에 청혼을 했다. 그녀는 4개월 후로 결혼식 날짜를 잡았고 우리는 결혼하고 8개월 후에 첫 아이를 낳았다. 결혼식이 시작될 때 신랑 들러리인 이본 쉬나드가 내게 몸을 기울이고 속삭였다. "신부 배 속에 아기가 있다는 소문이 돌고 있어." 사진: 다이앤 로버츠

나는 모험과 관련된 주제를 중심으로 하는 영화, 사진, 집필 작업을 계속했다. 내 명함에는 '모험 자본가(Adventure Capitalist)'라고 적혀 있었다. 내 일은 출장이 많았다. 장모님이 카리사를 함께 돌봐주셨고 나도 집에서 보내는 시간을 늘리려고 노력했지만 출장이 있을 때에는 제니퍼가 져야 하는 부담이 컸다.

결혼하고 몇 개월 후 나는 두 명의 사업가 프랭크 웰스와 딕 배스로부터 자신들이 계획 중인 원정대에 합류해 달라는 초대를 받았다. 두 사람은 등반 경험이 그리 많지 않았지만, 1년 동안 일을 쉬면서 7대륙

최고봉을 모두 등반하는 최초의 탐험가가 되고 싶어 했다.

"이 프로젝트에 참여한다는 건 고산 등반을 다시 한다는 의미예요." 내가 제니퍼에게 말했다. "해야 할지 말아야 할지 모르겠어요. 이제는 가족이 있는데… 너무 위험한 일 같기도 해요."

"안 가는 게 더 위험할 수도 있어요."

"더 위험하다고요?"

"손실이 더 클 수도 있죠. 당신 스스로에게 충실하지 못한 결정이니까. 프랭크나 딕 같은 사람들도 사귈 수 없을 테고요."

"딕은 한 번밖에 안 만났지만 프랭크와는 자주 만났으니까 거절해도 좋은 친구가 될 수 있어요."

"그건 알 수 없는 일이죠. 새로운 사람과 사귀는 데 마음을 열어야 해요. 그게 당신을 어디로 데려갈지 모를 일이잖아요."

'하나 더하기 하나가 둘보다 클 수 있다'는 격언이 증명된 첫 순간이었다. 그 하나와 다른 하나가 그토록 다른데도 말이다. 이런 일은 이후 수없이 많이 펼쳐졌다. 그녀는 도시 생활에 익숙한 세련된 사람이었고 나는 야외활동에 익숙한 실용주의자였다. 아이들이 생기자 그녀는 아이들을 박물관과 미술관에 데려갔고 나는 캠핑과 하이킹에 데려갔다. 하지만 그토록 다른 우리 두 사람에게는 죽음의 문턱까지 갔다가 사랑하는 사람을 잃고 돌아온 공통의 경험이 있었다. 우리의 결혼은 그것을 기반으로 했다.

우리 두 사람은 책과 시도 좋아했다. 결혼 직후 제니퍼는 내가 가지고 있던 《어린 왕자》를 발견하고 자신도 무척 좋아하는 책이라고 말했다. 그러면서 나에게 책을 읽어 달라고 청했다. 나는 생텍쥐페리가 비행기를 고치려고 애를 쓰는데 어린 왕자가 꽃에 대한, 특히 꽃에 가시가 있는 이유에 대한 이야기를 하면서 그를 방해하는 장면을 골랐다. 생텍쥐페리는 인내심을 잃고 소리쳤다. "내가 중요한 일로 바쁜 게 안 보여?" 어린 왕자는 충격을 받았다. "중요한 일이요?" 생텍쥐페리는 손에 들린 망치와 기름때가 묻은 손가락, 고장 난 비행기, 그리고 어린 왕자를 차례로 바라보며 말했다. "네가 모든 걸 망쳐 놨어. 너 때문에 모든 게 엉망이라고!"

"그 부분을 다시 읽어 줘요." 제니퍼가 말했다.

그 말은 우리만의 은어가 되었다. 결혼하고 얼마 지나지 않아 공항에서 비행기를 기다리고 있는데 우리 앞에 있는 한 남자가 비행기가 연착되었다며 직원에게 소리를 질렀다. 제니퍼가 나에게 돌아서더니 이렇게 말했다. "정말 중요한 일 같지 않아요?" 우리는 크게 웃기 시작했다.

내가 갖고 있는 《어린 왕자》. 나는 제니퍼에게 읽어 주었던 이 책에 글을 써서 그녀에게 선물했다.

6

세븐 서미츠 오디세이

결국 '세븐 서미츠(Seven Summits)'라는 이름이 붙여진 일에 내가 참여하게 된 것은 워너브라더스 로고 밑에 '대표, 프랭크 웰스'라고 적힌 편지를 받으면서부터였다. 프랭크는 텍사스에서 정유 사업을 하면서 유타에 '스노우버드'라는 스키 리조트를 소유하고 있는 그의 친구 딕 배스와 각 대륙의 최고봉에 오르고 싶다고 설명했다. 그는 이 일곱 개 봉을 모두 오른 사람이 아직 없다고 말하면서, 물류 문제가 등반 못지않게 어려울 것(특히 남극대륙 최고봉인 빈슨산에 갈 때)이라고 덧붙였다. 프랭크는 내가 남극대륙에 갔었다는 것을 알고 있었다. '나는 과연 그들과 함께할 마음이 있는 걸까?'

제니퍼와 이야기를 나눈 후 나는 그 만남에 마이크 후버도 함께했으면 한다는 답장을 보냈다. 마이크는 나에게 영화 제작을 가르쳐 준 스승이었다. 200주년 에베레스트 원정대에서 처음 만난 후, 나는 그가 감독하는 아마존의 바위산 등정에 대한 방송 프로그램 제작을 도왔고, 1979년에는 두 달에 걸친 남극대륙 등반과 스키 탐험을 비롯한 모험들을 영화화하는 데 참여했다. 마이크는 빈슨산이 있는 내륙의 오지를

딕 배스(왼쪽)와 프랭크 웰스. 불굴의 의지로 등반의 새 역사를 쓴 초보 산악인들. 사진: 릭 리지웨이

비롯해 그 얼어붙은 대륙에 가는 문제에 대해서 다른 어떤 사람보다 아는 것이 많았다.

　눈이 슨 피아트 스테이션 웨건을 몰고 워너브리더스에 도착했을 때는 약속 시간이 임박했을 때였다. 경비원의 안내에 따라 주차장을 한 바퀴 돌았지만 모든 자리가 차 있었다. 야자수가 늘어선 작은 길 뒤에 한 자리가 비어 있었는데 갓돌에 '클린트 이스트우드'라고 적혀 있는 것이 보였다. '설마 지금 여기에 있진 않겠지…' 하는 생각으로 주차를 하고 조수석에 있는 지도들을 챙기고 있는데 운전석 쪽 창문을 두드리는 소리가 났다. 클린트 이스트우드였다. 백미러로 그의 메르세데스 500SL이 보였다. 나는 창문을 내렸다. 그는 나를 똑바로 보면서 미간을 좁혔다. 영화와 다른 것은 카우보이모자뿐이었다.

"제 주차구역에 차를 대신 것 같은데요."

"죄송합니다, 이스트우드 씨. 주차장에 자리가 없어서요."

나는 비장의 수를 썼다. "프랭크 웰스와 미팅이 있는데 늦어서요."

"그에게 제 안부를 전해 주세요."

비장의 카드도 소용이 없었다. 다른 자리를 찾느라 시간을 지체해서 나는 정말 급해졌다. 베티 데이비스, 존 베리모어, 에롤 플린의 사진을 지나쳐 2층에 있는 프랭크의 사무실까지 가는 동안 내 조리가 계단에 부딪히며 찰싹찰싹하는 소리를 냈다.

"와 주셔서 정말 감사합니다." 그가 내 손을 잡고 흔들면서 말했다. 그의 커다란 사무실에는 십여 명의 사람들이 모여 〈슈퍼맨〉 속편의 스토리보드 같은 원고를 보고 있었다.

"좋습니다. 회의는 마무리하죠." 프랭크가 이렇게 말하며 다른 사람들을 내보냈다. "중요한 일이 있어요."

그는 키가 컸고 각진 얼굴에 활짝 웃으면 완벽한 모양의 흰 치아가 드러났다. 치아 사이가 살짝 벌어진 것이 그의 강인한 인상을 누그러뜨리기보다는 오히려 강조하는 것 같았다. 어쨌든 내가 받은 첫인상은 클린트 이스트우드와 기질이 잘 맞는 사람일 것 같다는 것이었다. 내가 지도를 펼쳐서 남극 원정 루트에 대해 설명하고 있을 때 마이크 후버가 도착했다. 그와 프랭크는 둘 다 키가 193센티미터쯤 돼서 악수를 할 때 눈높이가 맞았다.

"등반 경험은 많으시죠?" 후버가 말했다. 질문인 동시에 요구이기도 한 후버의 전형적인 화법은 작은 등반 원정대보다는 군대를 통솔하는

데 적합할 것이었다.

"대학 때 킬리만자로에 올랐죠." 프랭크가 답했다.

"그랬군요."

"강습을 좀 받을 계획입니다."

"기회가 없을 수도 있어요. 특히 에베레스트에서는요."

"저는 몸이 꽤 좋아요. 매주 테니스를 치고 조깅도 시작했습니다."

"팔굽혀펴기는 몇 번이나 하실 수 있나요?"

"팔굽혀펴기요?"

"바닥에 엎드려서 20개만 해보세요."

놀랍게도 프랭크는 두말없이 코트를 벗더니 페르시아산 카펫에 손을 짚었다. 미소를 보니 이 상황을 재미있게 생각하는 것 같았다. 쉽지는 않았지만 결국 팔굽혀펴기 20개를 해냈다. 후버도 프랭크의 투지를 높게 평가하는 것 같았다. 우리는 다시 지도를 살피기 시작했다.

"우리 여행은 대부분 해변을 따라갈 겁니다." 후버가 남극반도를 가리키며 설명했다. "빈슨은 여기 내륙에 있어요. 극에서부터 1126킬로미터가 조금 넘죠. 물류적인 측면에서 훨씬 더 어렵습니다."

프랭크 웰스와 딕 배스는 나에게 7번의 원정에 모두 참여해 줬으면 좋겠다고 말했다. 그들은 1983년까지 모든 등정을 마칠 계획이었다. 당시 제니퍼는 첫째 딸을 임신하고 있었다. 그녀가 프랭크와 딕의 제안을 받아들이고 등반을 다시 시작하라고 응원해 주었지만 너무 오래 집을 떠나 있을 수는 없을 것 같았다. 그래서 나는 프랭크와 딕의 목표 달성에 가장 도움이 되고, 동시에 가족을 부양한다는 내 목표와 탐험에 대한 내 열정을 충족시킬 수 있는 원정에만 참여하기로 결정했다.

남아메리카 최고봉인 아콩카과로의 첫 원정에는 반드시 내가 참여해야 했다. 프랭크와 딕에 대해 알 수 있는 기회가 될 것이고 3주밖에 걸리지 않을 예정이었기 때문이다. 마지막 등반이 될 남극대륙 빈슨산 등정도 가장 큰 모험이었고 물류적인 면에서 프랭크와 딕에게 도움을 줘야 했기 때문에 함께하기로 했다. 관건은 에베레스트였다. 프랭크와 딕은 한 방송사와 에베레스트 등정을 소재로 특별 프로그램 제작을 논의하고 있었다. 그들은 정상에서 세계 최초로 실시간 영상 전송을 시도할 계획이었다. 제니퍼는 영화 연출 경력을 위해서는 그 여행에 참여하는 게 맞지만 너무 위험하다며 망설였다. 꼭 가야겠다면 너무 높은 곳까지 오르지 않고 지나치게 위험한 일은 하지 않는다는 약속을 하라고 말했다.

"8천 미터 이상 올라가지 않으면 될까요? 제니퍼?"

"그 정도면 적당할 것 같아요."

나중에 제니퍼가 미터법을 몰랐다는 것을 알게 되었다.

프랭크와 딕은 아콩카과와 빈슨 원정에 참여하겠다는 내 제안을 받아들였고, 나는 현장 제작자이자 텔레비전 프로그램 감독으로서 에베레스트 원정에도 참여하기로 했다. 아내와 나는 그런 정도라면 여행 중간에 집에 충분히 머물 수 있으므로, 일과 가족 사이의 균형을 지킬 수 있을 것이라고 생각했다. 그러나 내가 구상하고 있던 또 다른 프로젝트, 보르네오섬 횡단을 촬영하는 계획에 청신호가 켜지면서 균형은 바로 불균형으로 바뀌었다. 횡단 여행에 거의 두 달이 소요될 예정인데다 에베레스트와 빈슨 원정 사이에 끼워 넣어야 했기 때문이다. 아

이본 쉬나드가 아콩카과 기슭의 세락을 기어오르는 딕 배스에게 빙벽 등반 요령을 가르치고 있다. 사진: 릭 리지웨이

이디어가 떠올랐다. 인도네시아에서 보르네오 횡단을 위한 물류를 준비하는 데는 2주가 필요했다. 아내가 아기를 데리고 카트만두로 와서 에베레스트 등반을 마친 나와 함께 인도네시아로 간다면, 내가 실행 계획을 세우고 정리하는 동안 함께 있을 수 있을 것이었다. 제니퍼는 확신을 갖지 못했지만, 나는 우리가 집에 돌아온 후에도 보르네오로 떠날 때까지 온전히 한 달이 더 있고 아시아에서 2주간 함께 있을 수 있기 때문에 일과 가정의 균형을 지킬 수 있다고 말했다.

등반 원정을 계획하면서 프랭크와 나는 거의 매일 하루에 한 번 이상 전화 통화를 했다.

어느 날 그가 전화를 걸어 이렇게 말했다.

"노트를 인쇄할 건데… 그 전에 이름을 정해야 해."

"이번 등반에 말씀이세요?"

"프로젝트 전체에."

"아이디어가 있으세요?"

"세븐 서미츠 어때?"

"괜찮네요."

"세븐 컨티넌츠, 세븐 클라임즈… 세븐 서미츠."

"마지막 것이 입에 착 붙어서 기억에 남네요."

"그럼 그것으로 하지. 우린 이제 '세븐 서미츠' 팀이야." 그가 결론을 지었다.

당시에는 방금 프랭크가 등반 용어 사전에 등재되고, 수많은 과잉성취자의 북극성이 되고, 심지어는 《기네스북》의 한 범주가 될 말을 만들어 냈다는 것을 짐작도 하지 못했다.

나는 그가 여행 계획을 세우는 것을 도우면서 두 명의 친구, 이본 쉬나드와 댄 에밋을 아콩카과 원정에 합류시킬 수 있을지 물었다. 프랭크는 두 사람과 사귀고 싶다며 바로 허락했다. 나는 프랭크에게 댄이 에베레스트 등반 허가를 받고 크리스 챈들러의 제안으로 나를 원정대에 참여시켜 준 세 명의 하버드 동창생 중 한 명이라고 설명했다.

댄은 로스앤젤레스에서 부동산 회사를 운영하고 있었고 훗날 캘리포니아 남부에서 가장 큰 부동산 중개업체를 만들었다. 그는 친구들과 모험을 계속하면서도 충실한 남편이자 좋은 아버지가 되는 방법을 알아낸 성공적인 사업가였다. 일과 가정 그리고 자신의 꿈까지 모두 성공적으로 이룬다는 것은 그에게도 결코 쉽지 않은 일이었다. 그가 아내와 긴장감 넘치는 대화를 나누는 것을 직접 본 적도 있었다. 하지만 두 사람은 대부분의 날들을 완벽한 팀으로서 함께했다. 나는 수십 년 동안 가까운 친구로서, 댄과 그의 아내가 네 명의 자녀들을 어떻게 키우는지 또 그 아이들이 성공적인 커리어를 쌓고, 자신의 열정에 충실하면서도 자신의 아내나 남편 그리고 자녀들에게 충실한 사람으로 자라는 것을 지켜봤다. 그런 결과는 그저 우연히 생긴 일이 아니다.

에베레스트 등정 이후, 댄은 갖고 있는 돈이라고는 K2 등반에 대한 책의 선인세뿐이던 나에게 해변의 판잣집을 구입할 방법을 알려 주었다. 그가 작성한, 내 책의 선인세와 정확히 일치하는 계약금이 적힌 매매계약서를 그 판잣집 주인이 수락한 후에는, 내가 아웃도어 마케팅 컨설팅이라는 새로운 분야를 개척해서 잔금을 치를 만큼 충분한 돈을 벌 수 있게 도와주었다. 그때 댄은 나에게 컨설턴트라는, 당시로서는 낯설었던 직업과 그 분야에서 성공하는 방법에 대해 조언해 주었다.

"불가사의한 비밀 같은 건 없어. 가장 먼저 나타나서 맨 마지막에 떠나. 그리고 가능한 빨리 너 자신을 가치 있게 만들어."

제니퍼를 만났을 때 나는 결혼할 준비가 된 건지 스스로에게 끊임없이 물어야 했다. 이때도 댄은 나의 멘토가 되어 주었다. 이번에는 조언이 아니라 그 자신이 본보기가 됨으로써 말이다.

아콩카과 등반에서 나는 댄과 더 많은 시간을 보내고 딕 배스와도 더 친해지길 고대했다. 남반구가 한창 여름인 1월에 우리는 베이스캠프를 향한 3일간의 도보 여행을 시작했다. 둘째 날, 모래밭에 튀어나온 유일한 바위 그늘에서 점심을 먹기 위해 멈춘 때였다.

"탁 트인 자연의 극장에 있는 것 같군." 딕이 말했다. "내가 시를 한 수 읊어 볼까?"

그때쯤 나는 딕이 프랭크와 마찬가지로 사교적이고 근면한 사람이라고 느끼고 있었다. 하지만 정반대의 면도 있었다. 두 사람은 50대 초반의 가까운 친구였지만 딕은 보수적인 공화당 지지자였고 프랭크는 진보적인 민주당 지지자였다. 또 딕이 뼛속들이 낙천주의자인 반면 프랭크는 조심성 있는 전략가였다.

딕은 낭만적인 면모도 가지고 있었는데 프랭크는(그리고 우리 모두는) 그의 그런 점을 가장 좋아했다. 거기에는 시에 대한 그의 열정이 포함되어 있었다. 딕의 말에 따르면 시를 외우라고 격려해 준 3학년 때 선생님 덕분에 애정을 갖게 되었다고 한다.

"〈어울리지 않는 사람들〉이 좋을 것 같아."

"들어 볼래요."

딕이 우리 앞에 일어서서 설교하는 것처럼 손짓을 하며 로버트 서비스의 시를 암송했다.

어울려 살지 못하는 사람들이 있다

한곳에 머무르지 못해

가까운 이들의 마음을 아프게 하는 사람들

그들은 정처 없이 마음 가는 대로 세상을 떠돈다

들판을 누비고 홍수를 헤치고

산꼭대기를 오른다

그들의 피는 저주받은 집시의 피

멈추는 법을 알지 못한다

아콩카과의 일반 루트를 등반가들은 워크업(walkup, 고층이지만 엘리베이터가 없는 건물-옮긴이)이라고 부른다. 거기조차 7010미터에 가까워서 우리는 적응을 위해 천천히 걷고 있었다. 베이스캠프에서 이본은 몸이 적응하도록 시간을 가져야 할 뿐 아니라 짐을 가능한 가볍게 해야 한다고 말했다.

"그래도 버드와이저는 빼놓을 수 없지." 딕이 말했다.

"버드와이저요?"

"응, 여섯 팩짜리를 두 개 가지고 왔거든. 버드와이저에서 우리를 광고에 쓸 수 있다고 했어. 지금 우리가 하고 있는 값비싼 모험에 도움이 되는 일이지."

우리는 여섯 팩짜리 하나를 가져가는 것으로 타협을 보았고 딕은 자신이 가져가겠다고 자원을 했다. 그렇게 짐을 줄였는데도 정상 첫 시도에서 몇몇(나를 포함한)이 심한 두통과 메스꺼움을 경험했다. 정상 바로 아래에 있는 급경사 구간인 카날레타에서는 크램폰과 아이스 액스를 이용하는 것이 가장 좋아 보였다. 짐을 줄이기 위해 캠프에 두고 온 물건들이었다. 우리는 상부 캠프로 되돌아갔다.

"나는 여기까지." 댄이 말했다. 우리는 댄의 아내가 셋째를 임신하고 있고 댄이 분만이 빨라질 경우를 대비해서 집에 돌아갈 날짜를 정해

두었다는 것을 알고 있었다. 다음 날 그는 힘차게 손을 흔들며 계곡 아래로 내려갔다.

우리는 휴식을 취하고 적응을 하면서 남은 하루를 보냈고 재시도를 위해 일찍 일어났다. 나는 맨 뒤에 섰고 프랭크가 내 바로 앞에 섰다. 우리는 정상을 향해 천천히, 하지만 꾸준히 움직였다.

"다섯 걸음만 더." 내가 말했다.

프랭크가 정상에 도착했고 딕이 그를 꽉 안았다. 프랭크는 숨을 가쁘게 쉬면서 정상을 표시한 십자 옆에 털썩 주저앉았다. 몇 초 뒤 그는 딕을 보며 머리가 터지기라도 하는 것처럼 손을 귀에 가져다 대고 말했다.

"나 해낸 거야?"

"그렇고 말고, 판초." 딕이 자신이 프랭크에게 붙여 준 별명을 부르면서 활짝 웃었다. "이건 시작이야. 우리가 다 해치울 거야!"

프랭크와 딕은 일곱 번의 등정을 모두 기록해 줄 카메라맨을 고용했었다. 딕은 그에게 카메라를 켜라고 말하고는 6팩짜리 고리에서 버드와이저 한 캔을 꺼냈다.

"프랭크, 자 이건 네 거!"

딕이 캔을 땄다. 아무 일도 일어나지 않았다.

그는 다른 캔을 집어 땄다. 아무 일도 일어나지 않았다. 모두 얼어 버렸던 것이다.

"버드와이저의 아이디어는 망했군." 딕이 말했다. "판초, 다른 스폰서는 없어?"

프랭크는 고개를 저었다. 그도 이제는 활짝 웃고 있었다. 프랭크와

ABC 텔레비전 프로그램의 감독이자 인터뷰어로 해발 6400미터 에베레스트 제2캠프에서 딕과 프랭크를 인터뷰하고 있는 나. 사진: 피터 필라피안

덕은 팔짱을 낀 채 주위에 그들보다 높은 것은 없는 정상에서 경치를 바라봤다.

"아-아-아아아!" 덕은 그의 트레이드마크인 타잔 소리를 냈다.

두 달 후 나는 프랭크, 덕과 함께 에베레스트 베이스캠프에 있었다. 이번에는 등반가들이 거의 모두 태평양 연안 북서부 출신이었고 그중 일부는 레이니어산에서 가이드로 일하고 있었다. 프랭크와 덕은 원정 비용을 대기는 했으나 '등정을 돈으로 사는 것'으로 보이는 것에 민감했기 때문에 수석 가이드인 원정 리더에게 결정권을 일임했다. 나는 가이드가 아니라 ABC 텔레비전의 등반 다큐멘터리 감독으로 원정에 참여했다.

1980년대 초반은 가이드를 이용한 에베레스트 등반이 아직 초창기였던 때여서, 우리는 7년 전 미국 200주년 에베레스트 원정대가 했던 것처럼 쿰부 아이스폴을 통과하는 루트를 직접 확보해야 했다. 프랭크와 딕은 루트가 확정되기를 기다리며 베이스캠프에서 며칠을 보냈다. 어느 날 딕이 답답한 표정으로 말했다. "운동을 좀 해야겠어. 하이킹을 할래. 남체로 내려가서 트레커들도 만나고 주민들도 만나고."

"안 돼." 프랭크가 말했다. "반대로 하는 거잖아. 고도를 낮추는 게 아니라 높여가야 해. 조심성 있게 행동해야 돼. 여긴 에베레스트야!"

"프랭크, 넌 항상 문제를 예측해서 문제를 자초해. 물론 변호사니까 나쁜 상황에 대비하도록 훈련받아서 그렇겠지. 하지만 여긴 산이지 법정이 아니야. 나는 문제가 생기면 그때 해결할래. 지금은 아무 문제도 없으니까 계곡 아래로 내려가서 다리 운동이랑 관광이나 하겠어."

점심 식사 후 딕은 짐을 꾸려서 내려갔다. 그가 빙하 아래쪽으로 사라지는 것을 지켜보던 프랭크가 이렇게 말했다.

"내가 제일 짜증이 나는 건 그가 옳을지도 모른단 거야. 아마도 딕은 아무 문제없이 돌아와서 정상까지 갈 거야."

프랭크는 수염이 까칠하게 자란 얼굴에 환한 미소를 띤 채 말을 이었다. "그 사실이 정말 좋지 않아?"

딕은 일주일 후 돌아왔다. 아이스폴을 통과하는 로프와 사다리가 놓였고 웨스턴쿰을 통과하는 루트가 만들어졌다. 딕은 20킬로그램의 짐을 메고 6492미터의 제2캠프로 올라갔다. 이제 원정 대장이 공격팀을 선정할 시간이었다. 프랭크는 딕과 자신이 세 번째, 네 번째 공격팀에 배정됐다는 말을 듣고 실망했다. 그래서 원정 대장에게 자신보다 체력이 좋은 딕이라도 두 번째 팀에 들어가는 게 좋겠다고 이야기했다. 하지만 대장은 두 사람 모두 아직 충분히 강하지 않다면서, 원정대나 방송사에 자신의 책임을 다하려면 선두에 뛰어난 두 팀을 나란히 배치해서 최소한 한 팀이라도 정상을 밟게 만들어야 한다고 대답했다.

"나도 우리가 두 번째 팀에 들어가야 한다는 프랭크 말에 동의해." 딕이 말했다. "하지만 나는 세 번째 팀도 대만족이야. 어디에 있든 분명히 정상에 갈 거라고 확신하니까."

"맙소사, 딕…" 프랭크가 답했다. "네가 그토록 사심이 없는 줄 알았다면 협상이 훨씬 수월했을 거야."

우리는 늘 그랬듯 '프랭크와 딕 토크쇼'를 지켜보며 미소를 지었다.

그다음 주, 프랭크와 딕이 캠프에서 대기하는 동안 첫 두 팀이 정상에 도착했다. 그 팀에는 놀라운 재능을 가진 카메라맨이 있었다. 데이비드 브리셔스라는 이름의 그 카메라맨은 뛰어난 체력을 가진 타고난 등반가였다. 데이비드는 비디오카메라와 배터리팩을 가지고 정상에 올라가서 소형 마이크로파 송신기를 연결했다. 그리고 세르피기 송신기를 남체바자르 언덕 위에 있는 접시 안테나 쪽으로 향하게 하는 동안, 카메라를 켜고 정상으로 올라서는 다른 등반가들의 모습을 촬영했다. 에베레스트 정상에서 역사상 최초로 송출된 생방송이었다.

다음은 딕의 차례였다. 그는 원정 주치의와 네팔인 등반가, 세 명의 셰르파와 함께 정상 공격에 나섰다. 5월 중순이었고 날씨는 안정적으로 보였다. 딕은 컨디션이 좋은 상태로 7985미터의 사우스콜캠프에 도착했다. 그들은 눈을 녹이기 위해 스토브를 켜며 내일 이른 아침에 떠나기로 계획을 세웠다.

그들의 행운은 계속됐다. 동이 트기 전 별이 빛나는 하늘에는 구름이 한 점도 없었다. 새벽빛이 보일 때쯤엔 로체, 마칼루, 칸첸중가, 초오유 같은 지구의 거인들이 발아래로 보이는 높이까지 올라갔다. 모든 것이 완벽한 정상 등정을 약속했다. 그들은 멈춰서 휴식을 취했다. 두 번째 로프 끝에 있던 의사가 도착해 자리에 앉았다.

"컨디션은 어떻습니까?" 의사가 물었다.

"피곤은 하지만 괜찮아요."

딕은 경치를 둘러보다가 약 9미터쯤 떨어진 곳에 뭔가가 있는 것을 알아차렸다. 색이 바랜 주황색과 붉은색의 무언가였다.

"저게 뭐지?"

그건 4년 전 하산 중에 비박을 하다가 목숨을 잃은 독일 등반가의 얼어붙은 시신이었다. 딕은 자신의 마음에서 방금 본 '부정적인 장면'을 쫓아내려고 노력했다. 그들은 이제 8230미터에 있었다. 눈이 깊어졌고 속도는 느려졌다. 그는 정상 등반을 목표로 귀중한 산소를 아끼기 위해 호흡기의 유량을 낮게 설정했다. 그들은 느리지만 꾸준한 속도로 한 시간 더 등반을 해 마침내 8534미터까지 올랐다.

"여기까지만 하는 게 좋겠습니다." 의사가 말했다.

"무슨 소리를 하는 거예요?" 딕이 믿을 수 없다는 듯 대답했다.

"계속 간다면 하산하는 길에 어둠에 발목을 잡히게 될 겁니다."

"하지만 다 왔는데…"

딕은 계속 가자고 의사를 설득할 수 없었다. 셰르파들 역시 꺼렸다. 혼자 갈까 생각해 봤지만 그 순간 독일인 등반가의 주검이 떠올랐다.

정상 공격을 준비하고 있는 딕 배스. 우리는 그가 배낭에 챙겨 다니는 물건들을 보고 딕을 놀려 댔다. 그러나 챙겨오지 못한 물건을 빌려 쓸 때가 종종 있었고 그때마다 그는 아주 즐거워하며 우리의 놀림에 복수를 했다.
사진: 릭 리지웨이

"좋아요. 내려가죠."

결국 프랭크도 딕도 에베레스트 정상에는 오르지 못했다. 하지만 그들은 멈추지 않고 데날리, 엘브루스, 킬리만자로 등정에 나섰다. 그동안 나는 계획대로 카트만두에서 제니퍼와 카리사를 만났다. 카리사는 생후 8개월이었다. 여행용 아기 침대, 접이식 유모차, 기저귀를 넣은 더플백 세 개를 운반하는 것은 제니퍼에게 몹시 힘든 일이었을 것이다. 하지만 그녀는 해냈고, 우리는 카리사를 안고 야크앤예티 호텔 로비 바에서 우리의 첫 번째 결혼기념일을 축하했다.

인도네시아에 도착한 후 나는 보르네오섬 중부에 살고 있는 다약족이라는 원주민 마을에 장비 보관소를 만들기 위한 허가를 받고 일주일 동안 소형 비행기를 빌렸다. 아침과 저녁에는 제니퍼, 카리사와 시간을 보냈다. 제니퍼는 내가 옳은 결정을 하고 있는지 여전히 확신하지 못했다. 세 번의 세븐 서미츠 원정과 보르네오 횡단을 합치면 나는 결혼 첫해의 9개월을 집을 떠나 있는 셈이었다. 적어도 등반에 비하면 보르네오는 덜 위험할 테지만, 한 번도 내려가 보지 않은 잘 알려지지 않은 강에는 치명적인 급류가 있을 수 있었다. 나는 제니퍼에게 급류가 심해지면 주변의 육로로 이동하겠다고 약속했다.

"그 외에는 잘못될 일이 별로 없어요."

7

보르네오섬 횡단

우리는 통나무배를 타고 상류로 올라가고 있었다. 시간이 지날수록 좁아지는 지류 위를 아치형으로 덮은 밀림의 지붕이 가까워졌다.

"저기!" 슬레이드가 외쳤다. "저기 두 가지가 맞닿았어!"

나무 지붕은 계속해서 강을 에워싸고 하늘을 가렸다. 나는 몇 년 전 외우고 다녔던 조지프 콘래드의 소설《어둠의 심연》의 한 구절을 되뇌었다.

> 그 강을 거슬러 올라가는 것은 세상의 가장 처음으로 돌아가는 여행과 같았다. 초목이 땅에서 폭동을 일으키고 거대한 나무들이 왕이던 그때로. 공허한 물줄기, 거대한 침묵, 눈앞이 보이지 않는 숲… 그리고 깊은 정적… 헤아릴 수 없는 신비한 의도에 대해 곰곰이 생각하게 하는 막강한 힘의 고요함.

원정팀은 네 명이었고 거기에 촬영팀이 두 명 더 있었다. 우리의 목표는 세계에서 세 번째로 큰 섬, 보르네오를 가장 넓은 지점에서 횡단하는 것이었다. 적도를 오르내리는 횡단 거리는 코뿔새가 비행하는 거리로 계산하면 약 1287킬로미터지만, 지상에서는 강의 만곡을 고려해 그 두 배가 될 것이었다.

짐 슬레이드는 통나무배에서 내 앞에 앉아 있었다. 그는 세계에서 가장 큰 빅토리아폭포가 있는 아프리카 잠베지강을 최초로 완주한 최고의 강 가이드라는 수식어가 붙은 사람이었다. 내 뒤에는 짐 버드 브리드웰과 존 라르고 롱이 나란히 앉아 있었는데, 슬레이드와 달리 두 사람은 급류 경험이 전혀 없어서 횡단의 마지막 일정에 잠재적인 약점이 있었다. 급류가 심해 배가 다니지 않는 카얀강을 탈 계획이었기 때문이다. 하지만 나는 두 사람이 해낼 것이라고 믿었다. 그들 모두와 등반을 해봤기 때문이다. 브리드웰과 라르고 두 사람은 요세미티 등반가들 중에서도 '하드맨'이라고 불리는 몇 안 되는 사람들이었고 힘든 도전을 즐겼다. 또한 그들은 15시간 만에 900미터 단일 암봉을 올라, 최초로 하루 만에 엘 캐피탄(요세미티 국립공원에 있는 수직 화강암벽) 등반에 성공한 사람들이었다.

우리는 8일 전 보르네오 서해안의 항구도시 폰티아낙을 떠났다. 전통 방식으로 만들어진 15미터 길이의 배를 전세 내 카푸아스강을 거슬러 올라갔다. 일주일 후에는 카푸아스강에서 벗어나 지류를 타기 위해 두 척의 카누로 옮겨 탔다. 하나는 우리를 위한 것이었고 다른 하나는 촬영팀과 장비를 위한 것이었다. 한 번은 하류로 향하는 또 다른 카누를 지나쳤는데 우리를 신기하게 쳐다보던 뱃사공이 균형을 잃고 강물에 빠졌다.

지류에서 이틀을 보내고 탄중로캉이라고 불리는 다약족 마을 기슭에 카누를 댔다. 다약족은 보르네오 내륙의 원주민으로 사람의 머리

존 라르고 롱(왼쪽)과 짐 슬레이드가 강을 거슬러 올라 '어둠의 심연'으로 파고들고 있다. 사진: 릭 리지웨이 소장

를 잘라 전통 가옥의 서까래에 전리품으로 걸어 두는 것으로 유명했다. 그들은 오래 전 사람 사냥을 그만두고, 나무껍질로 만들어 입던 옷도 티셔츠와 면 반바지로 바꾸었지만, 여전히 목 위까지 뻗은 문신으로 몸을 가리고 있었다. 상상과는 달리 다약족 사람들은 해맑은 얼굴로 우리를 반갑게 맞이해 주었다. 강 여행의 첫 구간이 마무리된 순간이었다. 여기에서부터는 열흘간 육로로 하이킹을 해서 산맥을 넘은 후 보르네오 중심부로 이어지는 다음 분수령으로 내려갈 것이다. 일주일 이상을 버틸 음식과 카메라 장비를 운반해야 했기 때문에 다약족 몇 명을 포터로 고용하고 싶었다.

가족과 함께 탄중로캉에 살고 있던 미국인 선교사가 마을 족장과의 협상을 도와주었다. 족장은 자신도 따라가고 싶다고 말했고 선교사는

카푸아스강을 거슬러 올라가는 길. 내 차례가 되어 우리가 '보르네오 퀸'이라고 명명한 전세 보트의 키를 잡고 있다. 사진: 릭 리지웨이 소장

통역으로 자신의 10대 아들을 데려가라고 제안했다. 그 아들도 큰 기대를 했기 때문에 따로 구슬릴 필요가 없었다. 우리는 포터의 짐에 장비를 나누어 실었다. 우리와 함께 떠날 마을 사람들은 모두 신이 나 보였다.

떠나기 전날 저녁 족장은 잔치를 벌이고 현지에서 만든 밀주 몇 병을 내놓았다. 선교사의 아들을 제외한 모두가 술을 마시기 시작했고, 곧 모두 술에 취했다. 브리드웰이 특히 심했다. 그의 진면목은 두 종류의 상황에서 주로 드러났는데 하나는 심한 등반이었고 다른 하나는 심한 파티였다. 그때까지 별의별 사람을 다 만나 보았지만 브리드웰은 그 모든 것을 한 차원 끌어 올렸다. 그는 마흔도 되지 않았지만 피부가 이미 두꺼운 가죽 같았다. 태양과 바람, 수십 년에 걸쳐 피운 필터 없는 카멜 담배 덕분이었다. 강인하다는 그의 평판은 배를 타고 카푸아스강을 오를 때 확인됐다. 어느 날 점심 식사를 하던 도중 뼈를 씹어 그의 앞니 일부가 부러져 나갔다. 그는 배에 있는 도구함을 뒤지더니 작은 거울 앞에 서서 한 손으로는 입술을 잡아 올리고 다른 한 손으로는 철제 줄을 쥐고 부러진 앞니의 들쭉날쭉한 면을 갈아냈다.

족장의 환대를 즐기면서 선교사의 아들 외에 모두가 거나하게 취해 가고 있을 때였다. 브리드웰이 문신을 하겠다고 나섰다.

"우리 형제들처럼!" 그가 다약족 사람들을 가리키며 말했다.

선교사의 아들이 그 청을 족장에게 통역하자 족장은 미소를 지으며 상자에서 잉크병과 짤막한 대나무 조각을 꺼냈다. 그 조각 끝에는 촘촘히 묶인 네 개의 바늘이 튀어나와 있었다.

족장은 브리드웰에게 셔츠를 벗고 매트가 깔린 바닥에 옆으로 누우라고 말했다.

"족장에게 아주 특별한 걸 원한다고 말해 줘."

선교사의 아들이 통역을 했다. 나는 그 소년이 이 즉흥적인 술잔치를 즐기고 있다는 것을 알 수 있었다. 나는 그의 아버지가 우리에게 큰 친절을 베풀어 주었기 때문에, 우리가 원치 않는 바이러스처럼 그 소년의 신심을 헤집어 놓지 않기를 바랐다.

"나비는 어때요?" 소년이 신이 나서 족장의 제안을 통역했다.

"좋지!" 브리드웰이 대답했다. 이제는 말도 어눌했다.

브리드웰 옆에 다리를 접고 앉은 족장은 바늘을 잉크병에 담갔다가 브리드웰의 상박에 꽂았다. 브리드웰이 한 말은 밀주를 더 가져오라는 것뿐이었다.

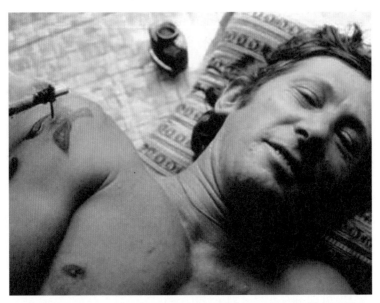

바디 아트의 인기가 되살아나기 약 30년 전 새긴 짐 버드 브리드웰의 문신. 수십 년 동안 짐은 그 문신을 보르네오 모험에 대한 멋진 추억으로 여겼다. 아내의 의견은 달랐지만 말이다. 사진: 릭 리지웨이

우리는 10일 동안 뮬러산맥을 횡단해 중앙 보르네오로 향하는 두 번째로 큰 강, 마하캄에 도착했다. 다약족 사람들과 선교사의 아들은 탄중로캉으로 돌아가고 우리는 마하캄강을 타고 내려왔다 보(Boh)강으로 올라간 뒤 다시 한번 육로를 걸어 카얀강의 상류로 갔다. 우리를 보르네오 동부 해안으로 데려다줄 마지막 강이었다.

독감에 걸린 것처럼 몸이 아프기 시작했다. 밀림에서는 몸이 아픈 것이 항상 큰 문제였다. 처음에는 심각한 것인지 알 수가 없기 때문이다. 무슨 병에 걸렸는지 모르는 채 상태가 점점 악화됐고 자주 멈춰서 메스꺼움이 지나갈 때까지 기다려야 했다. 평소보다 땀을 많이 흘리기 시작하자 다른 사람들이 내 가방의 짐을 나눠 들었다. 해가 지기 전에

마을에 도착할 계획이었지만 어지러움이 점점 심해졌고 속도는 느려졌다. 해질 녘 우리는 개간지에 도착했다. 나무를 베어 내고 불태운 지 얼마 되지 않은 곳이었다. 아직 연기를 내뿜는 빈터에 큰 나무 그루터기가 흩어져 있었다. 나는 통나무 사이를 걸어가는 동안 균형을 잃지 않기 위해 집중했다. 용광로 같은 뜨거운 열기가 발아래에서 올라와 토할 것 같은 기분이 한층 심해졌다.

빈터를 통과한 후에도 내 속도가 너무 느려서 마을까지 가려면 한 시간 이상 더 걸어야 했다.

"할 수 있어, 릭." 브리드웰이 말했다.

몸이 뜨거워졌다가 차가워졌다. 나는 긴팔 셔츠를 입고 한 걸음 한 걸음에 집중하려고 애를 썼다. 산소 없이 K2 정상을 오르던 날과 비슷했다. 나는 그때 해냈다면 지금도 할 수 있을 것이라고 되뇌었다. 아내와 딸의 모습도 떠올렸다. 효과가 있었다. 해가 지고 한 시간 후 마침내 마을에 들어섰다.

마을은 서른 가구가 모여 살고 있는 91미터 길이의 전통 가옥 한 채가 전부였다. 족장이 내 팔을 잡고 자신의 방으로 인내했다. 나는 돗자리 위에 누웠고 사롱(sarong, 인도네시아와 말레이시아 등지에서 남녀 구분 없이 허리에 둘러 입는 천-옮긴이)을 입은 몇 명의 여자들이 번갈아 가며 내 이마에 젖은 천을 놓아 주었다. 나는 밤새 토했다. 깨어 있는지 자고 있는지 구분이 되지 않았다. 이튿날 동료들이 마을 근처 활주로에 선교사의 비행기가 일주일에 한 번씩 착륙한다고 알려 주었다. 좋은 소식이었다. 다만 선교사가 그곳을 떠난 지 며칠밖에 되지 않았다는 게 문제였다. 그런데 두 시간 후 단발 엔진 항공기의 웅웅거리는 소리가 들려왔다. 슬레이드가 방에 들어오더니 선교사가 비구름을 피해 이곳에 잠시 착륙했다고 말했다. 선교사는 나를 대피시키기로 했다.

슬레이드와 다른 친구들이 세스너 비행기까지 걸어가는 나를 부축해 주었다. 파일럿이기도 했던 선교사는 내게 토사물로 더러워진 셔츠를 벗으라고 말하더니 비행기 뒤에서 여분의 티셔츠를 찾아내 나에게 입혔다. 비행기 앞쪽에는 '하나님은 나의 부조종사'라고 적혀 있었다.

너무 아파서 자리에 앉아 있을 수가 없었기 때문에 사람들이 나를 비행기 뒤쪽에 태웠다. 피부에 닿는 시원한 알루미늄 바닥이 그렇게 감사할 수가 없었다. 비행기가 이륙했나 싶었는데 얼마 지나지 않아 다시 착륙했다. 선교사는 우리가 다른 마을에 와 있고 한 시간 정도 체류할 것이라고 말했다. 나는 구토를 참으려 애썼다. 선교사가 돌아와 우리는 다시 이륙했고 그가 살고 있는 타라칸이라는 항구도시로 향했다.

그의 아내가 작은 공항에서 우리를 맞이했다. 하지만 나는 너무 아파서 걸을 수가 없었다. 선교사가 도와줄 사람을 하나 찾아서 나를 차까지 데리고 갔다. 나는 몸을 펼 수가 없어서 태아처럼 웅크리고 있었다. 집에 도착한 선교사와 아내는 간신히 나를 아래층의 세탁실로 옮겼다. 바닥에 매트리스가 깔려 있었다. 부인이 내게 물을 가져다주었지만 삼킬 수가 없었다. 그들은 일요일이어서 좋은 의사가 있는 유일한 병원은 문을 닫았다고 알려 주었다.

"내일 아침에 사마린다로 갑시다." 선교사가 말했다. "거기에 아주 훌륭한 독일인 의사가 있어요. 그 병원에 데려다줄게요."

그들은 두 아이와 일요일에 열리는 장에 갔다가 두 시간 내에 돌아오겠다고 말했다. 매트리스 위에 누워 있었는데 갑자기 어지럼증과 오한, 위경련이 동시에 일어났다. 나는 화장실로 기어가서 장을 비우면서 동시에 토했다. 방이 빙빙 도는 것 같았다. 나는 매트리스로 다시 기어오면서 의사를 만나기 전에 죽을지도 모르겠다고 생각했다. 눈사태에서도 살아남은 나였지만 이제는 조나단의 뒤를 따라가게 될 것 같았다. 조나단이 아내와 어린 딸을 남기고 죽은 것처럼 나도 아내와 딸을 남기고.

다행히도 매트리스가 바닥에 있어서 매트리스 위에 올라가 누울 수 있었다. 나는 눈을 감았다. 갑자기 순간이동 마법에 걸린 것처럼 나는 유럽에 있었다. 19세기 초 비엔나였다. 나는 화려하게 장식된 무도회장에서 무릎까지 오는 반바지에 주름장식이 달린 셔츠와 웨이스트코트를 입고 머리에는 하얀 가발을 쓴 채로, 똑같은 차림의 남자들과 나란히 서 있었다. 맞은편에는 믿을 수 없을 만큼 가는 허리를 가진 여자들이 원뿔처럼 퍼지는 자수 드레스를 입고 마찬가지로 나란히 서 있었다. 다음 순간 오케스트라가 왈츠를 연주하고 남녀가 각기 파트너를 골라 춤을 췄다. 나는 어느 아름다운 여성과 궁전 바닥을 빙글빙글 돌며 왈츠를 췄다. 갑자기 돋보기를 들이댄 것처럼 눈에 보이는 것들이 확대되기 시작했다. 나는 상대의 드레스에 초점을 맞췄다. 이내 시야가 확대되면서 드레스 옷감의 씨실과 날실이 보이더니, 실 표면의 얇은 솜털 하나하나까지 눈에 들어왔다. 다시 상대의 얼굴을 보려고 했지만 아름다웠던 그녀의 얼굴은 콧구멍으로 붉은 김을 내뿜는 괴물 서상으로 변해 있었다. 공포감에 눈을 뜨자 환영이 멈췄다. 호흡을 가다듬고 눈을 감았다. 하지만 또 다른 환영이 시작되는 것 같았다. 정신을 차리려고 노력했지만 그럴 수 없었다. 잠이 들었던 것 같다. 다음 날 늦게까지 어떤 일이 일어났는지 기억이 없다.

무에진(muezzin, 이슬람 사원에서 기도 시간을 알리는 사람-옮긴이)의 소리가 의식을 깨웠다. 다른 땅, 다른 시대, 다른 삶으로부터 건너온 먼 메아리 같은 아라비아 노래가 작게 들렸다.

"제 병원은 모스크 옆에 있어요." 독일인 의사가 말했다. "이 도시에는 십여 명의 무에진이 있는데 모두 경쟁을 해요. 지금 들리는 목소리의 주인공은 얼마 전에 성능 좋은 새 스피커를 들여놓았어요."

"꿈을 꾸고 있는 줄 알았어요."

"컨디션은 어때요?"

"메스꺼운 증세가 없어졌어요."

"덱스트로스 수액과 콤파진을 처방했어요. 여기 도착했을 때는 심한 탈수 상태에 체온이 40.6도였어요."

"병명이 뭡니까?"

"혈액과 대변 샘플을 연구소에 보냈어요. 아마 장티푸스일 거예요. 여기 칼리만탄에 면역에 내성이 있는 종류가 등장했거든요. 아주 치명적이죠."

수액이 한 방울씩 들어갈 때마다 기운이 나는 것을 느낄 수 있었다. 하지만 근육이 불 위에 있는 것처럼 화끈거렸다. 독일인 의사는 탈수로 인해 근육에 젖산이 농축되어 그런 거라고 설명해 주었다. 이틀 후에는 일어날 수 있게 됐지만 여전히 근육이 너무 화끈거려서 겨우 두 걸음 걷고 다시 앉아야 했다. 나흘 후 나는 병원을 걸어서 돌아다닐 수 있게 되었다. 파일럿 선교사가 나를 타라칸에 있는 다른 선교사 가족에게 데려다주었다. 내가 회복할 동안 묵게 해주겠다고 나서 준 사람들이었다.

2주 후 선교사와 그의 가족들은 나를 카얀강이 바다와 만나는 삼각주를 가로질러 부두까지 데려다주었다. 부두까지 걸어가는 일은 여전히 힘에 부쳤다. 나는 말랐고 머리도 듬성듬성했다. 머리가 많이 빠져서 암 환자처럼 보였다. 부두 끝에 모터가 달린 배가 다가오고 있는 것이 보였다. 배가 부두에 닿자 동료들이 내렸다. 우리는 서로를 힘껏 안았다. 그들은 해냈다. 나도 그랬다.

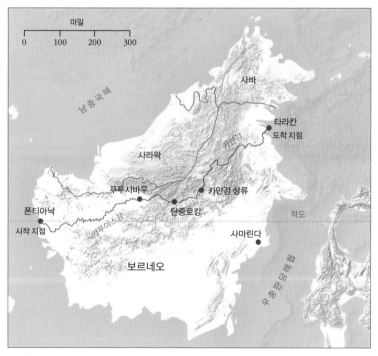

세계에서 세 번째로 큰 섬을 적도를 넘나들며 서에서 동으로 가로지르는 우리의 루트

등반의 새 역사를 쓴
초보 산악인들

우리는 처음부터 적어도 물류적인 측면에서만은 7개 최고봉 중 가장 어려운 공격 대상이 빈슨산이라고 생각하고 있었다. 남극대륙으로 가는 민간 원정은 이제껏 한 번도 없었다. 물류를 책임진 프랭크 웰스는 남극의 미국 기지를 관리하는 미국국립과학재단 인맥을 통해 스키가 장착된 C-130의 대여가 가능한지 타진했지만 거절당했다. 차질이 빚어졌지만 프랭크는 의연했다.

그는 계속해서 연줄이 닿는 모든 관계자에게 연락을 했고, 곧 몇몇 비행기 애호가들이 보유한 DC-3에 대해서 알게 되었다. 스키는 물론 터보프롭(turbo-prop, 터보제트에 프로펠러를 장착한 항공기용 제트엔진-옮긴이)까지 장착해 북극권에 보급품을 수송할 수 있는 기종이었다. 프랭크는 트라이터보(Tri-Turbo)라고 알려진 그 비행기를 전세 내려고 했지만 장애물이 계속해서 나타났다. 이 수송기의 주인들이 보험을 들어야 한다고 말해 로이드보험조합에서 일단의 보험 인수자들을 찾아냈

←

남극 최고봉 빈슨산 기슭 얼음에 갇힌 트라이터보. 사진: 크리스 보닝턴

지만, 그들은 또 비행기를 숙련된 파일럿이 몰아야 한다는 조건을 걸었다. 프랭크는 항공 역사상 가장 뛰어난 파일럿 중 하나인 클레이 레이시와 계약을 했다. 하지만 이번에는 클레이가 건강 문제로 빠지게 되었다. 다행히 비행기 소유주들이 프랭크에게 자일스 커쇼라는 영국인 파일럿을 소개했다. 그는 남극에서의 비행시간만 5000시간인 사람이었고, 건강에도 문제가 없었다.

다음 문제는 비행기의 급유였다. 트라이터보의 연료 적재량은 왕복 운항이 가능한 정도가 아니었고 남극에는 여분의 연료를 넣을 수 있는 기지가 없었다. 극복할 수 없는 문제처럼 보였다. 하지만 프랭크는 이런 심각한 난관들을 해법이 분명히 있는 문제라고 생각했다.

K2를 오르기 위해 5486미터 이상의 고도에서 68일을 보낸 나는 끈기에 대해서 좀 안다고 자부하고 있었지만 프랭크에 비하면 아무것도 아니었다. 기어이 그는 칠레인들과 십여 개의 연료통을 그들의 남극 기지 옆에 있는 빙하까지 낙하산으로 옮기는 계약을 맺었다. 자일스가 그곳에 착륙해서 급유하는 편이 더 나을 것 같다고 얘기한 대로 말이다.

프랭크는 이 문제를 해결한 후 이렇게 말했다.

"어니스트 섀클턴에 관한 이야기를 읽은 적이 있어. 거기에서 이런 구절을 발견했지. '난관은 극복해야 하는 대상일 뿐이다.'"

또 다른 문제는 돈이었다. 딕 배스가 말하는 '세븐 서미츠 오디세이'는 프랭크와 딕의 자금으로 감당할 수 있는 범위를 넘어서고 있었다. 그들은 자금을 충당하기 위해 스키를 타고 에베레스트를 내려온 남자로 유명해진 미우라 유이치로와 비용을 분담하는 거래를 했다. 조건은 7개의 최고봉 중 남은 곳에서 그가 스키를 타고 내려올 수 있도록 해주는 것이었다. 영국의 유명한 등반가 크리스 보닝턴도 가세해 등반팀의 전력을 강화했다.

자일스와 몇 명의 승무원이 트라이터보를 타고 칠레로 이동하는 동안, 나머지 사람들도 민간 항공기를 타고 칠레로 향했다. 우리의 출발점, 마젤란해협의 푼타아레나스에서 자일스는 기내에 우리를 모아 놓고 안전 교육을 진행했다.

"이것은 구명 고무보트입니다." 그가 말했다. "이 고리끈을 당기면 부풀어 오릅니다. 여기에는 캐노피가 있고 비상식량이 좀 있습니다. 하지만 문제가 있어요. 수용 인원이 8명인데 우리는 11명이죠. 보트로 내려가야 할 경우 차분하게 저를 따라 문 밖으로 나가야 합니다."

프랭크는 고개를 저으면서도 활짝 웃고 있었다. 자일스의 말이 농담인지 진심인지 구분하지 못하는 것이 틀림없었다. 고무보트는 정말 작아 보였다. 때문에 나는 그걸 타야 할 상황이 온다면 어찌되었든 우리는 죽은 목숨일 거라고 생각했다. 그런 면에서 프랭크를 비롯한 우리 모두는 자일스를 조종사로 두는 것보다 더 좋은 일은 없다고 여겼다.

프랭크는 내 귀에 대고 이렇게 말했다.

"우리 업계에서는 모두가 괴짜인 척한다니까."

하지만 나는 프랭크가 많이 지쳐 있다는 것을 알 수 있었다. 비행기를 타고 케이프 혼을 지날 때 그는 거의 널브러진 상태로 자고 있었다. 몇 시간 후 구름이 잠깐 걷힌 틈을 타 자일스가 칠레 기지 옆 빙하에 비행기를 착륙시켰다. 프랭크의 계획대로 눈 위에 연료통이 있었다. 트라이터보에 급유를 마친 우리는 텐트를 펴고 몇 시간 눈을 붙인 뒤 내륙으로 출발했다. 날씨가 개었고 남극반도 위로 빙하가 덮인 세 개의

자일스 커쇼는 인도의 차 농장에서 성장했다. 그곳의 밀림을 자유롭게 누비며 자란 그에게 영국의 기숙학교는 징역형이나 다름없었다. 그는 남극의 거대한 빙상에서 다시 자유를 찾았다. 사진: 릭 리지웨이

산이 보였다.

"이터니티산맥(Eternity Range)입니다." 자일스가 말했다. "저게 채러티(Charity)산이고 다른 두 개가 호프(Hope)산과 페이스(Faith)산이죠."

우리는 침묵을 지켰다. 하늘에는 구름 한 점 없었다. 우리는 내륙의 가장 큰 빙원에 이르렀다. 어떤 민간 원정대보다 지구 최남단에 근접한 것이다. 눈에 보이는 모든 곳이 평평한 얼음이었다. 수백 마일 밖까지 시야가 트여 있었다.

자일스가 다시 말을 이었다.

"이 루트를 비행할 때마다… 저는 링컨 엘즈워스를 생각합니다. 바로 이 루트로 남극을 횡단했죠. 그는 페이스, 호프, 채러티를 처음 본

174

사람입니다. 날씨가 궂어서 갤 때까지 세 번이나 착륙을 해야 했죠. 앞에 어떤 산이 있을지 전혀 몰랐기 때문입니다. 9천 미터까지 올라갈 수 있었다고 해도 그 앞에 에베레스트보다 더 높은 산이 있을지 모르는 상황이었던 거죠. 불과 50년 전만 해도 지구에는 전혀 알려지지 않은 부분이 많았습니다."

자일스는 빈슨산 베이스캠프 인근에 안전한 착륙 지대를 찾아 공중을 선회하며 트라이터보의 속도를 서서히 낮췄다. 비행기 하부의 스키가 바람이 만든 눈의 융기부에 심하게 부딪혔다. 그는 엔진을 작동시켜서 상승한 뒤 다시 착륙할 자리를 물색했다. 다시 한번 자일스가 트라이터보의 속도를 낮추자 모두 숨을 죽였다. 스키가 다시 융기부에 세게 부딪혔지만 이번에는 서서히 속력이 낮아지더니 마침내 멈췄다. 우리는 환호했다.

이후 모든 것은 프랭크의 꼼꼼한 계획에 따라 진행됐다. 다음 나흘 동안 우리는 약 2835미터에 베이스캠프를, 3505미터에 제1캠프를 만들었다. 프랭크와 딕은 자기 몫의 식량과 장비를 나르면서 열심히 일을 했지만 크리스 보닝턴은 그들이 캠프의 모든 일에 참여하는 것은 아니라는 걸 알아차렸다. 크리스가 프랭크와 딕에게 말했다.

"두 사람은 등반 기술을 발전시키는 일에서는 상당한 발전을 이뤘어요. 하지만 노련한 등반가가 되려면 해야 할 게 하나 남았습니다. 요리를 배워야 해요."

프랭크가 신음 소리를 냈다. 크리스는 프랭크가 요리를 극도로 싫어한다는 걸 알지 못하는 것이 분명했다. 나는 미소를 지으면서 이 대화가 어떻게 흘러갈지 지켜봤다.

딕이 먼저 대답했다.

"난 요리하는 걸 꺼리지 않아. 하지만 여기 판초는 내게 말하길 우리가 이 값비싼 원정에 돈을 대기 때문에 원치 않는다면 요리를 할 필요가 없다고 했어."

"잠깐…" 프랭크가 쏘아붙였다. "내가 언제 그런 말을 했어? 돈을 내건 아니건 다른 등반가들과 평등한 입장에 서기로 결정했었다고."

"하지만 데날리에서 내가 요리를 해보겠다고 했더니 네가 '아무한테도 그런 말 마. 그렇지 않으면 지금부터 우린 요리를 해야 해'라고 말했잖아."

"하지만 원정 경비를 대기 때문에 요리를 할 필요가 없다고 한 적은 없어."

"정확히 그렇게 말한 것은 아니지만 그런 뜻이었어."

"그게 무슨 억측이야?"

"그게 너희 민주당 지지자들의 문제야. 자기 생각을 그대로 말하지 않는 거지. 나는 요리를 좋아해. 하지만 네가 요리를 하고 싶지 않다면야, 나도 이 오디세이 비용의 절반을 내고 있으니까 2군 파트너가 되고 싶지는 않아."

우리가 웃으면서 '프랭크와 딕 쇼'의 최신 에피소드를 보고 있는 동안 카메라맨이 조용히 스토브를 조립하더니 요리를 시작했다.

좋은 날씨가 계속 이어져서 곧 정상 공격을 할 수 있는 위치에 이르게 되었다. 아침 일찍 하이캠프를 떠났기 때문에 우리는 정상까지 편안한 속도를 유지하기로 했다. 게다가 백야 기간이라 해가 지는 것을 걱정할 필요가 없었다. 하이캠프에서 나온 지 한 시간쯤 되었을 때 크리스가 이렇게 말했다.

"내 등반 경력 중에 가장 좋은 날이 될 것 같아."

한 시간 반 후 잔인할 정도로 차가운 돌풍이 불기 시작했다. 고개가 절로 숙여졌다. 프랭크의 코가 동상 초기 상태가 되었고 상황은 계속 악화됐다. 프랭크가 영구적인 손상을 입지 않도록 하산해야 한다는 데 전원 동의했다. 그러나 프랭크가 반대했다.

"나 때문에 좋은 기회를 놓칠 수 없어. 몇 명은 정상 등정을 계속해야 해. 릭과 크리스가 할 수 있다고 생각해. 나머지는 다음에 시도할 수 있겠지."

"이건 당신과 딕의 원정이에요." 내가 반대했다.

"아니, 이건 우리 모두의 원정이야. 당신들이 정상에 오르면 우리 모두가 성공하는 거야."

"하지만 이건 당신들이 기획한 세븐 서미츠잖아요. 당신과 딕이 정상을 밟아야 의미가 있죠."

"우린 다음 기회에 하면 돼. 이제 떠나도록 해."

다른 사람들이 떠나고 크리스와 나는 등반을 계속했다. 우리는 극심한 바람을 만났다. 시속 110킬로미터쯤 될 것 같은 돌풍에 기온은 영하 30도였다. 고글에 얼음이 너무 많이 생겨서 앞서가는 크리스의 흐릿한 모습에 의지해야 했다. 날씨가 좋다고 얘기한 지 여섯 시간 만에 크리스는 걸음을 멈추고 바람 사이로 소리쳤다.

"내 등반 경력에서 최악의 날씨가 될 거야!"

기운이 하나도 없었다. 장티푸스를 앓은 지 석 달도 되지 않은 데다

고도 때문에 어지러웠다. 결국 크리스 혼자 정상에 오르고 나는 되돌아가야 했다.

원정은 기술적으론 성공이었다. 하지만 충분치가 않았다.

"계속 해보자." 프랭크가 말했다.

사흘 후 두 번째 시도를 했지만 악천후로 다시 돌아왔다. 음식과 보급품이 있었기 때문에 프랭크와 딕은 버티고 싶어 했다.

"내 경험상 삼세번이라는 말이 괜히 있는 게 아니더라고." 딕이 말했다.

프랭크는 딕과 내가 다음 시도를 하기를 바랐다. 딕이 자신보다 체력이 좋고 내 컨디션도 나아지고 있었기 때문에 적어도 딕은 정상에 오를 수 있다고 생각한 것이다.

바람은 없었지만 기온이 영하 40도였다. 휴식을 위해 멈췄을 때 우리는 물병이 완전히 얼어 있는 것을 발견했다. 초코바를 먹으려 했지만 쇠를 씹는 것 같았다. 우리는 '쉬는' 동안에도 발가락이 얼지 않도록 작은 원을 그려야 했고 걸을 때는 손가락에 피를 공급하기 위해 팔을 돌려야 했다.

"추위에 대해 말해 봅시다! 파카의 바느질 구멍으로 스며드는 추위는 못이 박히는 것 같아요!" 딕이 소리쳤다.

"댄 맥그루(로버트 서비스의 〈댄 맥그루의 총격〉이라는 시를 말한다-옮긴이)인가요?" 내가 물었다.

"아니, 샘 맥기(로버트 서비스의 〈샘 맥기의 화장〉이라는 시-옮긴이)야." 딕이 대답하면서 또 다른 로버트 서비스의 시를 낭송했다.

"나는 항상 재미있게 읽었지. 하지만 진짜 삶은 그것과 달라!"

빈슨 정상 등반을 위한 첫 시도 때의 프랭크 웰스. 파타고니아에서 사진 편집자로 일했던 제니퍼가 이 사진을 초기 파타고니아 카탈로그에 실었다. 프랭크는 오스카상이라도 받은 것처럼 그 사진을 몇 년 동안 친구들에게 자랑했다. 사진: 릭 리지웨이

"등반보다 다른 것들 때문에 더 지치고 있어요." 내가 말했다. "아무튼 계속 움직여 보자구요."

우리는 계속 위를 향해 가면서 발가락에 피를 돌게 하기 위해 걸음을 옮길 때마다 발을 굴렀다. 쇠가 이중으로 된 장갑 안까지 냉기를 전해서 도끼도 수시로 한 손에서 다른 손으로 바꿔 들었다. 그러다 무심코 김 서린 고글을 문지르는 실수를 했는데, 바로 얼어붙어서 고글 없이 갈 수밖에 없었다. 로프는 매지 않았다. 로프를 사용하려면 걸음을

멈추고 확보 지점을 만들어야 하는데 너무 추워서 그렇게 할 수가 없었다. 겨우 그늘에서 벗어나서 최소한 심리적으로라도 활력을 주는 햇빛 속으로 들어갔다. 딕이 뒤에서 내 발걸음을 따라오고 있었다. 점점 사면이 가팔라졌다. 나는 딕이 집중해 주기만을 바랐다.

우리는 가파른 사면 꼭대기에 닿았고 계속해서 산마루를 올랐다. 딕은 나와 12미터 거리를 유지했다. 눈앞에 크리스가 정상에 남겨 둔 스키 폴 손잡이가 보였다. 약 9미터쯤 떨어져 있었다.

"딕!"

"응?"

"9미터만 가면 세계에서 가장 추운 대륙의 가장 높은 봉우리에 설 수 있어요."

"농담이지?"

우리는 1분 간격으로 정상에 도착했다. 그리고 서로를 꼭 끌어안았다. 감격해서인지 추위 탓인지 확실치 않았지만 감격해서라는 결론을 내렸다. 눈에서 눈물이 흘렀기 때문이다.

"딕, 눈물이 나서 눈썹이 얼었어요."

"만약 우리가 눈을 감는다면 앞을 볼 수 없을 때까지 눈썹이 얼어붙을 거예요."

"댄 맥그루인가요?"

"이것도 샘 맥기야."

"사진을 찍어 드릴게요."

딕은 스노우버드 배너를 들고 포즈를 취했다. 눈썹이 언 나는 뷰파인더를 보기가 힘들었다. 눈썹을 간신히 떼어 내고 셔터 버튼을 누르

빈슨 정상에서 체온을 유지하기 위해 애쓰고 있는 나. 얼어붙은 눈썹에 주목하라. 우리 원정대는 세계에서 세 번째로 남극 최고봉에 오른 팀이었다. 사진: 릭 리지웨이 소장

려는데 필름이 없다는 게 떠올랐다. 배낭에서 플라스틱 필름통을 찾았지만 뚜껑이 얼어 있었다. 아이스 액스로 내려치자 통이 산산조각 났다. 나는 카메라를 열고 추위에 부서지지 않도록 조심스럽게 필름을 당겨 사진을 찍었다. 그리고 내 사진을 찍기 위해 딕에게 카메라를 건넸다. 그는 장갑을 벗는 실수를 저질렀고 바로 손가락이 카메라에 달라붙었다. 손가락을 떼어 내면서 카메라에 말 그대로 지문이 화석처럼

남았다.

"강철 조각의 무심한 감각이 새빨갛게 달아오른 침처럼 화끈거린다."

"샘 맥기?"

"아니, 신성모독 빌(로버트 서비스의 〈신성모독 빌의 발라드〉-옮긴이)이야."

딕은 내 사진을 찍었고 우리는 배낭을 멘 뒤 하산하기 시작했다.

하이캠프로 돌아오니 프랭크, 유이치로를 비롯한 다른 사람들이 정상 공격에 나설 준비를 하고 있었다. 12시간 후 우리는 다시 만났다. 모두가 정상 등정을 해냈다. 우리는 기분 좋게 빈슨의 기지에서 기다리고 있는 트라이터보를 향해 하산했다. 공기는 수정처럼 맑았고 산맥 너머로 지평선 가장자리가 굽어진 거대한 빙원을 볼 수 있었다. 지구가 둥근 것이 보였다.

"좋은 아이디어가 있어." 계속 걸으면서 프랭크가 딕에게 말했다. "'여덟 번째 정상'이라는 제목으로 책을 쓰는 거야."

"여덟 번째가 뭔데?"

"다른 일곱 개 등정을 시도한 후에 알게 된 비밀이지. 세상은 너무 넓고 다양해서 다 볼 방법이 없다는 거야. 요컨대 시도하는 게 지루해질 일은 없다는 거지."

프랭크와 딕은 코지어스코산을 오르기 위해 곧장 오스트레일리아로 갔다. 그들이 미국에 돌아왔을 때 세븐 서미츠 오디세이의 해는 비로소 끝이 났다. 딕은 세븐 서미츠 원정에 참여했던 등반가들을 자신의 리조트 스노우버드로 초대했다. 그날 프랭크와 딕의 환한 웃음을 본 사람이라면, 그들이 세븐 서미츠 완등 프로젝트를 간발의 차이로 놓쳤다는 것을 짐작도 하지 못했을 것이다.

세계 최고의 고산 등반가로 여겨지는 라인홀트 메스너를 비롯해 다른 유명 등반가들이 세븐 서미츠 기록 달성에 도전한다는 이야기가 들려왔다. 모든 경쟁자들은 에베레스트를 오른 경력을 갖고 있었고 빈슨에 오르기 위한 시도를 하고 있었다. 하지만 그들에게는 프랭크, 딕과는 정반대의 문제가 있었다. 어떤 면에서 이것은 등반가와 사업가의 차이를 보여 주는 것이기도 했는데, 바로 남극 내륙에 도달하는 물류 문제였다. 그 부분은 등반가보다 사업가들이 우위에 있었다.

딕도 포기하지 않았다. 스노우버드에서 그는 그해에 에베레스트로 다시 돌아갈 것이라고 발표했다.

프랭크도 딕과 함께 가고 싶어 했지만 그의 아내가 세븐 서미츠 프로젝트가 끝나면 등반은 잠시 접기로 약속했다는 점을 상기시켰다. 나역시 1983년은 접어야 했다. 결혼 첫해에 열두 달 중 아홉 달을 떠나 있었으니 당연한 선택이었다. 니는 그다음 해에도 집 근처에서 할 수 있는 일들을 하며 지냈다. 우리 집 창문에서 보이는 캘리포니아 채널 제도를 오간 것도 그중 하나였다. 그곳은 최근 국립공원으로 지정됐는데, 나는 니콜라스 드보레와 《내셔널지오그래픽 트래블러》에 실을 그 섬들에 관한 기사를 썼다.

나에게는 이상적인 상황이었다. 막 말을 하기 시작한 카리사와 시간을 보낼 수 있었기 때문이다. 카리사에게 동생이 있으면 좋을 것 같다는 이야기도 자주 나눴다. 당시 우리는 '진짜' 집을 짓기 위해 해변의 판잣집을 허물고 세 집 건너에 있는 임대주택에 살고 있었다. 또다시 해변에 집을 얻은 것은 내 생각이었다. 나는 나중에서야 제니퍼가 바다를 볼 때마다 채널 제도에 감탄하기보다는 해일을 떠올렸다는 사실을 알게 되었다.

4월에는 프랭크, 딕과 '세븐 서미츠 오디세이'에 대한 책을 쓰기로 계약을 했다. 나는 그해 말까지 몇 주에 한 번씩 로스앤젤레스로 차를 몰고 가서 하루 이틀씩 머물며 프랭크와 초고를 검토했다. 가끔 딕이 댈러스에서 왔고 셋이서 스노우버드에서 만날 때도 있었다.

딕은 스노우버드를 운영하면서 에베레스트로 돌아갈 계획을 세우느라 바빴다. 그는 등정을 허가해 주는 네팔 경찰 팀에 돈을 지불하고 그와 그의 가이드 데이비드 브리셔스를 명단에 올리기로 합의를 보았다. 하지만 같은 시기에 등정 허가를 받은 네덜란드 팀이 있었다. 네팔 정부는 원래 한 번에 한 팀에게만 허가를 내주었기 때문에, 네덜란드 팀은 네팔 경찰들이 영향력을 불법적으로 이용했다고 항의했다. 딕은 이 문제로 걱정을 했지만 잘 해결될 것이라고 확신했다.

프랭크, 딕과 함께 시간을 보내는 것은 무척 즐거웠다. 원고 집필 때문에 프랭크의 집에서 머물 때가 많아서 원정을 할 때보다 더 가까워졌다. 어느 날 나는 그가 남은 생 동안 어떤 일을 할지 고민하고 있다는 것을 알게 되었다. 일부 민주당원들은 그가 상원의원에 출마하기를 기대했다. 하지만 그와 그의 아내는 정치계에 매력을 느끼지 못했다. 그는 훌륭한 경력을 가진 사업가였지만 할리우드 프로덕션의 사장쯤 되면 《로스앤젤레스 타임스》의 구인란에서 다음 일자리를 구할 수는 없는 일이다.

어느 날 프랭크는 스탠리 골드라는 할리우드 투자자에게 전화를 받았다. 월트 디즈니의 조카인 로이 디즈니와 가까운 인물이었다. 최근 몇 년간 월트 디즈니 컴퍼니는 어려운 시기를 보내고 있었다. 적대적 M&A의 표적이 되어 기업 사냥꾼들로부터 '매직 킹덤'을 조각조각 매각하겠다는 위협을 받고 있었던 것이다. 골드는 프랭크가 사장 겸 CEO가 되는 데 관심이 있는지 물어 왔다.

며칠 동안 프랭크는 그 제안에 대해 고민했다. 누구나 꿈꾸는 자리였지만 디즈니 컴퍼니의 문제가 너무 복합적이어서 꿈이 악몽이 될 수도 있었기 때문이다. 장고 끝에 프랭크는 골드에게 새로운 제안을 했다.

"저와 완벽한 파트너가 될 만한 사람이 있습니다. 파라마운트를 경영하는 마이클 아이스너. 우리 두 사람이 팀이 되어서 디즈니를 경영하면 어떨까요?"

프랭크 웰스와 마이클 아이스너는 각각 사장과 CEO로 월트 디즈니 컴퍼니를 맡았다. 두 사람은 디즈니를 전 세계에서 가장 가치가 큰 엔터테인먼트 기업으로 키워 내며 기업사를 새로 썼다.

나는 프랭크가 그 결정을 내리는 과정을 바로 옆에서 지켜봤다. 그것은 나에게 스포트라이트를 공유할 때 어떤 상승효과가 일어나는지를 보여 주는 교훈이 되었다. 되돌아보면 그 교훈을 잊지 않고 실천했을 때 언제나 일이 잘 풀렸다.

딕과 데이비드는 아이스폴을 통과해 웨스턴쿰에서 제2캠프로 가고 있었다. 딕의 컨디션은 상당히 좋았다. 하지만 그날 저녁 네팔 관광부가 네팔 경찰이 내준 등반 허가를 철회한다고 무선을 보내왔다. 딕은 다시 한번 발길을 돌려야 했다. 다른 방법이 없었다.

카트만두를 떠나기 전 딕은 이듬해 등정 허가가 노르웨이 팀에게 주어졌다는 것을 알게 되었다. 이후 딕은 오슬로로 갔고 몇 주에 걸친 협상 끝에 데이비드와 그를 팀에 추가시키도록 노르웨이인들을 설득했다.

"리코." 딕은 나를 이렇게 불렀다. "난 이 일을 해내야 해. 그래야 자네가 쓰는 책이 해피엔딩이 되지."

당시 딕은 쉰다섯이었다. 그가 정상 등반에 성공한다면 세븐 서미츠를 달성한 최초의 사람이 될 뿐 아니라 에베레스트를 등정한 최고령 등반가가 될 것이었다. 이듬해 딕은 데이비드와 에베레스트를 다시 찾았고 발의 물집에도 불구하고 아이스폴과 로우캠프를 성공적으로 통과했다. 사우스콜에서 그들은 정상에서 내려오는 노르웨이 팀 일부를 만났다.

"먼 길입니다." 그들이 딕에게 경고했다. "확보를 해줄 시간이 없어서 로프 없이 올랐어요."

데이비드는 그와 딕이 정상에 갔다가 어둡기 전에 내려오려면 딕을 확보해 줄 수 없고, 확보를 봐주지 않을 것이라면 서로를 로프로 연결하는 일도 의미가 없다는 것을 알고 있었다.

"딕, 로프를 묶는다는 건 당신이 미끄러지면 우리 두 사람이 모두 죽는다는 걸 의미해요."

딕은 그 논리를 이해했고 어쩔 수 없이 동의했다. 그들은 사우스콜에서 하루를 쉬면서 딕의 물집이 나아질 시간을 갖기로 했다. 다음 날 새벽 2시, 그들은 셰르파를 대동하고 출발했다. 꾸준히 산을 올랐고 동이

트기 시작하자 걸음을 멈추고 쉬었다. 하늘은 맑았고 바람도 없었다.

"컨디션은 어떻습니까?" 데이비드가 물었다.

"해낼 거야."

그들은 2년 전 세븐 서미츠 원정대 동료들이 더 높이 가기를 거부해서 돌아서야 했던 최후의 수직빙벽, 힐러리 스텝에 도착했다. 약 8687미터에 이르자 눈이 단단하게 굳어 딕의 크램폰이 표면에 간신히 박힐 정도였다. 깎아지른 듯한 경사가 하늘에서 땅을 향해 쏟아지는 것 같았다. 딕은 로프가 없다는 것을 다시 한번 상기했다. 위를 올려다보니 데이비드와 셰르파가 보였다. 그들은 발을 멈추고 있었고 그들 위로는 짙푸른 하늘뿐이었다. 딕은 생각했다.

'거기가 끝인 거야? 얼마나 남은 거지?'

알 수가 없었다. 의식이 흐려졌지만 힘을 내야 했다. 그는 마음속으로 〈콰이강의 다리〉 주제곡을 부르며 자세를 가다듬고 음악에 맞춰 앞으로 나아가기 시작했다. 1분 후 그는 동료들이 있는 곳에 도착했다.

"해냈어요, 딕." 데이비드가 그를 끌어안으며 말했다.

"에베레스트 최고령 등반자가 됐습니다. 세븐 서미츠를 최초로 달성한 사람이고요!"

새벽 3시 전화벨이 울렸다.

"누구세요?"

"방금 카트만두에서 소식을 받았어."

프랭크 웰스였다. 정신이 확 들었다. 프랭크가 그 시간에 전화할 이유는 두 가지뿐이었다. 딕이 성공했거나 죽었거나. 프랭크의 목소리는 평소보다 두 옥타브는 높았다. 예감이 두려움으로 변했다.

"딕이… 딕이…"

프랭크는 목이 메어서 말을 제대로 하지 못했다. 가슴이 철렁했다.

"딕이 해냈어! 에베레스트에 올랐대. 우리의 세븐 서미츠 오디세이가 성공했어!"

$\longrightarrow$

에베레스트 정상에 선 딕 배스. 베이스캠프로 내려온 딕은 위성 전화로 내게 전화를 했다. "후반전(50세 이후의 인생을 그는 이렇게 불렀다)이 최고의 절반이 될 수 있고 그래야 한다는 것을 보여 준 거야." 사진: 데이비드 브리셔스

9

재미를 찾는 녀석들,
두 보이즈

딕 배스는 에베레스트 정상에 선 지 16일 후 로스앤젤레스에 도착했
다. 제니퍼와 나는 프랭크가 마련한 저녁 식사 자리에 참석하기 위해
벤투라에 있는 그의 집으로 향했다. 둘째를 임신 중이던 그녀는 자동
차 여행을 불편해 했지만 딕을 보고 싶어 했다. 그녀 가족이 드리핑 스
프링스에 살 때 자주 어울렸던 말 많은 텍사스 사람들을 떠오르게 해
주었기 때문이다.

딕은 수척해지고 입술이 갈라져서 피가 나는 데다 목소리까지 쉬었
지만 제니퍼를 실망시키지 않았다. 그는 거의 한 시간 동안 쉬지 않고
에베레스트 등정에 대해 이야기했다.

"딕, 목소리를 아예 잃어버리는 거 아냐?" 프랭크가 말했다.

"판초, 나는 '라지 마우스'라는 내 별명에 부끄럽지 않게 사는 중이
라고."

"음식이 다 식겠어."

←

첫 빙벽 등반에 나선 톰 브로코우. 레이니어산 카우츠 빙하의 크레바스 가장자리를 걷고 있다. 사진: 릭 리지웨이

딕이 당당하게 대꾸했다.

"기억이 생생할 때 이 이야기를 다 들려줘야 해. 특히 리코에게. 우리 책은 이제 완벽한 결말을 맺을 수 있게 됐어."

나는 《세븐 서미츠》의 초고를 거의 완성해 둔 상태였다. 완벽한 결말이 만들어졌다는 딕의 말은 옳았지만, 책의 최종적인 마무리는 그로부터 2개월 후에 가진 축하 만찬 덕분에 한층 더 새로워졌다. 마지막 만찬은 딕이 운영하는 스노우버드 스키 리조트의 케이블카 정상에 있는 히든 피크에서 열렸다. 세븐 서미츠에 참여한 거의 모든 사람들과 프랭크와 딕의 여러 친구들을 비롯한 500명 이상의 사람들이 참석했다. 〈모든 산을 올라라〉를 연주한 유타 필하모닉오케스트라의 70명 단원은 포함하지 않은 숫자였다.

해발 3353미터 산에서 열리는 행사였는데도 딕은 드레스 코드를 정장으로 고집했다. 이 소식을 들은 제니퍼는 새 턱시도를 구입해야 한다고 주장했다. 여전히 결혼 전의 경제생활과 결혼 후의 경제생활 사이의 간극을 좁히는 데 애를 먹고 있던 나에게는 거액의 지출이었다. 그즈음 나는 12년 전 1750달러에 사서 결혼 후에도 줄곧 타고 다녔던 피아트 스테이션 웨건을 500달러에 팔았었다. 난 그게 꽤 괜찮은 거래였다고 생각하고 있었다. 턱시도를 사느라 현금 550달러를 지불하기 전까지는 말이다. 이본이 턱시도를 빌려 입고 나타났을 때 나는 부러운 시선을 보내지 않을 수 없었다. 이후 20년 동안 이본은 절개를 지키며 턱시도 구입을 거부했고 대신 정장을 입어야 하는 행사에 초대되었을 때는 내 것을 빌려가곤 했다.

《세븐 서미츠》의 초고를 완성한 후 나는 최종 검토를 위해 프랭크와 딕에게 원고를 보냈다. 프랭크는 여백에 메모 몇 개를 한 뒤 돌려주었지만 딕은 거의 모든 단락을 수정했다.

나는 제니퍼에게 불평을 늘어놨다.

"이건 더 이상 내 목소리도 내 스타일도 아냐!"

제니퍼는 차분한 목소리로 대답했다.

"그건 당신 이야기가 아니에요. 프랭크와 딕의 이야기라고요."

"그들의 이야기이긴 하지만 내가 초고를 썼으니까 내 목소리가 들어가야 한다고요."

"그만해요!" 그녀가 힘 있는 목소리로 단호하게 말했다.

나는 입을 다물었다. 시간이 흐를수록 그녀의 말이 옳다는 생각이 들었다. 제니퍼에게는 그런 힘이 있었다. 나로 하여금 스스로를 돌아보게 만드는 힘.

그때는 둘째 딸이 태어난 후였다. 나는 두 아이를 재우고 일기를 썼다. 제니퍼가 내 이야기를 잘 들어준다는 이유로 너무 자주 내 불만을 표출해 왔다는 걸 깨달았다. 이유도 말하지 않고 짜증을 내거나 예민하게 굴 때도 많았다. 그런 식으로 계속 행동한다면 제니퍼에게 결혼 생활은 엄청난 스트레스가 될 게 뻔했다. 나는 프랭크 웰스나 댄 에밋처럼 오랫동안 평화로운 결혼 생활을 이어온 친구들을 떠올리며 어떤 행동이나 결정을 내리기 전에 스스로를 객관적으로 들여다보는 습관을 가져야겠다고 다짐했다.

그렇게 했던 결정 중 하나가 세븐 서미츠 만찬이 있기 몇 달 전에 있었다. 이본과 나는 부탄에서 가장 높은 산, 강카르 푼섬 원정에 초대를 받았다. 약 7570미터의 강카르 푼섬은 부탄 최고봉일 뿐 아니라 미등 정 최고봉이었다. 5년 전 중국이 문호를 개방해 우리가 미냐콩카 등반을 시도했던 것과 비슷한 경우였다. 1983년 부탄이 처음으로 등반을 허용했고, 일단의 미국인들이 그 탐나는 등반 허가를 받아냈다.

미냐콩카에서처럼, 산에 접근하기 위해서는 외부에 잘 알려지지 않은 나라를 거쳐 가야만 했다. 또 미냐콩카와 마찬가지로 강카르 푼섬은 히말라야 동쪽 끝에 있었는데, 그곳의 산들은 몬순이 벵골만에서 내륙으로 움직이면서 무겁고 습한 눈을 경사면에 쌓아 산의 지형에 엄청난 영향을 끼쳤다.

눈사태가 일어나기 쉬운 높은 산으로 돌아가는 일은 망설여졌다. 제니퍼도 마찬가지였다. 하지만 《내셔널지오그래픽》에서 그 프로젝트를 기사화하는 데 관심을 보여 작가로서 욕심이 났다. 원정은 1985년 가을로 예정되어 있었다. 마지막 등반(빈슨산 등반) 이후 2년 만이었다. 등반을 다시 시작하는 것, 특히 인간의 손길이 거의 닿지 않은 산에 간다는 사실이 매력적으로 느껴졌다. 그러나 가족에 대한 책임도 생각해야 했다. 이본과 이야기를 나누었다. 이본 역시 위험에 대해서는 염려했지만 모험에 매력을 느끼고 있었다. 그 역시 미냐콩카에서 아쉬움이 깊었던 것이다.

우리는 둘 다 그 원정에 이미 마음을 빼앗겼다는 것을 느꼈다. 아무도 가보지 못한 산에 간다는 것이 높은 산으로 돌아가는 위험을 능가했던 것이다. 조심하자고 다짐하면서 우리는 원정에 합류하기로 했다. 이본과 나는 원정 대장 필 트림블을 만나 팀 구성을 논의했다. 필은 1976년 에베레스트 원정 대장이었고, 히말라야의 높은 봉우리를 공격하기 위해서는 가장 뛰어난 등반가들로 핵심 그룹을 만드는 것이 중요하다는 것을 이해하고 있었다. 아직 자리가 두어 개 남아 있었기 때문에 이본은 그의 오랜 친구이자 등반 파트너인 더그 톰킨스를 영입하자고 제안했고, 나는 K2 등반 파트너였던 존 로스켈리를 추천했다. 필이 동의했고 더그와 존 모두 초대에 응했다.

나는 더그 톰킨스를 만난 적이 없었다. 하지만 이본은 예전부터 셋이서 모험을 떠나면 좋겠다고 종종 말했었다. 이본이 처음 그 이야기를 꺼냈을 때, 나는 처음으로 암벽등반을 했던 1967년의 여름이 떠올랐다. 등반을 독학하는 내가 걱정됐던 어머니가 나를 오리건에 있는 아웃워드 바운드에 보내 주셨던 때 말이다. 커리큘럼을 모두 마친 나는 쉐보레 패널 트럭을 몰고 남부 캘리포니아로 돌아가다가 샌프란시스코에서 '노스페이스'라는 등반 장비 매장에 들렀다. 텐트와 침낭을 만드는 같은 이름의 회사에서 운영하는 그 매장은 이본 쉬나드를 비롯한 등반가들이 자주 찾는 곳으로, 더그 톰킨스가 설립한 등산용품 전문 회사였다.

나보다 연배가 있는 이본과 더그는 그 당시 내가 등반의 신으로 여기던 사람들이었다. 내가 매장을 들렀던 날에는 두 사람 다 그곳에 없었지만, 나는 집까지 갈 주유비만 남기고 모든 돈을 쉬나드의 캐러비너 네 개를 구입하는 데 사용했다. 그것들은 20년 동안 내 등반 장비 선반의 한 칸을 차지하고 있었다.

이본은 파타고니아 창고에서 강카르 푼섬 원정을 위한 식량과 장비를 챙기게 해주었다. 우리는 짐꾼 한 명이 한 박스씩 들 수 있도록 무게를 조절해 캘커타로 보냈다. 이후 짐은 다시 부탄의 수도 팀푸로 보내졌다.

그와 동시에 나는 딕 배스의 수정 요구를 모두 반영해 《세븐 서미츠》의 원고를 다듬었고, 새롭게 수정된 문체와 이야기가 책의 주제와 더 잘 어울린다는 것을 발견했다. 제니퍼에게 그 이야기를 전하자 그녀는 미소만 지을 뿐 아무 말도 덧붙이지 않았다.

그리고 그해 여름 나는 톰 브로코우와 연락을 하며 이본과 그의 레이니어산 등반을 가이드했다. 내가 톰을 처음 만난 것은 7년 전, K2에서 집으로 돌아오던 길이었다. 뉴욕에 도착한 원정대장 짐 휘태커에게 그와 정상 공격에 성공한 등반가들을 NBC 〈투데이 쇼〉에 초대하고 싶다는 제안이 들어왔다. 짐은 시애틀에 있는 집으로 돌아가야 했고 다른 사람들은 아내와 가족들에게 돌아가길 원했다. 그 초대에 응할 수 있는 사람은 나뿐이었다.

록펠러 플라자에 있는 NBC 스튜디오로 나를 안내하기 위해 나온 사람은 무척 놀란 것 같았다. 그럴 만도 했다. 나는 하와이안 셔츠(문명으로 돌아왔을 때 입으려고 아껴 둔, 찢어지지 않은 유일한 셔츠)와 라왈핀디 바자르에서 산 펑퍼짐한 파키스탄식 바지를 입고 있었다. 발의 물집 때문에 신발은 조리였다. 5개월 동안 머리는 자르지 않은 채였고, 얼굴 피부는 벗겨지고, 갈라진 입술은 아직 다 낫지 않아서 웃을 때면 턱으로 피가 흘렀다. 안내하는 사람은 악수를 하기 위해 손을 내밀었지만 동상으로 검게 변한 내 손가락을 보더니 또 한 번 움찔했다.

출연자 대기실에서 나는 제인 폴리와 톰 브로코우를 소개받았다. 제인은 놀란 표정이었고 톰은 활짝 웃었다. 나는 톰이 인터뷰를 진행한다는 이야기를 들은 상태였다.

"장담하는데 〈투데이〉에 당신 같은 행색으로 나타난 사람은 없었어요." 톰이 말했다. "아마 앞으로도 없을 거예요."

인터뷰는 잘 끝났고 톰은 즐거워했다. 대기실에 돌아와서 악수를 나눴다. 그는 내 손가락을 쥐지 않기 위해 주의하며 앞으로 연락하며 지내자고 했다. 나는 그다음 해의 대부분을 K2 등반에 관한 책을 쓰며 보냈다. 《마지막 걸음》이 출간되자 톰은 다시 〈투데이 쇼〉로 나를 초대해 책에 대한 이야기를 나눴다. 인터뷰 후에 우리는 다시 악수를 했다. 이번에는 그가 조심할 필요가 없었다. 한 손가락 끝이 약간 둥글어진 것 외에는 동상으로 인한 영구적인 손상이 없었기 때문이다.

톰이 헤어지기 전에 말했다.

"전 늘 등반에 매력을 느꼈어요. 언젠가는 해보고 싶어요."

"와이오밍으로 오세요." 내가 대답했다. "내 친구 이본 쉬나드와 제가 그랜드티턴을 오르게 해드릴게요."

다음 해 여름 이본과 나는 톰을 마중하러 잭슨홀 공항에 갔다. '박스터 피너클(Baxter's Pinnacle)'이라고 불리는 루드를 연습한 후에 이본은 톰에게 재능을 타고났다고 말했고 일반 루트 대신에 좀 더 도전적인, 다이렉트 엑섬(Direct Exum)을 시도하는 것이 좋겠다고 제안했다.

"일반 루트는 그랜드티턴 정상에 올랐다고 자랑하고 싶은 의사나 변호사들이 가이드 등반을 통해서 오르는 곳이죠." 이본이 말했다. "다이렉트 엑섬도 박스터 피너클에서 했던 것보다 어려운 건 없어요. 수가 많은 것뿐이지."

이틀 후 우리는 동트기 전 그랜드티턴과 미들티턴 사이의 등마루에 있는 하이캠프를 떠났다. 구름도 바람도 없었고 정상에서는 아이다호 들판에서 윈드리버산맥의 산까지 볼 수 있었다.

"두 분은 이게 제게 얼마나 큰 의미인지 모를 거예요." 톰이 말했다.

"아주 훌륭하게 해냈어요." 이본이 대답했다. "이제 당신은 공식적으로 두 보이즈의 일원입니다."

"두 보이즈가 뭔데요?"

"내 친구 더그 톰킨스가 만들어 낸 말이에요. 돌아다니면서 모험을 하는 우리 일당을 부르는 말이죠. 빈둥거리며 입만 나불대는 게 아니라 무엇이든 직접 하는 사람들이에요."

톰에게 빙벽 등반을 소개할 때가 왔다. 이본과 나는 톰과 또다시 등반을 할 날을 손꼽아 기다리고 있었다. 부탄 등반 전에 몸을 만들 좋은 기회라고 생각했기 때문에 이본은 더그 톰킨스도 불러들였다. 톰은 릭 그레츠라는 친구도 함께 갈 수 있겠느냐고 물었다. 톰은 릭이 아웃도어 스포츠에 열심이고 스키와 등반도 잘한다고 이야기했고, 우리는 그를 만날 날을 기대한다고 말했다.

이본과 나는 시애틀 공항에 도착한 뒤 더그의 비행기가 도착하기로 되어 있는 게이트로 걸어갔다. 톰은 이미 시내 호텔에 체크인한 뒤였고 릭 그레츠는 다음 날 아침 도착할 예정이었다.

더그가 나타나자 이본이 나를 소개했다. 더그는 키가 170센티미터쯤 됐고 날렵하고 탄탄한 몸을 가지고 있었다. 흰머리가 섞인 머리칼은 짧게 자른 상태였다. 그는 세지도 약하지도 않게 내 손을 쥐면서 활짝 웃었다.

우리는 차를 빌려서 호텔로 간 뒤 톰의 방에서 모였다. 이본은 더그

Another mountain conquered

NBC Today Show host Tom Brokaw, center, enjoys a beer and a moment's rest with his climbing partners Rick Ridgeway, left, and Yvon Chouinard, right, after a successful ascent of the Grand Teton. In town last week on a western vacation, Brokaw fulfilled the plans he and Ridgeway (one of four Americans to reach the summit of K2 in 1979) formulated during a Today show interview. No slouch, Brokaw first climbed Baxter's Pinnacle on Monday with his famous guides as a warmup and then followed them up the direct Exum route on the Grand, a difficult climb in anybody's book. About the sport itself, he said, "I would recommend that before going out everybody should take a complete climbing course," and jokingly added that his partners "Dragged me all the way up and all the way down." Chouinard indicated that Brokaw definitely has what it takes, saying, "We wouldn't have taken him up if he wasn't a natural." Brokaw left Jackson last Friday after descending the peak but Ridgeway remained in the area to climb with Chouinard, an old surfing buddy from California. Brokaw's visit to the valley came during a four-week vacation from his morning show, when NBC will be testing potential replacements for the TV host who will move on next spring to co-anchor the network's nightly newscasts with Roger Mudd.

이본 쉬나드와 내가 톰 브로코우를 그랜드티턴에 데려갔다 온 후 지역 신문에 기사가 실렸다. 그날은 내 생일이기도 해서 하산 후 이본의 통나무집에서 생일 파티를 했다. 수십 명의 등반가들이 모여들었다. 그중 한 사람이 톰을 보더니 이렇게 물었다. "뭘 하는 분이슈?" 톰이 나를 보더니 말했다. "이 사람들을 좋아하게 될 것 같아요." 사진: 《잭슨홀 뉴스 앤 가이드》 제공

를 소개했고 우리는 곧 장비 정리를 시작했다. 톰은 아이스 액스와 크램폰을 들어 올렸다. "제가 이런 물건을 어떻게 사용하는지 모른다는 거 잊지 않고 계시쥬?"

"걱정 말아요." 이본이 말했다. "올라가는 길에 시간을 내서 레슨을 할 테니까요."

"걱정을 해야 한다는 걸 알만큼 여러분들에 대해 잘 아는걸요." 톰이

대답했다. "당신들은 사람을 위험에 빠트리는 악당들이잖아요."

"이본 옆에 있을 때는," 더그가 웃으면서 말했다. "딱 두 가지만 조심하면 돼요. 하나는 그가 '날씨가 좋으니까 텐트는 두고 가자'라고 말할 때."

"다른 하나는요?" 톰이 물었다.

"'이번 등반이 잘될 테니까 식량을 모두 먹어 버리자'라고 말할 때."

다음 날 우리는 릭 그레츠를 데리러 다시 공항으로 갔다. 릭의 비행기가 연착해서 우리는 공항에서 점심을 먹기로 했다.

"가방에 먹을 게 좀 있는데." 더그가 말했다. "야외에서 먹는 건 어때?"

이본이 들려준 몇 가지 이야기 말고는 더그에 대해서 몰랐기 때문에 나는 가방 보관함 앞에 있는 벤치에서 에너지바나 트레일믹스를 먹게 될 것이라고 생각했다. 하지만 밖에 나온 그는 인접한 고속도로 중간에 있는 전나무 숲을 가리켰다.

"저쪽으로들 가자고."

더그는 대답을 듣기도 전에 길을 건너더니 울타리를 넘고 고속도로를 가로질러 숲까지 갔다. 우리는 그를 따라갔다. 그는 나무들 사이의 잔디밭에 커다란 식탁보를 깔고 가방에서 두 개의 바게트와 큰 덩어리의 숙성된 만체고(Manchego, 스페인의 라만차 지방에서 양젖을 써서 가열 압착해 숙성시킨 치즈-옮긴이), 엑스트라 버진 올리브 오일과 로즈마리에 절인 구운 피망이 든 입구가 넓은 병을 꺼내놓았다.

"여기 오던 날 아침에 집 앞 작은 빵집에서 빵을 샀지."

나는 더그가 샌프란시스코 시내에 산다는 것을 알고 있었다. 이본은 내게 더그가 동부 해안가에서 자랐지만 스키와 등반에 미쳐서 사립학교를 그만두었다고 이야기했다. 더그는 10학년도 마치지 못했지만 타고난 기업가였다. 1960년대 초 노스페이스를 설립했고 그것을 매각한 뒤에는 아내 수지와 함께 에스프리라는 이름의 의류 회사를 만들었다.

1967년 샌프란시스코 콜럼버스 거리의 노스페이스 매장에 들렀던 때로부터 일 년 후, 나는 이본과 더그가 밴을 몰고 남아메리카 남쪽 끝으로 가서 파타고니아라는 곳에 있는 얼음으로 덮인 거대한 화강암 봉우리, 피츠로이(Fitz Roy)를 올랐다는 소식을 들었다. 그런 위업은 그들을 더 신적인 존재로 만들었다. 이제 나는 그 두 사람과, 이 나라에서 가장 유명한 텔레비전 앵커와 함께 점심을 먹고 있다. 양쪽에서 차들이 쌩쌩 달리는 고속도로 중앙 분리대에서.

그날 저녁 우리는 니스퀄리 빙하가 굽어보이는 빙퇴석 위에서 야영을 했다. 텐트를 친 뒤, 이본(요리를 잘하고 여행 때마다 대부분의 식사를 책임지는)은 새로운 스토브를 조립하느라 끙끙대고 있었다.

"이게 얼마나 복잡한지 좀 봐." 그가 불평을 했다. "분명히 공학 석사 학위가 있는 어떤 멍청이들이 만들었을 거야."

더그가 설명서를 집어 들고 읽기 시작했다.

"문제를 발견한 것 같아." 더그가 말했다.

"뭔데?" 이본이 양손에 스토브 부속을 들고 물었다.

"여기 이렇게 적혀 있잖아. '어린이가 조작하게 하지 마시오.'"

나는 이런 재담이 무척 즐거웠다. 톰도 그렇다는 것을 알 수 있었다.

"사람들을 제대로 만난 것 같아요." 그가 웃으며 말했다.

이본 쉬나드가 톰 브로코우에게 서서 하는 제동활강법에 대한 실전 훈련을 하고 있다. 사진: 릭 리지웨이

이본도 미소를 지었다. 그들은 설명서를 봐가면서 스토브를 조립했다. 더그를 안 지 얼마 되지 않았지만 이본과 더그가 남다른 유머 감각을 가지고 있다는 것은 익히 들어 알고 있었다.

피츠로이를 등반하기 위해 약 1610킬로미터를 여행해 가는 길에 그들은 서프보드와 스키를 가지고 갔다. 종종 길을 멈추고 서핑을 했고 충분히 남쪽으로 가서는 등반을 한 뒤 눈 덮인 화산을 스키를 타고 내려왔다. 그들이 탄 밴의 진흙투성이 뒤쪽 유리창에는 "Puercos Deportivos"라고 적혀 있었다. 문자 그대로 해석하면 '스포츠 돼지(Hogs of Sports)'이고, 순화하면 '재미를 찾는 녀석들(Fun Hogs)'이라는 뜻이다.

이것은 스포츠에 대한 그들의 접근방식이자, '하는 것'이 '이기는 것'보다 중요하다는 그들의 믿음을 보여 주는 말이다. 피츠로이 정상에서 그들은 "Viva Los Fun Hogs(재미를 찾는 녀석들 만세)"라고 적힌 작은 깃발을 세웠고, 이 현수막은 파타고니아 본사의 안내데스크 위에 수십 년간 걸려 있었다.

이후 나는 그들의 여러 두 보이즈 모험에 참여하면서 그 현수막이 스포츠에 대한 내 생각의 변화를 상징한다는 것을 깨닫게 되었다. 14살에《내셔널지오그래픽》에 실린 미국인 최초 에베레스트 등정 기사와 성조기가 달린 아이스 액스를 들고 있는 짐 휘태커의 사진을 봤을 때, 그 국기는 어린 시절 내가 가졌던 '정상을 위해, 승리를 위해 모든 것을 쏟아 부어야 한다'는 생각과 일치했다. 이 나라가 2차 대전에서 이기기 위해 했던 일처럼. 하지만 등반가가 되고 다른 등반가들과 알게 되면서 나는 그들 대부분이 주류 문화에 저항하는 사람들이라는 것을 깨달았다. 정상에서 미국 국기 대신 "재미를 찾는 녀석들 만세"라고 적힌 깃발을 흔드는 일의 핵심에는 반항심과 경제적 가치가 전혀 없는 스포츠에 대한 헌신이 완벽하게 표현되어 있었다. 위대한 프랑스 등반가 리오넬 테레이도 자신의 자서전에《무상의 정복자》라는 제목을 붙이지 않았던가.

다음 날 아침 우리는 빙하를 향해 빙퇴석을 내려갔다. 이본은 톰에게 부츠에 크램폰을 묶는 방법을 보여 줬다.

"이제 몇 분 동안 주위를 걸으면서 익숙해져 봐요." 이본이 말했다.

톰의 첫 레슨을 마치고 우리는 니스퀄리 빙하를 건너 카우츠 빙하를 향해 위쪽으로 횡단을 이어갔다. 점심을 먹기 위해 멈췄을 때 이본은 몇 분간 두 번째 레슨을 했다. 아이스 액스를 이용해서 자기 제동을 하는 법이었다. 그는 톰을 사면에서 미끄러지게 한 후 몸을 돌려 더 이상 미끄러지지 않을 때까지 픽을 눈 속에 박아 넣게 시켰다.

"좋아." 이본이 말했다. "이제 그건 됐어."

우리는 위쪽으로 횡단을 계속했다. 약 1219미터를 올라왔지만 지도에 표시된 캠프 해저드라는 지점(약 3291미터)에 도착하려면 아직 2천 미터를 더 가야 했다. 빙하 위의 터틀 스노우필드(Turtle Snowfield)라는 부분을 올라가자 경사가 가팔라졌다. 선두에 선 더그는 산마루 너머로 사라졌다. 이본은 더그 바로 아래 있었고, 나는 그 아래, 다음으로는 릭, 그다음에 톰이 있었다. 이본은 휴식을 위해 멈췄고 몇 걸음 만에 나도 그가 있는 곳에 도착했다.

"톰을 로프로 올려야겠어요." 내가 제안했다.

"아니야, 자기 제동을 가르쳐 줬잖아. 어쨌든 여기 바로 위에서부터는 경사가 완만해지는 것 같아."

이본은 떠났고 나는 기다렸다. 릭은 거의 내 위치에 있었다.

"톰을 기다릴 거예요?" 내가 있는 곳에 이르자 릭이 물었다.

"잘하고 있는 것 같은데…" 내가 대답했다. "기다리면서 확인을 하려고요."

릭이 올라가고 곧 톰이 도착했다.

"마지막이 제일 중요한 법이죠." 내가 격려로 들리도록 애를 쓰며 말했다.

"그게 제가 '앵커'맨이라고 불리는 이유예요." 그가 웃으며 대꾸했다.

"숨을 좀 돌려요. 내가 따라갈게요."

몇 번 호흡을 한 뒤 그가 먼저 걸음을 옮겼다. 잠시 후 크램폰이 다리에 걸리면서 그가 내 쪽으로 미끄러지기 시작했다. 나는 재빨리 몸을 움직여서 아이스 액스를 박아 넣고 부츠를 대서 그를 멈춰 서게 했다. 하지만 이미 그는 몸을 돌려 제동을 위해 아이스 액스 위치를 잡기 시작한 뒤였다.

"자기 제동 자세가 제대로인데요." 내가 말했다.

"NBC 보험 담당자가 여기 없어서 다행이에요." 톰이 답했다.

늦은 오후 우리는 캠프 해저드에 도착해 텐트를 설치했고 다음 날 오전 7시에 다시 출발했다. 우리는 먼저 맨돌을 올랐고 다음에는 다시 눈길을 걷다가 행군을 멈추고 크램폰을 묶은 후, 톰에게는 다행히도, 로프를 묶었다. 우리는 경사면을 향해 횡단을 했다. 건너는 것밖에 다른 도리가 없는 사면이었다. 위에는 위험한 활강 사면이 있었는데 추운 아침 날씨에도 간간이 돌이 와르르 떨어지곤 했다. 인근 빙하의 세락이 다모클레스의 검(고대 그리스 디오니시우스 왕은 권력을 탐내는 부하 다모클레스에게 왕좌에 앉아 볼 기회를 준다. 왕좌에 앉은 다모클레스가 천장을 바라보자 말총 한 가닥에 매달린 칼이 머리를 겨누고 있었다. 권력에 따르는 불안과 위험을 보여 주는 말이다-옮긴이)처럼 우리 위에 매달려 있었다.

"가능한 빨리 여기를 건너가야 해." 이본이 말했다.

"이게 우리가 객관적인 위험이라고 부르는 거예요." 내가 톰에게 설명했다. "위험을 관리하는 유일한 방법은 노출 시간을 가능한 짧게 줄이는 거예요."

더그는 로프를 풀고 활강 사면 아래의 경사면을 가로질러 달려갔다.

이본이 로프를 감기 시작하자 톰은 그 모습을 지켜보다가 물었다.

"줄을 계속 묶고 있는 게 아닌가요?"

"로프 때문에 속도가 너무 느려져." 이본이 답했다. 그리고 아무 말 없이 일어서서 가방을 멨다.

"그레츠를 기다려야 하지 않을까요?" 톰이 경사면 아래 릭을 가리키며 물었다.

"더 안전한 반대편에서 기다리는 게 나아요." 이본이 말했다. 그러고는 장난기 어린 미소를 지었다. 나는 그것이 재치 있는 대사를 생각해 냈다는 의미라는 것을 알고 있었다.

"톰, 이건 뉴욕에서 택시를 잡는 것과 같아요. 착한 사람이 맨 마지막에 타는 거지."

이본은 몸을 돌려 비탈 건너로 빠르게 움직였다. 크램폰이 바지에 걸리지 않게 조심하면서 톰이 뒤를 따랐다. 다음은 릭이었다.

이제 우리는 쿠츠 빙하 위에 있게 되었다. 아침 햇살이 반복적인 패턴을 만들어 내는 올록볼록한 표면의 비탈을 올라가기 시작했다. 크램폰의 이빨이 단단한 눈에 박혀들면서 걸음을 걸을 때마다 끼익하는 소리가 났다. 경사가 급해졌다. 더그는 계속 갔지만 이본은 걸음을 멈췄다.

"경사가 있으니까 아이스 액스의 픽을 박아야 해요." 동작을 시연해 보이면서 이본이 말했다. "크램폰을 이렇게 위치시키고 앞부분을 번갈

→

이본 쉬나드(왼쪽)가 톰 브로코우에게 한 손에서 다른 손으로 아이스 액스를 바꿔 들면서 동시에 크램폰을 안전하게 눈 위에 위치시키는 법을 가르치고 있다. 요즘 등반가들이 이 장면을 본다면 "로프도 없고 안전모도 없이?"라고 말할 것이다. 당시에는 위험을 대비해 의도적으로 장비를 최소화했다. 사진: 릭 리지웨이

아 쓰면서 부츠를 돌려 바닥 부분을 사용하세요."

"이건 프랑스식 기술이에요." 내가 덧붙였다. "이본이 알프스에서 배워 와서 미국 등반계에 소개한 거죠."

"로프를 묶어야 하지 않을까요?" 톰이 물었다.

"그것도…" 이본이 말했다. "좋은 생각인 것 같네."

"쉬나드-리지웨이 등반학교의 또 다른 속성 수업이군요." 톰이 말했다.

한편 로프 없이 등반을 하던 더그는 우리보다 몇십 미터 위쪽에 있었다. 그는 항상 강한 확신으로 빠르게 움직였다. 나는 그것이 그의 성공 요소였을 것이라고 생각했다. 우리는 끝에서 끝까지 깊은 크레바스가 가르고 있는 경사면의 디딤대에 도착했다. 그리고 가장 좁은 지점에 도달할 때까지 가장자리를 향해 평행으로 걸은 뒤에 크레바스를 뛰어넘었다. 차례가 된 톰은 걸음을 멈췄다.

"설산에 올라본 일이 없는 사람이라면 이런 걸 보고 기겁을 할걸요." 그는 크레바스를 관찰했다. 그러고는 침착하게 그곳을 뛰어넘었다.

한 시간 뒤 우리 위쪽에 있는 구름이 소용돌이치더니 우박이 떨어지기 시작했다. 더그가 우리를 기다려 주어서 함께 등반하다가 화이트아웃(whiteout, 눈이나 악천후로 방향 감각을 잃은 시야 상실 상태-옮긴이)을 만났다. 이윽고 계속 낮아지던 경사가 평평해졌다.

"여기가 빙하 꼭대기일 거야." 더그가 말했다.

"그럼 정상은 어느 쪽이야?" 이본이 물었다.

우리는 레이니어의 정상이 칼데라를 둘러싼 넓은 테두리라는 것을 알고 있었다. 이곳은 평평하지만 정상은 아니었다. 우리는 지도를 꺼내 우리가 있는 위치를 추정했다. 그러나 정상이 정확히 어느 방향인지 파악하기가 어려웠다. 정확한 최고점에 이르는 것보다 정상까지 이르는 표준 루트를 찾아야 했다. 그것이 안전하게 하산하는 가장 좋은 방법이기 때문이다.

"제 생각에는 저쪽일 것 같아요." 아이스 액스로 온통 하얀 곳을 가리키며 내가 말했다. 시계가 너무 떨어져서 몇 미터 앞밖에는 보이지 않았다.

"나침반이 도움이 될까요?" 톰이 물었다.

"나침반을 가지고 있어?" 이본이 되물었다.

"보이스카우트 나침반이에요." 톰이 말했다. "항상 준비하라!"

톰이 나침반을 찾아서 내게 건넸고 나는 그것을 지도 꼭대기에 놓았다.

"저쪽이에요." 내가 흐릿한 곳을 가리키며 말했다.

우리는 정상에 도착했고 표준 루트를 찾았다. 오후에는 중앙 산장에 있었고 다음 날에는 집으로 돌아가는 길에 올랐다.

29년 후, 톰은 암 진단을 받았고 어려운 수술 후에 힘든 회복을 시작했다. 두 보이즈는 그를 응원했다. 나는 레이니어산 등반을 비롯한 우리의 수많은 모험이 담긴 사진첩을 만들어서 그에게 보냈다. 몇 주 후 제니퍼가 뉴욕으로 가게 되어 톰과 그의 아내 메러디스와 함께 점심 약속을 잡았다. 두 사람은 결혼한 지 53년을 맞고 있었다. 아내들은 수십 년간 친한 친구로 지냈고 우리는 가족과 같은 관계였다. 점심 식사를 하면서 톰은 제니퍼에게 사진첩을 받았다며 눈물이 고인 눈으로 그것이 그에게 얼마나 큰 의미인지 이야기했다.

캘리포니아의 집으로 돌아온 제니퍼는 톰이 내게 줄 선물을 건넸다고 말했다.

"당신에게 이것이 오랫동안 서랍장 맨 윗서랍에 있었다고 이야기해 달라고 했어요."

그녀는 내게 작은 상자를 내밀었다. 상자를 열었다. 안에는 보이스카우트 나침반이 있었다.

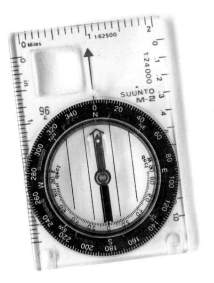

톰이 내게 준 보이스카우트 나침반

10

용들이 있는 곳

강카르 푼섬 원정대장인 필 트림블은 베이스캠프로 가는 가장 좋은 길을 물색하기 위해 일찌감치 미국을 떠나 부탄 중앙 지역, 붐탕으로 갔다. 나머지 일행은 캘커타에서 만나 팀푸로 이동한 뒤 이틀에 걸쳐 장비와 보급품을 정리하고 차량을 이용해서 붐탕으로 가 필과 합류하기로 되어 있었다.

다른 팀원들이 도착하기를 기다리면서 존 로스켈리와 나는 캘커타를 돌아보기로 결정했다. 존을 다시 만나게 되어서 반가웠다. K2를 오른 후 그는 울리 비아호 타워라고 불리는 가라고룸의 화강암벽을 최초로 오르는 등 세계 최고의 등반가 중 한 명이 되었다. 그는 세계에서 다섯 번째로 높은 마칼루도 등정했다. 정상 근처에서 팀원들이 지쳐서 존 혼자 정상에 올랐다.

K2 이후 존과 나는 계속 연락을 하며 가끔 그의 고향인 워싱턴주에

아무도 등정한 적이 없는 이름 없는 봉우리 정상에 선 이본 쉬나드와 더그 톰킨스. 뒤쪽에 원래의 목적지인 강카르 푼섬이 솟아 있다. 사진: 릭 리지웨이

서 함께 등반을 했다. 백패킹 잡지에 가족 캠핑에 대한 이야기를 쓰기 위해 우리의 두 아이들을 데리고 오하이 시골로 야간 하이킹을 간 적도 있다. 존은 세 살인 아들 제스를 데려왔고 나는 같은 나이였던 카리사를 데려갔다. 1월이었지만 날씨가 맑다는 예보가 있었다. 우리는 세스페강을 따라 몇 킬로미터를 하이킹할 계획이었다. 아기 캐리어가 대중화되기 전이었기 때문에 나는 딸을 태울 수 있도록 켈티의 프레임 팩(frame pack, 알루미늄제 프레임이 부착된 백팩—옮긴이)을 개조했다.

"아빠를 따라 해봐." 하이킹을 떠나기 전 카리사에게 말했다. "가방 안에 있을 때는 쉬를 하지 않는다."

그날 밤 텐트 안에서는 플라스틱 병에 든 물이 꽝꽝 얼었다. 하지만 아이들은 잘 잤고 아침에는 하이킹을 계속하는 데 열의를 보였다.

"너희들 둘은 진짜 등반가들처럼 행동했어." 존이 아이들에게 말했다. "슬리핑백에서 방귀를 뀌며 밤을 보냈지."

캘커타에서 존과 나는 식민 시대 스타일의 호텔 건너편에 있는 공원을 어슬렁거리며 하루를 시작했다. 공원 중앙에는 무릎 높이의 철조망이 둘러쳐진 30미터 정도 되는 구역이 있었다. 철조망은 수백 개의 토끼굴 같은 것을 에워싸고 있었는데 거기로 수백 마리의 쥐들이 드나들고 있었다. 주변에는 수십 명의 사람들이 그 구역 안으로 음식을 던져 넣고 음식 조각을 두고 싸우는 쥐들을 지켜봤다. 개중에는 다리가 없는 녀석들도 있었다.

"보통 공원에서는 사람들이 비둘기에게 먹이를 주지 않나?" 존이 말했다.

기차역을 방문했을 때는 더위를 피해 콘크리트 바닥에 누워 몸을 식히는 수백 명의 사람들을 건너다녀야 했다. 밖에서는 하레 크리슈나(Hare Krishna, 힌두교의 크리슈나신을 믿는 종파-옮긴이)를 외치며 탬버린을 두드리는 사람들의 행렬을 구경했다. 그 안에는 메리골드 오렌지색 로브를 입은 긴 머리의 서양인 두 명이 있었는데, 이상하리만치 행복한 표정으로 하늘을 응시하고 있었다. 구석구석에서 거지들이 다가왔다. 다리를 잃은 이들이 많았다.

존과 나는 호텔에서 같은 방을 썼다. 그날 저녁 침대에 누워서 천장 중앙에서 천천히 돌아가는 선풍기를 바라보며 내가 말했다.

"조심해야 해. 이 등반은 위험할 거야."

"모든 결정에 신중을 기해야 해." 존이 대답했다.

"아이들이 보고 싶네."

"나도 그래."

한밤중에 존이 소리를 질렀다.

"괜찮아?"

"악몽을 꿨어. 네기 트럭을 후진하는데 네가 땅바닥에 있어서 너를 치었어."

"눈을 좀 붙이도록 해봐. 비행기 시간에 맞추려면 일찍 일어나야 해."

팀푸에서 우리는 호텔에 체크인을 하고 필 트림블이 남긴 메시지를 읽었다. 그가 붐탕에 도착했고 현지 트레일을 조사하기 위해 떠난다는 내용이었다. 팀푸에서 꼬박 이틀을 기다려야 했다. 1980년대에 그 도시는 주민이 2만 명이었고 1년에 관광객은 2천 명에 불과했다. 동화책에 나오는 도시를 독점하고 있는 기분이었다. 첫날에는 현지인들이 시내 중심에 모여서 즉석 농구 게임을 했다. 둘째 날에는 29살의 잘생긴 왕이 나타나서 게임을 했다. 누군가 그에게 공을 패스하면 그가 슛을 하는 동안 양팀은 차렷 자세로 서 있었다. 왕의 팀이 이겼다. 그 장면을 본 존이 말했다.

"히말라야에 19번을 왔어. 오늘에서야 샹그릴라(Shangri-La, 제임스 힐턴의 소설 《잃어버린 지평선》에서 지상낙원으로 묘사된 마을. 이상향을 의미하는 일반 어휘로 사전에 등재되었다-옮긴이)를 발견했네."

나는 존이 대부분의 원정을 친한 친구들로 이루어진 소규모 팀과 함께했다는 것을 알고 있었다. 그중 일부는 세계 최고 수준의 고산 등반가들이었다. 그러나 이질적인 구성원들로 이루어진 대규모 팀이 함께하는 몇 번의 원정(K2 원정을 비롯한)에서는 등반가들 사이에 반목이 있었다. 부탄 팀의 등반가 8명은 많은 수는 아니었지만 '이질적'이었다. 예를 들어 존과 더그는 많은 면에서 정반대였다. 존은 스포캔 카운티에서 성장했고, 공사장과 광산에서 일을 하며 사냥을 즐겼다. 더그는 밀라노, 도쿄, 뉴욕, 샌프란시스코의 에스프리 디자인 스튜디오를 수시로 오가며 기업을 경영했고 펜싱을 즐겼다. 하지만 두 사람은 모두 뛰어난 유머 감각을 갖고 있었기 때문에 함께하는 시간을 즐길 수 있을 것 같았다.

나 역시 레이니어 등반 때 3일 동안 함께한 것과 샌프란시스코에 있는 집에서 더그가 연 파티에 제니퍼와 참석한 것 말고는 더그와 접점이 없었다. 그 파티는 더그의 전 세계 친구들이 1년에 한 번씩 모이는 자리였다. 우리는 아치형 출입구를 통과해 삼나무로 둘러싸인 길을 지나 일본 미니멀리즘풍으로 지어진 작은 집에 이르렀다. 그렇게 특별한 집은 아니었다. 삼나무들 사이로 십여 블록 떨어진 곳에 그 유명한 피라미드 모양의 트랜스아메리카 건물이 보이는 것을 제외하면.

집 안에는 페르난도 보테로와 오토 딕스의 그림, 프랜시스 베이컨의 세 폭짜리 초상, 의자에 도발적으로 다리를 올린 발튀스의 누드화가 있었다. 이 그림에 제니퍼가 눈살을 찌푸렸다. (몇 년 뒤 더그는 황야 보존 사업을 지원하기 위해 자신의 수집품을 판매했고 나는 이후 〈거울 속의 앨리스〉라는 이 그림을 파리의 퐁피두 센터에서 다시 보게 되었다.) 더그는 제니퍼와 나에게 하룻밤 묵어가라고 권했다. 손님방에서 그는 침대 헤드보드 위에 걸린 에드워드 호퍼의 그림을 가리키며 말했다.

"침대에 앉을 때 그림에 기대지 않게 조심해요. 경찰서와 연결되어 있어서 경찰관이 들이닥칠 거예요."

나는 더그 역시 "규칙을 만드는 사람이라면 규칙을 어기는 것을 걱정할 필요가 없다"라는 이본의 말에 따라 살고 있다는 것을 익히 알고 있었다. 그 사실은 부탄으로 떠나기 전에도 확인되었다. 강카르 푼섬 원정의 후원사는 롤렉스였고, 회사에서는 원정 대원들에게 뒷면에 이름이 새겨진 오이스터 퍼페추얼 손목시계를 증정했다. 그런데 이본도 더그도 시계를 차지 않고 있었다. 시계를 받자마자 환경단체의 기금을 모으는 경매에 내놓았던 것이다.

"시계가 없어도 몇 시인지 알 수 있어." 더그가 내게 말했다. "시계는 어디든 있으니까. 손목시계는 지위와 돈의 상징이야. 그래서 나는 손목시계를 차고 다니는 사람들을 고용하지 않아."

"그럼 사람을 쓸 때 뭘 보시는데요?"

"걸음걸이를 보지. 발꿈치가 먼저 닿는 사람들은 어설프고 에너지가 많지 않아. 발볼로 걷는 사람들은 에너지가 많은 편이지."

미니버스를 타고 붐탕으로 가는 데에는 이틀이 걸렸다. 도착했지만 필의 흔적은 찾을 수 없었다. 우리는 그가 아직도 베이스캠프로 가는 루트를 탐색하고 있다고 생각했다. 그 지역의 지도가 없기 때문에 부탄 정부는 베이스캠프로 가는 루트를 정하기 몇 개월 전에 그 구역으로 사람 몇 명을 보냈다. 하지만 필은 그들이 찾은 내용을 확인하는 편이 낫다고 생각했다.

필이 처음 정찰을 제안했을 때 내가 말했다.

"20세기 말에 가까워지고 있는데 아직도 지도가 없어서 길을 잃을 수 있는 곳이 있다니 멋지지 않아요?"

1985년 랜드셋 위성이 지구 표면의 대부분을 촬영했지만 아직 지상 지도 제작이 거의 이루어지지 않은 몇 곳이 있었다. 중앙아시아 쿤룬 산맥 남쪽, 아마존분지 오리노코강 상류의 좁은 지역, 인도네시아 군도 이리안자야 서쪽 끝 밀림의 작은 삼각 지대.

그리고 히말라야 산마루의 부탄 쪽 면이다. 나는 친구들과 나를 모험가라고 생각하고 있었지만 이번에 우리는 탐험가였다. 이것이 후원사 사람들을 기쁘게 만들 것 같다는 생각이 들었다. 비록 더그와 이본이 그들의 시계를 차지는 않았지만 말이다.

장비를 나르기 위해 고용한 야크들과 야크를 부리는 사람들은 벌써 길목에 서서 초조하게 기다리고 있었다. 우리는 두 개의 강이 만나는 지점에 있었고 더 큰 지류를 따라가는 길이 필이 갔던 길일 가능성이 높아 보였다. 야크 목동들의 불만을 더 키우고 싶지 않았던 우리는 운에 맡기고 하이킹을 시작하기로 했다.

그 길은 자연 그대로의 히말라야산 푸른 소나무 숲으로 이어졌다. 우리 일행의 히말라야 원정을 모두 합치면 서른 번이 넘었지만 이제껏 벌목의 흔적이 전혀 없는 숲을 본 사람은 아무도 없었다. 늦은 오후 우리는 걸음을 멈추고 캠프를 만들었다. 플라이 낚싯대가 있었기 때문에 이본이 곧 약 1.3킬로그램짜리 갈색 송어를 잡았다. 나는 더그와 낚시를 하고 있었다.

"사람들과 잘 맞는 것 같은가요?" 내가 물었다.

"잘 지내고 있어. 그래도 친구가 되는 데까지는 오래 걸릴 것 같아."

"어째서요?"

"음, 존의 경우가 그렇지."

"존이요? 존은 진짜 좋은 녀석이에요. 우리는 K2에서 오랫동안 한 텐트를 썼죠. 정말 믿음직해요. 그리고 유머 감각도 아주 좋아요. 텐트에 갇혀 있을 때 도움이 많이 됐죠."

"알아. 좋은 사람이라는 건 나도 알아. 그저 그가 조금…" 그는 손을 펴고 눈에 보이지 않는 세로선을 그었다. "곧은 길 같은 거지. 융통성이 너무 없다고 할까?"

"그런 건 어떻게 아시는 거예요?"

"동사를 활용하는 법을 보면 되지."

"동사요?"

"그래. 존은 주로 과거형과 명령형을 사용해. 가정이나 조건형을 사용하는 경우가 거의 없지."

이본 쉬나드는 1킬로그램이 넘는 갈색 송어를 잡았지만 내가 할 수 있는 최선은 이 정도였다. 사진: 윌리엄 톰슨

　송어로 저녁 식사를 하기 위해 막 자리를 잡았을 때 현지인 한 명이 필이 보낸 쪽지를 들고 도착했다. 그는 다른 갈림길로 들어가서 동쪽의 계곡에 있었다. 다음 날 아침 우리는 오던 길을 되짚어 작은 군대 초소에서 그를 따라잡았다. 그곳에 있는 대여섯 명의 군인들은 손짓발짓으로 자신들이 지옥의 가장 낮은 층에 배정되어 있다고 말했다.

　"이 계곡도 아니야." 필이 말했다. "자네들이 출발한 강 유역으로 들어가야 해."

　현지인들과 이야기를 나누던 필은 부탄 정부 사람들이 조사를 위해

이 지역에 왔을 때 지금 우리가 있는 계곡을 가리키며, 현지인들에게 이곳이 강카르 푼섬으로 가는 길이냐고 물었었다는 것을 알게 되었다. 현지인들은 그렇다고 답했다. 하지만 필은 현지인들이 그 지역의 모든 산을 강카르 푼섬이라고 부른다는 것을 알게 되었다. 설상가상으로 필은 등반 허가가 몇 주에 불과하기 때문에 야크를 모두 이끌고 하산했다가 맞는 길로 다시 올라갈 시간이 없다고 말했다.

"그럼 우리 망한 건가요?" 이본이 물었다.

"꼭 그렇지는 않아요." 필이 대답했다. "이 계곡에서 우리가 택할 수 있는 두 가지 대안이 있습니다. 첫째, 강카르 푼섬의 동쪽 봉우리를 등반하는 것이 가능할 수 있어요. 여기에서 오를 수 있죠. 그렇게 높지는 않지만 큰 봉우리예요. 혹은… 두 번째 계곡 머리에서 다른 봉우리들이 희미하게 보였어요. 6400미터에서 6700미터 가량 되는 멋진 산들이 있습니다."

팀원들 일부는 실망한 표정이었다. 하지만 이본과 더그는 그 소식을 대수롭지 않게 여겼다.

"나는 어차피 작은 봉우리들을 선호해요." 이본이 말했다.

존이 어떤 입장인지 알 수가 없었다. 하지만 잠시 후 그는 우리를 보면서 동의의 뜻으로 고개를 끄덕였다. 필은 정부 관리에게 그들이 우리를 잘못된 계곡으로 보내서 우리가 있는 곳에 있는 산을 오를 예정이란 편지를 썼다. 그는 젊은 부탄 사람 한 명에게 그 편지를 주고 전신 기계가 있는 초소로 돌려보냈다. 존의 얼굴에 다시 미소가 번지는 것을 볼 수 있었다. 그의 동사 활용이 어떤지는 모르겠지만 그가 상황을 긍정적으로 받아들이는 능력을 갖추고 있다는 것은 알 수 있었다.

"어릴 때는" 그가 말했다. "시도한 모든 등정에 성공했어. 그러다 몇 개씩 실패하는 일이 생겼지. 이제는 봉우리가 어디에 있는지도 찾을 수가 없네."

다음 날 목동들이 야크를 모아 계곡 위쪽으로 보낼 우리 장비를 실었다. 이 야크들은 소와 교배를 해서 크기가 작아진 네팔의 야크들과 달리 몸집이 크고 건장했다. 그들은 목 깊은 곳에서 나오는 듯한 굵은 기침을 했는데 차가운 아침 공기 속에서 기침을 할 때마다 김이 생겼다. 우리는 통역사를 통해 야크가 아프냐고 물었다.

"아닙니다. 야크가 이야기를 하는 거예요."

"야크가 무슨 얘기를 합니까?"

"사랑 이야기를 해요."

우리는 야크보다 앞서 계곡 위로 출발했다. 길은 키 큰 대나무와 활엽 상록수로 이루어진 숲 사이로 구불구불 이어져 있었다. 비가 오고 있어서 우산을 쓰고 걸어야 했다. 이것이 아름다운 공원을 산책하고 있는 듯한 기분을 가져다 줬다.

강카르 푼섬 등정 시도를 하지 못한다는 실망감보다 거기에서 오는 안도감이 더 크다는 것을 느끼며 기분이 좋아졌다. 여전히 위험한 동쪽 정상을 오를 가능성이 있었지만, 안전한 루트가 있는 보다 작은 봉우리를 오르게 될 가능성이 더 높았다. 고산 등반에 대한 부담을 덜자, 사람의 손이 미치지 않은 야생의 장소에 이 다양한 모험가 집단과, 특히 그날 아침 내 앞에서 걷고 있던 더그와 함께 있는 시간을 훨씬 더 온전히 즐길 수 있었다.

베이스캠프로 접근하는 하이킹 둘째 날의 더그 톰킨스. 사진: 윌리엄 톰슨

"아버지는 무슨 일을 하시는 분이셨어요?" 내가 그에게 물었다.

"아버지는 뉴잉글랜드의 골동품상이었어. 1700년부터 1850년 사이에 만들어진 박물관 수준의 미국 작품만 취급하셨지. 어릴 때 아버지가 골동품에 관한 책을 사 주셨는데, 우수한 것부터 형편없는 것까지네 가지 종류의 가구를 보여 주고 왜 그렇게 감정을 했는지 설명하는책이었어. 그 책과 이후 아버지의 가르침을 통해서 품질을 판단하는눈을 갖게 됐지."

"아버지로부터 배운 다른 것은요?"

"한번은 이렇게 말씀하셨어. '어떤 것을 얼마에 파느냐가 아니라 그것에 얼마를 지불하게 하느냐가 중요하단다.' 그러니까 내게 이윤에 대해 가르치신 거지. 동시에 아버지는 대단히 공정한 분이셨어. 한번은 한적한 곳에 있는 교회에 따라간 적이 있어. 거기서 가구를 팔고 있었지. 아버지는 바로 원하던 교구관 탁자를 발견하셨어. 목사에게 얼마냐고 묻자 그가 2천 달러라고 대답했어. 아버지는 탁자를 사겠다고 말씀하시면서 4천 달러를 지불하겠다고 말씀하셨어. 차로 돌아와서 왜 그렇게 하셨냐고 물었지. 아버지는 탁자를 8천 달러에 팔 것이라고 설명하셨어. 그리고 나를 보면서 말씀하셨지. '양쪽 모두에 공정할 때라야 효과가 있는 거야.'"

소나무와 전나무 숲 사이로 난 길은 고도가 높아지면서 참나무, 철쭉, 향나무 숲에 둘러싸였다. 우리는 수목한계선 위 목동들이 쓰는 오두막 옆에 캠프를 만들었다. 거기에는 커다란 순무가 가득한 정원이 있었고 부탄인 요리사가 우리 야크 고기 스튜에 순무 몇 개를 넣었다. 다음 날 아침 우리는 빙퇴석 권곡(cirque, 빙하에 의해 생긴 반원상의 오목한 지형-옮긴이)을 올라갔다. 거기에서는 구름층 아래로 근처 빙하의 주둥이가 보였다. 그것은 우리가 계곡 맨 위에 있다는 뜻이었다. 우리는 베이스캠프를 설치했다.

다음 날 구름이 잠깐 걷히면서 삼면이 빙하로 뒤덮인 산들이 드러났다. 강카르 푼섬의 동쪽 정상도 보였다. 그쪽에는 가능한 루트가 하나뿐인 것을 확인할 수 있었다. 온통 빙하가 매달려 있고 처마가 이중으로 만들어져서 극히 위험해 보였다. 거기에 가려면 그만큼 위험해 보이는 하부 절벽을 기어 올라가야 할 것이다. 롤렉스는 우리가 강카르 푼섬이나 위성봉을 오르지 못하는 데 실망하겠지만 나는 하나의 옵션,

즉 더 낮은 봉우리의 안전한 루트만 남았다는 것에 상당히 마음이 놓였다.

다시 구름이 시야를 가렸다. 우리는 책을 읽고 일기를 쓰고 커뮤니티 텐트에 앉아 이야기를 나누면서 하루를 보냈다. 다음 날 아침에는 하늘이 맑았다. 이본은 물을 데우기 위해 스토브를 켜는 내 곁으로 왔다.

"부탄으로 온 이래 비행운을 한 번도 못 봤어." 찻잔을 건네는 내게 그가 말했다.

다른 사람들이 모여들었다. 모두 기분이 좋았다. 아침 식사 후 우리는 캠프를 보다 높은 곳으로 옮길 계획을 세웠다. 거기에서 주변을 살피고 낮은 봉우리 등반을 시도해 볼 수 있을 것이다. 날씨가 안정적이고 길이 멀지도 않아서 서둘러 움직일 필요가 없었다. 이후 부탄인이 팀푸에서 보낸 전보를 가지고 도착했다. 그는 그것을 필에게 주었고 필은 혼자 그것을 읽었다.

"망할!"

"뭐라고 써 있어요?"

"강가르 푼섬을 오르는 허가만 받았다고요. 동쪽 정상 이외에는 다른 곳을 오를 수 없다고 되어 있습니다."

"처음에는 롤렉스가 벽을 넘으라고 압력을 주더니," 이본이 말했다. 그가 말하는 벽이란 강가르 푼섬의 동쪽 정상에 있는 절벽을 뜻하는 것이었다. "이제는 정부가 우리가 허가받은 건 벽을 넘는 것뿐이라고 하네."

"이제 어떻게 해야 할까요?" 내가 물었다.

"이제 할 일은 정찰을 끝내고 상황이 좋아 보이면 등반 대신에 탐험이나 좀 하는 거지." 이본이 대답했다.

규칙을 만드는 사람이라면 규칙을 어기는 것을 걱정할 필요가 없다.

우리는 손으로 잔을 감싸고 모닥불 주위에 서서 이제 우리의 목표는 '탐험'을 좀 하는 것이라는 데 뜻을 모았다. 천천히 아침 식사를 하고, 우리는 푸른 용담, 보라색 과꽃, 흰색 에델바이스로 채색된 고원으로 캠프를 옮겼다. 하늘에는 여전히 구름이 없었고 방석 식물들 사이로 작은 시내의 맑은 물이 흐르고 있었다.

"샹그릴라 캠프군." 이본이 말했다.

우리는 텐트를 폈다. 풀이 뒤덮인 초원에는 말뚝이 쉽게 박혔다. 받침줄을 팽팽하게 잡아당겨도 든든하게 말뚝을 지지하고 있었다. 나는 일어서서 잠시 손을 멈추고 완벽하게 자리를 잡은 말뚝에 만족감을 느꼈다. 존은 배낭을 풀고 슬리핑패드에 공기를 넣었다. 그가 쾌활한 것을 보자 안심이 됐다. 전날에 그는 등반을 포기할까 생각한다고 말했었다.

"가족과 멀리 떨어져서 누구도 알지 못하는 부탄 중북부 어느 봉우리의 눈 속에 파묻히게 되면 어쩌나 생각해 봤어?"

그가 무엇 때문에 침울해진 것인지, 음울한 날씨 때문인지, 이질적인 팀원들 때문인지, 산을 찾는 어려움 때문인지, 강카르 푼섬 동쪽 봉우리에 도전할 경우 안전한 길을 찾는 문제 때문인지 궁금했다.

그가 좀 더 평소의 모습에 가까운 가벼운 분위기를 되찾은 것 같아서 마음이 놓였다. 그를 잘 아는 나는 그의 두려움이 어디에서 비롯되었는지 짐작이 갔다. 7년 전 K2 원정과 관련된 문제였다. 등반할 산맥 기슭에 도착하자 모두가 상자에서 장비를 꺼내 제1캠프로 나르기 시

이본 쉬나드가 연료통을 밀대로, 눈삽을 도마로 이용해서 차파티(chapatis, 철판에 굽는 동글납작한 인도의 밀가루 빵-옮긴이)를 만들고 있다. 사진: 릭 리지웨이

작했다. 어떤 장비를 먼저 옮겨야 하는지 아무런 계획도 전략도 없었다. 존은 제대로 된 계획이, 그런 면에서 그가 좋은 리더십이라고 생각하는 것이 부재하는 데 불만을 표했었다.

나는 존이 이번 여행에서도 비슷한 불만을 느끼고 있다고 생각했다. 나는 이본과 더그가 텐트를 펼치는 것을 지켜봤다. 두 사람에게는 정해진 계획이 필요치 않았다. 뿐만 아니라 두 사람은 부탄 정부의 전보를 비롯해 하향식 권위와 관련된 어떤 것에도 발끈하지 않았다. 낚시하기 좋은 곳에서는 낚시를 했고, 등반하기 좋은 곳에서는(그리고 루트가 안전하면) 등반을 했다.

그럼 나는? 나는 친구들의 이런 다른 면을 이해할 뿐 아니라 그들의 이질적인 속성에 큰 가치를 두는 경향이 있었다. 그것이 정말 장점일까? 더그는 존과 긴 세월 친구로 지내기는 힘들 것 같다고 말했다. 하지만 나는 더그와도, 존과도 오래 친구 관계를 지속하리라는 것을 알고 있었다. 쉽게 생각하면 좋게 여길 일이었지만, 한편으론 좋아하거나 싫어하는 것과 같은 문제에서 확실한 입장을 취하지 않는 대가가 늘 따랐다는 생각이 들었다.

나는 다시 존을, 이본을, 더그를 바라봤다. 그들은 모두 확실한 입장을 갖고 있다. 때문에 어떤 문제에서나 한쪽 편에 서는 것이 그들의 기본적인 반응이었다. 나는 어땠을까? 나는 존을 보면서 K2 원정을 생각했다. 내 등반 파트너인 크리스 챈들러가 남편이 있는 체리와 가까워질 때 나는 편들기를 주저했다.

"당신은 충돌을 피하려는 경향이 있어요." 제니퍼는 결혼 후 이렇게 말했다. "아마도 어린 시절에 부모님이 다투고 이혼하는 모습을 봐서 그럴 거예요."

그것이 내가 K2 원정대를 갈라놓은 갈등에서 입장을 밝히길 주저한 이유이든 아니든, 크리스가 B팀으로 내가 A팀으로 간 후 결국 우리 사이는 틀어졌고 다시는 회복할 수 없게 되었다.

카트만두에서 1976년 에베레스트 원정의 셰르파 리더였던 PK와 아침 식사를 하던 날이 떠올랐다. 그는 크리스와 체리가 칸첸중가의 위험한 위성봉 등반을 시도하려 한다고 말했다. 나는 크리스에게 편지를 썼고 이후 PK가 그것을 전달했다는 이야기를 들었다. 하지만 답장은 없었다. 나는 크리스와 체리를 알고 있는 친구들을 통해 간간히 소식을 들었다. 그들은 직접 만든 보트로 세계 일주를 하지는 못했지만 태평양 연안 북서부 주변을 항해했다. 등반도 계속했다. 그들은 칸첸중가로 되돌아갔다. 이번에는 동계 등반을 시도하기 위해서였다. 역시 도움을 주는 몇 명의 셰르파만 동반한 단 둘만의 등반이었다. 크리스와 체리가 하이캠프에 도착했을 때 크리스는 뇌부종으로 쓰러졌다. 체리는 그를 데리고 하산하려고 애를 썼지만 크리스는 세상을 떠났다. 체리는 심각한 동상으로 손가락과 발가락을 모두 절단해야 했다.

그 소식을 들은 나는 크리스와 내가 페루 안데스 높은 봉우리에 새로운 루트를 만들었던 때를 생각했다. 페루로 가는 가장 저렴한 방법은 마이애미로 나가는 것이었다. 우리는 크리스의 낡은 쉐보레 세단을 타고 대륙을 횡단하기로 결정했다. 시애틀에서 캘리포니아로 나를 태우러 내려오는 동안 그는 핸들 위에 켄 케시의 《스탬퍼가의 대결》을 받쳐놓고 처음부터 끝까지 읽었다. 우리는 조슈아 트리에서 이틀 동안 머물렀다. 그에게 크랙 등반을 배우기 위해서였다. 뉴올리언스에서는 밤새 댄시들과 어울려 콩가 대형(앞사람의 어깨나 허리를 잡고 일렬로 서서 뱀처럼 움직이는 춤-옮긴이)으로 이 술집 저 술집을 휩쓸고 다녔다. 차가 고장 나자 번호판을 떼고 차량등록증을 태우고 고속도로 옆에 차를 버린 뒤, 더플백 세 개 가득 장비를 넣고 히치하이킹을 시작했다. 모빌 외곽에서 주경찰관이 차를 대더니 자신이 레이밴 선글라스를 매만지며 느긋하게 차에서 나왔다.

"어디로 가는 길이지?"

"마이애미요. 그 뒤에 남아메리카로 갈 거예요!"

"그래? 내가 보기엔 아무도 너희를 태워 주지 않을 것 같은데. 그럴 만도 하지."

'아, 이런.' 크리스는 늘 그렇듯이 배낭에 마리화나를 숨겨 두고 있었다.

"누군가는 분명히 태워 줄 거예요." 크리스가 긍정적으로 들리도록 애쓰면서 말했다.

"음, 내가 태워 주지… 여기에서 모빌 반대편까지. 다시는 모빌에서 너희 같은 머리 긴 쓰레기 녀석들을 보지 않았으면 하거든."

트렁크에 우리 가방이 다 들어가지 않자 그 경찰관이 다른 순찰차를 불러야 했던 것이 기억난다. 페루에서 주요 봉우리의 새로운 루트를 만드는 동안 크리스와 나는 내내 리드 클라이밍(lead climbing, 로프 한쪽 끝에서 선등을 하고 다른 사람이 뒤따르는 암벽등반 스타일-옮긴이)을 했다. 크리스가 나 없이 정상을 등반했던 에베레스트 때를 생각했다. 나는 지구의 가장 높은 곳에 선 기분이 어땠냐고 물었다. 그는 환각 체험 같았다고 말했다. 말 그대로 환각이었다. 정상에 오르는 길에 그는 LSD를 최대로 복용했다. 당시 크리스는 전속력으로 달리는 쾌속정처럼 살았다. 그렇지만 K2부터 그 배는 속도가 떨어졌다. 각성은 그가 저항하려 애썼던 방식으로 그를 뒤흔들어 놓았다. 나는 크리스와의 우정을 K2 정상과 맞바꾸었다는 것을 알고 있었다. 수년 동안 나는 그 교환이 가치가 있었는지 결론을 내리지 못하고 있었다.

크리스가 죽었다는 소식을 들은 나는 체리에게 편지를 보냈다. 체리는 간호사였다. 부디 성공적인 인생을 살아나가길 바란다고 썼다. 이번에도 답장은 없었다.

텐트를 치고 우리는 저녁 식사를 준비했다. 능선 너머로 해가 떨어졌다. 우리는 파카를 입고 워치캡(watch cap, 한랭기에 군인들이 사용하는 모직으로 된 테 없는 모자 - 옮긴이)을 썼다. 이런 고산 지대에는 불을 피울 나무가 없었지만 우리는 마치 열기라도 나오는 양 작은 스토브를 둘러싸고 서 있었다. 밥을 먹는 동안 편의를 위해서 아직 석양 속에 빛나고 있는 주위 봉우리에 이름을 붙이는 게 좋겠다는 결정을 했다. 우리는 다음 날 오를 봉우리에 '탐험가봉(Explorer Peak)'이라는 이름을 붙였다. 그 등반이 잘되면 '롤렉스봉'이나 '오이스터 퍼페추얼산'이 생길 수도 있을 것이다.

다음 날 아침 우리는 해가 뜨자마자 캠프를 떠나 한 시간 만에 빙하 끝자락에 도착했다. 빙하는 매끄럽고 가팔랐다. 이본이 얼음에 도끼를 휘두르자 픽이 높은 챙 소리를 냈다.

"스티로폼!" 그가 활짝 웃으며 말했다.

나는 그것이 얼음이 완벽하다는, 크램폰이나 도끼를 박는 것이 어려울 정도로 단단하지는 않되 박힌 것이 빠져나올 정도로 부드럽지는 않다는 의미라는 것을 알고 있었다. 우리는 앉아서 크램폰을 착용했다. 전부 네 명이었다. 더그와 이본이 첫 번째 로프팀이었고 필과 내가 두 번째 로프팀이었다. 다른 사람들은 권곡을 탐험하러 갔다. 어쩌면 다른 곳을 등반할 수도 있을 것이다. 크램폰을 확인한 이본은 배낭을 멨다. 로프는 아직 배낭 안에 있었다. 그는 가파른 빙벽을 오르기 시작했고 이본의 경사면에서 빗겨난 몇 피트 옆으로 더그가 뒤따랐다.

"로프를 매지 않을 거예요?" 필이 물었다.

"저 사람들처럼 프리 솔로(free solo, 로프나 파트너의 도움 없이 암벽을 오르는 방법-옮긴이)로 갈 거예요." 내가 말했다. "하지만 로프를 묶고 가서 제가 올라간 뒤에는 당신을 확보할게요."

이본이 얼음이 완벽하다고 판단했다면 가파르더라도 로프를 묶을 필요가 없었다. 필이 빙벽 등반 경험이 그리 많지 않다는 것을 알았지만, 나 역시 로프나 빌레이 없이 등반하는 만족스러운 긴장감을 경험하고 싶었다.

더그와 이본, 두 보이즈 중 하나가 실수를 할 가능성(거의 없어 보였지만)을 대비해서 두 사람에게서 옆으로 비켜나 등반을 했다. 하지만 오를 때는 아무 생각도 없었다. 나는 움직임이 생각을 흡수하는 구역에 있었다.

밧줄이 모두 풀리자 나는 올라오는 필을 확보해 주었다. 빙하 위에 오른 후 모두가 로프를 묶었다. 숨은 크레바스가 있을 수 있기 때문이었다. 여기서부터는 관리가 필요한 위험이다. 권곡의 마루에 이르자 우리는 파카를 열고 몸을 식힌 뒤 배낭 위에 앉아서 초코바를 먹었다. 위를 보니 산등성이가 기슭에서 보았을 때보다 날카로웠다. 우리는 처마를 돌고, 나이프 에지 위에서 균형을 잡고, 눈 덮인 바위를 조심스레 오르면서 계속 나아갔다. 정상에는 한 번에 두 명이 앉을 수 있는 공간밖에 없었다. 더그와 이본이 먼저 가서 내가 사진을 찍자 손을 흔들었다. 그들이 내려오길 기다렸다가 필과 내가 올라갔다. 뾰족한 바위 위에 서 있느라 균형을 잡기 위해 팔을 벌려야 했다.

우리는 '탐험'을 하면서 하루를 더 보냈다. 존과 더그는 롤렉스봉에 올랐다. 나머지는 권곡의 동쪽 산등성이를 올라 정오에 빙하로 덮인 산마루에 도착했다. 동쪽으로는 부탄과 중국의 국경을 따라 인도의 고립된 아루나찰 프라데시주가, 북쪽으로는 영토 분쟁의 일부인 미답의 7620미터 산, 쿨라 캉그리가 돋보이는 티베트의 전경이 보였다. 누가 주인인지 아무도 확실히 알지 못할 정도로 멀리 떨어진 곳에서 그 땅을 바라보고 있다는 것이 모험심을 더해 주었다.

팀원 하나는 시간을 들여 봉우리의 나침반 방향을 찾고 모든 하이포인트의 고도를 측정했다. 그는 능선을 그리고, 정상들을 표시하고, 고도계로 대강의 해발 높이를 계산하면서 우리가 있는 권곡의 지도 초안을 만들었다.

"여백에 용을 그리면 좋겠네." 내가 말했다.

"용이요?"

"중세 시대의 지도 제작자들은 지도 끝, 알려지지 않은 세상의 나머지 부분에 이르면 '여기 용들이 있다'라고 쓰곤 했어요."

"적절하네. 우린 천둥소리를 내는 용의 나라에 있으니까." 이본이 부탄의 전통 지명을 언급하며 덧붙였다.

캠프로 돌아오니, 야크와 야크 목동들이 도착해 있었다. 원정은 끝났다. 산을 찾지는 못했지만 일은 잘 풀렸다. 장비를 싸고 있을 때 이본이 신경 쓰이는 것이 하나 있다고 말했다.

"지도 말이야." 그가 말했다.

"지도요?"

"난 지도를 발표하면 안 된다고 생각해."

"왜죠?"

"더 이상 티턴에서의 새로운 등정을 보고하지 않는 것과 같은 이유야. 다음에 오는 친구들이 알아내야지. 그래야 그들도 발견의 느낌을 얻을 거 아냐?"

"말이 되네요. 그럼 우리 지도는 어떻게 해요?"

"태워야지."

"태우라고요?"

"그래, 원본에 불을 붙여. 그게 우리 여행의 완벽한 마무리가 될 거야."

과연, 이본 쉬나드 그는 인습타파주의자였다.

모두가 그 문제에 대해 잠깐 생각하는 시간을 가졌다. 우리는 곧 그와 생각을 같이하게 되었다. 팀원이 주의를 기울여 그린 지도를 꺼내 BIC 라이터로 불을 붙였다. 우리는 둘러서서 그를 응원했다.

"용들이 있으라." 이본이 말했다.

⟶
알다시피 손으로 그린 지도는 태우며 완전히 끝이다. 사진: 릭 리지웨이

미답의 땅,
칠레 마젤란 피오르드

"이것 좀 봐." 이본이 《얼스워치》한 부를 건네며 말했다. 남부 칠레 피오르드 지역에 대한 기사였다. 첫 사진에는 깊고 푸른 피오르드와 경계를 이루는 울창한 녹색 숲 위로 얼음꽃이 뒤덮인 세 개의 스파이어(spire: 뾰족한 첨탑 모양의 산)가 있었다. 사진에는 이런 설명이 붙어 있었다. "N.W. 티에라 델 푸에고 피오르드에서."

"수하물로 보낼 수 있는 접이식 카약을 구할 수 있어." 이본이 말했다. "저기까지 카약을 타고 가서 저 암벽을 오르자."

우리가 스스로를 두 보이즈라고 부르는 데에는 이유가 있었다. 내가 참가를 약속했고 더그 톰킨스와 요세미티의 '강철 인간' 중 하나인 짐 도니니가 합류했다. 여기까지는 쉬운 부분이었다. 더 어려운 일은 그 불가사의한 스파이어에 대한 정보를 찾는 것이었다. 우리는 그 사진을 찍은 사진작가를 추적해 알아냈고, 그는 마젤란해협 바로 북쪽에 있는

←

짐 도니니(왼쪽)와 더그 톰킨스가 칠레 남부 피오르드에서의 바다 카약과 등반 모험 중 유일한 맑은 날을 맞이해 기뻐하고 있다. 사진: 릭 리지웨이

푸에르토 나탈레스에서 떠나는 연락선을 타고 드물게 맑은 날 촬영을 했다고 이야기했다. 《아메리칸 알파인 저널》의 지난 호들을 조사한 결과 그 지역에 갔던 등반가가 한 명 있다는 것을 알아냈다.

"그곳은 세상에서 가장 날씨가 좋지 않은 곳입니다." 그 등반가가 말했다. "그곳에 2주간 있었지만 단 한 번 봉우리를 잠깐 보았을 뿐입니다. 사진에 있는 봉우리는 '세로 데 라 파즈'라고 하는 작은 피츠로이인 것 같네요. 정말 카약을 타고 갈 거라면 윌리워(Williwaw, 마젤란해협의 차가운 돌풍-옮긴이)를 조심하셔야 해요. 그 미니 돌풍에 배가 뒤집힐 수 있어요. 그리고 해류도요. 좁은 곳에서는 시속 22킬로미터까지 이르는 걸 봤습니다. 너무 빨라서 스탠딩 웨이브(standing wave, 뾰족하게 솟구치는 파도-옮긴이)가 생겨요."

남위 50도에서 60도 사이(선원들이 광란의 50이라고 말하는)에서는 아무런 방해 없이 남양(南洋)을 돌던 바람이 파타고니아 안데스에 부딪힌다. 이후 그것은 피오르드와 봉우리들을 따라 위로 아래로 그 주변으로 움직이면서 압축되어 돌풍이 되는데 그 세기가 망치로 치는 것처럼 느껴진다.

좋은 지도를 찾을 수가 없었다. 하지만 그 지역에 갔던 등반가가 산티아고의 지리군사연구소 지도제작국에 들러 보라고 이야기를 해주었다. 그곳의 기록 보관 담당자는 친절했지만 좋은 지도가 전혀 없어서 처음에는 실망하고 말았다. 이후 그가 8×10 항공사진이 들어 있는 폴더를 꺼냈다. 구름이 없는 흔치 않은 날 촬영한, 대단히 분명하고 상세한 사진들이었다.

"해상도가 말도 못하게 높은데요? 누가 이걸 찍었어요?"

"해군이요."

"칠레 해군이요?"

"아니요, 아마 영국 해군일 거예요. 2차 대전 중에 그라프 쉬페를 수색하다가 찍은 사진이에요."

그라프 쉬페의 이야기는 나도 알고 있었다. 1939년 독일의 이 소형 전함이 남대서양 전역에서 연합군 함선을 침몰시키고 있었다. 영국은 이 약탈자를 찾기 위해 그 지역을 수색했다. 결국 이 배를 리우 데 라플라타로 몰아넣었고 전함의 함장이 몬테비데오 앞에서 배를 침몰시켰다. 나는 몇 년 전 그곳에 가서 항구 밖으로 솟아오른 함교탑을 본 적이 있었다. 선체에서 여전히 흘러나오고 있는 기름 때문에 물이 오팔색이었다.

'지도'를 분석한 우리는 첫 번째 장애가 약 16킬로미터 너비의 만이라는 것을 알게 되었다. 편서풍을 거슬러서 패들링을 해야 하고 윌리워에도 노출된다. 그 후에도 군도 외곽과 세로 데 라 파즈의 세 개 스파이어에 이르려면 바람을 거슬러 약 96킬로미터를 더 가야 한다.

푸에르토 나탈레스에서 낚싯배를 빌려서 봉우리 근처에 내려 달라고 하는 편이 낫다는 확신을 갖게 되었다. 등반 후에 카약을 조립해서 푸에르토 나탈레스로 돌아오면 오는 길을 단축할 수 있을 것이다. 두 피오르드 사이에서 카약을 육로로 옮겨야 하는 수고가 필요하긴 하지만 말이다.

우리 모두는 파타고니아에서 충분한 시간을 보냈기 때문에 그 계획에 위험이 없지 않다는 점을 잘 알고 있었다. 위험을 피하려면 경계를 늦추지 말아야 하겠지만 경계하는 것조차 이런 모험에서 만족감을 주는 요소 중 하나였다.

부탄 강카르 푼섬 등반을 시도했던 때를 마지막으로 두 보이즈 여행을 한 지가 3년이 흘렀다. 우리는 부탄 여행을 마무리한 방식이 무척 흡족했다. 나는 이본도 더그도 진지한 등정 시도를 원한 적이 없었다는 것을 알았다. 봉우리에 발을 딛지 않는 것이 위험을 관리하는 최선의 방법일 정도로 위험한 일이었기 때문이었다. 그들은 서양인들이 이전에 보지 못했던 지역을 탐험할 기회이기 때문에 여행에 나섰고 솔직히 말하자면 나 역시도 같은 생각이었다. 그것은 존도 마찬가지였다.

부탄에 다녀온 이후 나는 여러 번 여행을 했다. 파타고니아에서 이본과 낚시를 했고, 톰 브로코우와 옐로스톤 오지에서 스키 등반을 했다. 딕 배스와 만나 그의 스노우버드 스키 리조트에서 크리스마스 휴가를 보내는 등 가족과도 많은 시간을 보냈다. 그곳에서 딕은 시와 이야기로 아이들을 즐겁게 해주었다.

더그와 이본도 마찬가지였다. 부탄을 포함한 어떤 여행도 우리의 에너지와 열의를 심하게 고갈시키지 않았다. 그런 의미에서 우리는 다시 완충시키기 위해서는 가끔 방전을 시켜야 잘 움직이는 건전지 같았다. 육체적인 재충전만이 아니었다. 수십 년간 어드벤처 스포츠를 좇다 보면 마음을 사용해 몸이 당신이 원하는 일을 하게 하는 법을 배우게 된다. 세월이 흘러서 몸이 점점 큰 소리로 불평을 하긴 하지만 말이다. 어쩌면 두 보이즈 여행이 필요했던 이유는 마음이 여전히 몸에 대한 통제권을 가지고 있는지 확인할 필요가 있는 인생의 단계에 접근하고 있었기 때문일지 모른다.

"10년 정도가 남은 것 같아." 이본이 말했다. 그는 막 쉰 살이 되었고 근래 들어 손목과 팔꿈치의 건염이 그를 괴롭혔다. 이본은 캘리포니아에서 아르헨티나까지 더그와 '재미를 찾는 녀석들' 자동차 여행을 하던 중 콜롬비아의 탁한 개울에서 다이빙을 하다 바위에 부딪쳐 목뼈에 금이 가는 바람에 만성적인 목통증까지 얻었다.

푸에르토 나탈레스에서 우리는 전복을 따는 세 명의 잠수부를 만났다. 그리고 완강하게 버티던 그들을 설득해 그 외곽의 군도로 데려갔다. 그들은 젊었고, 배는 낡아 있었다. 우리는 강한 돌풍을 동반하며 시속 70킬로미터로 강해지는 역풍에 맞서야 했다. 다행히 뾰족한 뱃머리가 커지는 파도를 뚫고 넓은 만을 잘 헤쳐나갔다. 우리는 조개 냄새가 밴 작은 오두막으로 가서 몸을 피하고 차를 마시기 위해 주철로 만든 화목 스토브에 물을 데웠다.

"어이, 무화과!" 더그는 디젤 소음과 파도 소리를 누르고 이본을 불렀다. "대단한 일을 해낼 수 있을 것 같은 기분이야."

'무화과'는 더그가 이본을 부르는 말이다. 피츠로이를 오르기 위해 아르헨티나로 가는 장거리 자동차 여행 중에 이본이 땄던 열매라고 했다. 그 뾰족한 화강암 봉우리를 사람이 등반한 것은 두 번뿐이었고, 그들이 선택한 루트로는 한 명도 없었다. 몇 주간 계속 비나 눈이 왔고 강한 바람 때문에 걷기조차 힘들었다. 등반에 두 달이 걸렸다. 한번은 이본이 아이스 액스에 무릎을 찍혀서 회복을 위해 눈 동굴 안의 젖은 침낭 속에서 14일을 누워 있어야 했다. 그는 눈덩이들 사이로 새어 들어오는 희미한 빛이 전부인 동굴 안에 똑바로 누워 서른 번째 생일을 맞았다. 그로부터 정확히 20년 후 재미를 찾는 녀석들이 놀이터로 되돌아온 것이다.

우리는 외곽의 섬들을 둘로 나누는 외딴 운하에 닻을 내렸다. 배를 전세 낸 우리 네 사람(당시 수천만 달러의 순자산을 가지고 있던 둘을 비롯해) 은 온통 전복즙투성이인 나무 늑재 사이의 화물창에서 잤고, 젊은 선 원들은 화목 스토브 옆 조리실에 있는 푹신한 침상에서 잠을 잤다.

아침에 좁은 수로를 올라갈 때는 구름이 잠깐씩 태양을 볼 수 있게 해주었지만 산은 전혀 보이지 않았다. 전복 다이버들은 발을 디딜 만 한 곳에 우리를 내려주었다. 그 외에는 깎아지른 사면의 피오르드만 보이는 황량한 곳이었다.

"산은 저기 있습니다." 그들이 빠르게 움직이는 구름을 가리키며 스 페인어로 말했다. 다이버들은 배의 닻을 올리고 30미터 높이의 물보 라 벽을 만들 것 같은 힘으로 피오르드를 내달리는 돌풍 사이로 사라 졌다.

"자," 이본이 말했다. "이제 돌아갈 길은 없어."

나는 주위를 둘러봤다. 우리와 우리 장비 외에는 인간의 흔적이라곤 없었다. 사람이 사는 가장 가까운 곳은 거친 바람 너머 96킬로미터 밖 이었다. 하지만 이것이 바로 우리가 찾던 것이다.

봉우리가 보이지 않았기 때문에 제대로 찾아온 것인지 확실치가 않 았다. 이후 구름 사이로 구멍이 나타나더니 우리 쪽으로 움직였다.

"구름이 걷히나 봐요." 내가 말했다. 예측보다는 기대에 가까운 말이 었다.

그 구멍이 산이 있었으면 하는 곳으로 접근하기를 기다리며 서 있었 다. 그리고 잠깐 수직 암벽이 보였다. 다시 한번 구름이 열리더니 눈앞에 금방 내린 서리로 덮인 스파이어가 드러났다.

"미니 피츠로이다!"

순식간에 봉우리는 사라졌다. 하지만 이제 어디에 있는지 알았기 때문에 우리는 짐을 기슭으로 운반할 계획을 세웠다. 파타고니아 숲의 남반구 너도밤나무종 중에 가장 두껍고 멋진 것이 '노토파구스 안타르티카(Nothofagus antarctica)'다. 우리는 이 나무들을 밀치고, 넘고, 아래로 기어서 약 3.2킬로미터를 나아갔다. 남위 50도가 넘었기 때문에 수목한계선이 해발 610미터를 조금 넘을 정도였다. 우리는 곧 고산대로 들어섰다. 보호해 줄 나무가 없었기 때문에 파타고니아의 바람을 그대로 맞았다. 뒤에서 불어올 때는 모터가 달린 롤러스케이트를 타고 있는 것처럼 천천히 달렸고 바람을 맞으며 갈 때는 고개를 숙이고 몸을 앞으로 기울여야 했다. 한 걸음 한 걸음이 100킬로그램 중량의 레그 프레스를 하는 것 같았다.

"이 바람은…" 이본이 고개를 돌리고 가능한 가장 큰 목소리로 외쳤다. "사람에게… 파고들어서… 물어뜯는 것 같아."

캠프로 돌아온 우리는 비가 타프를 타고 흐르는 것을 지켜봤다. 사흘, 나흘, 닷새가 지났다. 우리는 윌리워를 피해 자갈로 된 짧은 해안가를 운동 삼아 달렸다. 썰물 때면 홍합을 주워서 냄비 가득 쪄냈다. 식사 사이에는 임시로 만든 타프 아래 누워서 책을 바꿔 읽었다.

더그가 가져온 책은 모두 환경과 보존에 대한 것이었다. 그는 인간을 자연이라는 옷감 속의 실 하나로, 다른 종을 지배할 도덕적 권리가 없는 종으로 보는 심층 생태주의자(Deep Ecologist)가 되었다. 두 보이즈 중에서도 환경 위기 문제를 가장 깊이 파고들고 있는 사람이 더그

해안가 바위에서 먹이를 찾고 있던 홍합들이 우리의 주식이었다. 날씨가 나쁜 날이 이어질수록 빈껍데기들이 높이 쌓여 갔다. 사진: 릭 리지웨이

였다. 또한 환경 문제는 작은 모닥불을 둘러싸고 이야기를 나눌 때면 가장 자주 등장하는 주제이기도 했다.

　6일, 7일, 8일. 홍합 껍데기는 날로 높게 쌓여 갔다. 고도계가 두 번이나 90미터씩 떨어졌다. 하루 동안의 기압 변화로는 모두가 이전에 목격한 적이 없는 큰 폭의 변화였다. 하지만 눈으로 확인할 수 있는 날씨의 변화는 봉우리를 지나치는 구름의 속도로 추정하는 바람의 속도뿐이었다. 시속 80킬로미터가 넘던 풍속이 시속 60킬로미터로 떨어진 것 같았다.

우리 중 누구보다 안달하는 사람은 짐 도니였다. 그는 불운한 등반을 연속으로 경험했다. 날씨 때문에 정상을 눈앞에 두고 계속 하산해야 했던 그는 이번 여행으로 6번의 연속 등정 실패를 끝낼 생각이었다. 한편 더그는 10일 내에 집으로 가야 했다. 카약으로 돌아가는 데 일주일쯤 걸릴 것이라고 판단했기 때문에 날씨가 좋든 나쁘든 움직여야 할 때라는 것을 모두 알고 있었다.

회색 멍이 번져 있는 것 같은 하늘 아래, 우리는 은닉처로 가 장비를 분류했다. 우리는 빙하와 베르크슈룬트(bergschrund, 빙하가 산과 만나는 부분에 생긴 깊은 크레바스-옮긴이)를 지나 로프를 이용한 정상 공략의 시작 지점까지 갔다. 스파이어의 바람이 들지 않는 사면에 있기는 했지만 바람이 소용돌이를 일으키며 모든 돌출부의 위아래로 얼음장 같은 비를 몰아대고 있었다. 구름이 잠깐 걷히는 틈에 스파이어 위에 새로 얼어붙은 얼음이 살짝 보였다. 기슭에서도 바람 때문에 코앞에서 소리를 질러야 했다. 다른 방법이 없다고 생각했다.

더그도 동의했다. 이본은 아무 말도 하지 않았다. 그때 짐이 소리쳤다.

"등반을 하려고… 여기까지 왔어! 나는 올라갈 기야. 한 구간이나… 두 구간만이라도…."

그는 두 개의 로프를 풀기 시작했다. 나는 다시 위를 본 뒤 소리쳤다.

"저 위로는… 미래가 보이질 않아."

"나와 갈 사람?" 짐이 소리쳤다.

"내가 가지!" 이본이 답했다.

짐은 유럽식 등반 스타일로 허리에 로프 두 개를 모두 묶고 출발했다. 바람이 그의 허리와 이본의 빌레이 사이에 있는 이중 로프를 날려 공중에 원호를 그렸다. 나는 그가 초크를 고정하는 것을 지켜보았다. 보호를 위해서라기보다는 로프의 당기는 힘을 줄이기 위해서라는 것을 알 수 있었다. 얼음물이 바위를 타고 흘러내렸다가 돌풍을 따라 날아올라 두 사람을 흠뻑 적셨다. 이본과 짐이 두 구간을 더 가는 동안 더그와 나는 기슭에 서서 체온을 보호하기 위해 발을 구르고 팔을 돌리면서 기다렸다. 오후 5시였다. 9시면 어두워진다. 두 사람은 3분의 1쯤 올라갔을 것이다. 그들은 비박 장비를 갖고 있지 않았다. 더그와 나는 그들이 사생결단으로 정상을 공략할 것이라고 생각했다.

"다른 면으로 돌아서 올라가 보자!" 더그가 소리쳤다. "좀 더 쉬운 다른 루트가 있을지도 몰라."

더 쉬워야 한다. 짐과 이본이 우리 로프를 가져갔으니까. 굽이를 돌아 몇십 미터를 오르자 오후 7시가 지났다. 경사는 가팔랐고 얼음은 헐거웠다. 바람이 부는 면에 있었기 때문에 돌풍 때문에 바위에서 떨어질까 겁이 나서 한 번에 한 발이나 한 손밖에 움직일 수 없었다. 우리는 포기하고 하산했다.

봉우리 사이의 낮은 고개로 되돌아왔을 때는 거의 해가 진 상태였다. 이본이나 짐의 흔적은 없었다.

"다른 면에서 현수하강을 했을 거야!" 더그가 소리쳤다.

"그랬긴 바라요!" 내가 대답했다.

"캠프로 돌아가자. 아마 거기에 있을 거야."

바람이 거세졌다. 머리를 숙이고 걸음을 내딛을 때마다 몸을 밀어붙여야 했다. 거센 돌풍 속에서는 고개를 숙이고 머리를 감쌌다. 돌이 바람에 쓸려 날아다니고 있었기 때문이다. 너도밤나무 숲에서는 습지에 발을 딛을 때마다 부츠가 쩍쩍 소리를 냈고 뾰족한 나뭇잎이 손에 상처를 냈다.

"지금쯤 차를 끓이고들 있을 거예요." 내가 말했다.

캠프에 돌아갔을 때는 자정이 조금 지나 있었다. 촛불도 손전등 불빛도 보이지 않았다.

"잠들었네." 더그가 말했다. 그리고 소리쳤다. "어이, 무화과! 일어나."

대답이 없었다. 두 개의 텐트는 비어 있었다. 우리는 비닐 타프 아래 주저앉아 음식을 집은 뒤 침낭으로 기어 들어갔다. 더그가 텐트에서 크게 말하는 소리가 들렸다.

"무화과, 괜찮을 거야!"

나는 내 침낭 속에 누워 8년 전 미냐콩카 등반에 대해 생각했다. 나는 멍이 들고 이두박근이 찢긴 채, 이본은 뇌진탕을 당하고 갈비뼈가 몇 개 부러진 채 살아 돌아온 그날의 눈사태가 자꾸 떠올랐다. 이두박근은 나았지만 손가락으로 만져지는 움푹 들어간 흔적이 부적처럼 남아 있었다.

스파이어 기슭에 죽어서 누워 있는 이본과 짐의 악몽에 갑자기 잠에서 깨어났다. 눈을 뜨자 노란 텐트 천으로 주황색 새벽빛이 들어오는 것이 보였다. 냄비가 덜그럭거리는 소리가 들렸다.

"더그?"

"아니, 나야."

"이본!"

다른 텐트에서 "어이, 무화과!" 하는 더그의 목소리가 들려왔다.

나는 텐트 문을 열었다. 이본이 스토브를 켜고 있었다. 짐은 그의 옆에 앉아 있었다. 그들의 바지는 너덜너덜했고 머리카락은 젖어 머리에 들러붙어 있었다.

"어려운 구간이 좀 있었어." 수프가 준비되자 짐이 말했다. "난이도가 5.9에서 5.10쯤 될까. 비가 너무 차가웠어. 우리는 밤 9시에 정상에 올랐어. 현수하강은 정말 끔찍했지."

"계속 움직여야 했지." 이본이 말했다. "비박은 자살 행위일 테니까."

현수하강을 마치자 그들은 캠프로 걸음을 옮기기 시작했다. 어두웠고 서 있기도 힘들 정도로 강한 바람이 불었기 때문에 그들은 기거나 엉덩이로 미끄러지면서 이동했다.

"세상에, 완전 녹초가 됐어." 이본이 말했다.

그는 텐트로 기어 들어갔고 몇 분 후 잠에 깊이 빠진 느리고 고른 숨소리가 들려왔다. 그와 짐은 아침나절에 일어났다. 누가 봐도 하루는 쉬어야 한다는 것을 알 만한 몰골이었다. 짐은 손과 팔에 생긴 수많은 물집을 치료했다. 그것들은 그가 견딘 스트레스에 대한 반응일 것이다. 이본은 손목과 팔꿈치를 주무르면서 타프에서 떨어지는 물방울을 멍하니 바라봤다.

"당신이 짐을 따라가서 놀랐어요." 내가 말했다.

"짐이 지나간 구간을 정리해 준다는 생각으로 올라갔어. 그렇게 하나씩 하나씩 해나갔지. 다섯 번째 구간에 이르자 성공하겠다는 생각이 들더군."

"건염은 좀 어때요?"

"더 심해지지만 않는다면 패들링은 가능해. 천천히만 하면 될 거야."

사람이 살지 않는 산으로 이루어진 피오르드로 노를 저어가고 있다. 사진: 릭 리지웨이

항공사진을 통해서 푸에르토 나탈레스로 돌아가는 지름길을 볼 수 있었다. 우리는 길고 막다른 피오르드의 초입에서 캠핑을 하고 있었는데, 그 중간쯤에 만이 있었다. 그 만에서 만의 반대편까지는 짧은 육로로 연결되어 있고 그쪽이 푸에르토 나탈레스가 위치한 큰 만으로 이어지는 것 같았다.

당장의 문제는 우리가 캠핑을 한 피오르드에서 바람을 거슬러서 8킬로미터를 가는 것이었다. 우리는 안전을 위해서 절벽 가까이에서 움직이기로 계획을 세웠다. 누구든 윌리워 때문에 카약이 뒤집히면 바위로 기어 올라갈 수 있도록 말이다. 해안 지대의 빙하에서 떨어져 나온 빙산이 떠다니기 때문에 물속에서는 몇 분 이상 생존할 수 없었다.

우리는 서로와 멀리 떨어지지 않으려 노력하면서 피오르드 안쪽으로 노를 저어갔다. 하지만 2인용 카약을 탄 더그와 짐은 1인용 카약을 탄 이본과 나보다 훨씬 빨리 이동했다. 곧 첫 윌리워가 우리를 덮쳤다. 돌풍이 강하게 불면서 나를 절벽 쪽으로 몰아넣었고 천으로 덮인 내 배는 파도에 밀려 바위에 심하게 부딪혔다. 20분 후 또 다른 윌리워가 찾아왔고 우리는 뒤집히지 않기 위해서 애를 썼다.

"경계를 늦추면 안 돼." 작은 만에 몸을 피한 이본이 말했다. "상황이 심각해."

우리는 윌리워가 잦아들기를 기다렸다. 이본이 먼저 나섰고 모퉁이를 돌아 사라졌다. 해협 전체가 시야에 들어오자 또 다른 윌리워에 이본이 갇혀 있는 것이 보였다. 배가 뒤집혔고 그는 뒤집힌 배 위에 올라앉아 만으로 되돌아가기 위해 노력하고 있었다. 그가 해안에 막 도착했을 때 또 한 번의 바람이 찾아왔다. 물이 빠진 돌 위로 배를 끌고 가면서 나는 그의 초췌한 표정을 보았다. "정말 조심해야 해." 그가 한 말은 이것뿐이었다.

해안을 올라가니 더그와 짐이 우리가 그랬던 것처럼 작은 만에 옹송 그리고 있었다. 모두가 캠프를 하면서 윌리워가 그치기를 기다려야 한다는 데 합의했다. 다음 날 아침 바람이 잦아들었고 우리는 육로가 나올 때까지 배를 저어갔다. 물건을 반대편 피오르드로 져 나르는 데 이틀이 걸렸다. 보트를 옮기는 것이 가장 힘들었다. 접힌다고는 해도 너도밤나무 가지마다 걸리곤 했다. 평소보다 비가 많이 내렸다. 한 구역에서는 덤불이 너무 무성해서 그 위를 기어가야 했다. 가끔은 3미터 아래의 숲까지 꺼지기도 했다. 유일한 좋은 점은 발을 삐거나 다리가 부러지는 것 이상의 위험은 없다는 것이었다.

육로 이동이 끝나자 우리는 카약을 다시 조립해서 뒤에서 바람을 맞으며 밴시(banshee, 아일랜드 민화에 나오는 여자 유령. 구슬픈 울음소리로 가족 중 누군가가 곧 죽게 될 것임을 알려 준다-옮긴이)처럼 날듯이 피오르드 아래로 내려왔다. 마침내 마지막 시련이 보였다. 16킬로미터 너비의 만이었다. 예상대로 한 무리의 윌리워가 바다를 가로지르고 있었다. 하지만 우리에겐 계획이 있었다. 바람의 방향과 같아질 때까지는 해안에 바짝 붙어 바람을 안고 패들링을 하는 것이었다. 그런 다음 야영을 하고 다음 날 서로의 배를 붙잡고 콘-티키(Kon-Tiki, 인류학자 토르 헤이에르달이 1947년 잉카 시대의 제조법으로 만들어 태평양을 건넜던 뗏목의 이름-옮긴이) 스타일의 뗏목을 이루게 해 윌리워가 우리를 집으로 데려다주도록 하는 식으로 바다를 건너갈 생각이었다.

우리는 그 만의 해안선에 도착해 바람에 맞서 패들링을 시작했다. 날이 어두워지고 있었다. 해안선의 절벽에는 야영은커녕 배를 댈 만한 곳도 없었다. 이후 작은 만이 시야에 들어왔다. 앞선 더그와 짐의 배를 알아볼 수 있었다. 시속 70킬로미터 바람이 불었다. 이본이 뒤에 있기를 바랐지만 감히 눈을 돌릴 수가 없었다.

팔과 배의 근육이 타는 것 같았지만 쉴 수가 없었다. 단 1초도, 한 번의 노젓기도 소홀히 할 수 없었다. 바람이 닿지 않는 만의 안쪽에 이르자 겨우 고개를 돌려 이본이 몇 미터 뒤에서 맹렬히 노를 젓고 있는 것을 확인했다. 작은 만의 해안으로 끌어올릴 때 배에서는 삐걱거리는 소리가 났다. 몇 개월 뒤 이본은 마지막 구간에서는 해낼 수 있다는 확신이 없었다고 털어놨다. 그는 뒤로 밀리면 피오르드 속으로, 어둠 속으로, 확실한 죽음으로 가게 된다는 것을 알고 있었다. 미친 듯 노를 젓던 그 20분 동안 그는 티베트 동부의 산에서 눈사태에 깔린 때 이후 그 어느 때보다 가까이서 심연을 보았다.

다음 날 아침 바람이 잦아들었다. 우리는 배를 띄웠고 오후 늦게 푸에르토 나탈레스로 돌아왔다. 우리를 맞이하는 군중 같은 것은 없었다. 몇몇 아이들만이 호기심 어린 얼굴로 우리 배에 시선을 주었다. 우리는 아이 한 명에게 카메라 버튼을 어떻게 누르는지 보여 주고 사진을 남기기 위해 나란히 섰다.

"좋은 여행이었어." 더그가 말했다.

"해냈지." 이본이 답했다.

"손목은 어떠세요?" 내가 물었다.

"잘 견디고 있어. 사실, 아주 좋아."

이본은 생각을 할 때 늘 그러는 것처럼 만 너머의 낚싯배를 바라봤다. 그는 살짝 미소를 지으면서 내게 돌아섰다.

"이 여행은," 그가 말했다. "내가 필요로 했던 바로 그거였어."

모험을 마치고 푸에르토 나탈레스 해변에 선 두 보이즈. 짐 도니니, 나, 더그 톰킨스, 이본(왼쪽부터). 사진: 릭 리지웨이 소장

12

남극대륙의
마지막 개썰매 팀

극지방 탐험가 윌 스테거는 남극대륙의 가장 넓은 지점을 개썰매로 가로지르는 여행을 구상했다. 그는 각각 다른 나라에서 온 다섯 명의 동료들을 초대했다. 시작부터 끝까지 220일이 소요되는 약 6035킬로미터의 여행을 완성하기 위해 각기 보완적인 기술과 장점을 가진 이들이었다.

국제 남극 횡단 원정에는 비용이 많이 들기 때문에 윌은 프랑스 방송사 그리고 ABC와 계약을 했다. 나는 양쪽의 촬영팀을 지휘하는 일을 맡았다. 원정 팀원들에 비하면 내가 한 일은 비교적 쉬웠다. 우리 네 명의 촬영팀은 몇몇 주요한 시점에 원정대가 보급품을 나르기 위해 전세 낸 작은 비행기에 끼어 타고 팀에 합류해, 원정팀과 1~2주씩만 지내면 되는 상황이었다.

원정팀의 러시아 참가자, 빅토르 보야르스키는 정부(당시는 소비에트

라르센 빙붕을 내륙의 빙원과 연결하는 와이어하우저 빙하 중턱의 거대한 크레바스. 남극 횡단 원정대가 이 크레바스를 건너고 있다. 사진: 데미안 모리소, 윌 스테거 제공

연방)를 설득해 원정대가 남극까지 타고 갈 비행기를 내주게 했다. 러시아의 일류신 IL-76이 월의 본거지이자 물류 본부가 있는 미네소타 일리와 가장 근접한 미니애폴리스 공항에 착륙했다. 우리는 몇 톤이나 되는 식량과 보급품은 물론 서른여섯 마리의 허스키(그중 몇 마리는 미국의 탐험가 버드 제독이 1930년대에 남극 탐험을 위해 사육한 개들의 후손이었다)까지 비행기에 싣고 이륙했다.

나는 원정대의 침낭이 담긴 상자들을 찾았고 오리털 침낭으로 보금자리를 만들어 그 어떤 비행기 여행에서보다 편안하게 숙면을 취할 수 있었다. 동이 트자 창밖으로 코르디예라 블랑카의 높은 봉우리들이 보이면서 스물두 살에 최고봉인 우아스카란에 올랐던 기억이 떠올랐다. 방하로 덮인 고산을 처음으로 등반한 때였다. 그 봉우리 위를 오리털 침낭 더미에 따뜻하게 둘러싸여, 허스키들이 아침밥을 기다리며 울부짖는 소리를 들으면서 비행하고 있다는 게 비현실적으로 느껴졌다.

일주일 후 원정대원, 보급품, 썰매, 서른여섯 마리의 허스키 그리고 촬영팀은 남극반도 끝 라르센 빙붕에서 솟아오른 일련의 봉우리, 실누나탁스(Seal Nunataks)의 출발점에 모였다. 7개월이 넘게 걸리는 대륙 횡단의 시작점이었다. 팀이 남반구의 한여름에 남극을 통과하는 내륙 횡단을 원했기 때문에 원정은 남반구의 한겨울에 시작됐다. 촬영팀과 나는 스키를 이용해 일주일 조금 넘게 그들과 이동할 예정이었다.

우리는 약 3.7미터짜리 나무썰매 세 개에 짐을 실었다. 각 팀원은 가슴에 자국 국기가 꿰매어진 고어텍스 활동복을 입었다. 날씨가 맑고 기온이 영하 10도밖에 되지 않아서 평소라면 필요했을 커다란 벙어리

장갑 없이도 작업이 가능했다. 윌이 최초로 지원 없이 개썰매를 이용한 북극 원정을 했고 그린란드를 남에서 북으로 종단하는 등 극지 경험이 가장 많았지만, 빅토르 보야르스키와 장 루이 에티엔느 역시 노련한 극지 탐험가들이었다. 다른 대원들(중국인, 일본인, 아일랜드인)은 각국 정부의 남극 조사 부서에서 극지 연구를 한 수십 년의 경험을 갖고 있었고 각기 보완적인 기술(아일랜드인 제프와 일본인 케이조는 경찰견을 다룬 경험이 있었으며 중국인 다헤는 빙하학자였다)을 갖고 있었다.

"모두가 미혼이라면 좋았겠지만," 윌이 말했다. "다헤와 빅토르는 기혼자입니다. 정부로부터 원정 참가 지시를 받은 사람들이죠."

다헤와 빅토르가 가족들과 그렇게 오래 떨어져 있어야 한다는 것이 몹시 안타깝게 느껴졌다. 그들과 몇 주 같이 지낸 것이 전부이긴 하지만 두 사람 모두 긴 이별을 각오하고 있는 것으로 보였다. 몇 주 동안 이 팀과 함께하고, 남극 개썰매 원정을 살피고 나서 아내와 가족들에게 돌아갈 수 있다는 것이 큰 축복으로 느껴졌다.

이 얼어붙은 대륙에서 허용되는 마지막 개썰매 팀의 일원이 된 것도 큰 영광으로 느껴졌다. 우리의 남극 횡단 원정이 끝난 후, 디스템퍼(distemper, 갯과 동물에 감염하는 바이러스성 전염병-옮긴이)가 바다표범에게 전염될 수 있다는 우려 때문에 남극조약 가맹국들이 남극대륙에 개가 들어가는 것을 금지하는 데 합의했다.

썰매에 짐을 싣고 개이 마구를 줄에 연결했다. 잎류신익 하묻칸에 일주일 넘게 격리되어 있던 개들은 여태 교육받은 일을 한다는 기대감으로 울부짖고 있었다. 나는 선두 썰매 앞에 웅크리고서 뷰파인더 너머를 보고 있었다. 그때 첫 번째 팀이 줄을 세게 잡아당기는 바람에 썰매를 묶어둔 말뚝이 얼음에서 뽑히고 말았다. 무슨 일이 일어났는지 깨달은 나는 바로 옆으로 몸을 날렸지만 맨 앞의 개 두 마리가 나를 밟고 지나가면서 카메라가 내 이마에 부딪혔다. 뒤따라 다른 두 팀도 출발했다. 나는 최대한 빨리 카메라를 챙겨 기운이 넘치는 허스키들을 따라잡기 위해 맹렬하게 스키를 탔다. 이마에서 흘러내린 피가 얼굴을 지나 턱으로 뚝뚝 떨어졌다.

첫날 우리는 2시간만 이동을 하고 캠프를 설치했다. 그날의 목표는 이동 거리가 아니라 썰매를 효율적으로 싣고 내리고, 캠프를 빨리 설치하고, 사람과 개들의 끼니를 챙기는 등 여러 잡무에 대한 예행연습이었기 때문이다. 해가 떠 있는 시간이 6시간뿐이었지만 어두워지기 전에 모든 일을 마쳤다.

우리는 여전히 실 누나탁스의 넓은 측면에 있었다. 아래로 라르센 빙붕 그리고 반도에 인접한 산마루에서 약 320킬로미터 떨어진 봉우리까지 볼 수 있을 만큼 고도가 높은 곳이었다. 그림자는 길었고, 멀리 라르센 빙붕에서 솟아오른 낮은 언덕들이 마치 가는 펜으로 윤곽을 그린 것처럼 하늘을 배경으로 날카롭게 솟아 있었다. 어스름한 빛이 빙상 바닥의 질감이며 바람이 조각한 작은 굴곡과 능선을 드러내 보였다. 바다 위에 있는 판빙, 라르센은 내가 예상했던 것보다 남극내륙의 거대한 대륙빙하와 비슷해 보였다.

프랑스 촬영팀이 텐트에 모여들었고 내가 저녁 식사 준비를 하겠다고 나섰다. 동결 건조한 돼지고기에 검은콩 수프를 곁들이고 양파를 볶아 소스에 넣은 뒤 파스타에 얹어 냈다. 그 만찬은 성공적이었다. 우리는 함께 설거지를 했다. 팀원 하나가 스테인리스스틸 플라스크에 담긴 프랑스 브랜디 칼바도스를 각각의 컵에 조금씩 부어 주었다. 다음으로 그들은 각각 시가에 불을 붙였다. 팀워크를 향상시킬 기회라고 생각한 나는 시가를 받아 불을 붙였다. 곧 우리 텐트 안은 내가 LA에서 자라며 겪은 어떤 스모그보다 심각한 상황이 됐다. 1950년대 LA 분지에서의 어린 시절이 기억났다. 볼일을 보겠다면서 밖으로 나왔다. 하지만 바깥 기온은 영하 30도였고, 몇 분 후 나는 폐에 연기가 조금 들어가는 것이 발가락에 동상을 입는 것보다 낫다는 결정을 내렸다.

텐트 안으로 기어 들어가면서 내가 말했다. "On se gèle les couilles!"

"릭, 당신 프랑스 은어를 알고 있군요! Très bien(아주 좋다, 잘한다)!"

나는 방금 전에 텐트에 들어온 사람이 했던 말을 따라했을 뿐이라고 털어놓았다.

"그런데 그게 무슨 뜻이에요?" 내가 물었다.

"불알이 얼게 춥다는 뜻이에요."

다음 날 아침 우리가 텐트에서 기어 나왔을 때도 밖은 여전히 어두웠다. 하지만 별빛 속에서 개들, 더 정확히는 작은 눈덩이가 보였다. 개들이 웅크리고 움직이지 않자 그 위에 눈이 쌓여 단열재 역할을 하고 있었다. 개들은 우리가 일어나는 것을 감지하자마자 얼음 고치에서 나와 아침 식사, 사이언스 다이어트라는 적절한 이름의 통조림 개 사료를 기대하며 울부짖기 시작했다. 사람이든 동물이든 하루에 섭취하는 음식의 양은 세심하게 계산되어 있었다. 내게는 세 번째 남극 탐험이었다. 해안에서 벗어나면 생명의 흔적을 찾아보기 힘든 곳이다. 생명의 부재는 나의 생명이 어떻게 유지되는지 드러냈다. 그것은 매일 모든 야생동물의 시작과 끝을 결정하는 공식, 즉 들어가는 칼로리와 나오는 칼로리가 같아야 한다는 것을 본능적으로 인식하게 했다.

이후 며칠간은 얼음이 내 의식을 단련시켰다. 우리는 썰매에는 거의 타지 않았지만, 혹시 크레바스에 빠질 경우를 대비해서 썰매의 뒤쪽에 있는 두 손잡이 중 하나에 로프를 짧게 연결했다. 그 후에 개들과 보조를 맞춰 나란히 스키를 탔다. 이틀쯤 되자 한 발 한 발 스키를 지치는 규칙적인 움직임에 젖어서 아무 생각이 나지 않는 명상 상태에 이르렀다. 스키들 사이로 누런 개 오줌이 도드라져 보일 때만 깜짝 놀라서 명상 상태에서 빠져나왔던 기억도 있다.

매일 태양이 몇 시간 동안 나타났다가 지평선 위에 선을 그으며 사라졌다. 어느 날 저녁 캠프를 만들고 개들에게 먹이를 준 후 우리는 오로라 속에서 권층운에 굴절되어 빛나는 태양빛에 경외감을 느끼며 뜨거운 코코아 머그컵을 손에 들고 말없이 서 있었다. 천상의 얼음이 내는 소리가 들리는 것 같았다.

지리학자들은 라르센 빙붕을 4개의 구역으로 나눠 라르센 A, B, C, D라고 부른다. 우리의 출발점인 실 누나탁스(온난한 지방에서라면 섬이었을 일련의 화산)는 라르센 A와 B 사이의 경계에 있었다. 일주일 후 우리가 라르센 C에 도착할 것으로 예상될 때쯤, 트윈 오터호가 와서 촬영팀 멤버들을 푼타 아레나스로 데려가기로 되어 있었다. 그동안 여섯 명의 탐험 대원들은 남쪽으로 계속 전진하고 우리는 몇 주 후 그들과 다시 합류하기로 했다.

비행기가 도착하기로 예정된 날 폭풍이 불었다. 개들을 눈보라 속으

남극반도 끝에 인접한 킹조지섬에 장비, 음식, 개들을 내려놓고 있다. 인근 칠레와 러시아 기지 주민들이 거대한 러시아 수송기 일류신 IL-76의 착륙을 지켜보기 위해 모여들었다. 조종사가 기체를 활주로에 못 미쳐 착륙시키는 바람에 참사가 빚어질 뻔했다. 충격이 너무 심해서 날개가 아래로 휘어지면서 눈에 거의 부딪힐 정도였고 가는 금이 많이 생겼다. 비행기는 러시아로 돌아가지 못하고 대기 조치를 받을 수밖에 없었다. 사진: 페르 브레이하겐

로 몰아보려 했지만 바람이 거세져서 너무 힘들었다. 우리는 캠프를 세우고 폭풍이 물러나기를 기다렸다. 하루가 또 지났다. 나는 이런 삶에 익숙했다. 하지만 5일 후면 마흔 살 생일을 맞게 된다. 그런 날은 아내와 아이들과 보내고 싶었다.

작은 텐트에서 폭풍우가 몰아치는 동안 주로 하는 활동은 자고, 먹고, 이야기를 나누는 것이다. 텐트를 함께 쓰는 이들이 프랑스인이었고, 내 프랑스어 실력은 그들과 대화를 쉽게 할 수 있을 정도가 아니었기 때문에, 나는 책을 읽고 손가락의 감각이 사라질 때까지 일기를 쓰

면서 시간을 보냈다. 이전의 일기를 읽으면서 그해에 일어났던 일들을 추억하기도 했다. 이본을 만나러 간 티턴 여행에 대한 것도 있었다. 가족과 함께하는 여행이었고 막바지에는 조나단의 딸 아시아가 합류했다. 아시아는 9살이었다. 조나단이 죽은 후에도 이본과 나는 아시아의 어머니와 연락을 계속했고, 가끔 아시아를 만났다. 티턴 여행에서 우리는 그녀를 데리고 하이킹과 낚시를 했고, 이본은 자신의 산장으로 가는 비포장도로에서 그녀를 무릎에 앉혀 그의 낡은 도요타를 운전하게 해주기도 했다. 그날 일기에는 아시아에게 아버지가 어떤 사람인지, 그가 어떻게 죽었는지 아직은 이야기한 적이 없지만, 그녀가 나이가 들면 언젠가 그런 얘기를 할 날이 올 것이라고 적혀 있었다.

폭풍이 오고 둘째 날 늦게 근처 텐트에서 윌 스테거의 목소리가 들렸다. 그는 푼타 아레나스의 원정대 기지와 무선 통신 중이었다. 통신을 끝낸 그는 텐트 벽 너머에서 소리를 쳤다. "고기압이 접근하고 있답니다. 아침에는 비행기가 들어올 거예요!"

텐트를 같이 쓰는 프랑스 친구들은 환호성을 지르며 칼바도스 플라스크를 건네주었다. 나는 볼일을 봐야 한다며 밖으로 나갔다. 어두웠지만 바람은 없었다. 구름은 걷혔고 날씨는 추웠다. 텐트로 돌아와 침낭에 기어 들어간 뒤 따뜻해지기를 기다렸다. 만족스러웠다. 겨울 별빛뿐이었지만 텐트 벽을 밝히기에는 충분했다. 곧 일행들이 자면서 내는 규칙적인 숨소리가 들렸다. 그 극지의 밤에 얼음 안에서 균열이 생겼다. 텐트를 흔들거나 동료들을 깨울 만큼 강한 것은 아니었다. 걱정스러운 일도 아니었다. 나는 빙하 위에서 야영을 한 적이 많았기 때문에 얼음이 갈라지는 소리에 익숙했다. 하지만 지금의 균열은 빙하에서 만드는 것 같은 반향이 아니었다. 빠르면서도 얕았다. 그 소리는 내가 바위 위에 얼어붙은 개울이 아니라 대양 위에 떠 있는 얼음판 위에서 자고 있다는 것을 상기시켰다.

3개월 후 나는 푼타 아레나스로 돌아와 세 명의 프랑스인 촬영팀과 다시 만났다. 다음 날 우리는 낡은 DC-6를 타고 남쪽으로 가 팀에 합류하기로 되어 있었다. 이후 팀은 엘즈워스산맥에 접근할 예정이었다. 내가 1983년에 세븐 서미츠의 일환으로 등반했던 빈슨산이 있는 산맥이었다. 마침 뛰어난 등반가 라인홀트 메스너가 오스트리아인 동료와 함께 엘즈워스산맥 근처 패트리어트 힐스라는 착륙 지점에서 남극점까지 스키를 탈 계획을 가지고 있었다. 남극 횡단 원정대는 비용을 줄이기 위해 메스너와 전세기를 공유하기로 했다. 그와 개인적으로 긴 시간을 함께한 적은 없었지만 서신을 교환했던 적이 있었다. 그가 1978년 K2 등정에 관한 내 책《마지막 걸음》을 읽고 편지를 보내왔기 때문이었다. 기계적인 문제로 DC-6의 푼타 아레나스 도착이 늦어진 덕분에 메스너와 나는 서로에 대해 알 기회를 가질 수 있었다.

DC-6가 도착했을 때는 패트리어트 힐스의 기상 상태가 악화되었기 때문에 우리는 계속 기다려야 했다. 이틀, 사흘, 나흘. 혹 날씨가 좋아질 때를 대비해서 매일 공항으로 나갔다. 우리는 공항 식당이나 술집에 앉아서 이야기를 나눴다. 라인홀트가 패트리어트 힐스를 떠나는 장면을 촬영하기 위해 라인홀트와 함께 여행하는 소규모 촬영팀이 있었는데 우리가 윌과 원정대를 하루 동안 촬영하고 떠나듯이 그들도 떠날 예정이었다. 그 외에도 라인홀트의 푼타 아레나스 출발을 기록하는 별도의 독일 촬영팀이 있었다. 하지만 그들은 그에게서 촬영 허가를 받지 않은 상태였다. 그들에 대한 라인홀트의 인내심이 점점 약해지는 것을 알 수 있었다.

마침내 패트리어트 힐스로부터 날씨가 좋아지고 있다는 무전이 왔다. 우리는 DC-6에 짐을 싣고 이륙했다. 45분 후, 창문을 통해 구름 사이로 남쪽 바다의 바위 해안 끝과 만난 거대한 회색 수염이 드러나 보였다. 혼곶(Cape Horn)이었다. 우리는 비행기로 드레이크해협을 건널 참이었다.

그날 아침 나는 아내에게 팩스를 보냈다. 아내와 아이들이 잘 지내길 바란다는, 내가 안전하게 있다고 안심시키는 내용이었다. 나는 맨 앞줄에 앉아 있었다. 라인홀트는 내 뒤에 있었다. 고개를 돌리자 그가 내 자리 뒤에 시선을 고정하고 있는 것이 보였다. 의자를 주시하는 것이 아니라 집중하고 있는 상태였다. 아마도 남극 스키 횡단이라는 도전에 대해서 생각하고 있었을 것이다. 다른 사람들은 대부분 잠을 자거나 책을 읽었다.

반시간 후 나는 비행기가 비스듬히 나는 것을 느꼈다. 창밖으로 항로를 바꾸는 것을 볼 수 있었다. 잠시 동안은 항로의 중간 지점에 이르러 나침반 방향을 조정하는 것이라고 생각했다. 하지만 비행기가 계속 비스듬히 비행했고 방향을 바꾸었다는 것을 확인할 수 있었다. 나는 일어서서 다른 사람들을 보았다. 프랑스인 음향기사와 라인홀트 외에는 변화를 의식하지 못하는 것 같았다. 샤모니 출신의 키가 크고 어깨가 넓은 그 프랑스인은 '르 그랑(Le Grand, 덩치)'이라고 불렸다. 그가 책을 보다가 고개를 들었고 라인홀트는 의아한 표정을 지었다. 내가 검지로 공중에 원을 그리자 라인홀트가 알았다는 듯 고개를 끄덕였다. 우리는 일어나서 조종석으로 갔다. 조종사와 부조종사는 교신 중이었지만 나침반을 통해서 우리가 북쪽이 아닌 남쪽으로 가고 있다는 것을 알 수 있었다.

착륙 후, 조종사는 역풍이 심해서 계속 갈 수가 없다고 말했다. 우리는 호텔로 돌아갔다가 다음 날 아침 다시 공항으로 갔다. 드레이크해협의 일기예보는 여전히 좋지 않았다. 하루가 지났고, 또 하루가 지났다. 나는 라인홀트와 바에 앉아 맥주를 마시고 있었다. 승인을 받지 않은 카메라맨이 바의 다른 쪽 끝에 있었다. 그날 아침 라인홀트는 그들에게 독일로 돌아가라고 이야기했었다. 그들은 아무 답도 하지 않았다. 그런데 그중 한 명이 카메라를 들어 바 위에 설치하고 라인홀트를 향하게 한 뒤 전원을 켰다. 필름이 돌아가는 소리가 들렸다.

"Das ist genug!(그만 하면 됐잖아!)" 라인홀트가 맥주잔을 바에 쾅하고 내려놓으며 소리쳤다. 그가 벌떡 일어나면서 의자는 로켓처럼 튕겨나갔다. 그는 바의 끝 쪽으로 쏜살같이 가서 카메라맨의 멱살을 잡고 그를 벽에 세게 밀어붙였다. 우리가 말리지 않았다면 그는 그를 때렸을 것이다. 메스너는 촬영팀에게 독일어로 소리쳤다. 굳이 통역이 없어도 그게 "꺼져"라는 뜻이라는 것을 알 수 있었다.

다음 날에도 우리는 공항 바에 앉아 있었다. 허가받지 않은 촬영팀은 흔적도 보이지 않았다. 우리는 지금의 지연이 비행기의 기계적 문제 때문이라는 것을 알게 되었다. 이전에 회항을 한 진짜 이유도 강한 역풍이 아닌 다른 것 때문이 아닌가 하는 의심이 들었다. 우리가 더 이상 그에 대해 이야기하지 않고 침묵을 지키고 있다는 것은 우리 머릿

속에 여러 가지 시나리오가 꿈틀거리고 있다는 것을 암시했다. 나는
바 옆 테이블에 앉아 음식을 깨지락거리고 있었다. 사운드맨 르 그랑
과 함께였다. 그는 프랑스 촬영팀 중에서 내가 가장 좋아했던 사람이
었다. 그는 음향 녹음 기사가 되기 위해 몸을 단련했다. 그가 하는 거의
모든 일은 아웃도어 스포츠 촬영과 연관되어 있어서 극단적인 상황에
많이 부딪쳐야 했다. 그의 본업은 샤모니 가이드 소속의 등반 가이드
였다. 그 말인즉슨 등반 가이드를 군인에 비유한다면 그가 델타 포스
(Delta Force, 정규군이 투입되기 힘든 상황에 투입돼 요인 암살, 인질 구출, 적 기
지 파괴 등의 특수임무를 수행하는 미 육군의 특수부대-옮긴이)라는 뜻이었다.

"마감해야 하는 다른 일이 있으세요?" 르 그랑이 물었다.

"아니요, ABC에서 고정적으로 월급을 받고 있긴 하지만, 이렇게 추
가되는 시간에 대해서는 아무것도 못 받아요. 당신은 어때요?"

"저는 직장이 없어요. 아내가 곧 아기를 낳을 텐데. 딸이에요."

무슨 말을 해야 할지 생각이 나지 않았다. 나는 접시의 음식을 뒤적
였다.

"결혼한 지는 얼마나 됐어요?"

"결혼은 하지 않았어요. 만난 지는 8년 됐죠." 나는 아무 말도 하지
않았다. 그는 창밖을 보다가 돌아섰다.

"6년 넘게 같이 살았어요." 그는 양손을 모았다가 벌렸다. "아내에겐
딸이 있었어요. 10살 때 그 아이에게 병이 생겼죠. 영어로는 '뇌수막염'
이라고 하는 것 같아요."

그는 손가락으로 자신의 머리를 가리켰다.

"이틀 만에 세상을 떠났죠."

그는 다시 창밖을 봤다. 그가 눈물을 흘리는 것이 보였다.

"우리는 이틀 동안 병원에 있었어요. 이틀 동안 중요한 것들에 대해 이야기를 나눴죠. 아이가 죽은 뒤 우리는 함께 살기로 결정했어요. 그리고 시간이 좀 걸렸지만 아기를 갖기로 결정했죠."

다음 날 우리는 패트리어트 힐스의 날씨가 좋아지고 있고 드레이크 해협의 일기예보가 호전될 것으로 보인다는 소식을 들었다. 우리는 DC-6에 짐을 싣고 자리에 앉아 안전벨트를 맸다. 엔진이 돌아가고 점화되더니 엔진 온도를 높이는 소리가 기체 내부에서까지 크게 들렸다. 이후 엔진이 느려지고 멈췄다. 우리는 서로의 얼굴을 쳐다봤다. 잠시 후 승무원 한 명이 꼬리 날개 쪽으로 오더니 발전기 경고등이 들어왔다고 말했다. 우리는 식당으로 돌아왔고 수리하는 데 몇 시간은 걸릴 것 같다는 이야기를 들었다.

나는 라인홀트, 그의 스키 파트너와 앉아 있었다. 우리는 각자 생각에 잠겨 입을 다물고 있었다. 나는 르 그랑과의 대화를 기록한 일기를 응시했다. 그리고 바닥에 누워 키득거리며 카메라를 바라보고 있는 내 세 아이들의 사진을 붙여둔 페이지를 펼쳤다. 아이들은 사진을 찍는 나를 바라보고 있었다. 커버 안쪽에는 테이프로 붙여둔 마른 꽃이 있었다. 연애 중에 아내에게 준 책 안에서 발견한 야생 아이리스였다. 잭슨에 있는 이본의 통나무집에 머물 때 준 것이었다. 나는 꽃을 매만지면서 투명 테이프 아래의 형태를 느꼈다. 나는 일기를 덮고 라인홀트를 보았다.

"저는 안 갈래요." 내가 말했다.

"뭐라고요?"

"전 이 비행기 안 탈래요. 너무 위험해요."

라인홀트는 아무 말도 하지 않았다. 그의 턱이 움직이는 것을 볼 수 있었다. 그는 깊게 숨을 쉬고는 이렇게 말했다.

"옳은 결정이에요."

우리는 다시 입을 닫았다. 서로가 다른 방향을 보았다.

"내가 어떤 일들을 겪어 왔는지 모를 거예요." 라인홀트가 말했다. "그 많은 일을 겪고도… 아직 여기 살아 있죠."

그는 나를 돌아보았다. 시선이 마주쳤다.

"그런데 여기서 저 망할 놈의 비행기 때문에 죽게 생겼네요."

다음 날 나는 집으로 가는 상용기를 탔다. 창밖으로 칠레 중부의 산맥들이 보였다. 내가 모험을 했던 곳들이었다. 오랜 세월 동안 나는 내 약속을 확실하게 저버리는 일을 한 적이 없었다.

내가 저버리고 있는 약속이 내가 돌아가고 있는 약속보다 부수적인 것임을 스스로에게 상기시키며 위안을 얻었다. 나는 약속과 집으로 돌아올 수 없는 가능성을 저울질해서 내린 내 결정을 의심하지 않기로 다짐했다. 보르네오를 횡단하는 원정을 떠나면서 공항 게이트에서 제니퍼에게 작별 인사를 건넸을 때를 떠올렸다. 그녀는 눈물을 흘렸다. 나는 그녀를 안았고 그녀는 무슨 일이 생길 때를 대비해서 내 더러운 옷을 빨지 않을 거라고 말했다.

"그럼 당신 냄새를 맡을 수 있잖아요. 속옷도 빨지 않을 거예요."

"속옷도?"

그녀는 울면서 웃기 시작했다. 제니퍼는 고질적인 경계심을 갖고 있었고, 일이 항상 잘 풀릴 것이라는 데 대해 회의적이었다. 대개의 사람들이 비행기를 타면서 가게 될 곳, 거기에 도착해서 하게 될 일에 대해 생각할 때 그녀는 비행기 추락에 대해 생각한다.

"난 재난을 시각화해요." 그녀가 내게 말했다. "아주 현실적으로."

그것이 뉴기니 해안에서 항해를 하다가 만난 해일로 배가 부서지면서 남편과 배 속의 아기를 잃고 그녀만 살아남은 공포감에 뿌리를 두고 있다는 것을 나는 알고 있었다. 비행기를 타거나 차를 운전하거나 휴가를 가는 것은 문제가 없었다. 그러나 물속에 들어가서 수영을 하는 것만은 평생 동안 다시 하지 않았다.

약혼을 한 첫 주에 그녀가 몬테시토 바로 아래에 있는 해변의 오두막으로 이사를 들어왔다. 그때 나는 그녀가 내가 아는 어떤 사람보다 순간에 충실하게 산다는 것을 깨달았다. 그녀는 평범한 일상을 그렇게 살아나갔다. 잠에서 깨어 1분 동안 따뜻한 수건을 얼굴에 댈 때도, 음식을 음미할 때도, 자기 이야기를 하는 누군가에게 귀를 기울일 때도, 아기를 안을 때도, 어린 아이들에게 이야기를 할 때도. 내가 일상을 사는 방식과는 크게 달랐다. 나는 목표에 집중하고 그 과정에서 다음 원정에 성공하면, 다음 책을 마치면, 다음 영화를 만들면 상황이 더 나아질 것이라고 믿는 버릇을 키워왔다.

"당신은 늘 고도를 기다려요." 그녀가 말했다. 다른 언급이나 설명은 없었다. 뭔가를 말할 때면 그녀는 늘 나머지를 내가 알아내도록 했다.

결혼한 지 5년쯤 되었을 때 그녀가 이야기할 것이 있다고 했다.

"당신은 내게 확신을 주지 않아요."

그게 무슨 뜻일까? 다음 날 나는 그녀에게 푸른색 아이리스를 가져다주었다. 그녀는 꽃을 꺾어 주는 것을 좋아했고 푸른 아이리스는 그녀가 가장 좋아하는 꽃이었다. 그녀는 고개를 끄덕이며 살짝 미소를 지었다.

나는 매일 아침 침대에 있는 그녀에게 커피를 가져다준다. 평생 이어간 행동이었다. 시간이 지나자 그런 행동이 중요하기는 하지만 그녀가 생각하는 확신은 아니라는 것을 깨달았다. 확신은 그녀를 깊이 이해하고, 그녀의 속성을 이해하고, 그것을 내가 안다는 것을 그녀가 알도록 하는 것이다. 그녀는 그것이 두 사람이 서로를 깊이 사랑하는 유일한 길임을 알고 있었다.

비행기 창밖으로 페루의 산들이 지나가고 있었다. 내가 올랐던 산들이었다. 그게 마치 전생처럼 느껴졌다. 나는 일기장에 붙어 있는 아이들의 사진을 봤다.

'걱정 마.' 나는 스스로에게 말했다. '할로윈에 맞춰 집에 도착할 수 있을 거야.'

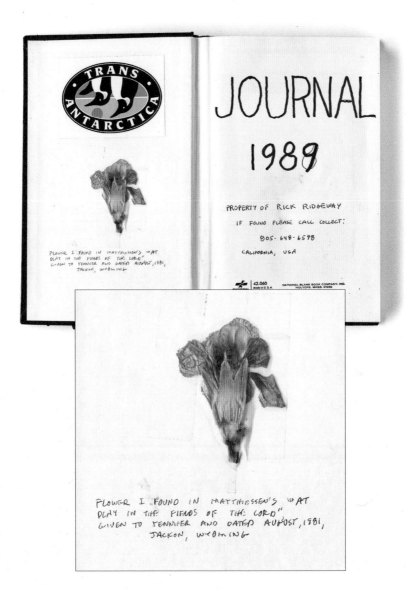

1989년 내 일기장 표지 안쪽. 다음 페이지에는 우리 세 아이의 사진이 테이프로 붙어 있다. 이 페이지에 붙어 있는 것은 내가 제니퍼에게 주었던 책갈피에서 찾은 야생 아이리스다.

13

벨루가에게 말을 걸다

고기압으로 북극권의 대기가 안정적인 화창한 날이었다. 비행기 창밖으로 그레이트 슬레이브 호수의 입구와 남쪽에서 흘러드는 슬레이브강, 서쪽으로 흘러나가는 매킨지강에 반사되는 햇빛이 보였다. 육지도 많았지만 물도 그만큼 많았다. 육지는 대부분 억겁의 시간 동안 빙하가 밀려들고 나가면서 만들어 낸 흔적을 품은 바위였다. 지평선에서 수평선까지 사람의 손이 닿은 흔적은 없었다.

두 보이즈 대장 더그 톰킨스도 창밖을 보고 있었다. 그 역시 탁 트인 넓은 공간에 감탄하고 있을 것이라고 생각했다. 그의 뒤에는 또 다른 친구, 더그 피콕이 있었다. 그는 지도를 펴고 우리의 위치를 추적하고 있었다. 이본은 몇 년 전 피콕을 만났고, 피콕은 두 보이즈 패거리에 들어왔다.

"일본인들처럼 인간무화재를 지정한다면 나는 피콕을 지정할 거

←
북극권의 서머싯섬에서 벨루가 그리고 북극곰을 만나기 위해 경계를 게을리하지 않고 있는 더그 피콕. 사진: 릭 리지웨이

야." 이본이 말했었다.

피콕은 그린베레(Green Beret, 대 게릴라전을 목적으로 하는 미국 육군의 특수부대-옮긴이) 위생병으로 베트남전에 두 차례나 파병되었다. 그는 요즘 사람들이 외상 후 스트레스 장애(PTSD)라고 부르는 병을 얻어 미국 중서부의 고향으로 돌아왔다. 그는 가방과 캠핑 장비를 트럭에 싣고 서부로 갔다. 그는 무기를 갖고 있었으며 위험의 가능성이 존재한다는 것을 충분히 인식하고 있었다. 그는 로키산맥을 헤매고 다니다가 돈이 떨어지자 집에 전화를 걸기 위해 공중전화 부스에 들어갔다. 교환원이 2달러 10센트를 넣으라고 말했다. 그는 가지고 있는 동전을 전화기에 넣었다. 교환원이 "25센트를 더 넣어주세요"라고 말하자 피콕은 기다려 달라고 이야기를 한 뒤 트럭으로 가서 가방을 뒤졌다. 마침내 25센트짜리 동전 하나를 찾아 전화 부스로 돌아왔지만 전화는 끊겨 있었다. 그는 다시 교환원을 불렀다. 하지만 교환원은 전화기는 돈을 돌려주지 않는다고 말했다.

트럭으로 걸어간 그는 12게이지 산탄총을 들고 장전을 했다. 첫 번째 격발로 부스 벽에서 전화기가 떨어졌다. 몇 번의 사격으로 전화 부스는 완전히 구겨졌다. 그는 다시 트럭으로 걸어가, 휘발유 통을 들고 남아 있는 기름을 전화 부스에 뿌린 뒤 성냥을 그어 거기에 던졌다. 다시 차도로 나선 그는 백미러로 검은 연기가 피어오르는 것을 봤다.

그는 백팩에 물건을 잔뜩 넣어서 옐로스톤의 오지를 돌아다녔다. 수컷 우두머리 회색곰을 맞닥뜨렸을 때 피콕은 옐로스톤 국립공원의 가장 외진 구석 길에 혼자 있었다. 곰은 뒷다리로 서 있었다. 피콕은 자신의 44구경 매그넘 루거를 뽑아 곰의 눈 사이를 겨눴다. 이후 곰의 얼굴을 보던 그는 권총을 천천히 내렸다. 그 순간 더그 피콕이 죽음을 목격해야 했던 날들은 끝이 났다. 그것이 자신의 죽음을 의미할지라도 말이다. 곰은 네 발을 짚고 몸을 돌려 자리를 떠났다.

피콕은 계절이 몇 번이나 지나는 동안 옐로스톤의 오지에서 혼자(곰들과) 살았다. 그가 그리즐리 힐튼이라고 부르는 곳, 자신만이 아는 곳이었다. 곰들은 그에게 구원이었다. 그는 곰들을 지켜봤고 그들에 대해 기록했다. 그는 16밀리 중고 카메라를 사서 그들의 모습을 담았다. 그는 곰들과 함께 살았고 곰들은 그를 받아들였다. 하루는 우두머리 수컷이 그의 캠프로 와서 그가 입었던 옷가지며 그의 냄새가 밴 모든 물건을 갈기갈기 찢어놓기도 했지만 말이다. 더그 피콕은 야생 회색곰의 행동에 대해 회색곰 전문가들보다 많은 지식을 쌓게 되었다.

그런 구원을 통해 사람과의 관계도 회복되었다. 그는 남쪽을 떠나 애리조나에서 겨울을 나기 시작했고 거기에서 《사막의 고독》의 작가 에드워드 애비를 만났다. 구원은 완전히 끝난 것이 아니었다. 애비는 곧 더그 피콕이 야생 곰 같다는 것을 알아차렸다. 모습이나 움직임까지 곰을 닮아 있을 정도였다. 피콕은 곰과 마찬가지로 자신의 서식지를 지키는 일에 점점 맹렬해졌다. 그에게 서식지란 서구에서 아직 야생으로 남아 있는 모든 것이었다. 작가인 애비는 피콕과 뜻을 같이하는 일단의 환경운동가들이 무장을 하고 자신의 서식지를 보호하는 데 열중하는 모습을 상상했다. 그 결과물이 《몽키 렌치 갱》이다 그 주인공인 하이듀크는 더그 피콕에게서 영감만 받은 것이 아니라 더그 피콕 그 자체이다.

북극권으로의 여행은 두 보이즈 모험으로서도 특이한 것이었다. 서머싯섬의 커닝햄만은 북극권에서도 벨루가(beluga, 고래목 일각과의 포유류, 흰돌고래-옮긴이)가 살고 있는 몇 안 되는 장소 중 하나였다. 더그 톰킨스와 나는 고래들 옆에서 카약을 타겠다는 희망을 안고 접이식 카약을 가져갔다. 그렇지만 이 여행에서 두 보이즈는 군식구에 불과했다. 우리 그룹의 핵심 목표는 고래들과의 대화였다.

이 여행을 계획한 짐 놀먼은 300마리의 칠면조와 아이들의 노래를 녹음해서 유명해진 사람이었다. 이후 그가 발표한 책《고래와 이야기하는 사람》에서 그는 물속에서 연주가 되도록 고안된 악기들로 퓨젓사운드만의 범고래에게 음악을 연주했다. 그는 이 고래들이 응답으로 노래를 해줬다는 확신을 갖고 있었다. 당시 피콕과 나는《아웃사이드》에 게재될 놀먼에 대한 기사를 준비 중이었고 시카고의 음반 제작자도 함께했다. 이 제작자는 텐트나 침낭에서 자본 적이 없다고 말했다.

이번 여행은 독특한 하위문화를 조직화하려는 우리 종의 특성을 보여주는 재미있는 사례가 될 것으로 예상되기도 했지만, 나로서는 호모 사피엔스 이외의 다른 종들을 볼 수 있다는 가능성이 더 매력적이었다. 해마다 조금씩 내 모험의 중심은 야생에서 즐기는 스포츠에서 야생의 장소 그 자체로, 그리고 점차 야생의 장소에 있는 야생동물로 옮겨졌다. 아니 어쩌면 옮겨졌다기보다는 증폭되었다고 볼 수도 있다. 나는 여전히 스포츠를 좋아했지만 그 열정은 야생에서 야생동물 사이에 있는 시간 앞에서 무색해졌다. 야생에서 얻는 위안도 큰 이유였지만 또 다른 중요한 이유는 야생에서 보내는 시간이 나 역시 그 동물 중에 하나라는 큰 자각을 가져다준다는 점이었다.

트윈 오터(Twin Otter, 쌍발 소형 여객기-옮긴이)가 우리를 커닝햄만이 북서쪽 뱃길로 열려 있는 곳 근처의 사주(하천 및 연안에 모래나 자갈 등으로 인해 생성된 퇴적지형-옮긴이)에 내려주었다. 우리는 사이먼이라는 이름의 이누이트족(Inuit, 캐나다 북부 및 그린란드와 알래스카 일부 지역에 사는 종족-옮긴이)과 함께 있었다. 그는 가이드라기보다는 규칙에 따라 함께해야만 하는 연락 담당자였다. 사이먼은 북극곰으로부터 우리를 보호하기 위해 소총을 가지고 있었다. 그는 아들도 데리고 왔다. 우리는 그의 아들이 일행이 되는 것을 반겼다. 부자와 함께하면서 이누이트족과 그 문화에 대해 더 많은 것을 알게 되길 바랐고 아이도 외부인들에 대해 조금이나마 배우기를 바랐다. 우리 일행이 조금 별나기는 했지만 말이다.

그 별스러운 점에는 피콕이 총이 아니라 240센티미터짜리 창으로 나름의 무장을 하고 있다는 사실도 포함됐다. 남서부 사막에서 발견한 아나사지족(Anasazi, BC 12세기부터 미국 애리조나·뉴멕시코·콜로라도·유타 접경지역에서 살고 있는 부족-옮긴이)의 창을 본떠서 끝이 강철로 되어 있었다.

"소총이 있으면 곰에 비해 불공평하게 유리한 위치에 서게 돼."

중간 기착지인 레졸루트 베이에서 적합한 나무 자루를 찾아내 쇠촉을 끼우면서 그가 말했다. 그는 창 촉은 아나사지로부터 영감을 얻었지만 창을 사용하는 전략은 마사이족을 본뜬 것이라고 설명했다. 마사이족은 사자가 도약하는 정확한 순간에 창의 밑동을 땅에 박아 맹수가 저절로 찔러 죽게 만듦으로써 사자의 공격을 막는 능력을 갖고 있었다고 전해진다.

캠프가 만들어지자, 사이먼은 피콕에게 창을 봐도 되겠냐고 물었다. 그는 창을 들고 엄지손가락으로 쇠촉을 만져 보더니 피콕에게 돌려주었다. 그러고는 자신의 소총을 들고 그것을 가리키는 의미로 툭툭 치면서 말했다.

"고맙습니다. 하지만 저는 이걸 사용하겠습니다."

여름에도 조수 간만의 차에 따라 얼음이 만 안팎으로 움직이고 있었다. 다음 날 아침 식사 후에 더그 톰킨스와 나는 카약을 조립해서 타고 나갔다. 벨루가는 없었다. 하지만 전날 트윈 오터가 착륙 전 그 지역을 선회할 때 우리는 창밖으로 만 뒤쪽 끝에 있는 작은 오두막을 보았다. 벨루가를 연구하는 톰 스미스라는 야생 생물학자의 근거지였다. 더그와 나는 몇 킬로미터 노를 저어 만 위쪽으로 올라가서 해안의 자갈 해변으로 배를 끌어올렸다. 우리는 오두막을 향해 걷기 시작했다. 스미스는 해변에 나와 있었다. 그는 마르고 나이가 들어 보였으며 수염이 덥수룩했다. 북극의 왕 같았다.

"만에서 카약을 하면 고래가 놀라서 제 연구가 엉망이 될 겁니다."

자신을 소개한 그가 이렇게 말했다.

"그래선 안 되죠." 내가 그를 안심시키며 말했다. "만 입구에서만 움직이겠습니다."

그 말로 긴장이 완화된 것으로 보였다. 그는 우리를 집 안으로 들이지는 않지만 자신의 연구에 대해 좀 더 이야기를 해주었다.

"이 커닝햄 벨루가가 그린란드에서 겨울을 나는 동안 이누이트족이 그들을 사냥하죠. 저는 이 동물들을 10년간 연구해 왔는데 개체수가 계속 감소하고 있습니다."

짐 놀먼과 물에 뜨는 드럼. 이후 짐은 기자에게 이렇게 말했다. "벨루가는 인간이 아닌 모든 종 중에서 유일하게 기초적인 언어의 싹을 갖고 있습니다." 사진: 릭 리지웨이

그는 자신의 연구가 그가 '외과적 절차'라고 부르는 것을 이용해 고래의 지느러미에 송신기를 부착하는 데 초점을 맞추고 있다고 설명했다. 나는 그것이 고래를 잡아서 지느러미에 구멍을 뚫는 것을 의미한다고 생각했다.

"이 동물들은 겁이 많습니다."

'당연하지.' 나는 혼자 생각했다 '한쪽에서는 사냥을 하고, 한쪽에서는 지느러미에 구멍을 뚫는데.'

더그와 나는 다시 카약을 타고 캠프로 왔다. 짐 놀먼은 짐을 풀어 장비를 조립했다. 장비에는 팽창식 부유장치가 부착된 일련의 방수 드럼

이 있었다. 방수복을 입은 그는 가슴 높이에 물이 찰 때까지 바다로 걸어 들어가 드럼을 연주하기 시작했다. 벨루가는 없었다. 그는 어떤 리듬을 치다가 다음에는 다른 리듬을 쳤다. 주위에 있는 동물이라고는 머리 위에서 꽥꽥거리는 북극 제비갈매기 무리뿐이었다. 그들이 우는 것은 드럼 때문이라기보다는 우리가 둥지 근처에 캠프를 만들었을까 봐 놀란 게 아닐까 하는 생각이 들었다.

짐이 계속 드럼을 치는 동안, 더그 피콕은 섬을 탐험하러 가겠다면서 같이 갈 사람이 있냐고 물었다. 나 외에는 관심을 보이는 사람이 없었다. 나는 약 244센티미터짜리 창을 든 피콕을 따라나섰다. 몇 분 동안 피콕과 함께 가기로 한 내 결정이 옳았는지 의문을 갖게 되었다. 소총을 가진 사이먼이 따라오길 거절한 후에는 특히 더 그랬다. 반시간 후 우리는 걸음을 멈추고 주변을 살폈다.

"섬이 다 똑같아 보이네요." 내가 말했다.

"무슨 뜻이에요?"

"그러니까, 탁 트인 툰드라뿐이잖아요. 한 곳만 보면 다 본 것과 다름이 없어요."

"돌아가고 싶어요?"

"바로 그거예요."

이틀 후 한 무리의 벨루가가 만으로 들어왔다. 짐은 드럼을 들고 급히 물속으로 걸어 들어가더니 연주를 시작했다. 고래들은 그에게 관심을 두지 않는 것 같았다. 고래들은 순백색에 머리가 둥글었고 지구의 이 먼 끝에 완벽하게 적응한, 육지의 북극곰처럼 이 흑백의 세상에 어우러지도록 완벽하게 진화한 것처럼 보였다. 고래들은 우리 캠프를 지나, 만의 끝까지 계속 나아갔다. 아마도 그곳에서는 톰 스미스가 그들의 수를 헤아리고 관찰할 것이다.

며칠이 지나는 동안 시카고 출신의 음악 프로듀서는 확연하게 불리한 모든 조건을 딛고 어떻게 해서인지 그 생물학자와 친구가 되었다. 평소처럼 그날도 그는 우리 캠프에서 3~4킬로미터를 걸어 스미스의 오두막으로 갔다. 해는 계속 지평선 위를 돌았고, 나머지 사람들은 잠을 잤다. 잠결에 누군가 소리치는 것이 들렸다. 텐트 문밖을 내다보니 시카고 프로듀서가 우리를 향해 달려오고 있었다.

"북극곰이에요!"

"북극곰이요?"

"북극곰들이 제 뒤를 쫓고 있어요. 금방 여기로 올 거예요."

나는 재빨리 옷을 입고 텐트 밖으로 기어 나왔다. 다른 사람들도 그 소란을 듣고 모습을 드러내고 있었다. 혼자 있기 위해 항상 캠프에서 멀리 떨어진 곳에 텐트를 치는 피콕을 제외한 모든 사람들이 나왔다. 정말 하얀 점 세 개가 우리 쪽으로 향하고 있었다. 하지만 아직 800미터쯤 떨어져 있었다. 휴대용 망원경을 통해 큰 암컷 성체와 두 마리의 새끼가 정확히 우리를 향해 걸어오는 것을 볼 수 있었다. 평범하지만 의도적인 걸음걸이로 보였다. 걸음을 옮길 때마다 암컷의 근육이 움직이는 것이 ᄇ였다.

"더그! 피콕!" 내가 소리쳤다. "일어나세요!"

사이먼의 아들은 아버지를 깨우기 위해 텐트로 뛰어 들어갔다. 바로 사이먼이 나타났다. 옷을 다 입은 채였다. 곰과 새끼들은 이제 300미터 앞에 있었다. 사이먼은 자신의 소총 약실에 탄환을 장전했다. 프로듀서는 캠프로 걸어서 돌아오다가 뒤를 보았더니 곰이 있었다고 이야기했다. 그는 뛰기 시작했고 계속 돌아보았지만 곰은 사라지지 않았다.

피콕은 텐트 옆에 서서 쌍안경으로 곰을 보고 있었다. 그러더니 아무런 설명 없이 곰을 향해 걷기 시작했다.

"창을 가지고 있지 않은데." 더그가 말했다.

"대단하네요." 내가 답했다.

피콕은 90미터를 걸어간 뒤 뻥 뚫린 툰드라에 있는 유일한 낮은 둔덕 뒤에 웅크리고 앉았다. 이제는 곰들이 바로 우리를 향해 오고 있지 않은 것을 볼 수 있었다. 하지만 우리 캠프 위를 지나게 되는 경로에 있었다. 피콕은 이미 이것을 보고 시야가 더 나은 위치로 옮겨간 것이었다.

몇 분 후, 어미와 새끼들이 피콕의 위쪽으로 가로질러 우리 캠프를 지나쳤다. 우리를 무시하는 것처럼 보였다. 피콕은 몸을 돌려 걸어갔고 우리는 함께 곰들의 뒤를 따라갔다. 한 순간 우리가 지나치게 가까워지자 어미가 갑자기 몸을 돌리고 뒷발로 일어섰다. 우리는 어미의 메시지를 알아듣고 걸음을 멈추었다. 그녀는 몸을 낮추고 새끼들에게로 돌아선 뒤 밀물 때문에 해빙으로 막힌 만의 입구로 내려갔다. 우리는 쌍안경을 통해서 어미 곰이 얼음 쪽으로 과감히 움직이자 새끼 곰들이 그 뒤를 따르는 것을 지켜봤다.

"곰이 더 있어요." 피콕이 말했다.

"어디에요?"

"보이지는 않아요. 그냥 아는 거예요."

"어떻게요?"

"암컷의 행동을 보고요. 주변에 다른 곰이 있어요."

"암컷이 어떻게 행동을 하는데요?" 내가 물었다.

"어떻게 설명해야 할지 모르겠네요."

사이먼은 쌍안경으로 한참 주변의 얼음을 살펴보았다.

"다른 곰은 없는데." 사이먼이 말했다.

"있어요." 피콕이 반박했다.

나는 그의 몸짓을 통해서 사이먼이 북극에 와본 적도 북극곰도 본 적이 없고, 보호 수단이랍시고 창을 들고 다니는 이 이상한 백인 남자의 말을 믿지 않는다는 것을 알 수 있었다. 우리는 입을 다물고 어미와 새끼들이 멀어지는 것을 지켜봤다.

"저기 있네요." 피콕이 말했다. 나는 내 쌍안경으로 해빙 속 프레셔리지(Pressure Ridge, 북극해의 얼음판들이 조류 이동에 따라 서로 부딪히며 생성시킨 얼음산. 얼음 밑바닥이 육지로 이뤄진 남극에선 볼 수 없는 북극 특유의 현상-옮긴이) 뒤에서 다른 암컷이 새끼를 데리고 나타난 것을 볼 수 있었다.

하늘이 어두워지고 돌풍과 함께 눈이 왔다. 우리는 며칠 동안 차를 마시고 이야기를 나누며 시간을 보냈다. 우리는 사이먼에게 톰 스미스가 고래들에게 위성 수신기를 부착해 왔고 그들이 그린란드에서 겨울을 보낸다는 것을 알아냈다고 말했다. 사이먼은 고래들에게 송신기를 붙이는 데 반대한다며, 이누이트 시위를 생각 중이라고 이야기했다.

"왜 반대하는 거죠?" 고래를 존중한다는 식의 대답이 나올 것이라고 기대하며 내가 물었다.

"고래를 잡았는데 그런 게 붙어 있다면 우리는 그 고래를 먹지 않을 겁니다."

"왜죠?"

"상했을 테니까요."

"그건 말이 안 되는데요." 더그 톰킨스가 말했다. "그 꼬리표는 통증을 주는 건 확실하지만 병을 유발하지는 않아요."

"우리로서는 고래에 꼬리표를 붙이는 것이나 이런 모든 연구가 마음에 들지 않아요."

"하지만 연구는 고래가 줄어들고 있다는 것은 보여 줘요." 내가 말했다. 그런 정보를 얻기 위해 고래의 꼬리에 구멍을 뚫는 것에 대해서는 상충되는 견해를 가지고 있지만 말이다.

"고래가 줄어드는 상황에서," 더그가 말했다. "당신이나 당신 친구들은 사냥을 멈출 의향이 있습니까?"

"아니요."

"왜 아닐까요?"

"고래를 사냥하는 건 우리의 권리예요."

"고래가 모두 사라져서," 더그가 증인을 추궁하는 검사처럼 말을 이었다. "고래가 암컷, 수컷 단 두 마리만 남았더라도 그들을 사냥할 생각이에요? 살아남은 마지막 두 마리라도요?"

"예, 그럴 겁니다."

피콕이 야생 회색곰에 대해 전문가들보다 더 전문적인 것처럼, 짐은 범고래에 대해서 비슷한 상황이었다. 벨루가가 범고래만큼이나(그보다 더는 아니더라도) 똑똑하다는 그의 생각은 이후 지속적인 벨루가 연구로

더그 피콕과 서머싯섬 내륙의 탁 트인 툰드라를 가로지르다 잠시 걸음을 멈추었다. 그림자라고는 자신과 동료의 것뿐인 곳이었다(북극곰이 나타나지 않는 한). 사진: 더그 피콕

확인되었다. 여기에는 카메라가 장착된 러시아제 장비를 찬 채 노르웨이에서 발견된 벨루가의 경우도 포함된다. 고래 전문가들은 이 고래가 스파이 훈련을 받았을 것이라고 자신 있게 말했다. 현지 언론은 스파이로 추정되는 이 고래에게 '화이트 러시안'이라는 별명을 붙였다.

캠프에서의 마지막 날 텐트 안으로 들어와 내 침낭 위에 닿는 바람을 느끼며 잠에서 깼다. 잠이 덜 깬 상태에도 떠도는 공기가 따뜻하다는 것을 알 수 있었다. 밖으로 나오자 남쪽에서 불어오는 부드러운 바람이 느껴졌다. 엉망이 된 텐트 앞에서 접이식 의자에 앉아 갓 내린 커피를 마시는 동안 하늘에서는 낮은 적운이 무늬를 만들고 있었다.

"벨루가들이 돌아왔다!"

나는 고개를 들고 커닝햄만으로 들어오는 고래들의 무리를 봤다. 짐은 방수복을 입고 드럼을 들었다. 나는 카약을 타고 노를 저었다. 몇 년 전 스파이어를 오르기 위해 칠레의 마젤란 피오르드로 갔을 때 가져간 그 카약이었다. 이후 러시아 극동으로 두 보이즈 여행을 갈 때도 이 배를 가져갔다. 나는 그 카약을 친구처럼 생각했다. 그 카약과 나는 친구처럼 같은 경험으로 이어져 있었다. 이 여행에서 그 관계는 더 확장되고 있었다. 다른 모험을 진행하는 수단이어서가 아니라 고래들과 가까워지는 수단이었기 때문이다.

더그 톰킨스와 내가 고래들에게 충분히 가까이 다가가자 고래들은 처음의 어색함을 극복하기 시작했다. 저 너머에서 짐의 드럼 소리가 들려왔다. 나는 무리에 다가갔고 그들은 피하지 않았다. 고래 한 마리가 내 옆으로 다가와 고개를 돌렸다. 잠깐 동안 눈이 마주쳤고, 우리 두 종은 서로를 바라봤다.

14

타인의 문명

아마존 기아나 순상지(콜럼비아, 베네수엘라, 브라질, 기아나에 걸친 규암 융기 지형)의 대부분 산들은 옆면은 수직이고 윗면은 평평한 '테푸이'이다. 70년대 말, 200주년 에베레스트 원정 1년 후, 나는 마이크 후버와 그 산을 올랐다. 그때 나는 그에게 3단 서류함이 있는데, 아래에서부터 위로 아이디어, 좋은 아이디어, 훌륭한 아이디어라는 이름표가 붙어 있다고 말했었다. 그중 훌륭한 아이디어 서랍에 테푸이의 하나인 아우타나 등반에 대한 아이디어가 담겨 있었다.

아우타나테푸이는 등반이 어려울 뿐 아니라 정상 바로 아래 거대한 동굴이 있었다. 그 동굴은 바늘귀처럼 산 중간을 가로지르고 있었는데, 원주민들은 그곳이 밤이면 마을을 습격해 인간을 잡아먹는 공룡의 은신처라고 믿었다. 나는 제안서를 썼고, 마이크가 그것을 ABC에 보내 우리는 아우타나테푸이 등반길에 올랐다. 아쉽게도 공룡을 촬영하지는 못했지만 우리는 정상에 도달했고, 영화는 성공적이었으며, 나는 생계를 위해 하는 직업에 영화 제작을 추가할 수 있었다.

나는 밀림을 좋아했다. 그런 끌림이 보르네오 횡단을 하게 한 이유 중 하나였다. 아우타나 등반 제안을 위한 조사를 하는 동안, 나는 아라티티요페(Aratityope)라고 불리는 암석 스파이어에 대해 알게 되었다. 가장 고립된 부족조차 살고 있지 않다고 알려진 곳이었다. 1930년대의 지질도에 '화강암질 노두 지역'이라는 말 외에는 공백으로 남아 있는 지역이기도 했다. 로라이마 순상지 아래, 규암 깊숙이에는 고대의 저반(batholith, 지반에 노출된 거대한 심성암체-옮긴이), 돔 형태의 화강암이 있었다. 규암이 침식되어 그 화강암층이 드러나고 거기에 다시 침식이 이루어져 암석 스파이어가 되는 것이 가능하다고?

결국 나는 프랑스의 등반 잡지에서 몇 년 전 이 봉우리를 등반한 팀에 대한 기사를 찾았다. 그곳은 실제로 화강암이었고 밀림 위로 600미터 이상 솟아 있었다. 가장 가까운 야노마미 마을이 80킬로미터 떨어져 있었고 그 마을에 외지인이 갔던 것은 10년 전 인류학자들의 방문이 마지막이었다.

ESPN이 소규모 등반팀과 촬영팀을 꾸려 아라티티요페 등반을 시도한다는 내 제안을 받아들였다. 나는 와이오밍에서 키우보이로 활동하고 있는 엘리트 암벽등반가 폴 피아나와 토드 스키너에게 전화를 했다. 그들은 바로 등반 리더이자 내 영화의 주인공 역할을 하는 데 동의했다. 우리는 카라카스에서 낡은 DC-3를 빌려 오리노코강 상류의 오지로 갔고 그곳에서 우리를 상류로 데려다줄 선외 모터가 달린 통나무

<hr>

장비 운반을 돕기 위해 합류한 야노마미족은 엔진이 달린 통나무배가 속력을 올리면서 생기는 시원한 바람에 익숙지 않았고 그들 중 하나는 온기를 느끼기 위해 내 무릎에 몸을 웅크리고 있었다. 사진: 모니타 달마소

배를 준비했다. 상류까지는 일주일이 걸릴 것으로 예상했다. 거기에서 육로로 일주일을 더 이동할 예정이었다. 장비 운반을 돕기 위해 야노마미족 외에 서구화된 예콰나족을 더 고용했다. 우리는 짐꾼으로 모두 야노마미족을 고용하려 했지만 카라카스에서 밀림에 빠삭한 사람을 만나 야노마미는 '고용'이라는 개념을 이해하지 못한다는 경고를 들었다. 우리는 인적이 없어서 사냥하기에 매우 좋은 곳으로 가게 될 것이고 사냥감을 발견한 야노마미는 짐을 팽개치고 며칠 동안 사라질 수도 있다는 것이었다.

우리는 열네 명의 예콰나족과 다섯 명의 야노마미족을 고용했다. 그중 그 지역에 몇 년간 산 적이 있고 스페인어를 하는 알베르토라는 이름의 원주민이 통역을 해줄 예정이었다. 우리는 그 지역을 떠나 상류로 향했다. 나는 두 명의 야노마미족과 보트를 함께 탔는데 그중 하나는 낮잠 잘 곳을 찾다가 내 무릎 위에 웅크렸다. 처음에는 물리쳤지만 내 반응이 우리 문화에 동화되어 있었다는 것을 깨닫고는 긴장을 풀고 그의 어깨에 팔을 둘렀다. 그는 붉은색의 얇은 로인 클로스(loincloth, 허리에 걸치는 천-옮긴이) 위에 아무것도 걸치고 있지 않았다. 그는 달콤한 기름 냄새가 났고 내 다리에 닿은 피부는 시원했다.

그날 오후 우리는 모래톱에서 야영을 했다. 나무들 사이에 해먹을 걸고 잠잘 곳 위에 비를 막을 방수포를 쳤다. 나는 여행을 할 때면 파타고니아 남부의 철물점에서 산 소형 릴에 낚싯줄을 감아 다녔다. 강가

낡은 DC-3를 타고 여정을 시작할 오지로 가는 비행 중에 우리는 조종사에게 내륙을 한 시간 너 비행하게 했다. 아라티티요페의 항공 정찰을 위해서였다. 우리는 기슭의 왼쪽에서 오른쪽으로 올라온 중앙의 얇은 아레트(arête, 주로 빙하의 침식에 의한 날카로운 산등성이-옮긴이)를 따라 이동했다. 사진: 키케 아르날

에서 은색 피라미를 미끼로 꿰고 올가미처럼 줄을 돌린 뒤 물이 천천히 움직이는 곳에 던져 넣었다. 처음 던진 줄에 피라냐가 걸렸다.

"와이오밍에서는 볼 수 없는 생물이네요." 폴이 말했다.

"먹을 만해요." 내가 대답했다. "저녁거리로 쓸 수 있겠네요."

"저도 한번 해볼게요."

나는 릴을 그에게 건넸다. 그는 오랫동안 채찍을 휘둘러 본 사람답게 줄을 감았다. 1분도 되지 않아 그가 피라냐를 낚았다. 내가 주의를 주기도 전에 그가 미끼를 빼내기 위해 물고기의 입에 손가락을 댔다. 피라냐가 바로 그의 엄지손가락을 물었다. 그는 손을 휙 빼지도 소리를 지르지도 않았다. 대신 차분히 다른 손으로 물고기의 입을 벌렸다. 앞쪽에 날카로운 이가 엄지손가락 한쪽으로 들어가 손톱을 뚫고 다른 쪽으로 나와 있었다. 그는 여전히 차분함을 유지한 채 천천히 엄지손가락을 이빨에서 빼낸 뒤 괜찮다는 사인을 하듯 들어올렸다.

"좋은 이야깃거리가 되겠는데요." 그가 말했다.

마지막 야노마미 마을의 기슭에 카누를 끌어올렸을 즈음 모든 마을 사람들이 우리를 만나기 위해 모여들었다. 확실한 환영은 아니었다. 작은 붉은색 로인 클로스 외에는 아무것도 입지 않은 성인 남자들은 활과 화살을 들고 있었고 몇몇은 마체테(machete, 날이 넓고 무거운 칼-옮긴이)를 갖고 있었다. 알베르토는 촌장으로 보이는 한 사람에게 우리가 아라티티요페로 갈 것이고 짐꾼이 한 명 더 필요한데 그 마을에서 고용하고 싶다는 말을 전했다. 그 이야기가 그들을 안심시킨 것 같았다.

촌장과 알베르토는 그 문제를 의논했고 이후 알베르토가 내게 돌아서더니 마을 사람 한 명을 가리켰다.

"저 사람이 우리와 갈 겁니다."

"좋아요. 집에서 짐을 챙겨 올 때까지 기다리겠다고 전해 줘요."

알베르토가 촌장과 얘기하더니 다시 내게 돌아섰다.

"집에 다녀올 필요가 없답니다. 필요한 건 다 가지고 있대요."

나는 그 남자를 봤다. 그는 활과 몇 개의 화살, 마체테를 가지고 있었다. 다른 사람들과 마찬가지로 은밀한 곳을 가리는 작은 붉은색 로인클로스를 입고 있었다. 그는 마을에서 한 달쯤 떠나 있어야 했다.

"좋습니다." 내가 말했다. "이제 우린 갈 준비가 된 것 같네요."

우리가 따라가는 지류가 좁아지기 시작했다. 우리는 배에 누워 밀림이 탁 트인 하늘을 천천히 가리고, 마침내는 캐노피처럼 물 위를 덮는 것을 지켜봤다. 우리는 이제 사람이 살지 않는 지역에 있었다. 선두 보트의 뱃머리에 있는 야노마미족이 마체테로 개울을 가로지르는 나무들을 쳐내면 그 뒤를 따라 천천히 앞으로 나아갔다. 너무 커서 자를 수 없는 나무가 나타나자 우리는 배를 물가로 끌어올리고 육로로 사람의 발길이 닿지 않은 밀림을 통과하기 시작했다.

둘째 날 야노마미족 한 명을 따라가고 있는데 그가 갑자기 짐을 팽개치고 화살과 활을 든 채 밀림으로 달려 들어갔다.

'이제 시작이군.' 나는 생각했다. 나도 짐을 내려놓고 그를 따라갔다. 짐꾼으로서의 임무를 저버릴까 봐 걱정되어서가 아니라 무엇이 그의 주의를 끌었는지 궁금했기 때문이었다

뒤에서 보면 완전히 벌거벗은 것같이 보였다. 그는 빠르게 움직였고 나는 그를 따라잡느라 애를 먹었다. 나무 아래 덤불들 사이의 구멍을 통해서 그의 모습이 다시 보였다. 그는 이제 천천히 은밀하게 움직이

고 있었다. 그가 화살대를 활시위에 끼웠다. 나에게도 소리가 들렸다. 원숭이 무리였다. 90미터쯤 떨어져 있는 것 같았다. 한 줄기 빛 속에서 일어선 그는 원숭이 소리를 내더니 몸을 웅크리고 본격적으로 원숭이 흉내를 내기 시작했다. 약 15미터 떨어진 위치에서 나는 숨을 죽이고 그를 지켜봤다.

원숭이들은 호기심을 느낀 듯 가까이에서 그를 보기 위해 움직였고 결정적인 순간이 오자 야노마미 전사는 몸을 펴고 시위를 당겼다가 화살을 쏘았다. 쉭! 원숭이들이 미쳐 날뛰었다. 화살은 빗나갔다. 야노마미 전사가 고개를 돌려 나를 똑바로 보았다. 그제야 그가 내 존재를 알고 있었다는 것을 깨달았다. 그가 미소를 짓더니 이내 크게 웃기 시작했다.

며칠 후 우리는 스파이어 기슭에 도착했다. 우리가 수직에 가까운 화강암을 향한 첫 구간을 시작하자 그 야노마미족은 다시 웃었다. 등반 중 힘든 부분이 있었지만 폴과 토드의 역량으로 충분히 가능한 정도였다. 하지만 예상했던 것보다 계획이 지연되었기 때문에, 일주일 후 우리는 음식이 부족하다는 것을 발견했다. 정상에 오르기 전 마지막 야영지에서 우리는 쏙독새의 길게 휘어진 날갯짓 소리만 들리는 레지(ledge, 벽에서 튀어나온 작은 바위 턱-옮긴이)에 조용히 앉아 있었다. 보름달이 인간이 살지 않는 밀림 위로 솟아오르는 구름을 비추고 있었다. 아마도 인간은 베링해협에서 마젤란해협으로 가는 길에 아마존강

---→

그들이 가진 것은(그들에게 필요한 것은) 활과 화살뿐이었다. 몇몇은 나무를 자르는 마체테를 가지고 있었지만 말이다. 사진: 릭 리지웨이 소장

을 처음 지나면서도 이 지역은 피했을 것이다.

다음 날 우리는 정상에 도착했다. 폴과 토드는 프리스비처럼 카우보이 모자를 공중에 던져 올렸다. 시간이 일렀기 때문에 어두워질 때쯤에는 베이스캠프로 돌아올 수 있었다. 우리는 정말 정말 배가 고팠다. 나는 통나무 위에 앉아 있었다. 옆에는 폴이 있었다. 야노마미족 한 명이 우리 사이의 땅에 바구니를 놓고 먹으라고 손짓을 했다. 어두워진 후였지만 바구니에 자두 크기의 과일이 가득 담겨 있다는 것을 알 수 있었다. 폴과 나는 과일을 먹기 시작했다. 하나 더, 또 하나 더. 남은 과일이 얼마나 되는지 보기 위해 헤드램프를 켰다. 우리 두 사람은 바구니 안을 들여다봤다. 과일에는 구더기 같은 벌레들이 기어다니고 있었다.

"불을 끄시죠." 폴이 남부 사람 특유의 느릿느릿한 말투로 이야기했다.

나는 불을 껐다. 우리는 남은 과일을 먹었다.

집으로 돌아와 등반에 대해 생각할 때면 그 야노마미족과 원숭이 춤이 종종 떠올랐다. 그 장면을 다시 그리다 보니 소름이 돋았다. 거기에는 동요할 수밖에 없는 뭔가가 있었다. 마침내 나는 그것이 무엇인지 알아냈다. 나는 그 밀림의 한 줄기 빛 속에서 진정한 호모 사피엔스로서 행동하는 사람, 다른 동물 사이에 있는 또 하나의 동물을 보았던 것이다. 나는 과거의 내 모습을 보았다.

⟶

웨이드 데이비스는 '다른 것'에 대해서 이야기하면서 "다른 문화는 당신처럼 되기 위한 시도가 실패한 것이 아니라 인간 정신의 독특한 발현이다"라고 말했다. 사진: 키케 아르날

15

지구를 위한 한 걸음

1991년 1월 더그 톰킨스는 샌프란시스코에서 자기 소유의 경비행기 세스나 206을 타고 파타고니아로 향했다. 그는 1961년 조종사 면허를 따고 몇 주 후부터 경비행기를 몰고 캘리포니아에서 남아메리카로 비행을 시작했다. 더 작은 세스나 182에 아내 수지와 두 딸까지 태우고 칠레로 날아간 것이다.

첫 여행 후 몇 년이 지나 더그는 그가 설립한 노스페이스를 매각하고 그 돈을 수지와 함께 설립한 에스프리에 투자했다. 그로부터 20년이 지난 지금 그는 다시 남쪽으로 날아가는 중이다. 사람들에게 더 알려진 시끄러운 이혼을 한 뒤였다. 수지는 투자자로부터 충분한 자금을 끌어들여 더그의 지분을 사들였다. 그에게는 이제 그 돈으로 점점 커지는 야생 환경보호에 대한 열망을 발전시키겠다는 결심이 있었다. 그는 소규모 환경단체에 현금을 지원하는 재단을 출범시켰지만 그것으

←

더그가 1991년 첫 답사 여행에서 돌아온 직후 구입한 칠레 남부 해안선의 일부. 현재 99만 4천 에이커(약 12억 평)에 이르는 푸말린 더글라스 톰킨스 국립공원의 아주 작은 부분이다. 사진: 안토니오 비스카이노

로는 충분한 성취감을 느낄 수 없었다.

비슷한 시기에 더그는 이본과 힘을 합쳐 칠레 남부에 고대로부터 '아라우카리아 아라우카나'라고 불리던 작은 소나무 숲을 구입해 보호하는 일을 하고 있었다. 그 땅은 값이 비교적 저렴했고, 재개발될 위기에 처했던 성당을 구한 듯한 매우 직접적인 만족감을 안겨 주었다.

이제 그는 또다시 경비행기를 타고 남쪽으로 향하고 있었다. 이번에는 아르헨티나와 칠레의 에스탄시아(estancia, 아르헨티나 대지주 소유의 대목장 또는 대농장—옮긴이)들을 둘러보러 가는 길이었다. 그는 이 답사 스케줄을 이본이 '철학 수업'이라고 말하는 일주일간의 파타고니아 임원 교육 기간과 겹치게 잡았고, 파타고니아는 피츠로이 인근 에스탄시아에서 교육을 진행했다.

이 철학 수업에서 고위 임직원들은 이본과 1970년 이래 파타고니아의 CEO였던 크리스 맥디비트로부터 회사 운영에 보다 책임감 있게 임하는 교육을 받았다. 파타고니아는 등반 장비를 만드는 이본의 다른 회사 쉬나드 이큅먼트에서 분리되어 1973년 시작되었고 처음 몇 년 동안 일단의 매니저들이 경영을 맡았다. 이본은 CEO를 임명해야 할 때가 왔다는 것을 깨닫고 크리스에게 그 일을 맡겼다. 그녀는 고등학생일 때부터 쉬나드 이큅먼트에서 배송을 보조하는 일을 했다. 그녀는 이본의 신뢰를 얻었고, 서로에 대한 신뢰와 의리를 바탕으로 이본은 일반적인 사업에서 그 정도의 경험을 가진 사람에게 주어지는 것보다 훨씬 큰 책임을 마음 편히 그녀에게 맡길 수 있었다.

"크리스는 이해가 빨라." 이본이 말했다.

파타고니아 첫 CEO 재임 시절의 크리스 맥디비트(오른쪽)가 디자이너와 회의를 하고 있다. 사진: 릭 리지웨이

"이본은 기업가예요. 저는 그것을 더 빨리, 더 잘하려고 노력하는 사람이었고요." 크리스가 대답했다.

"그녀는 내 변덕스런 창의성을 잘 헤아려 주지."

"이본은 선지자였고, 저는 엔진이었어요."

크리스는 등반, 낚시, 서핑, 스키로 인한 이본의 잦은, 때로는 긴 부재에도 회사를 잘 운영해 냈다. 이본은 친구들에게 자신이 하는 MBA라는 말은 '부재를 통한 경영(Management by Being Absent)'을 뜻한다고 이야기하곤 했다. 하지만 그런 여행들은 가치가 있었다. 그는 제품을 시험하고 새로운 아이디어를 가지고 돌아왔으며, 그와 크리스는 그것이 얼마나 중요한지 이해하고 있었다. 두 사람이 키를 잡은 회사는 연

매출 1억 달러를 넘어섰다.

이본과 크리스는 교육을 끝내고 다른 임원들과 가장 가까운 도시 엘칼라파테로 돌아가 거기에서 미리 약속을 해둔 더그와 만났다. 더그는 이본이 그와 함께 에스탄시아들을 보러 다니길 바랐고 나 역시 초대했다. 나는 비행편으로 아르헨티나까지 가서 엘칼라파테에서 모두와 만났다.

파타고니아 팀이 하루 정도 기록을 다운로드할 시간이 필요하다고 말했기 때문에 더그는 세스나로 주도인 리오가예고스까지 가서 조사하고 싶은 에스탄시아의 지도와 책을 찾아보기로 했다. 그는 이본을 비롯한 그의 팀과 저녁 식사를 할 시간에 맞춰 돌아올 것이라면서 함께 가자고 청했다. 나는 더그가 조종하는 비행기를 타본 적이 없었다. 노련하면서도 대담한 조종사라는 명성은 익히 들었지만 말이다.

리오가예고스까지는 한 시간쯤 걸렸다. 곧 마젤란해협일 것이라고 짐작한 곳에 있는 작은 도시가 눈앞에 펼쳐졌다. 그러나 몇 분 뒤 우리는 창밖으로 보이는 그 도시를 지나쳐 가는 듯했다.

"우리 리오가예고스에 가는 게 아니었나요?"

"맞지."

"저게 리오가예고스 아닌가요?" 지나치는 것처럼 보이는 도시를 가리키며 내가 물었다.

"맞아."

그는 다른 이야기가 없었다. 나는 "알겠다"는 것처럼 어깨를 으쓱했다. 그 뒤 그가 말했다. "기름이 부족해."

우리가 고속도로를 따라가고 있다는 것을 알 수 있었다. 곧 정지 신호에 이르자 우회전을 해서 도시로 이어지는 다른 길을 따라갔다. 그 길은 이제 앞 창문 쪽에 있었다. 그제야 나는 우리가 기름이 떨어져서 비상 착륙을 해야 할 경우를 대비해 길을 따라가고 있다는 것을 깨달 았다.

"길에 차가 많지 않네요." 내가 말했다.

"주말인 것 같아."

우리는 공항에 접근하기 시작했다. 비행기는 하강하면서 강한 파타 고니아의 바람에 심하게 흔들렸다.

"날개 밑에 있는 저 로프 보여?"

나는 이미 로프 두 개가 있는 것을 알고 있었다. 각기 1미터 정도되 었고 고정 고리가 붙어 있었다.

"네, 보여요."

"착륙한 후에 내가 천천히 주행할 테니 자네가 문을 열고 나가서 밧 줄을 잡고 체중을 실어 줘. 내가 방향을 바꿀 수 있게. 그렇게 하지 않 으면 뒤집힐 수 있으니까."

"알겠어요."

우리는 착륙을 했고 격납고 근처에 갈 때까지 바람을 맞으며 서행을 했다.

"좋아, 나가!" 더그가 말했다.

나는 문을 열고 날개 버팀대 위에 있는 발판 위에 서서 양손으로 버 팀대를 잡고, 만화에서 와일 E. 코요테를 따돌리려는 로드 러너처럼 다 리를 활주로 위에서 휘저었다. 그다음 로프를 쥔 채 거기에 체중을 싣 고 발로는 로프 끝의 매듭을 감쌌다. 이후 더그는 무게가 실린 날개가 바람 쪽으로 향하도록 비행기의 방향을 돌렸다. 두 명의 공항 직원이 우리에게 달려왔고 우리는 날개와 꼬리를 활주로에 있는 고정 고리에 묶었다.

리오가예고스의 중심가에는 토종 너도밤나무가 늘어서 있었다. 모두가 똑같이 동쪽 방향으로 굽어 있었는데, 바람의 세기를 보여 주는 살아 있는 증거였다. 주말인데도 더그는 관공서를 이용할 수 있게 처리해 두었고 우리는 몇 시간 동안 지도와 증빙 서류를 조사했다.

"이곳을 보고 싶어." 그가 지도를 가리키며 말했다. "링콘이라는 에스탄시아인데 산 로렌조의 동쪽 면과 접하고 있어. 자네도 그 봉우리를 알지?"

"들어봤어요."

"5성급 산이지. 이본과 저쪽 길로 비행해서 확인을 해볼 거야. 히말라야에 돌아왔다는 생각이 든다니까. 그 기슭을 따라서 있는 땅들이 모두 매물로 나와 있어. 상상해 봐! 세계 곳곳이 국립공원이 되는 거야."

그날 저녁 식사를 하면서 더그는 크리스 옆의 빈 좌석에 앉았다.

"어이 친구, 잘 지내?" 그가 그녀의 등을 두드리며 말했다.

크리스는 더그를 몇 번밖에 보지 못했고 그리 좋은 인상을 받지 못했다. 이본이 몇 년 전 파타고니아 영업 컨퍼런스에서 기조연설을 해달라고 부탁했을 때는 특히 더 그랬다. 더그는 연설에서 회사에서 직원들 사이에 활기가 유지되도록 사내 섹스를 장려해야 한다고 말했다. 나는 청중석에서 제니퍼와 말린다 사이에 앉아 있었다. 아내가 그녀 특유의 어이없다는 표정으로 눈살을 찌푸리는 것을 볼 수 있었다. 말린다는 강당에 있던 모든 사람이 들을 만한 목소리로 이렇게 말했다.

"내 눈에 흙이 들어가기 전엔 안 돼."

저녁 식사 후에 더그는 크리스에게 자신이 돌아보고 싶은 에스탄시아들의 사진을 보여 주겠다며 그와 내가 묵고 있는 산장으로 가자고 청했다. 크리스는 시간이 늦었고 미국으로 가는 비행기 시간에 맞춰 일찍 일어나야 한다고 말했다.

"부탁이 있어." 더그가 말했다. "읽고 있던 책이 든 큰 가방이 있어. 릭과 이본이 함께 가면 비행기 중량이 초과될 거야. 나 대신에 미국으로 좀 가져다주겠어?"

다음 날 아침에는 바람이 불었다. 하지만 더그와 이본과 내가 북쪽으로 날아가는 동안 바람이 가려지는 쪽의 안데스는 맑았다. 더그는 피츠로이 가까이 비행하기로 결정했다. 난기류 속에서 경비행기가 너무 심하게 흔들려서 나는 등이나 목에 담이 들지 않도록 몸을 단단히 버티고 있어야 했다.

"우리는 저기를 이미 올랐어." 이본이 피츠로이를 가리키며 말했다. "더 이상 볼 필요 없다고."

우리는 계속 북쪽으로 향했다. 조종석 창을 통해서 산 로렌조가 독보적인 모습을 드러냈다. 약 3657미터가 조금 넘는 파타고니아 제2봉이지만 남쪽 끝에 있고 만년빙에 둘러싸여 있어서 비교적 고도가 낮은데도 불구하고 남아메리카 최남단 지역에서 가장 히말라야와 닮은 모습을 하고 있었다. 봉우리에 다가가자 가파른 동쪽 사면이 더 잘 보였다.

"수직으로 1828미터가 넘어." 더그가 말했다. "사면은 등정한 사람이 없었지."

우리는 산기슭의 풀이 덮인 계곡 위를 날았다.

"에스탄시아 링콘." 더그가 말했다. "5성급 위치지. 매물일 수도 있어."

우리는 목장의 주택 위를 선회하면서 누군가 문밖으로 나와 우리에게 손을 흔들어 주고 앞에 주차된 픽업트럭에 타는 것을 볼 수 있었다. 우리가 에스탄시아의 풀밭 위에 착륙하자 픽업트럭이 비행기 옆에 와서 섰다.

"르네 네그로예요." 차를 몰고 온 사람이 우리와 악수를 하며 말했다. "에스탄시아 링콘에 오신 걸 환영합니다."

주택 안에서 우리는 배가 불룩 나온 스토브 주위에 둘러앉아 마테차가 담긴 바가지를 건네받았다. 르네는 긴 소매 면 셔츠와 크라바트(cravat, 넥타이처럼 매는 남성용 스카프-옮긴이), 베레모를 멋지게 차려입고 있었다. 더그는 늘 그렇듯이 빳빳하게 다린 치노 바지에 그 안으로 세심하게 집어넣은 옥스포드 셔츠, 양말 없는 아르헨티나식 에스파듀 차림이었다. 이본과 나는 둘 다 파타고니아의 격자무늬 셔츠에, 아르헨티나의 가우초(gaucho, 남미의 카우보이-옮긴이)들이 입는 아랫단에 단추가 달린 통이 넓은 봄바차를 회사에서 재해석해 만든 바지를 입었다. 이본은 영업팀에 이 바지가 불티나게 팔릴 것이라고 장담했지만, 판매는 정체 상태였다. 이본과 내가 피팅 모델이었다는 사실 때문일지도 몰랐다. 우리보다 다리가 긴 남자들, 그러니까 성인 인구의 90퍼센트 이상은 그 바지를 입으면 아이 옷을 빌려 입은 것처럼 껑뚱하게 보일 것이다.

3만 7500에이커(약 4590만 평)의 목장을 둘러본 후, 르네는 소들을 몰고 가는 길의 시작 부분에서 우리를 내려주었다. 산 로렌조의 동쪽 측면에서 떨어져 나온 측퇴석 윤곽이 뚜렷하게 보이는 계곡 방향의 길이었다. 미래의 보호구역이 될 가능성이 있는 목장을 조사하는 것 외에도 우리는 미래의 등반 가능성이 있는 봉우리를 조사해야 했다.

"3일 후에 돌아올 겁니다." 더그가 르네에게 말했다.

우리는 가방을 멨다. 이본은 가방의 무게를 지탱하는 텀플라인(tumpline, 등짐을 질 때 이마나 가슴에 거는 줄-옮긴이)을 이마에 위치시켰다. 봄바차와 마찬가지로, 파타고니아는 이 끈을 만들어 판매했다. 봄바차와 마찬가지로, 그리 많은 사람이 사지는 않았다. 그렇더라도 이본은 꿋꿋이 텀플라인으로 전 세계 오지 사람들 대다수가 짐을 질 때 사용하는 기법의 장점을 전파하고 있었다. 누구든 물어보는 사람이 있으면 그는 이렇게 답했다.

"하중이 이마에서 등을 타고 발로 바로 내려옵니다."

이본은 더그와 피츠로이에 오르기 위한 여행을 하던 중 탁한 개울에 머리부터 다이빙을 했다가 물속의 비위에 머리를 부딪치면서 목통증이 생겼었다. 그는 수십 년간 고생하던 목통증을 텀플라인으로 고쳤다고 주장했다. 이전 몇 번의 여행에서 나도 사용해 봤지만 위를 올려다보기가 힘들었다. 새를 좋아하는 나로서는 그것이 불만스러웠다. 하지만 나는 이본이 텀플라인에 전념하는 것을 높이 평가한다. 그것은 항상 제품을 개선하려고 노력하는 습관을 반영하기 때문이다. 어깨끈과 허리 벨트가 함께 달린 가방 같은 제품을 많은 사람들이 당연하다고 인식하는 것을 생각하면 특히 더 그렇다.

계곡을 계속 오르다가 더그의 모습을 놓쳤다. 하이킹을 할 때면 그는 보통 다른 사람보다 빨리 움직였다. 이본과 나는 그가 혼자 가게 놓아두곤 했다. 몇 시간 후 앞에 있는 그가 보였다. 계곡으로 흘러내려 가는 작은 강 옆에서 걸음을 멈추고 점심을 먹고 있었다. 우리도 가방을 내려놓고 함께했다.

떠나기 위해 일어서면서 더그는 길옆에 있던 소의 해골을 주워 들고 자신의 얼굴 앞으로 들어 올렸다. 그가 갑자기 키메라(chimera, 사자의 머리에 염소 몸통에 뱀 꼬리를 단 그리스 신화 속 괴물-옮긴이)로 변신했다. 그 모습은 인간이 동물들 사이에서 사는 또 다른 동물일 뿐이었던 때를 떠올리게 했다.

"잠깐만요. 사진을 찍어야겠어요."

수년 동안 나는 가끔 그 장면을 생각했다. 몇 년 후 피카소 회고전에 갔다가 금속 조각으로 만들어진 소머리를 보고 나는 파블로 피카소와 더그 톰킨스가 동일한 원시의 연결 고리로 교신하고 있다고 믿기로 했다.

늦은 오후 우리는 여름 방목지에서 양과 소를 치는 가우초들의 쉼터로 만들어진 작은 오두막, 푸에스토에 도착했다. 집이 곧 무너질 듯했지만 우리는 바닥을 치우고 작은 가스 스토브를 켠 뒤, 차를 만들고, 밖에 앉아 석양을 즐겼다. 산 로렌조의 그늘 아래에 있는 그 장소는 땅의 많은 부분이 지나친 방목으로 여러 단계의 침식 상태에 있는데도 불구하고 기막하게 아름다웠다.

"파타고니아의 거의 모든 에스탄시아와 비슷하군." 이본이 말했다.

내면의 피카소와 교신하고 있는 더그 톰킨스. 사진: 릭 리지웨이

아르헨티나의 양 산업은 위기 상태였다. 양모의 가격이 낮아지고 토지 생산성도 떨어지면서 목장주들이 생계를 유지하기 위해 지나친 방목을 하고 있었고, 그 때문에 또다시 생산성이 떨어지는 악순환이 계속됐다. 우리는 르네 니그로가 사업을 포기하고 목장을 팔게 만든 것도 그 때문이라고 생각했다.

"양들에게서 벗어나면," 더그가 말했다. "풀이 다시 자랄 거야. 이곳이 어떤 모습이 될지 상상해 봐."

저녁이 다가오자, 우리는 더그의 노스페이스 텐트를 세웠다 세 사람이 충분히 들어갈 만큼 큰 텐트였다. 더그는 회사에 대한 의리 때문에 그 텐트를 사용하는 것이 아니라 그 회사가 적어도 텐트에 관해서만큼은 그가 확립한 품질은 물론, 오늘날의 돔 텐트로 알려진 것을 개발한

천재 건축가 버크민스터 풀러와의 협업으로 그가 만든 디자인을 고수하고 있었기 때문이었다.

아침에는 계곡의 꼭대기까지 올라갔고, 우리보다 약 1828미터 높은 곳에 있는 산 로렌조의 동쪽 사면이 보다 잘 보이는 위치를 잡기 위해 자갈 비탈을 서둘러 올라갔다.

"길이 저 중앙의 빙원으로 이어지는군." 더그가 말했다. "꼭대기에 우리가 비박을 할 수 있는 베르크슈룬트가 있을 것 같은데."

"하루 만에 그렇게 높이 올라갈 수 있을 것 같지가 않아." 이본이 평가했다.

"저 사면 중간에서 비박을 하고 싶진 않아요." 내가 덧붙였다. "객관적인 위험이 너무 커요. 정상 근처의 세락을 보세요."

"안정적으로 보여." 더그가 말했다. "한동안은 그랬을 거야."

"안정적이지 않을 때까지는 안정적이죠." 내가 반박했다.

우리는 모두가 이곳이 두 보이즈 프로젝트의 가능성을 가지고 있다는 데 동의했다. 다만 나는 더그의 경우에는 가능성이라는 단어의 정의가 다르다는 것을 알고 있었다. 이틀 후 우리는 세스나를 타고 북쪽으로 비행해 로스 안티구오스라는 작은 도시에 착륙했다. 이본과 나는 가방을 비행기에서 꺼내고 더그와 작별 인사를 나눴다. 그가 계속 북쪽으로 가서 더 많은 에스탄시아를 돌아볼 동안 이본과 나는 그 지역에서 플라이 낚시를 할 계획이었다.

"돌아가면 전화할게." 더그가 말했다.

"뭘 찾았는지 알려 줘." 이본이 대답했다.

더그는 엔진을 켜고 이륙했고 이본과 나는 가방을 메고 도로로 걸어가 엄지손가락을 치켜들었다.

"극과 극을 오고 있는 것 같은데요." 내가 말했다. "자가용 비행기에서 히치하이킹이라니."

"극단에서 사는 게 자네가 원하는 거 아니었나?" 이본이 답했다. "중간에서 너무 많은 시간을 보내는 것은 조심해야 해."

한 달 후 캘리포니아로 돌아왔을 때 더그가 전화를 했다. 세스나를 몰고 칠레로 돌아갔던 그는 샌프란시스코에 와 있었다. 그는 전화로 이렇게 말했다.

"자네들을 내려준 곳에서 북쪽으로 올라가서 또 다른 에스탄시아를 발견했어. 칠레 푸에르토몬트 남쪽 레니우에라고 불리는 피오르드 안인데, 브리티시컬럼비아 해안선에서 가장 거친 부분과 닮아 있어. 5성급이야."

더그는 이미 르네 니그로와 에스탄시아 링콘을 매입하는 것에 대해 이야기를 진행하고 있으며 레니우에 피오르드 뒤쪽 에스탄시아의 주인들과도 대화를 할 것이라고 말했다. 이후 그는 주제를 바꿨다.

"자네에게 뭘 좀 물어보려고 전화했어. 크리스 있잖아. 엘칼라파테에서 함께 있었던, 이본의 회사를 운영하는 여자 말이야."

"예, 크리스가 왜요?"

"자네는 그녀와 친하지?"

"우리 아이 셋을 낳을 때마다 저 말고 분만실에 들어온 유일한 사람이에요. 제니퍼와 저는 카톨릭 신자인데 그녀가 아이들의 대모죠."

"자네가 그녀를 잘 알 줄 알았지. 기혼인가?"

"아직은요. 남편과 헤어지는 중이에요."

그날 오후 이번에는 크리스가 전화를 했다.

"저 내일 샌프란시스코로 가요." 그녀가 말했다. "더그 톰킨스가 맡긴 가방을 갖고 있어요. 내가 왜 가방을 가져다준다고 했는지 모르겠어요. 어쨌든 당신은 그와 등반을 좀 했죠?"

"몇 번 여행을 함께했어요."

"그럴 줄 알았어요. 그에 대해 이야기 좀 해봐요. 좋은 남자라고 생각해요?"

산 로렌조의 동쪽 사면. 끝나지 않은 두 보이즈 프로젝트. 사진: 릭 리지웨이

16

환경운동가가 된 기업가들

이본과 내가 더그 톰킨스와 합류했던 파타고니아 여행 후 1년이 지나, 두 보이즈는 하바롭스크에서 만났다. 아무르강 둑에 있는 러시아 극동의 이 도시는 중국과 국경을 마주하고 있다. 우리 계획은 멸종 위기에 처한 시베리아 호랑이의 서식지인 시호테알린산맥 인근 해안선을 따라 약 320킬로미터의 바닷길을 카약으로 이동하는 것이었다.

이본은 그곳 해안에 연구소를 가지고 있는 모리스 호너커로부터 이 여행의 아이디어를 얻었다. 두 보이즈 몇 명이 참여하겠다고 나섰다. 이본, 더그 톰킨스, 더그 피콕, 톰 브로코우, 짐 엘리슨 그리고 나였다. 더그 톰킨스는 여전히 칠레와 아르헨티나에서 찾은 두 에스탄시아 구매를 위해 답사 작업을 벌이고 있었지만, 아한대 생태계 보호에도 참여하겠다는 생각으로 시베리아의 자생 임지가 위협받고 있는 문제에 대해 더 알아보고 싶어 했다. 더그 피콕은 지구상에서 호랑이가 불곰

우리를 러시아 극동의 비킨강으로 데려갈 헬리콥터 앞에서 두 보이즈가 포즈를 취하고 있다. 더그 톰킨스, 톰 브로코우, 드미트리 피크노프, 짐 엘리슨, 더그 피콕, 이본 쉬나드(왼쪽부터). 사진: 릭 리지웨이

과 서식지를 공유하는 유일한 장소를 보고 싶어 했다. 톰 브로코우는 보존에 대한 주제뿐 아니라 뉴욕에서의 생활로부터 한숨을 돌리는 일에도 관심을 갖고 있었다. 이본과 나는 우리가 아는 한 아무도 카약 여행을 해본 적이 없는 해안선을 탐험하고 싶었다.

이본이나 더그 톰킨스와 마찬가지로, 집은 노련한 카약 기술을 가지고 있었고 급류 래프팅 가이드 경험도 있었다. 리드대학에서 철학을 전공한 그는 핵 억제를 위한 세미나에서 래프팅으로 미국과 러시아 사이의 긴장 완화를 촉진할 수 있겠다는 아이디어를 떠올렸다. 러시아인들과 미국인들을 한 자리에 모아 말 그대로 한배를 타게 함으로써 평화의 사절이 된다는 생각이었다. 그가 추진한 RAFT(Russians and Americans for Teamwork, 러시아인과 미국인의 팀워크)는 시베리아 알타이 산맥의 카툰강과 타지키스탄 파미르산맥의 오비힝고강 원정으로 현실되었다. 운 좋게도 나는 이 두 원정에 참여할 수 있었고 그와 좋은 친구가 되었다.

우리는 테르네이라는 해안 도시의 연구소에서 모리스를 만났다. 그의 연구소는 호랑이 캠프라고 불렸다. 우리는 캠프에 근거를 둔 러시아의 호랑이 생물학자 드미트리 피크노프('디마'로 통했다)와 대형 고양잇과 동물을 연구하는 박사 후 연구생 미국인 데일 미켈르를 비롯한 그의 동료 몇 명도 만났다. 데일이 우리에게 이야기했다.

"우리는 이 지역의 호랑이 몇 마리를 포착했습니다. 몇 주 전 모니터로 그중 한 마리가 멈춰 있는 것을 지켜보고 있었습니다. 사냥을 했다는 뜻이죠. 저는 조사를 위해 나갔다가 사슴의 사체를 발견했습니다.

호랑이와 곰의 발자국도 있었죠. 사체 쪽으로 몸을 기울이는데 갑자기 숲에서 곰이 튀어나오더니 저를 향해 달려들었습니다. 저는 뒤로 급히 이동하다가 경사면 아래로 곤두박질쳤습니다. 그 때문에 곰이 놀랐고 덕분에 목숨을 건졌던 것 같습니다. 우리는 이후 다시 돌아가서 호랑이가 사슴을 잡았고 곰이 호랑이를 쫓아냈다는 것을 확인했습니다. 누가 우세한지를 보여 주는 첫 사례였죠."

더그 피콕의 얼굴에서 기쁜 기색을 볼 수 있었다. 그가 사랑해 마지않는 곰이 야생의 위계에서 차지하는 위치에 대해 그가 생각해 오고 있던 것을 확인했기 때문이기도 했고, 최상의 포식자와 가까이 있을 수 있는 오지에 와 있기 때문이기도 했다.

모리스의 팀은 테르네이에서 현지 당국과 해안 바다에서 카약을 타는 우리 계획에 대해 의논하는 회의를 준비해 두었다. 항구 근처의 작은 사무실에서 관광부에서 나왔다고 하는(해안에는 관광산업이라는 것이 전혀 없었지만) 관리들이, 두 명의 가이드와 육지에서 우리를 따르는 트럭 한 대, 물에서 우리와 함께 움직이는 모터보트 한 대가 있어야 하며, 2천 달러가 조금 넘는 수수료를 지불해야 한다고 말했다.

"터무니없는 탈취야." 피콕은 우리에 갇힌 곰처럼 방안을 서성거리며 말했다.

피콕은 우리가 관리들과 협상을 하는 동안 기분을 풀기 위해 밖으로 나갔다. 톰은 러시아인들과 대화를 해본 경험이 있었지만 고르바초프와의 대담을 비롯한 고위급 인사가 대부분이었다. 반면 짐은 기관원들을 상대한 전력이 있었다. 협상에는 관심도 없고 협상을 할 만한 인내심도 없는 더그 톰킨스는 밖에서 호랑이 캠프에서 만났던 러시아 생물학자 디마와 이야기를 나누고 있었다.

"친구들, 디마에게 계획이 있어." 더그가 전했다. "러시아 헬기 한 대가 오늘 아침 우유 컨테이너를 가지러 오기로 되어 있대. 말 그대로 매주 오는 밀크 런(milk run, 우유 배달처럼 항상 똑같은 여정-옮긴이)이지."

디마는 더그에게 헬기 조종사와 이야기를 해서 우리를 비킨이라고 불리는 강 상류로 데려다주도록 할 수 있다고 말했다. 그렇게 하면 바다가 아닌 강에서 카약을 탈 수 있고 급류가 없기 때문에 우리가 가져온 바다 카약을 사용할 수 있을 것이란 말도. 디마는 그 지역이 넓은 야생 생태계이고 남아 있는 최대의 호랑이 서식지이므로 자신이 우리와 함께 가서 호랑이를 찾는 것을 도와주겠다고 했다.

"디마가 말하길 헬기 조종사와 루블로 거래를 할 수 있대." 더그가 덧붙였다. "그렇게 하면 돈이 많이 들지 않을 거야. 좋지 않아?"

"모르겠어." 이본이 말했다. "해안에서 카약을 할 작정이었는데."

"게다가 이 계획에 노력을 많이 기울였잖아요." 내가 거들었다.

다른 사람들도 마음을 정하지 못하고 있었다. 하지만 나는 더그의 장난스런 미소에서 새로운 계획이 매력적인 이유 중 하나가 계획을 뒤집는다는 사실에 있다는 것을 알 수 있었다. 그 아이디어의 장점에 대해 의논하고 있을 때 헬기가 다가오는 소리가 들렸다.

"그렇게 하자. 재미있는 모험이 될 거야." 더그가 말했다.

"좋아." 이본이 대답했다. "그렇게 해보자."

"저는 어느 쪽이든 괜찮아요." 피콕이 덧붙였다. "돈을 강탈하는 이 KGB 놈들에게서 벗어나기만 바랄 뿐이에요."

KGB 놈들이 무슨 일이 일어나고 있는지 눈치채기도 전에 우리는 조종사와 계약을 맺었다. 우리가 교역품으로 가져온 말보로 담배 두 보루를 이용한 물물교환이었다. 우리는 재빨리 장비를 헬기에 싣고 약 90센티미터 길이의 우유통들 사이에 자리를 잡았다. 헬기는 비킨강이 라는 곳을 향해 이륙했다.

우리에겐 좋은 지도가 '있었다'. 곧 우리는 인적이 없는 숲을 가로지 르게 되었다. 산은 애팔래치아처럼 낮고 둥그스름했으며 오래된 모습 이었다. 헬리콥터 안이 덥고 습해서 우리는 배에 있는 것처럼 둥글게 생긴 창을 몇 개 열어 두었다.

피콕은 양손으로 지도를 펼쳐 든 채 들여다보고 있었다. 지형과 지 도를 비교하기 위해 창밖으로 그가 몸을 기울이자 갑자기 지도가 찢어 지면서 종잇조각이 순식간에 창밖으로 빨려 나갔다. 피콕의 손에는 여 행을 시작하는 곳과 끝나는 곳이 그려진 두 조각만 남아 있었다.

"지도가 없으면 어떻게 하죠?" 톰이 물었다. 당황한 기색이 역력한 표정이었다.

"이것 봐, 톰." 이본이 장난꾸러기 같은 미소를 지으며 말했다. "일이 잘못되기 시작해야 그게 모험이지."

"지도가 없는 편이 더 나아." 더그가 동의했다. "우리가 알아내면 되 지."

"걱정 마세요!" 효과를 더하기 위해 손까지 내저으며 디마가 말했다. "어디로 가는지는 제가 알아요!"

무성한 숲이 균일하게 깔린 산들이 끝없이 이어지는 것처럼 보였다. 그곳을 가로지르는 동안 디마가 조종석 뒤에서 방향을 알려 주었다.

곧 헬기가 선회하기 시작했고 작은 강 옆에 통나무집이 보였다. 곁에는 헬기가 착륙할 만큼 넓은 빈터가 있었다.

"우데게 사냥 캠프예요." 디마가 말했다. "여기에서 비킨강이 시작되죠."

우데게족은 시호테알린산맥의 토착민이다. 그들은 제바라고 불리는 비킨강 지류에 사냥 캠프를 가지고 있었다. 다음 날 아침, 우리는 접이식 바다 카약을 조립하고 사냥꾼들에게 작별 인사를 한 뒤 하류로 항해를 시작했다. 물살은 빨랐지만 수면이 잔잔해서 천천히 노를 저어도 오래 자란 낙엽송, 전나무, 가문비나무 숲이 빠르게 지나갔다. 둘째 날은 비킨강과 만나는 지점에 도착했다. 급류가 가끔씩 있었지만 쉽게 항행할 수 있었다. 넷째 날 우리는 강가에 배를 대고 호랑이를 찾을 수 있길 바라며 사냥감들이 다니는 길을 따라갔다.

한여름이고 낙엽수림이기 때문에 호랑이를 볼 가능성은 매우 낮다는 것을 알고 있었다. 숲이 울창하지 않고 눈 때문에 흔적을 따르기 쉬운 겨울이라면 호랑이를 볼 가능성이 훨씬 높다. 하지만 발자국은 찾을 수 있지 않을까? 한 시간도 되지 않아 우리의 바람이 실현됐다. 큰 성체의 발자국을 발견한 것이다. 한 살도 되지 않은, 어쩌면 그보다도 훨씬 어려 보였다. 피콕은 짐에서 할로윈에 사용하는 고무 가면 몇 개를 꺼냈다. 미국을 떠나기 전 잡화점에서 산 것이었다.

"이걸 머리 뒤로 가도록 쓰세요." 그가 말했다. "뒤에서 공격받을 가능성을 낮춰 줄 거예요."

우리는 그가 말한 대로 뒤통수에 가면을 썼다. 내 앞에는 미하일 고르바초프, 그 앞에는 로널드 레이건이 있었다. 몇 분 지나 선두에 섰던

비킨강의 잔잔한 수면은 우리의 접이식 카약과 디마가 가져온 뗏목에 안성맞춤이었다. 사진: 릭 리지웨이

디마가 나무 앞에 멈춰 섰다. 땅에서 2미터쯤 떨어진 곳에 깊은 발톱 자국이 있었다.

"호랑이가 영역 표시를 하고 있어요." 그가 활짝 웃으며 말했다.

호랑이가 나무에 오줌을 눈 곳에는 강한 고양이 오줌 냄새가 났고 나무껍질 위의 자국은 축축했다.

"얼마나 가까이에 있는 거죠?" 내가 물었다.

"호랑이가 지금 우리를 지켜보고 있어요." 디마가 대답했다.

우리는 호랑이는 보지 못했지만 드미트리를 명예 두 보이로 결정했다. 더그 톰킨스가 헬리콥터를 빌려서 비킨으로 가자는 디마의 말을 받아들인 것은 색다른 모험이자 관리들에게 "엿이나 먹어"라고 해주는 방법이었고, 우린 둘 다 성공했다.

이본과 나와 마찬가지로 디마는 키가 작았다. 167센티미터쯤 될까. 그는 어릴 때 보았던 뉴스의 니키타 흐루쇼프를 떠올리게 했다. 이야기를 할 때는 허공에 손으로 내리치는 가라테 동작을 하는 것처럼 손과 팔을 계속 흔들었다. 디마의 얼굴은 야외에서 수년을 보내느라 햇볕에 그을려 나이가 들어 보였고, 그의 눈은 어떤 것도 놓치고 싶지 않다는 듯이 항상 움직이고 있었다. 말하고 싶은 게 있을 때면 그는 모두가 귀를 기울일 때까지 계속 목소리를 높였고 이야기를 할 때는 싱글거리는 웃음을 멈추는 법이 없었다.

더그가 우리의 러시아인 가이드에게 호감을 갖는 것을 느낄 수 있었다. 우리가 탐험하는 야생의 땅과 그곳에 사는 야생동물에 대한 깊이 있는 지식 때문만이 아니라 규칙을 어기는 것에 즐거움을 느끼는 공통점도 큰 몫을 했다. 일주일 후 우리는 다리에 도착했다. 우리를 하바롭스크로 돌아가게 해줄 철로를 지탱하고 있는 다리이자, 우리 여행의 종착지였다. 하지만 디마는 모험을 연장하자고 제안했다. 철도의 반대 방향은 디마의 고향인 블라디보스토크이고 그쪽으로 가면 디마의 안내로 도시를 구경하고 그의 가족도 만날 수 있었다. 유일한 문제는 블라디보스토크가 러시아 태평양 함대의 본거지여서 외국인 특히 미국인의 출입이 엄격히 제한된다는 점이었다.

"전부 체포될 거예요." 톰이 말했다. "다른 분들은 별 상관없으시겠지만 NBC는 경기를 일으킬 걸요."

"체포되지 않아요." 디마가 팔을 흔들고 목소리를 높이며 반박했다. "기차에서는 아무도 이야기를 하지 마세요. 말은 제가 다 할게요. 블라디보스토크에 가면 러시아 옷을 사요. 러시아인처럼 보일 거예요. 문제없어요!"

다시 한번 더그의 얼굴에 억누를 수 없는 미소가 떠올랐다. 블라디보스토크에서 우리는 벼룩시장에 가서 칙칙한 색상의 러시아제 셔츠와 코트를 샀다. 일요일이었고 디마는 우리가 부둣가를 돌아봐야 한다고 고집했다. 대중들에게 공개된 퇴역 잠수함을 비롯한 러시아 함대가 한눈에 들어왔다. 디마는 당연히 잠수함 투어를 해야 한다고 고집했다. 물론 더그는 주최 측의 너그러운 제안을 받아들여야 한다고 했다.

한 달 후 나는 뉴욕에 있었다. 톰 브로코우와 그가 좋아하는 작은 식당에 저녁 식사를 하러 갔다. 구석 자리가 다 차 있었다. 하지만 뉴욕이었다. 사람들이 유명 인사들에 익숙해서 한가운데 자리를 잡았는데도 톰에게 말을 거는 사람이 없었다. 더분에 톰과 나는 느긋하게 그기 히는 일의 중심인 세계 문제에 대해 이야기를 나눴다.

톰은 직업상 20세기의 굵직한 사건들을 직접 일으킨 사람들과 인터뷰를 하거나 교류한 경험이 많았다. 아마도 그는 20세기를 통틀어 그 어떤 사람보다 많은 유명인을 만났을 것이다 로웰 토마스(미국의 작가, 배우, 방송인이자 여행자)쯤 되어야 그와 견줄 수 있을까? 하지만 우리가 모이면(우리 패거리의 다른 누구와든) 필연적으로 대화는 더그 톰킨스에 대한 것으로 이어졌다. 나는 이것이 더그가 인생의 다음 장으로 갈 길을 찾으면서 이런저런 아이디어를 실험하는 모습에 우리 모두가 거의 최면에 가까운 상태로 매료되기 때문이라는 것을 깨달았다. 그와 동시에 더그의 친구인 우리 모두가 더그가 자신의 길을 찾는 일에 성공할지 가늠해 보면서 숨을 죽이고 있다는 점도 알아차렸다.

"지금까지 더그가 해온 모든 일을 생각해 보세요." 톰이 말했다. "카약, 등반, 노스페이스와 에스프리 설립. 이 모든 것에서 큰 성공을 거뒀어요. 모든 것을 장악하고 있어서였죠. 그런데 환경 위기에 맞선다? 환멸을 느끼고 우울해지진 않을지 걱정이에요."

더그가 환경 위기에 맞설 효과적이면서도 동시에 개인적으로 만족스러운 방법을 찾을 수 있을지 확실치가 않다는 톰의 말은 옳았다. 러시아에서 나는 더그가 중국 등지의 목재와 펄프 수요를 충족시키기 위해 무분별한 벌목이 벌어지는 호랑이 숲 보전에 참여할지 고려하는 모습을 지켜보았다. 하바롭스크에서는 러시아 과학 아카데미의 현지 지부 회의에 그와 함께 간 적이 있었다. 그곳에서 러시아 산림 과학자들은 더그에게 그 지역의 불법 벌목에 대해 이야기했다.

"모스크바의 신문에 전면 광고를 내야 합니다." 더그가 그들에게 말했다. "그들이 어떤 일을 하는지 노출시키세요!"

"그럴 수 없습니다. 위법이에요."

"그럴수록 더 해야죠." 더그가 반박했다. "광고를 낼 돈을 구해다 드리겠습니다."

과학자들은 반대했고 나는 더그의 표정에서 그가 마음속으로 그들을 단념했다는 것을 알 수 있었다. 여행 중에 더그는 생물다양성센터나 씨 셰퍼드 같은 단체의 주요 자금원이 되고 있는 그의 재단에 대해서도 이야기를 했다. 계속 다른 아이디어를 실험해 보고는 있었지만 지금을 대는 사람으로 옆에 물러서 있는 것은 활동가로 전면에 나서는 것보다 충족감이 덜할 것이 분명했다. 칠레와 아르헨티나에 에스탄시아를 구입해 보호구역으로 전환시킨다는 그의 아이디어는 그가 찾는 것을 줄 수 있을 것이다.

"저는 그리 걱정하지 않아요." 내가 톰에게 말했다. "그는 다음 장으로 이월할 수없이 많은 기술을 가지고 있어요. 세부적인 사항에 집중하는 방식, 언제나 새로운 아이디어와 일을 남과 다르게 하는 사람들을 살피는 방식 같은 거요. 인생의 한 장을 마치고 전혀 새로운 방향으로 가는 그를 보고 감탄하지 않을 수 없죠. 프랭크 웰스가 그런 것처럼요."

"맞아요. 하지만 프랭크는 영화 사업으로 다시 돌아왔죠."

"하지만 프랭크는 한 해를 온통 등반가가 되는 데 바치기 전과 같은 사람이 아니에요. 이제 그는 환경운동가이고 큰 변화를 이루었죠. 잘 모르지만 저는 더그가 잘 해낼 거라고 생각해요."

더그와 프랭크가 공통적으로 가진 것은 경력의 절정에서 기어를 바꿔서 전혀 다른 것을 시도하는 자신감이었다. 그들을 보면서 나는 그런 자신감이 한 분야에서 발전시킨 기술이 다른 분야에서 성공하는 데 유용하다는 믿음에 뿌리내리고 있음을 깨달았다. 나는 20대에 읽은 알베르트 슈바이처의 자서전 《나의 생애와 사상》을 떠올렸다. 슈바이처는 젊은 시절을 세계 최고의 오르간 연주자이자 음악 이론가가 되는 데 바쳤다. 성공의 절정에서 그는 180도 방향을 바꾸어서 예수의 역사적 삶에 대한 세계 최고의 권위자가 됐다. 그리고 또 한 번 완전히 방향을 바꾸어서 세계에서 가장 훌륭한 의사가 되었다. 그는 이렇게 적었다.

"가지 않은 길에서 시작하는 모든 것은 평범치 않은 상황에서만 분별 있게 보이고 성공할 것 같은 모험이다."

세븐 서미츠의 일환으로 프랭크와 함께한 세 번의 원정 동안, 나는 그의 눈을 통해 상황을 보면서 180도의 방향 전환에 필요한 용기를 이해해 보려고 노력했다. 사실만을 고려해 보았다. 프랭크는 법학대학원을 졸업하고 엔터테인먼트 업계를 전담하는 법률 회사에 들어갔고 이후 워너브라더스에 합류해 고위 임원으로 출세 가도를 달렸다. 그가 회사를 그만두고 세븐 서미츠를 시도한 때는 50살이 다 되어 가던 시점이었다. 표면적으로는 중년의 위기의 한 예 같지만, 그를 더 잘 알게 되면서 그가 마음속으로 믿고 있었음을 깨달았다. 그 순간까지 목표에 이르는 방법에 대해 배웠던 것을 적용한다면 어떤 것이든 해낼 수 있으리라는 것을 말이다.

조지 버나드 쇼는 이렇게 말했다.

"합리적인 사람은 세상에 자신을 적응시킨다. 비합리적인 사람은 세상을 자신에게 적응시키기 위해 집요하게 노력한다. 그러므로 모든 진보는 비합리적인 사람에 의해 좌우된다."

더그가 프랭크와 다르다는 톰 브로코우의 말은 옳다. 프랭크는 영화계로 돌아가서 월트 디즈니 컴퍼니의 사장이자 최고운영책임자가 되었지만 더그가 의류 산업으로 되돌아가는 것은 상상하기 힘들다. 하지만 나는 프랭크가 새로운 직장에서 일을 시작한 후, 산에서 얻은 경험에 뿌리를 둔 확장된 목적의식으로 인생의 새로운 장에 들어서는 모습을 지켜봤다.

그는 가끔 차를 몰고 벤투라로 와서 이본과 나와 저녁을 먹었다. 가끔은 근처에 살고 있는 댄 에밋과 그의 아내가 함께했고 또 가끔은 댄의 집에서 식사를 했다. 프랭크는 긴 일과로 지쳐 있는 때가 많았다. 그래서 세븐 서미츠에 도전한 한 해 동안 누렸던 삶과 다시 연결되는 일을 즐겼다. 해변에서 우리는 바위 위의 홍합을 캐고 주방에서 따개비를 긁어냈다. 이본은 커다란 솥에 홍합을 쪘고 우리는 해변의 웅덩이에서 캔 해초 샐러드와 함께 홍합을 먹었다. 프랭크는 신나게 이야기하며 활짝 웃었고 그의 옥스포드 셔츠에는 홍합 국물이 흘렀다. 한두 시간 동안 그는 두 보이즈로 보낸 짧은 시간으로 되돌아가곤 했다.

식사를 할 때 나누는 대화는 어쩔 수 없이 환경 위기로 흘러가기 마련이었다. 등반을 할 때 텐트 안에서의 대화처럼 말이다. 프랭크는 자연 훼손에 맞서는 일을 하는 것을 개인적인 목표로 삼았고, 그 목표는 디즈니에서의 직업적 책임만큼 그에게 중요했다. 이런 전환에는 야생의 자연에서 보낸 몇 개월이 한몫을 했지만 그 시간을 이본이나 댄과 같은 사람들과 보냈다는 것도 중요한 이유였다.

세븐 서미츠 이콩키과 등반 동안, 프랭크와 댄은 죽이 잘 맞았다. 댄은 프랭크가 킬리만자로와 엘브루스를 오를 때에도 함께했다. 그들은 친한 친구가 됐다. 프랭크는 민주당 지지자였고 댄은 공화당 지지자였다. 하지만 댄은 '보수당(conservative)'이라는 단어의 어근이 'conserve(보존하다)'라는 것을 이해하는 시어도어 루스벨트 공화당원이었고 댄에게 있어서 그것은 인간이 자연에 미치는 영향을 줄이는 자연보호를 의미했다. 변호사인 댄은 환경법을 발전시키는 데 초점을 두었고 UCLA 법학대학원에 에밋 기후변화·환경 연구소를 설립했다.

스노우버드 리조트의 정상에서 정장을 드레스코드로 해 열린 세븐 서미츠 축하연에서 딕 배스(왼쪽)와 프랭크 웰스. 사진: 릭 리지웨이

프랭크는 '인바이어런먼트 나우(Environment Now)'라는 비정부기구를 설립하고 캘리포니아 출신의 저명한 환경운동가 테리 태미넨을 상임이사로 영입했다. 몇 년 후 테리는 인바이어런먼트 나우를 떠나 아놀드 슈왈제네거 행정부의 캘리포니아 환경보호청의 책임자가 되었다. 테리와 댄 에밋은 인바이어런먼트 나우의 활동 계획을 캘리포니아 주의 환경 목표를 개발하는 뼈대로 사용했다. 이 목표들은 거의 모두 실현되었다. 특히 온실가스 배출 제한을 위해 상한선을 정하고 거래 체계를 이용한다는 아이디어는 정부가 기후 변화를 다루는 방법을 보여 주는 선도적인 모델로 야생의 생태계를 향한 프랭크의 원정이 어디에서 비롯되었는지 확인할 수 있는 대표적인 본보기이다.

러시아 극동으로의 카약 여행 후 2년이 지나서도 프랭크는 여전히 이본, 댄, 나와 저녁을 먹기 위해 가끔 벤투라에 들르고 있었다. 제니퍼와 나는 세 명의 아이들을 데리고 부활절을 축하하기 위해 어머니의 집에 있었다. 거실은 놀고 있는 아이들로 난장판이었다. TV가 켜져 있었지만 소리는 나지 않았다. 스크린에 뜬 프랭크의 얼굴이 눈에 들어왔다.

"여보, 프랭크가 뉴스에 나와요." 나는 놀란 목소리로 제니퍼를 불렀다.

리모컨에 손을 뻗었지만 소리를 크게 하기 전에 프랭크의 얼굴 아래 자막이 나타났다.

프랭크 윌스, 1932-1994

나는 리모컨을 내려놓고 소파에 앉았다.

"여보······." 내가 말했다.

"네?"

"프랭크가 죽었어."

프랭크와 딕은 클린트 이스트우드, 마이크 후버, 마이크의 아내 베브 존슨(Bev Johnson, 나와 20년 동안 친분을 쌓았던 사람으로 선구적인 미국인 암벽 등반가이자 엘 캐피탄을 단독으로 등반한 최초의 여성)과 헬기로 네바다 루비산맥에 스키 여행을 갔다. 인원이 많아 두 대의 헬기에 나눠 탔는데 딕과 클린트가 한 헬기에, 마이크, 베브, 프랭크가 다른 헬기에 탑승했다. 프랭크가 탄 헬기 조종사는 구름이 지나가기를 기다리기 위해 잠시 착륙했는데 이후 밝혀진 바에 따르면 이때 회전자로 인해 흡입구 분기관에 눈이 들어갔다. 헬기가 이륙했고 단 몇 초 공중에 떠 있다가 엔진이 꺼졌다. 프랭크와 베브와 조종사가 사망했다. 마이크는 살아남 았지만 다리뼈가 심하게 부러져 스키부츠 밖으로 뚫고 나왔다.

프랭크의 가족은 버뱅크에 있는 디즈니 본사의 큰 강당에서 장례식을 열기로 했다. 그들은 이본과 내게 추도사를 부탁했다. 할리우드 사람들이 전부 모인 것 같았다. 이본과 나, 말린다와 제니퍼는 둘째 줄로 안내를 받았다. 스탠리 골드와 그의 아내가 앞자리에 있었다. 내가 프랭크의 집에서 《세븐 서미츠》의 원고 작업을 하던 날 프랭크에게 전화를 걸어 디즈니를 운영해 보겠냐고 제안했던 인물이었다. 장례가 시작되기를 기다리고 있을 때 잭 니콜슨이 골드에게 다가가 그의 귀에 무언가를 속삭였다. 그가 떠난 후 골드의 아내가 남편에게 몸을 기울이고 말했다.

"저 사람은 누구예요?"

"연기하는 사람이야."

연단에서 마이클 아이즈너가 동료로서 프랭크와의 관계에 대해 이야기했다. 그는 마음을 다잡기 위해 여러 번 말을 멈춰야 했다. 로버트 레드포드가 청중에게 프랭크가 그가 경력을 쌓는 데 어떤 도움을 주었는지 이야기했다. 이번에는 클린트 이스트우드의 차례였다.

"저는 프랭크와 안 지 30년이 되었습니다." 클린트가 말했다.

그러고는 프랭크의 집에서 테니스를 치자는 초대를 받아들인 이야기를 했다. 클린트는 선수로서 프랭크가 가진 기량과 그의 승부욕에 놀랐다고 했다.

"저는 공을 집으러 네트 쪽으로 가면서 프랭크를 똑바로 보고, 모자 챙을 누른 후 눈을 가늘게 떴습니다. 그것이 제가 할 줄 아는 전부였으니까요."

클린트는 말을 멈추었다가 다시 시작했다.

"프랭크와 스키를 탈 땐 아주 빨리 타야 합니다. 그렇지 않으면 혼자 타야 하니까요. 그날은 날씨도 좋았고 프랭크의 기분도 좋았습니다. 우리 모두 기분이 좋았죠. 헬기에 마지막으로 타기 전 프랭크가 〈헤이 주드〉를 불렀던 것이 기억납니다."

그는 잠시 말을 멈추고 감정을 추슬렀다. 그리고 연단에서 혼자, 악기도, 반주도 없이 〈헤이 주드〉를 불렀다.

노래를 마치자 목이 멘 채 그는 이렇게 말했다.

"보고 싶다, 내 친구."

딕은 너무나 마음이 아파서 길게 말을 할 수 없었다. 하지만 이본과 나는 세븐 서미츠 모험에 대한 이야기를 전했다. 나는 모여 있는 사람들에게 프랭크를 처음 만나던 날 알로하 셔츠와 조리를 신었다는 이야기를 했다.

"남아메리카에서 첫 등정을 할 때 프랭크는 속수무책에 가까웠습니다. 텐트를 칠 줄도, 장비를 쌀 줄도, 물을 끓이기는커녕 스토브를 켤 줄도 몰랐습니다. 그는 미끄러지고, 넘어지고, 허우적거렸습니다. 기어가야 했던 적도 있습니다. 하지만 그는 정상에 올랐고 그해 말 즈음에는 딴 사람이 되었습니다. 그는 눈 벽을 만들고, 텐트를 치고, 크램폰을 갈았습니다. 그는 날렵하고 강했습니다. 남극 등반에서 돌아오는 길에 폭풍 때문에 사이플이라는 역에서 기다려야 했을 때는 기지의 전자

레인지로 수프를 데우는 법을 배우기까지 했습니다. 집에 돌아온 그는 아내에게 이렇게 말하지 않을 수 없었습니다. '정말 근사해. 이 버튼을 누르면, 짠! 여보 우리도 하나 장만해야겠어.'"

"그러자 그의 아내가 참을성을 발휘하며 이렇게 말했다고 합니다. '프랭크, 우리 집에 10년 전부터 있었어.'"

"한 해 동안의 등반이 끝나고 한 기자가 프랭크에게 왜 등반을 하냐고 물었습니다. 프랭크는 딕을 통해 알게 된 로버트 서비스의 시 한 구절을 인용했습니다. '모든 것을 보고 싶어서.' 그렇게 하기 위해서 그는 쉰이 되는 해에 성인이 되고 줄곧 걸어왔던 길을 떠나 완전히 새로운 길을 택하기로 마음먹었습니다. 지도도, 표지판도, 목적지에 이를 수 있다는 어떤 보장도 없었습니다. 우리 중 그런 용기를 낼 수 있는 사람이 몇이나 될까요?"

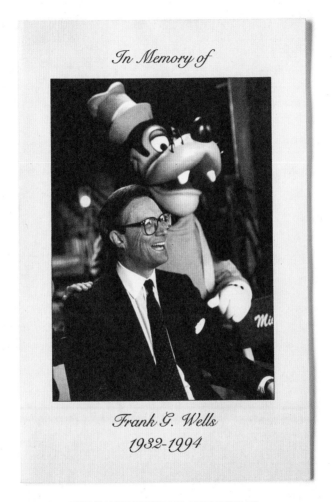

In Memory of

Frank G. Wells
1932-1994

프랭크 웰스 장례식의 진행표 표지. 사진: 릭 리지웨이 소장

17

일관성은 소인배의 증거

더그 톰킨스는 칠레 남부 피오르드에 위치한 레니우에라는 이름의 에스탄시아 3만 7500에이커(약 4590만 평)를 사들였고, 자신이 살 집은 물론 그곳을 자연보호구역으로 바꾸기 위해 고용하게 될 직원들을 위한 별채까지 지었다.

더그를 잘 아는 우리 친구들은 그가 샌프란시스코의 집을 팔고 레니우에로 이주했을 때 그가 마침내 인생에서 뭘 해야 할지에 대한 답을 얻었다는 것을 알 수 있었다. 그가 아끼던 예술품을 팔고, 집과 그림을 판 수백만 달러의 돈을 재단에 집어넣었을 때는 다시 한번 확신을 얻었다. 그의 재단은 이제 칠레와 아르헨티나에서 더 많은 에스탄시아를 구입해 더 많은 보호구역을 만들고 공원으로 탈바꿈시켜서 언젠가는 두 나라에 기증하는 것으로 목표를 정한 상태였다.

더그는 이후 레니우에 인근의 에스탄시아를 구입했고 그 에스탄시

←
파타고니아 주식회사를 떠나 더그와 결혼을 하고, 새로운 국립공원을 만드는 일에 합류하기 위해 칠레 남부로 이주한 직후의 크리스와 더그 톰킨스. 사진: 톰킨스 컨저베이션

아에 인접한 에스탄시아를 구입하는 식으로 총 80만 에이커(약 9억 7천 9백만 평)에 가까운 땅을 사들였다. 그는 레스토랑, 방문객 안내소, 산장, 야영장, 수마일의 하이킹 트레일을 만들고 공원을 대중에게 개방했다. 이 공원은 이후 '푸말린(Pumalin)'이라고 불리게 된다.

동시에 더그는 크리스 맥디비트와 교제를 했다. 그는 그녀가 칠레로 자신을 보러 오게 만들기 위해 애를 썼다. 그녀는 계속 거절하다가 결국 승낙했고 1주일로 생각했던 여행은 5주가 되었다. 몇 개월 후인 1994년 크리스와 더그는 결혼을 했다. 그녀는 파타고니아 주식회사의 CEO직을 내려놓고, 집을 팔고, 레니우에로 이주했다. 다음 20년 동안, 두 사람은 십여 개의 보호구역을 만들었다. 규모로 볼 때 환경보호 역사상 개인이 이룬 가장 큰 업적이다.

더그가 산 레니우에의 에스탄시아에는 화산이 있었다. 미친마후이다(Michinmahuida)는 그냥 화산이 아니라 약 11.6제곱킬로미터의 빙하 얼음으로 덮인 큰 반구형 모양이었다. 1997년, 레니우에를 처음 방문한 나는 크리스와 더그의 집에 있는 남향 창문에 서 있었다. 연간 강수량이 5000밀리미터가 넘는 칠레 남부 발디비아 열대우림에서는 이례적으로 맑은 날이었고 미친마후이다가 시야를 가득 채우고 있었다. 나는 언젠가 돌아와서 그 산에 오르겠다고 마음에 새겨 두었다.

칠레의 남부 해안에는 화산이 띠처럼 이어져 있다. 더그가 처음 도착했을 때만 해도 그 산들의 대부분이 미등반으로 남아 있었다. 코르코바도라고 불리는 미친마후이다 남부의 제2봉도 마찬가지였다. 이 봉우리는 꼭대기에 수직에 가까운 화산전(volcanic plug, 마그마가 굳어서 형성된 바위 지형-옮긴이)이 있는 전형적인 원뿔형이다. 더그는 등반 경험이 좀 있는 칠레 친구 한 명과 이 봉의 등반을 시도했다. 수직에 가까운 구간의 기슭에서 로프 파트너가 자신감을 잃자 더그는 로프 없이 혼자 등반을 계속해서 정상에 올랐다.

다음 화산은 멜리모유로, 정상에 토끼 귀처럼 두 개의 암석 스파이어가 있다는 점을 제외하면 미친마후이다와 비슷한 거대한 돔이다. 역시 미등정인 채로 남아 있었고, 더그는 이번에 시도해 보자며 나를 설득했다. 대부분의 화산들이 그렇듯이, 가장 어려운 부분은 등반이 아닌 접근이었다. 숲의 하층에 퀼라라는 지팡이 같은 식물이 우거져 있어 약 6미터, 때로는 3미터 떨어진 곳에서도 같이 가는 사람이 보이지 않을 정도였다.

우리는 더그의 세스나로 레니우에에서 이륙해 작은 해안 마을에 착륙한 다음 그곳에서 어부를 한 명 고용했다. 어부가 그의 작은 배로 우리를 상류로 데려가 더그가 공중에서 정찰해 놓은 지류에 내려주었다. 우리는 퀼라 아래를 기어다니며 첫날을 보냈다. 비가 오고 있었고 숲은 진흙 수렁이었다. 우리는 마체테를 갖고 있었지만 보통은 체중을 이용해서 줄기를 밀어내는 것이 더 빨랐다. 점심을 먹기 위해 잠깐 멈춘 것 외에는 여섯 시간 동안 걷거나 무릎과 배를 땅에 대고 기었다.

갑자기 통로가 나타났다. 통로라기보다는 퀼라를 밀어내서 생긴 구멍이었다. 우리가 지난 여섯 시간 동안 만들었던 것과 같았다. 동물이 만든 것일까? 쿠거(cougar, 북미에서 퓨마를 가리키는 말-옮긴이) 이외에 이 숲에서 가장 큰 동물은 래브라도 리트리버 크기의 미니어처 사슴이었다. 사람이 만든 것일까? 다른 누가 여기에 있다고? 이후 우리는 진흙 속의 발자국을 발견했다. 우리 발자국이었다. 우리는 커다랗게 원을 그리고 시작점으로 되돌아와 있었다.

더그는 비행기로 조사를 좀 더 해서 멜리모유에 접근하는 더 나은 방법을 알아내겠다며 다음 해에 함께 재도전하자고 말했다. 그렇지만 집으로 가기 전에 그는 얀텔레스라는 다른 화산 등반을 시도해 볼 생각이었다. "사람들이 얀텔레스로 가는 계곡에 말이 지날 수 있는 길을 닦고 있어. 그러니 접근이 쉬울 거야." 더그가 말했다.

그 지역은 더그가 또 다른 에스프리의 관계자인 피터 버클리와 함께 구입한 20만 에이커(약 2억 4천 평) 부지의 일부였다. 피터 버클리 역시 재산을 현금화시켜 환경보호에 전념하고 있었다. 피터는 우리를 만나러 왔다가 이 도전에 합류하기로 했다.

말이 다니는 길 덕분에 포복이 필요 없었고 대부분의 경로는 말을 이용해서 짐을 옮길 수 있었다. 우리는 수목한계선 위에 캠프를 마련했다. 내 텐트에서 더그가 피터에게 아이스 액스 사용법을 설명하는 소리가 들렸다. 다음 날 아침 빙하 기슭에서 우리는 피터에게 크램폰을 어떻게 묶고 추락을 막는지 보여 줬다. 그것으로 등반 준비는 끝났다.

"로프는 안 묶어?" 피터가 물었다.

"필요 없어." 더그가 대답했다. "여긴 쉬워."

"크레바스가 있으면 어떻게 해."

"모두 노출되어 있을 거야. 어쨌든… 나 먼저 갈게."

단단한 눈 위를 횡단하던 중에 피터가 발을 헛디뎌 미끄러지기 시작했다. 각도 때문에 빨리 움직이질 못해서 그가 나를 지나쳐 가기 전에 붙잡을 수가 없었다. 설상가상으로 그의 몸이 뒤집혔다.

푸말린 상공에서 그가 몹시도 아끼는 허스키를 조종하는 더그 톰킨스. 사진: 스콧 소엔스

"배를 대고 도끼를 박아 넣어!"

피터는 몸을 뒤집었지만 가속도가 붙었다. 경사가 낮아지면서 그가 약간 우묵한 곳으로 미끄러져 들어갔다. 경사가 다시 급해지는 부분 직전이었다. 속도가 느려지고 그가 멈추고 나서야 숨이 쉬어졌다. 나는 가능한 빨리 그에게 달려갔다.

"괜찮아요?"

"다리를 다친 것 같아."

바지를 잡아 올리자 살에 구멍이 나 있었다. 자신의 크램폰에 찔린 것이다. 나는 상처에 밴드를 붙이고 그를 부축해서 일으켜 세웠다.

"어떻게 생각해?" 더그가 물었다.

"나는 내려가야 할 것 같아." 피터가 대답했다.

우리는 그가 빙하의 시작 부분까지 돌아가도록 도왔고 그날 오후에 텐트로 오겠다고 이야기했다. 우리는 이전 위치로 다시 돌아와 등반을 계속했다. 더그는 컨디션이 좋지 않은 상태였는데도 나는 그를 따라잡느라 숨을 헐떡여야 했다. 오후에 우리는 도끼로 얼음을 파 작은 플랫폼을 만든 뒤 점심을 먹었다. 하늘이 맑아졌다. 늦은 오후에 정상에 도착했다.

우리 아래에는 황녹색 바위로 이루어진 칼데라가 연기를 피우고 있었다. 분기공에서 증기와 황 냄새가 배어 나왔다. 멀리 중앙에는 거의 완벽에 가까운 원뿔 형태의 코르코바도가 있었다. 더그가 단독 등반을 한 봉우리였다. 북쪽으로는 우리가 볼 수 있는 곳까지 이어진 들판이 지평선을 이루고 있었다. 이 모든 것이 푸말린 보호구역에 포함되어 있었다. 내가 말했다.

"상상도 못하겠어요. 이 모든 황무지가 많은 사람들이 옷을 많이 사들인 덕분에 보호를 받게 되다니."

"필요하지도 않은 많은 옷을 말이지." 더그가 덧붙였다.

다음 해 나는 멜리모유에 재도전하기 위해 돌아갔다. 크리스와 더그의 환경보호 프로젝트가 어떻게 진행되고 있는지 알고 싶어서 일주일 먼저 내려갔다. 더그의 재단은 보호구역으로 전환시키기 위해 레니우에 외에 다른 목장들도 사들였다. 매입한 땅이 늘어나자 엄청난 땅을 가지고 있는 이 노르테아메리카노(norteamericano, 북미인)를 두고 논란이 커졌다. 그가 가진 땅이 국경에서 바다까지 이르러서 말 그대로 칠레의 좁은 국토를 반으로 나누고 있었다. 음모론이 확산되면서 칠레의 포퓰리스트 언론에는 이런 헤드라인이 등장했다.

"세계 낙태센터를 짓기 위해 땅을 매입하고 있는 톰킨스."

"톰킨스는 CIA 요원인가?"

"톰킨스는 유대인 나라를 만들기 위해 땅을 사고 있다."

"톰킨스는 나치 국가를 만들기 위해 땅을 사고 있다."

더그는 시간이 지나면 언젠가는 칠레와 그 국민들이 그 땅을 국가에 환원한다는 자신의 말이 진심임을 믿어줄 것이라고 자신하고 있었다. 그는 정부에 푸말린을 공식 보호구역으로 지정하는 법안을 지지해 달라고 청원을 낸 상태였다. 그 일이 진전되고 있는데도 논란은 계속됐다. 내가 도착한 날은 더그에 대한 기사를 쓰기 위해 찾아온《애틀랜틱》의 기자가 방문을 마무리하고 있었고 크리스는 더그를 폄하하는 사람들뿐 아니라 새로운 지지자들로부터 이해를 얻어낼 수 있기를 빌고 있었다.

기자가 떠나고 더그는 일상의 업무로 돌아갔다. 여기에는 새로운 개인 비서인 상주 조종사의 아내를 훈련시키는 일정도 포함되어 있었다. 할 일 목록에는 푸말린 주변의 공사 상황을 살피는 것도 있었다. 더그는 나와 비서가 함께 간다면 나도 새로운 상황을 파악하게 되고 비서에게도 교육이 될 것이라고 생각했다

새로운 건물부터 시작했다. 쓰러진 파타고니안 사이프러스를 손으로 쪼개 만든 합판이 건물을 둘러싸고 있었다.

"이 합판들이 잘못 붙었네." 더그가 비서에게 말했다. "이것 봐요. 여

기는 전부 회색이고 저쪽은 붉은색이죠? 모자이크 패턴으로 간격을 두어야 해요."

"문제없습니다. 제가 수정하도록 하겠습니다."

"전등 스위치가 문설주와 너무 가까워요. 스위치를 켜려면 손을 오므려야 해."

다음으로 풀이 깔린 활주로로 걸어갔다. 더그의 비행기 세 대를 위한 새 격납고의 공사가 시작되고 있었다.

"여기는 활주로와 너무 가까워. 비행기가 이착륙할 때 서행할 공간이 더 있어야 해요. 우리가 같이 오길 잘했네!" 더그가 새로운 비서에게 말했다. "일을 명확하게 설명해야 해요. 사무실에 가면 나에게 줄자를 달라고 말해 줘요. 줄자는 항상 휴대해야 해요."

더그가 에스프리의 책상 위에 써놓았던 말이 떠올랐다.

'중요하지 않은 세부 사항이란 없다.'

다음 날 더그와 나는 레니우에 피오르드의 맨 위쪽에 있는 칼레타 곤잘로로 출발했다. 이곳은 일련의 깊은 피오르드로 인해 남북 고속도로가 단절되는 지역을 이어주는 배가 정박해서 차들을 태우고 내려주는 곳이다. 칼레타 곤잘로는 남부 고속도로, 카레테라 아우스트랄의 시작점이기도 하다. 더그는 여기에 방문객 안내소, 식당, 작은 산장, 하이킹 트레일을 만들었다. 한 트레일은 거대한 칠레 삼나무 숲을 통과한다. 캘리포니아 미국 삼나무의 남미판이라고 할 수 있는 이 나무는 북부의 사촌과 마찬가지로 수명이 3000년 이상이다. 이 등산로에는 방문객들에게 푸말린이 아니었다면 벌목꾼들에게 불법적으로 잘려나가고 있을 이 나라의 보물들이 어떻게 보호되고 있는지 알려주는 교육

목적의 표지판도 설치되었다.

나는 미국을 떠나기 전 마이클 워드라이라는 친구와 연락을 했다. 그는 남아메리카를 여행하는 중이었는데 같은 시기에 푸말린에 머물게 되었다. 아나나 다를까 나는 연락선 램프에서 그를 발견했다. 마이클은 〈우드스탁〉이라는 영화로 오스카상을 받은 영화 제작자이자 트렌드의 첨단에 있는 사회 평론가였다.

"제 디지털 카메라로 당신 공원을 촬영하기 위해 왔습니다." 마이클이 목에 걸린 카메라를 가리키며 더그에게 말했다.

"이제는 필름도 화학 물질도 필요치 않아요. 0과 1만 있으면 되죠."

"설마요?" 더그가 답했다.

"'월드와이드웹'이란 것은 들어보셨죠? 전 웹사이트라는 것을 가지고 있습니다. 웹에 있는 개인 땅과 같은 것이죠. 거기에 여행기와 함께 사진을 올릴 겁니다."

더그는 카키색 옷에 오스트리아산 방수 캔버스 레인코트를 입고 있었다. 코트의 앞섶이 열려 있어서 현지에서 생산한 양모 털실을 이용해서 손으로 뜬 스웨터가 보였다. 나는 그의 의심을 마이클이 눈치챘는지 궁금했다.

"의심이 많은 분이시군요." 내가 그 생각을 한 직후 마이클이 말했다. "기술 발전을 잘 따라가고 계신가요? 개인용 컴퓨터는 있으세요?"

"내 딸이 스티브 잡스와 사귀었어요." 더그가 답했다. "그 녀석이 올 때마다 개인용 컴퓨터에 대해 논쟁을 벌였죠. 그는 큰 그림을 볼 줄 몰라요. 여전히 그럴 거요."

나는 이 대화가 좋지 않은 방향으로 가고 있지 않나 걱정했다. 하지만 더그는 마이클에게 레스토랑에서 함께 차를 마시자고 청했다.

"나는 개인용 컴퓨터를 '강제적인 기술'이라고 불러요. 차가 나온 뒤 더그가 말했다. 사회 속에서 기능하려면 반드시 사용할 수밖에 없기 때문이죠. 궁극적으로 지구의 자원을 과도하게 사용하고, 서식지를 줄이고, 여러 종을 멸종시키는 경제라는 바퀴의 또 다른 톱니가 될 거예요."

"하지만 개인용 컴퓨터의 장점은 생각하지 않으십니까? 저희에게 정보를 주는데요? 우리 삶을 더 효율적으로 만드는 것은요?"

"물론 개인적인 혜택은 있죠. 하루는 스티브가 장점을 다 적은 종이 한 장을 들고 왔던 게 기억나는군요. 논쟁에서 이기려고 했던 거죠. 하지만 그런 장점들이 더 큰 영향에 대한 이해를 막고 있었어요."

"개인용 컴퓨터가 강제적이라면," 마이클이 말했다. "선생님도 사용할 수밖에 없지 않겠습니까?"

마이클은 장난기가 많아서 사람들을 난처하게 만드는 것을 좋아했다. 더그가 그걸 느끼길 바랐다.

"그럴지도요. 모순이 더 커지는 거죠."

"푸말린 웹사이트도 만드셔야 할 거예요. 제가 도와드릴게요."

"저도 웹사이트든 개인용 컴퓨터든 하나는 갖게 되겠죠. 내가 말했잖아요. 이렇게 강제적이라니까요!"

우리가 다시 멜리모유 기슭을 찾았을 때는 밤낮으로 비가 내렸다. 산의 상부로 올라가기 위해 강을 건너야 하는데 그것이 불가능할 정도였다. 2차 시도에서는 시작도 하기 전에 무릎을 꿇어야 했다.

7개월 후 캘리포니아에 있던 나는 가족을 만나러 온 크리스와 저녁 식사를 하고 있었다. '에덴: 외부인 출입 금지 구역'이라는 제목의 《애틀랜틱》 기사가 나왔다. 유리하기도 불리하기도 한 기사였다.

"그 계획에는 《잃어버린 지평선》과 《어둠의 심연》, 〈피츠카랄도〉, 《폭풍우》의 요소들이 섞여 있었다." 부제목은 이렇게 이어졌다. "더글러스 톰킨스는 노스페이스와 에스프리의 창업자로 큰돈을 모은 후 심층 생태주의를 받아들였다. 이후 문명을 저버리고 칠레에 요세미티 크기의 황무지를 매입했고 이곳에는 그와 같은 뜻을 가진 소수의 사람들만이 살게 될 것이다."

나는 크리스에게 부제는 잡지를 많이 팔 방법을 생각하는 편집자들이 쓴 것이 분명하고 기사 자체는 더그의 복잡한 성격을 대단히 잘 포착했다고 말했다. 나는 특히나 더그를 "확실한 것이 과다해서 고통받는" 사람으로 묘사한 부분을 염두에 두고 있었다.

"알아요." 크리스가 말했다. 억양에서 그녀의 분노가 드러났다.

"그 기자는 모순에 대해서도 대단히 정확했어요. 자신이 하는 일에 대해서 비판하는 걸 좋아하는 성격 말이에요."

"음, 그건 우리 모두가 그래요." 크리스가 말했다. "이본도 말하잖아요. 우리는 지옥에 갈 거야. 다른 게 아니라 이 모든 비행으로 인한 탄소 배출량 때문에."

"그런데," 내가 말했다. "에머슨이 옳은지도 몰라요. 일관성은 소인배라는 증거라잖아요."

먹이사슬 속의 삶

나는 오래 걷는 것을 좋아한다. 꼭 선택을 해야 한다면 등반가로서 지내온 삶을 기꺼이 그것과 바꿀 것이다. 라인홀트 메스너와 남극으로 가기 위해 날이 개기를 기다리며 푼타 아레나스에 있을 때, 그도 같은 이야기를 했다.

"지금은 도보 여행에 매력을 느낍니다." 라인홀트가 말했다. "탁 트인 곳을 오래도록 걷는 거죠."

한번은 동아프리카에 있는 동안 해안과 평행한 툭 트인 가시덤불 지대를 잠깐 산책할 기회가 있었다. 등산 친구이자 사파리 가이드인 이안 앨런과 함께였다. 이안은 자신의 가이드 서비스에 차보 숲 지대를 통과하는 도보 사파리를 추가했다고 말했다. 그리고 킬리만자로 정상에서 바다까지 두 개의 자매 공원, 차보 웨스트와 차보 이스트를 지나는 트레킹을 만드는 아이디어에 대해서도 이야기했다.

←

차보 웨스트 국립공원을 가로지르는 킬리만자로 정상에서 바다까지의 도보 사파리 직후 선두에 선 모하메드 하미시. 사진: 릭 리지웨이 소장

2년 후 나는 이안과 킬리만자로 정상에서 바다에 이르는 도보 여행을 함께하기 위해 아프리카로 돌아갔다. 이안의 친구인 대니 우들리와 봉고 우들리도 함께했다. 두 사람은 모두 케냐 야생동물 보호국의 수석 관리인이었다. 야생동물 서비스의 다른 동료들, 약 200센티미터 키의 삼부루족 공원 감시원 모하메드 하미시와 193센티미터 키의 투르카나족 로키요르도 일행이었다. 우리는 한 달간 총 483킬로미터 이상을 걸었다. 여정의 대부분은 야생 지대였다. 그곳에는 우리보다 먹이사슬의 몇 단계 위에 있는 대형 동물들이 있었다.

이전에 최상위 포식자들과의 만남은 비록 아주 짧은 시간이었지만 그런 일이 얼마나 기민한 각성 상태를 유발하는지 뚜렷이 알려주었다. 귓속에서 동물적인 생존 본능을 깨우는 신호음이 들린다. 먹이사슬 위에 있는 동물을 맞닥뜨렸을 때나 발생하는 그런 감각은 대부분의 경우 대단히 깊숙이 묻혀 있어서 도시에서는 느낄 일이 거의 없다.

이안, 봉고, 대니, 나는 탄자니아 쪽에서 정상으로 향하는 덜 사용된 트랙을 따라 킬리만자로를 오른 뒤 케냐 쪽으로 내려왔다. 그곳에서 모하메드와 로키요르를 만났는데 로키요르는 모두를 위한 무기를 가져왔지만 내 것은 없었다. 나는 총기 사용 허가가 없었고 내가 만들고 있는 TV 프로그램 때문에 카메라를 들어야 했다. 우리는 공식 승인을 받은 야생동물 정찰대였고 총은 위험한 동물은 물론 무장한 밀렵꾼을 만났을 경우에 대비해 우리를 보호하기 위한 수단이었다.

킬리만자로 기슭에서부터 다시 이틀을 더 걸어 차보 웨스트를 가로질렀다. 국립공원의 경계는 따로 표시되어 있지 않았지만 바로 차이를 알아볼 수 있었다. 공원 내에는 가축이 없어서 풀이 높게 자라고 어디에나 야생동물이 있었다.

우리는 모하메드의 뒤에서 한 줄로 걷고 있었다. 그가 갑자기 걸음을 멈추고 손을 들어 조용히 하라는 신호를 보냈다. 그는 가슴을 가로질러 총을 들었다. 다른 사람들도 똑같이 했다. 가시덤불 사이로 희미한 어두운 색의 형체가 보였다. 심장이 한 번 두근대는 짧은 순간, 그것이 아프리카 대형동물 중에서 가장 공격적인 기질을 가진 커다란 아프리카 물소라는 것을 알아보았다.

그 동물은 꿈쩍 않고 서 있었다. 심술궂은 눈초리가 우리에게 꽂혀 있었다. 우리는 기다렸다. 심장이 이내 열 번, 스무 번, 서른 번 뛰었다. 갑자기 그 동물이 코를 힝힝거리더니 방향을 바꿔 덤불을 짓뭉개며 달려갔다. 그때부터 더 많은 덤불이 짓뭉개지기 시작했다. 우리는 거기에 물소 한 마리가 아닌 물소 무리 전체가 있다는 것을 알아차렸다. 우리의 유일한 움직임은 덤불이 짓이겨지고 발굽이 땅에 닿는 소리를 좇아 몸을 약간 돌리는 것뿐이었다. 앞에 터 있는 길 사이로 물소가 한 마리씩 지나가는 것이 얼핏 보였다. 열 마리, 스무 마리, 서른 마리, 우레와 같은 발굽 소리가 나고 먼지가 솟아올랐다.

다음 주에는 추율루 힐스의 남쪽 종단을 따라 흐르는 차보강과 나란히 난 사냥로를 따라갔다. 매일 매일 내 기억에서 지워지지 않을 만남들이 있었다. 나는 가던 길을 멈추고 두 마리 기린을 지켜봤다. 목에 역광을 두른 그들은 카렌 블릭센이 《아웃 오브 아프리카》에서 묘사했던 '기묘하고 독특한 식물성의 기품'을 가지고 피버트리 숲으로 달려 들어갔다.

어느 날 우리는 굽은 길을 질러가기 위해 강기슭을 떠나 겨우 200년 전의 분화 때 흘러나온 용암 줄기를 건너갔다. 뜨거웠다. 용암에서 벗어나 한 쌍의 때까치가 갈매기처럼 쨍쨍거리는 도랑으로 들어갔다. 두꺼운 아카시아 나무들을 지나면 피닉스 레클리나타(Phoenix reclinata)가 둘러싼 목초지가 펼쳐졌다. 열대 아프리카 토종의 이 수려한 대추야자나무들은 가는 줄기가 빽빽하게 모여 있는 형태로 자라며 이름대로 줄기는 굽어지고 기울어진다. 우리는 버뮤다그래스로 이루어진 에메랄드빛 풀밭을 가로질렀다. 동물들에 뜯겨서 풀은 짧아져 있었다. 도중에 아프리카 물소의 해골을 지났다. 대니는 사자의 공격을 받은 것이라고 말했다.

"사자들에게 완벽한 환경이죠." 이안이 덧붙였다. "그들은 저쪽 사초 사이에 매복해서 이 풀들을 그냥 지나치지 못하는 사냥감을 기다립니다."

우리는 목초지를 떠나 아카시아 멜리페라와 가시덤불이 뒤얽힌 숲을 가르는 사냥로를 따라가며 태양 아래 수정이 반짝이는 석영 바위를 지나쳤다.

"지금은 우리가 경계하지 않는 시간입니다." 봉고가 말했다. "경비들이 경계를 늦추는 때죠. 종종 이런 때가 있습니다. 여러분들이 맡는 시간이죠."

나는 심호흡을 하고 눈을 크게 뜬 채 경계를 늦추지 않았다. 이것은 하이 시에라의 배낭여행이 아니다. 회색곰이 나타날까 눈을 크게 뜨고 있어야 했던 몬태나 밥 마샬 야생공원에서의 하이킹과도 달랐다. 그곳이라면 한 달에 한두 번쯤 곰을 마주치겠지만 여기에서는 하루에도 몇 번씩 하마, 물소, 코끼리, 사자, 뱀, 악어를 가까이에서 마주친다. 그리고 그런 만남은 내 모든 감각을 날카롭게 벼린 상태로 하이킹을 해야만 하는 긴장 상태를 낳았다. 그렇지만 그런 긴장감은 내가 마땅히 가져야 할 것, 잃어버렸다가 되찾은 무언가처럼 느껴져 결과적으로 내가 소중하게 생각하는 것이었다.

브루스 채트윈은《송라인》에서 "자연 선택은 두뇌 세포의 구조에서 엄지발가락의 구조에 이르기까지 우리의 모든 것을 계절에 따라 가시덤불이 있는 험한 땅이나 사막을 맨발로 걸어야 하는 일에 맞추어 설계했다"고 말하고 있다.

《내셔널지오그래픽》과월호에서 나는 그 유명한 올두바이 협곡 남쪽 탄자니아 라에톨리에서 발견된 일련의 화석화된 발자국을 사진으로 보았다. 직립 영장류 어른 두 명과 어린이 한 명이 나란히 걸어간 발자국으로 우리가 종으로서 막 등장하는 시기에 조금 못 미치는 350만 년 전 만들어진 것이다.

나는 가시덤불을 걸으면서 다시 돌에 박힌 그 발자국을 생각했다. 내 발이 붉은 대지에 발자국을 만드는 것을 지켜보면서 나는 뚜렷한 연결성을 느꼈다. 내 마음은 시대극에서 달력이 넘어가는 장면처럼 여러 세대를 거슬러 올라갔다. 2만 세대, 5만 세대, 10만 세대. 거기에는 이 똑같은 가시덤불을 걷는 조상들의 가족이 있었다. 똑같은 사바나 나무들이 있고 아주 약간 다른 똑같은 동물들이 있는 이곳에서 부드러운 진흙 위를 두 발로 걸으면서 영원한 발걸음을 남기는 이들이.

둘째 주의 어느 날 나는 큰 동물만이 낼 수 있는 목이 쉰 듯한 깊은 숨소리를 듣고 잠에서 깼다. 정신이 들면서 그것이 사자가 내는 소리라는 것이 기억났다. 나는 귀를 기울였다. 하지만 이내 조용해졌다. 잠이 깬 나는 아프리카로 처음 여행을 갔을 때의 일을 기억해 냈다. 이안과 케냐산을 등반하다가 봉고와 마주쳤다. 그는 당시 케냐산 국립공원의 산림감시대 대장이었다.

"지난밤에 소동이 있었어요." 봉고가 말했다. "트레일 바로 위 캠프에서."

그는 고갯짓으로 우리가 향하고 있는 방향을 가리켰다. 그는 어깨에 코끼리 총 크기 구경의 소총을 메고 있었다. 다시 보니 실제로 코끼리 총인 것을 알 수 있었다.

"무슨 일이었어요?" 내가 물었다.

"사자요. 사람을 텐트에서 끌어냈어요. 그 불쌍한 독일 친구를 끌고 산으로 올라가려 했죠."

"세상에." 이안이 말했다.

"옆 텐트에 있던 사람이 요령이 있어서 냄비로 요란한 소리를 내며 사자에게 맞섰죠. 그게 통했어요. 사자가 그 독일인을 떨어뜨리고 도망갔어요."

"그래서 그는 괜찮아요?"

"살기는 했는데 다리를 잃었어요."

"끔찍한 일이네." 이안이 말했다.

"저는 그 사자를 알아요." 봉고가 말했다. "큰 수컷이에요. 아버다레스에서 넘어왔죠. 문제예요. 이제 살맛을 알아 버려서. 인육의 맛을 안 거죠."

그날 저녁 이안에게 다른 텐트에서 떨어져 잘 필요가 없지 않냐고 말했다.

"걱정할 것 없어요." 이안이 대답했다. "봉고가 가진 소총은 458구경 릭비예요. 그의 아버지 빌 우들리 것이죠. 그분은 아프리카 최고의 코끼리 사냥꾼이고 차보의 설립 때부터 감시원으로 일한 분이에요. 봉고는 그 밑에서 컸죠, 이런 거친 곳에서요. 그는 자신이 하고 있는 일에 대해서 잘 알아요. 그가 사자를 추적할 거예요."

봉고는 실제로 그 사자를 추격해서 총을 쏜 적이 있었다. 이제 나는 봉고가 가까운 텐트에 있고 그의 옆에는 458구경 릭비가 있다는 데에서 위안을 찾으며 내 텐트에 누워 있었다. 거의 잠이 들 무렵 다시 사자의 으르렁거리는 소리가 들렸다. 이번에는 캠프 뒤편이었다. 우리 주위를 돌고 있었다. 나는 각자 다른 텐트를 사용한 것을 후회하며 내 텐트 천장의 모기망을 통해서 밤하늘을 응시했다. 분명 다른 사람들도 나처럼 깨어 있겠지?

이내 다시 조용해졌고 나는 잠들었다. 다음 날 아침 야영지 인근 여울에서 갈라나강을 건널 때에도 내 생각은 여전히 그 포식자에게 머물러 있었다. 물에 들어갈 때 내 눈은 악어의 흔적이 없는지 물 아래위 쪽을 훑었다.

우리는 매일 이런 식으로 강을 건넜다. 때로는 하루에 몇 번씩 건널 때도 있었다. 나는 마음이 해이해질 때마다 봉고의 이야기를 떠올렸다. 그가 열아홉 살 때 악어가 바위에 있는 여자 친구를 끌어내렸다. 악어가 그녀의 발을 물고 수면으로 올라오자 그는 그녀의 팔을 잡았다. 악어의 꼬리가 심하게 요동쳤다. 봉고는 그들과 함께 있던 감시원에게 총을 쏘라고 외쳤다. 악어는 도망갔고 봉고는 여자 친구를 팔에 안고 뒤쪽으로 피했다.

"부상이 심각했어요." 봉고가 말했었다. "그게 우리 사파리의 마지막이었고, 우리 관계의 마지막이기도 했죠."

우리는 맞은편 강기슭으로 올라 아침의 서늘한 공기와 오후의 열기 속을 걸었다. 늘 그렇듯이 나는 경계를 늦추지 않기 위해 애를 썼다. 피터 마티센이 쓴 《사람이 태어난 나무》의 한 구절이 생각났다. "걸을 때는 신발을 통해 아프리카의 맥박이 느껴진다. 너는 다른 동물들 사이에 있는 한 마리 동물이다. 어두운 장소를 꺼리고 공기가 갑자기 가라앉는 것을 꺼린다."

나는 모하메드의 뒤에서 걷는 것으로 위안을 삼았다. 이 삼부루족은 십 년 넘게 이안의 도보 사파리에서 감시 대장을 맡았다. 모하메드는 야생동물 보호국에서도 감시원이었고 대니, 봉고와 함께 수없이 많은 순찰을 하며 코끼리 밀렵꾼과 싸웠다. 그의 피부는 숯처럼 검었고 그의 눈은 믿기 어려울 정도로 붉었으며, 길게 늘어난 그의 양 귓불에는 부족의 전통을 따른 구멍이 나 있었다. 그의 왼쪽 얼굴에는 뺨 길이의 흉터가 있는데 이안의 말에 따르면 코끼리 밀렵꾼과 싸우다가 생긴 칼자국이라고 한다. 모하메드는 살아남았고 그 코끼리 밀렵꾼은 그렇지 못했다.

갑자기 모하메드가 뒤로 물러서면서 우리에게 멈추라는 손짓을 했다. 옆으로 약 9미터 떨어진 세네갈 멜리페라 가시나무 아래에 하마들이 졸고 있었다. 심각한 상황이었다. 다른 사람들은 소총을 어깨에 올리고, 안전장치를 풀고, 방아쇠에 손가락을 얹었다. 하마는 거대한 개

케냐 야생동물 보호국의 감시원이었으며 20년 동안 이안 앨런의 도보 사파리 가이드로 활약한 모하메드 하미시. 사진: 릭 리지웨이

가 자고 있는 것 같은 모습이었다. 머리의 무게 때문에 늘어진 턱살이 눌리고 있었다. 봉고는 움직이기 시작하라고 신호를 주면서 땅바닥의 나뭇가지를 가리켰다. 나는 옆으로 발을 옮겼다. 시선은 땅에서 하마로 다시 땅으로 이동했다.

충분히 멀어지자 봉고가 낮은 목소리로 말했다. "그가 깨어났다면 거의 확실히 공격을 했을 것이고 총으로 쏴야 했을 겁니다."

하마를 만나서 생사가 오가는 상황이 되었다면(하마는 악어와 함께 아프리카의 다른 어떤 대형 동물보다 많은 사람을 죽인다), 우리는 총을 쏴서 하마를 죽였을 것이다. 이안은 차보 웨스트와 이스트 국립공원에서 도보

대니 우들리(왼쪽)와 이안 앨런. 코끼리 가족을 지켜보고 있다. 사진: 릭 리지웨이

사파리를 이끌면서 10년간 여섯 마리의 하마를 사살했다. 도보 여행을 시작할 때 봉고는 반드시 필요한 경우에만 코끼리를 쏠 것이라고, 그리고 사람이 죽더라도 코뿔소는 쏘지 않을 것이라고 못 박았다.

　나는 이것에 대해서 곰곰이 생각해 보려고 노력했다. 생각의 주제 하나는 코뿔소와 코끼리의 목숨을 악어나 하마의 목숨보다 우위에 두는 윤리였다. 코뿔소는 야생에서 거의 멸종했기 때문이었다. 코끼리의 경우도 생존의 위기가 이유였지만 거기에 코끼리의 지적으로나 감정적인 면에서의 지능도 중요한 이유였다.

다른 하나는 도보 사파리의 대안, 즉 거의 모든 방문객들이 하듯이 차 안에서 야생동물을 보는 방식이었다. 그것은 동물원에서 동물을 보는 것과 다름이 없다. 사람이 우리 안에 있는 것만 다를 뿐. 그런 방식은 우리 인간이 야생에서 가질 수 있는 가장 원시적인 형태의 유대를 제거한다는 것이 내 생각이다. 그렇지만 그런 유대가 내가 그토록 연결을 원하는 동물들의 목숨을 대가로 할 만한 가치가 있는 것일까?

줄 지어 선 타나강 포플러들 뒤로 태양이 주황색 공처럼 떠올랐다. 나무들은 캠프 뒤 자갈 사주를 따라 거대한 울타리처럼 자라 있었다. 아침 공기는 서늘했다. 하지만 고통을 치료하는 것이 아니라 가리기만 하는 약과 같은 서늘함이었다. 그 서늘함 아래, 표면 바로 아래에서는 이미 열기를 느낄 수 있었기 때문이다.

오전이 중반에 이르면 온도는 섭씨 37.8도에 근접했다. 바람은 없었다. 셔츠 아래로 땀방울이 피부 위를 흘러내리는 것이 느껴졌다. 북쪽으로는 평평한 사바나가 끝도 없을 것같이 펼쳐졌다. 종말을 맞은 듯한 황량함을 배경으로 건조한 푸른 하늘 아래 말라 죽은 아카시아 몇 그루가 보였다. 동쪽으로는 지평선 앞에 길게 늘어선 얼룩말의 모습이 폭염 속에서 어른거렸다.

가파른 비탈을 만나서 솔트부시 덤불로 들어갈 수밖에 없었다. 소총이 있는 사람들은 무기를 올려 들었다. 우리는 덤불을 떠나 다시 탁 트인 평원으로 들어갔다. 바람이 불기 시작했다. 나는 상체를 식히기 위해 팔을 들었다. 왼쪽으로 90미터 밖에 코끼리 떼가 보였다.

"바람이 부는 방향으로 넓게 퍼져 있는 것이 좋습니다." 대니가 말했다.

곧 우리는 이집트 종려나무 잎을 먹고 있는 두 마리 어린 수컷 코끼리들을 마주쳤다. 서서 그들을 촬영하고 있는데 갑자기 수컷 한 마리가 고개를 들고 귀를 펼치고 코를 바로 내 쪽으로 뻗었다. 다른 사람들은 어깨에 총을 올리면서 뒤로 물러났다. 코끼리는 빠른 속도로 곧장 내게 다가왔고 나는 도망칠 준비를 하면서 몸 안의 모든 세포가 긴장하는 것을 느낄 수 있었다. 이후 그가 콧김을 내뿜더니 고개를 젓고 종려나무 숲으로 돌아갔다.

"정말 가까웠어요. 큰일 날 뻔했어." 내가 말했다.

대니가 걸음으로 거리를 재어 보더니 돌아서서 대답했다. "15미터네요. 하지만 걱정할 필요 없어요. 그 녀석은 사람으로 치면 10대 아이 정도고 가짜 공격이었어요. 고개를 들고, 코를 들고, 귀를 펄럭이는 방식으로 알 수 있죠. 코끼리가 귀를 뒤로하고, 머리와 코를 내린 채 울지 않고 곧장 달려든다면 그건 코끼리가 당신을 해치려 한다는 뜻이에요."

우리는 계속 강과 나란히 나 있는 사냥로를 따라갔다. 강은 오른쪽으로 90미터 거리에 있었고 덤불이 물길을 가리고 있었다. 약 400미터가량 더 걸었을 때 강둑 위로 코끼리의 머리를 발견했다. 머리가 갑자기 강둑 위로 솟아올랐다. 암컷 우두머리였다. 머리와 코를 내리고 귀를 접고 있었다. 둑을 뛰어넘은 코끼리는 곧장 우리에게 달려들었다.

"물러서!"

코끼리는 61미터쯤 떨어져 있었다. 우리는 할 수 있는 한 빨리 달렸다. 코끼리가 조용했다. 울부짖는 소리도 콧김 소리도 없었다. 거대한 동물이 빠르게 다가오고 있을 뿐이었다.

30미터, 27미터, 24미터. 코끼리의 궤적과 속도는 바뀌지 않았다. 5초면 우리가 있는 곳에 도착할 것이다. 4초, 3초… 대니가 갑자기 멈추더니 코끼리를 향해 몸을 돌렸다.

동시에 모하메드가 돌아서서 한 무릎을 땅에 대고 소총을 어깨에 올렸다. 다른 사람도 똑같이 행동했다. 심장이 빠르게 뛰는 가운데 갑작스런 소총의 파열음이 들렸다. 열 발, 스무 발. 코끼리는 바로 앞발로 제동을 걸고 방향을 바꾸어 덤불 방향으로 달려갔다.

모든 총알은 코끼리의 머리 너머와 귀 옆으로 지나가도록 조준했다. 강둑 너머에서 코끼리 떼 전체가 나타나는 것을 보았다. 암컷이 두 마리 더 있었고, 여섯 마리의 어린 코끼리와 세 마리의 새끼 코끼리가 있었다. 암컷 우두머리가 우리로부터 멀리, 북쪽의 탁 트인 지대로 무리를 이끌었다. 강둑 너머에서 두 마리 어린 코끼리가 더 나타나 빠르게 가족들을 뒤쫓았고 모두가 멀리로 사라졌다. 모두 코를 잠망경처럼 올린 채였다. 대니가 말했다.

"우리가 가만히 있었다면 무리 전부가 우리 쪽으로 왔을 겁니다. 그런 상황은 대단히 조심해야 합니다."

"우리와 강 사이에 갇혔다고 느꼈을 거예요." 봉고가 말했다.

"총격은 심각한 공격이에요." 대니가 덧붙였다. "우리도 겁을 먹었지만 그들도 겁을 먹었어요. 하지만 무사히 돌아갔고 아무도 다치지 않았으니 다행이에요."

이안은 아무 말도 하지 않았다. 우리는 다시 걷기 시작했지만 그가 화가 난 것을 알 수 있었다. 나는 그를 따라잡았다.

"사격을 하지 말았어야 한다고 생각하세요?"

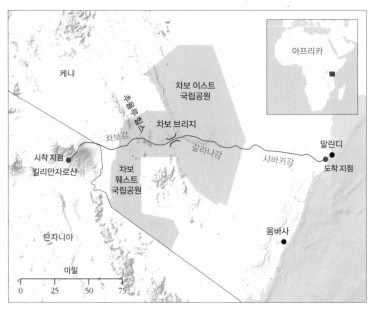

도보 사파리 경로는 483킬로미터에 가깝다. 킬리만자로의 한쪽 사면을 올라 다른 면으로 내려온 뒤 두 개의 차보 국립공원을 가로지르고 킬리만자로의 물이 인도양으로 흘러드는 물줄기를 따라간다.

"그럴 필요가 없었어요. 모하메드는 크게 박수를 치거나 고함을 질러서 코끼리의 돌격을 멈출 수 있었어요. 그가 그렇게 하는 것을 본 적이 있어요. 지금 우리는 서른 마리 코끼리에게 엄청난 충격을 준 거예요."

이안은 이 지역의 다른 코끼리들이 총소리를 듣고 다시 밀렵꾼의 공격을 받는다고 생각했을 것이 분명하다고 말했다. 우리는 계속 걸음을 옮겼다. 하지만 곧 쉬기 위해 멈췄다. 나는 다른 사람들에게 이 문제에 대해서 깊이 있는 이야기를 나눌 필요가 있다고 말했다.

"이 코끼리들은 지옥까지 갔다가 돌아왔어요." 이안이 말했다. "몇 년의 평화 끝에 이제야 마음을 놓기 시작했는데 우리가 그들에게 총을 쐈다고요."

"그들은 마음을 놓지 않았어요." 봉고가 반박했다. "그들은 늘 그렇듯이 지금도 겁을 먹고 있어요."

"사실 인간을 경계하는 건 좋은 일이죠." 대니가 덧붙였다.

누구의 말이 옳다고 단정 지을 수 없었다. 내가 확실하게 아는 것은 우리를 향해 달려오던 암컷 우두머리는 아드레날린을 솟구치게 해서 내 감각을 대단히 예리하게 만들었고 그날 나머지 행군을 하는 내내 그런 감각을 유지하게 했다는 것이었다.

19

긴 활을 가진 사람들

킬리만자로 정상에서 인도양에 이르는 트레킹에서 우리가 가로지른 숲 지대는 예로부터 와리앙구루라고 불리는 부족의 사냥터였다. 2차 세계대전이 끝나고 그 지역이 두 개의 새로운 국립공원(차보 이스트와 차보 웨스트)에 통합되자, 와리앙구루족은 공원 외곽의 마을로 이주해야 했다. 그렇게 살던 곳에서 쫓겨났을 뿐 아니라, 활과 독이 묻은 화살로 코끼리를 사냥하고 상아를 팔아 생계를 유지하던 와리앙구루족은 갑자기 토착 사냥꾼에서 불법 밀렵꾼이 되었다. 그들은 체포되어 투옥되었다. 방면된 후에는 부유한 사냥꾼들의 추적자로 일감을 찾으려고 노력했지만 대부분은 고용 경제로의 전향에 실패했고 마을로 떠밀려 돌아가 다른 부족에 동화되었다. 트레킹을 시작했을 때는 아무도 와리앙구루족이 아직 살아남아 있다는 것을 알지 못했다.

차보 이스트의 동쪽 경계를 떠난 후 우리는 수십 년 전 와리앙구루족이 사라진 마을들을 통과해 걷기로 계획했다. 내 두 동료, 대니와 봉고 우들리에게는 흥미로운 일이었다. 어린 시절 차보 공원 설립 때의

활로 코끼리를 사냥하는 와리앙구루 제1의 사냥꾼 아바쿠나 이세. 사진: 모하메드 아민

두 감시원 중 하나였던 그들의 아버지는 긴 활을 가진 사람들에 대한 이야기를 들려주었었다. 와리앙구루족은 활과 화살로 코끼리를 잡는 극히 위험한 기술을 완성한 아프리카 유일의 토착 부족이었다.

1940년대 말, 빌 우들리와 또 한 명의 공원 창립 감시원인 데이비드 쉘드릭은 새로운 공원에 처음 배치되어 이 코끼리 사냥꾼들에 대해 들었다. 코끼리들의 사체 위 하늘을 나는 독수리들을 발견한 그들은 조사를 진행했고 활로 사냥을 하는 이들이 연간 약 600마리의 코끼리를 잡는다는 결론을 내렸다. 어떻게 그런 일이 가능했을까? 활이 그렇게 강력하다는 말인가?

그들은 이 사냥꾼들의 긴 활을 입수했다. 빌은 다른 부족 사람들 몇몇이 지켜보는 가운데 오늬에 시위를 걸고 활을 당겨보려 했다. 유감스럽게도 활을 몇 인치 이상 당길 수가 없었다. 이후 그들은 와리앙구루족의 활을 당기려면 활을 머리 위로 들었다가 내리면서 한 번에 모든 힘을 쏟아 활시위를 당겨야 한다는 것을 알게 되었다. 얼마나 강한 힘이 필요한지는 가끔 사냥꾼이 활을 당기다가 사망한다는 것으로 증명되었다. 머리의 혈관이나 심장의 동맥이 터지기 때문이었다.

활의 강도보다 더 치명적인 것은 화살에 바르는 독이었다. 아코칸테라의 일종인 작은 나무에서 얻는 이 독에는 강심배당체라 불리는 극독이 함유되어 있었다. 이 독은 의료계에서 강심제로 사용되는데 와리앙구루족이 사용하는 아코칸테라 추출 0.2그램이면 충분히 사람을 죽일 수 있었다. 보통 와리앙구루족의 화살에는 약 5.4톤 코끼리를 몇 번이고 죽일 수 있는 독이 묻어 있었다고 한다.

데이비드와 빌은 대부분의 활 사냥꾼들이 키시키 차 음중가(Kisiki Cha Mzungu, 백인의 무덤)라고 불리는 마을에 살고 있다는 것을 알게 되었다. 그들은 가장 활발하게 활동하는 와리앙구루 사냥꾼들의 이름을 수집하기 시작했다. 바리사 다라, 보루 데바사, 아바쿠나 구문디로 이어지는 목록의 맨 위에는 존경심을 우러나게 하는 사냥 능력을 가졌다고 일컬어지는 갈로갈로 카폰데가 있었다.

결국 그들은 이름 난 사냥꾼 중 한 명을 찾는 데 성공했다. 마흔 살쯤 되는 그는 그가 숨겨 둔 상아들과 최근에 사냥한 코끼리 사체가 있는 곳을 보여 주어 그들을 놀라게 만들었다. 사냥꾼은 마음을 끄는 순박함을 지니고 있었다. 그는 싹싹하고, 예의바르고, 정직했다.

"활동하는 동안 코끼리를 몇 마리나 잡았죠?"

"400마리 정도예요."

"갈로갈로 카폰데라는 사람은요?"

"1500마리를 잡았어요. 그보다 많을 수도 있죠."

빌과 데이비드는 키시키 차 음중가를 기습하기로 결정했다. 그들은 밤에 마을에 접근해 해가 뜨기를 기다렸고, 오두막 밖에 앉아 해가 뜨는 것을 지켜보고 있는 갈로갈로 카폰데를 찾아냈다. 감시원들이 갑자기 나타났을 때 놀랐을지 모르겠지만 그는 내색하지 않았다. 그는 근육이 잘 잡힌 날씬한 몸을 갖고 있었고 뻣뻣하고 짧은 머리카락에 주의 깊은 눈매를 갖고 있었다.

그는 상아를 숨겨둔 곳으로 그들을 안내하기로 했다. 감시원들은 그에게 수갑을 채우고 몇 킬로미터를 걸어 그들의 차가 있는 곳으로 돌아간 뒤 비포장도로로 공원을 가로질렀다. 이후 그들은 갈로갈로의 수갑에 짧은 로프를 묶었다. 사냥꾼은 그들을 숲으로 이끌었다. 밤이 찾아왔고 그들은 어둠 속에서 강을 향해 계속 나아갔다. 갑자기 갈로갈로가 로프의 반대 방향으로 몸을 기울였다. 감시원들은 로프를 잡아당기다 뒤로 넘어졌다. 갈로갈로는 수갑에서 손을 빼내고 사라졌다.

이후 2년 동안 빌과 데이비드는 여러 명의 활 사냥꾼을 잡는 데 성공했다. 하지만 갈로갈로는 계속 그들을 피해 다녔다. 그들은 또다시 키시키 차 음중가 급습 작전을 폈다. 갈로갈로의 오두막은 비어 있었지만 주인이 곧 돌아올 조짐이 보였다. 그들은 숲에 몸을 숨기고 기다렸다. 곧 갈로갈로가 나타나 오두막 쪽으로 걸어왔다. 하지만 사냥꾼은 오두막 앞에 서 있는 자신의 개를 보고 걸음을 멈췄다. 개는 감시원들이 숨어 있는 수풀을 바라봤다. 갈로갈로는 갑자기 몸을 돌려 달아났다.

갈로갈로는 사자처럼 먹이를 집요하게 쫓는 본능과 잠행하는 표범의 본능을 가지고 있는 것 같았다. 하지만 두 감시원과 경비대원들은 활 사냥꾼 체포 작전을 계속했다. 한 번에 몇 주씩 들판에서 지냈다.

6주간의 순찰을 마친 빌과 데이비드, 경비대원들이 인근 호텔의 바에서 맥주를 마시고 있을 때였다. 전보가 도착했다. 데이비드가 전보를 열었다. "말린디 경찰서에서 갈로갈로 카폰데를 이송할 준비를 해 주십시오."

처음에는 장난으로 생각했다. 하지만 경찰관이 노인 한 명이 나타나 자신이 밀렵꾼이라고 말하며 자수했다는 이야기를 전했다. 빌과 데이비드는 감방에 혼자 앉아 있는 갈로갈로를 발견했다. 그들은 그를 본부로 데려와 며칠 동안 조사를 진행했다. 그는 나이가 들었고 쫓기는데 지쳐서 자수했노라고 말했다. 데이비드는 처음 그들이 그를 체포한 몇 년 전에 수갑을 풀고 도망친 이유를 물었다.

"도망치지 말라고 얘기하지 않았으니까요."

그들은 갈로갈로 카폰데를 체포하지 않기로 결정했다. 그들은 그를 풀어 주었고 그는 키시키 차 음중가로 걸어 돌아갔다. 아무도 더 이상 그의 소식을 듣지 못했다. 이로써 동아프리카 코끼리 사냥꾼의 시대는 끝났다.

엄청난 너비의 두 차보 국립공원을 가로지르는 데 2주가 걸렸다. 공원을 벗어나 가축과 염소들이 있는 목초지로 들어서자 볼 수 있는 야생동물은 혼자 있기를 좋아하는 여우와 작은 무리의 오릭스(oryx, 큰 몸집에 뿔이 길고 곧은 영양-옮긴이)뿐이었다. 공원 경계를 하루만 걸어도 코끼리 떼, 하마 무리, 멋진 한 쌍의 사자를 볼 수 있었던 것과 놀라운 대조를 이루었다.

길은 더 이상 사냥로가 아니고 가축을 치는 사람들이 이용하는 길이었다. 우리는 강을 향해 비스듬히 이동해 나뭇가지 엮은 것에 진흙 반죽을 발라 만든 오두막이 모여 있는 곳에 이르렀다. 우리는 한 오두막에서 걸음을 멈췄다. 보라색과 녹색으로 물들인 캉가(kanga, 동아프리카 여성이 몸에 두르는 화려한 무늬의 면포-옮긴이)를 입은 중년의 여인이 있었다.

"잠보(안녕하세요)." 봉고가 말했다. 하지만 여인은 낯을 가리며 대꾸를 하지 않았다. 20대 중반의 한 남자가 다가왔고 우리는 인사를 나눴다.

"이 마을의 이름은 뭔가요?"

"키시키 차 음중가입니다."

작은 무리의 사람들이 우리 주변으로 모여들었고 우리는 또 다른 젊은이에게 여기에 살던 늙은 코끼리 사냥꾼을 아는 사람이 있냐고 물었다.

"예." 그가 우리 뒤쪽으로 9미터 정도 떨어진 곳에 있는 버려진 오두막의 폐허를 가리키며 말했다. "저게 갈로갈로 카폰데의 '무지'입니다."

"아직 남아 있는 그의 가족들이 있나요?"

"네, 저 여자 분이요." 그가 사람들 속에 서 있는 나이 든 여성을 가리켰다. "저 분이 갈로갈로의 첫째 부인이에요."

그 노인은 키가 작고 뻣뻣한 머리카락에, 뼈대가 가늘고 피부는 얇아 보였다. 그녀는 눈을 피했다. 아마도 긴장해서일 것이다. 그녀는 옆에 선 어린 소년의 머리에 손을 올렸다.

"그리고 여기 이 사람이 갈로갈로 카폰데의 아들, 헌터 갈로갈로입니다."

우리는 빌 우들리와 데이비드 쉘드릭이 1950년대 후반 갈로갈로를 체포했을 때 10대였을 듯한 중년의 남자를 소개받았다. 우리는 악수를 했다. 그의 눈 밑에는 의식을 통해 구슬을 달았던 흉터 자국이 얼굴 양쪽으로 뻗어 있었고 귓불 아래에는 작은 구멍이 있었다. 그의 눈은 붉었고 낯을 가리는 것처럼 보였다.

"우리는 당신들을 찾으러 왔습니다." 봉고가 스와힐리어로 설명했다. "지금은 돌아가셨지만 갈로갈로를 잘 아는 사람 대신 인사를 전하러 왔습니다. 우리가 지금 하는 것과 같은 일을 하셨죠. 그는 야생동물 감시원이었습니다."

"아, 브와나 빌루를 얘기하는군요." 헌터가 대답했다.

"그래요, 브와나 빌루." 봉고가 대답했다. 그러고는 대니를 가리키며 말했다. "우리는 브와나 빌루의 아들들입니다."

사람들 사이에서 웅성거리는 소리가 들렸다. 헌터는 미소를 지었다. 낯가림이 조금은 없어진 것 같았다. 다른 사람들도 미소를 지었다. 빌을 알기에는 너무 어린, 하지만 분명 그의 이야기를 들었을 사람들 모두. 봉고와 대니는 아이들이 말썽을 부리면 키시키 차 음중가의 어머니들이 "말을 안 들으면 브와나 빌루가 잡으러 올 거야"라고 말했다는 이야기를 들었었다.

"아직 생존해 계시는 코끼리 사냥꾼에게 존경을 표시하기 위해 왔습니다." 봉고가 말했다.

헌터는 나이 든 사냥꾼 두 명, 키리바이 발라가와 구유 음쿤즈가 아직 살아 있지만 이맘때쯤이면 강 북쪽에서 지내고 있으며 우기가 끝날 때까지는 돌아오지 않을 것이라고 이야기해 주었다. 나는 실망했다. 강이 너무 넓고 깊어서 건널 수 없었다. 하지만 긴 화살 사냥꾼들 두 명이 아직 살아 있다는 사실에 가슴이 벅찼다.

"갈로갈로는요?" 대니가 물었다.

"그는 나이를 먹어서 1989년에 죽었습니다. 무덤이 거기에 있어요."

"어디에요?"

"당신들이 서 있는 그쯤에요."

우리는 고개를 돌렸다. 1미터쯤 뒤에 작은 묘비가 있고 무덤의 발치 쪽 땅에는 막대 두 개가 꽂혀 있었다.

"코끼리 1500마리를 활과 화살로 쏘아 죽이고," 대니가 말했다. "세계 최고의 사냥꾼이 되었는데도 별 게 없네요, 그렇지 않나요?"

일주일 후 갈라나강이 인도양으로 흘러드는 삼각주에 도착했다. 집도 사람의 다른 흔적도 없어 놀라울 정도로 야생적인 느낌이 들었다. 우리는 땀에 전 옷을 벗어던지고 물결 속으로 뛰어들었다. 킬리만자로 정상의 눈은 다른 세계에 있는 것처럼 멀어 보였다. 만족스런 모험이었지만 동시에 답이 필요한 많은 질문을 남긴 여행이었다

빌 우들리와 데이비드 쉘드릭은 오래 전에 죽었다. 하지만 나이로비에서 그와 동시대를 살았고 역시 감시원이었던 이안 파커를 찾았다. 그는 70대 후반이었고 날씬한 몸매에 또렷하게 말을 했다.

활과 화살로 코끼리를 사냥한 것을 축하하는 와리앙구루 사냥꾼들. 사진: 모하메드 아민

　"와리앙구루족에 대해서 알면 알수록, 깊은 인상을 받았어요." 그가 내게 말했다. "그들의 사냥 기술, 그들이 코끼리를 사냥하면서 직면했던 상상하기 힘든 위험. 그들의 활을 보세요. 그 활은 갑옷을 뚫도록 만들어진 중세의 긴 활보다도 강했죠. 두 경우 모두 금속 화살촉이 필요했어요. 그럼 와리앙구루는 어디에서 금속을 얻었을까요?《에리트라해 안내기》를 읽어 보세요." (나는 그 책을 읽었다. 1세기에 만들어진 이 안내기는 아라비아해의 고대 이름인 에리트라해의 수로지였다.)

　"그 안내기는…" 이안이 말을 이었다. "평범한 사람이라면 두 명이 나서야 활시위를 당길 수 있는 활과 화살로 코끼리를 사냥하는 동아프리카 해안 부족에 대해 이야기합니다. 선원들에게 상아와 철을 거래하는 법을 알려 주죠. 알다시피 와리앙구루족은 보통의 원시 수렵인이나 채집인들이 아닙니다. 그들은 외부 세계에 상아를 제공하는 코끼리 사냥 문화를 이루고 있었고 우리가 왔을 때는 이미 2천 년 이상 그 일을 해온 상태였습니다."

빌 우들리와 데이비드 쉘드릭이 옳았다고 가정하면 와리앙구루족은 차보에서 연간 600마리의 코끼리를 잡고 있었고, 이안 파커의 말이 옳고 와리앙구루족이 2천 년 이상 그 일을 해왔다고 가정하면 그들은 지속적으로 코끼리를 잡아들였다는 결론을 내릴 수 있다.

그것은 그들이 사냥꾼(생계를 위한 사냥꾼이 아닌 상업적인 사냥꾼)이되, 사냥감인 동물과 균형 잡힌 관계를 맺고 살아왔다는 의미이기도 했다.

좋은 여행은 처음에는 생각지도 못했던 질문에 대한 답을 준다. 도보 사파리를 시작할 때만 해도 나는 그 여행이 코끼리를 비롯한 모든 야생동물들과 우리 종의 공진화(共進化) 관계를 성찰하는 계기가 될 줄 알지 못했다. 게다가 그 성찰이 아프리카 평원을 넘어 인간의 지구 전체에 걸친 디아스포라와 이후 그 관계에 어떤 변화가 있었는지까지 이르게 될 줄은 더더욱 몰랐다.

집에 돌아온 나는 조사를 계속하면서 차보에서 코끼리 사냥꾼인 와리앙구루족이 제거된 후에 코끼리 개체수가 폭발적으로 증가했고 서식지 안팎에서 자기들끼리 잡아먹기 시작했음을 알게 되었다. 차보는 사막으로 변하고 있었다. 코끼리 도태에 대한 열띤 논쟁이 있었고, 이후 가뭄이 닥쳐 개체수가 급감했다. 죽은 코끼리가 사방에 쓰러져 있게 되자 소말리아와 같은 먼 곳의 부족들이 상아를 줍기 위해 차보를 뒤지는 일종의 골드러시가 시작됐다. 이 모든 일이 끝난 뒤에도 그 부족들은, 특히 소말리아인들은 그곳에 남았다. 가뭄이 끝나고 이번에는 활과 화살을 통한 사냥이 아닌 밀렵이 시작되었고 대부분이 소말리아인인 밀렵꾼들이 내전에서 구한 반자동 소총으로 코끼리를 잡았다. 이렇게 시작된 밀렵 전쟁은 오늘까지 계속되고 있으며 따라서 코끼리의 수도 지속적으로 감소하고 있다.

와리앙구루 부족에게 활과 화살을 대체하는 AK-47 소총이 주어졌더라면 그들은 멸종에 이를 때까지 코끼리를 사냥했을까? 우리 종이 원시적인 기술로도 야생동물을 멸종시키고 아프리카를 떠난 이야기는 존재한다.

나는 더 자세한 것을 알아보기 위해 로스앤젤레스의 라 브레아 타르 피츠를 방문했다. 나는 매머드와 마스토돈(mastodon, 멸종한 코끼리과의 포유동물-옮긴이)의 뼈대 아래 섰다. 옆에는 검치호와 짧은 얼굴 곰이 있었다. 로스앤젤레스 분지는 한때 세렝게티(serengeti, 탄자니아 북서부의 초원-옮긴이)였다. 3개 종의 코끼리, 낙타 떼, 얼룩말을 닮은 말, 영양, 치타를 닮은 고양잇과 동물들, 아프리카 사자와 꼭 같은 모습이지만 크기만 더 큰 사자들이 있었다. 하지만 인류가 약 1만 2천 년 전 도착한 후 2천 년 내(대부분 500년 내에)에 이들 대형 포유류(최대 35종의 얼룩말)의 80퍼센트가 사라졌다. 고생물학자들이 '지질학적 시간으로 한 순간'이라고 부르는 시간 동안 말이다.

누가 혹은 무엇이 이런 홍적세 소멸을 유발했는가에 대해서는 수십 년간 뜨거운 논쟁이 계속되고 있다. 내 경우는 1만 2천 년 전에 일어나지 않았던 일이 의문을 낳았다. 일부에서 주장하듯이 기후 변화에 책임이 있다면 왜 양서류는 멸종되지 않았을까? 사라진 곤충이 쇠똥구리뿐인 이유는 무엇일까? 로스앤젤레스 분지를 날던 11종의 독수리 중 2종 외에 나머지는 다 어디로 갔을까?

모아(moa, 뉴질랜드에서 발견된 날지 못하는 새. 지금은 멸종됨-옮긴이)를 비롯해 마오리족이 뉴질랜드에 도착한 직후 사라진 날지 못하는 여러 종의 대형 평흉류(타조·거위 등의 주조류들)는 어떤가? 원주민들이 오스트레일리아에 도착한 직후 멸종된 방대한 유대목 동물(캥거루·코알라처럼 육아낭에 새끼를 넣어 가지고 다니는 동물-옮긴이)들은 또 어떤가?

나는 '벨루가와 대화'를 나누려고 노력하는 팀원들과 북극권을 여행할 때 더그 톰킨스가 우리와 동행한 이누이트 사냥꾼에게 마지막 남은 암컷과 수컷 고래를 죽이겠냐고 물었던 것을 떠올렸다. 그는 그럴 것이라고 말했다. 사냥할 권리가 자신에게 있다는 것이 이유였다.

나는 기술과 기회가 있을 때 우리의 기본적인 반응은 야생동물이 사라질 때까지 사냥하는 것이라는 결론에 이르렀다. 사람들은 때로 이런 말을 한다. 다른 야생동물과 마찬가지로 우리에게도 먹고, 먹히지 않고, 새끼를 낳는 세 가지 책무가 있다고. 나는 여기에 네 번째를 더하고 싶다. 예술, 아름다움, 우주와 어우러질 방법, 보다 가깝게는 나를 둘러싸고 있는 나를 포함한 삶의 거미줄에 어우러질 방법을 이해해야 할 책무 말이다. 희망은 바로 거기에 있다. 우리의 이 네 번째 책무가 아프리카 초원에서부터 비롯된 우리의 본능에 맞서게 할 수 있을 것이다.

시간에 갇히다. 고미술가 마크 할렛이 그린 인류가 도착하기 전 홍적세 후기의 로스앤젤레스 분지 모습이다. 이 벽화는 라 브레아 타르 피츠 박물관에 상설 전시되고 있다. 이것이 내가 우리 종이 내 고향 남부 캘리포니아 지역에 미친 영향을 측정하는 기준이다. 그림: 마크 할렛

20

두 번의 장례식

콘카 곰파 사원은 미냐콩카 서쪽 사면으로 내려오는 빙하의 끝자락이 내려다보이는 가파른 산비탈의 작은 단구(bench, 주위가 급사면 또는 절벽으로 끊긴 계단형 지형—옮긴이) 위에 올라 앉아 있었다. 나는 맑은 날이면 거의 7589미터에 이르는 봉우리의 놀라운 모습을 볼 수 있다는 것을 알고 있었지만 그날 오후는 장마 구름이 산을 가리고 있었다. 흐린 날의 마지막 빛 속에서 나는 아시아 라이트 옆에 서 있었다. 우리 둘 모두 사원의 2층을 두르고 있는 난간에 기대어 처마 밑에 장식용 깃발처럼 걸려 있는 기도 깃빌을 보고 있었다. 뜰 중앙의 제난에서는 불이 붙은 향나무 가지가 정체된 공기 속으로 덩굴 모양의 연기를 만들고 있었다. 기도실에서 스님의 기도문 소리가 들렸다. 1970년대에 마오쩌둥의 홍위병들이 파괴하기 전의 원래 사원에서도 살았을 만큼 나이를 먹은 스님이었다.

←

나와 아시아 라이트. 그녀의 아버지 조나단 라이트의 발자취를 따라 그의 무덤까지 이르는 두 달간의 티베트 순례 중에. 사진: 릭 리지웨이 소장 동부 티베트 전통 불교도인 캄파족이 사원을 훌륭하게 재건했지만 나는 새로운 사원이 원래의 사원에 필적하지 못한다는 것을 알았다. 20년 전 이본 쉬나드, 조나단 라이트, 나는 구 사원의 잔해 옆에서 야영을 했다. 그날 오후 우리는 폐허들을 돌아보며 시간을 보냈고, 남아 있는 기둥과 들보를 만든 정교한 솜씨에 감탄했었다.

거의 20년이 지나 나는 조나단의 딸과 같은 장소에 있게 되었다. 막 스무 살이 된 그의 딸은 나와 이 순례길에 올랐다. 그날 밤 나는 침대에 누워 용기에 든 양초 불빛 속에 일기를 썼다. 내 침대는 방의 한쪽 끝을 따라 놓여 있었고 아시아의 것은 가운데, 노승(자신의 방을 나눠 쓰게 해주었다)의 침대는 반대쪽 끝에 있었다. 그는 협탁 위의 소지품(묵주, 종, 손으로 조각한 나무 액자에 들어 있는 라마의 초상 두 개)을 정리하며 소리를 낮춰 염불을 하고 있었다. 아시아도 깨어 있었다. 헤드램프에서 나온 원추형 빛이 그녀가 챙겨 온 아버지 일기의 사본을 비추고 있었다.

아시아와 여행을 하면서 과거가 현재에 녹아드는 느낌을 여러 차례 받았다. 그녀가 내 앞에서 걷는 모습은 나를 과거로 데려갔다. 거기에는 오래 전 과거의 어느 날 내 앞을 걷던 그, 조나단이 있었다. 그녀는 어머니의 짙은 색 머리카락과 쌍꺼풀이 없는 눈, 높은 광대뼈를 가지고 있었지만 한편으로는 아버지의 긴 다리와 흰 피부를 가지고 있었다. 그녀는 친구가 여행에 행운을 빌기 위해 준 티베트식 터키석과 산호석 목걸이를 걸고 있었고 아버지가 남긴 티베트 묵주를 가지고 다녔다. 떠나기 전날 16살 난 내 딸이 아시아의 머리를 잘라 주었다. 두 아이들은 우리 집 베란다에서 낄낄거리고 있었고 길고 검은 그녀의 머리카락이 타일 바닥으로 떨어졌다.

여행을, 아니 순례를 시작하면서 나는 천식이 있고 추위에 약하고 벌레를 무서워하는 아시아를 걱정했다. 처음에는 서로 조심해 가며 예의를 차렸지만 일주일 후에는 서로와 함께하는 것이 편안해졌다. 나는 여행의 조각들이 맞춰지면 그녀가 앞으로 걸어갈 길에 대한 보다 선명한 그림을 얻을 수 있을 것이라고 확신했다. 그녀의 아버지라면 딸을 데리고 떠났을 법한 여행의 아이디어는 내 작품이었다. 이제 콘카 곰파 사원의 침대에 누워서 나는 내 확신을 시험해 보기로 했다.

"아시아, 아버지의 일기에서 얻는 가장 중요한 것이 뭐라고 생각하니?"

"항상 자신을 발전시키는 능력이라고 생각해요. 그게 절대 끝나지 않는 일이라는 것을 깨달아요. 솔직히 말해서 아저씨가 나보다 아빠의 일기에서 얻는 것이 많은 것 같아요. 아저씨가 아빠를 잘 알기 때문이겠죠."

"좋은 지적이구나."

"제게는 아저씨가, 아저씨의 이야기가 더 현실적이에요. 그 이야기들로부터 배우고 있어요."

"그렇게 얘기해 주니 고맙구나."

"안녕히 주무세요, 아저씨."

그녀는 헤드램프를 껐다. 노승은 침대에서 잠들어 있었다. 나는 파카를 벗고 초를 불어 껐다. 어둠 속에서 나는 침낭으로 파고들었다. 여행 중에 아시아에게 들려주었던 이야기들을 생각했다. 정복자가 아닌 생존자로 K2 정상에 선 것, 가족의 곁으로 돌아와야 한다는 목표가 나를 살린 일 그리고 내가 어떤 일을 끝까지 해낸다면 앞으로 더 많은 일을

콘카 곰파 사원 안 뜰에서 나는 라마에게 카메라를 주고 사진을 찍어 달라고 부탁했다. 사진: 릭 리지웨이 소장

할 수 있음을 깨달은 것. 이본과 더그와의 만남, 내가 그들로부터 배운 것, 사람들에게 거의 알려지지 않은 부탄의 대산괴 기슭에 앉아서 열심히 만든 지도를 불태운 것.

어둠 속에서 나는 수도원 아래로 세차게 흐르는 강물 소리를 들었다. 잠에 빠지기 전에 한 가지를 더 생각했다. '쉰이 된 지금 그때와 같은 눈사태를 만난다면 나는 두려움이 아닌 경이로움을 느끼며 쏟아져 내리는 눈을 탈 지혜를 가질 수 있을까?

조나단이 죽고 난 후 나는 2~3년에 한 번씩 아시아와 그녀의 어머니에게 연락을 했다. 아시아의 어머니는 재혼을 하지 않았고 딸과 단 둘이서 살았다. 아시아가 14살이 됐을 때 나는 그들을 만나러 아스펜에 들렀다. 아시아의 뺨에는 조나단처럼 주근깨가 있었다. 처음에는 수줍어 했고 심지어는 쌀쌀맞은 태도를 보였다. 아시아는 고등학교 배구팀 2군 소속이었고 그녀의 어머니와 나는 관람석에서 그녀의 경기를 지켜봤다. 그 후 나는 아시아와 배구팀 친구들을 저녁 식사에 초대했다. 그들은 식당까지 걸어가겠다고 말했다. 나는 그것이 아시아가 친구들에게 나에 대해 이야기할 시간을 갖기 위해서였을 것이라고 짐작했다.

식당에서 아이들을 기다리면서 나는 아시아의 어머니에게 두 사람이 조나단에 대해서 자주 이야기를 하느냐고 물었다.

"별로요." 그녀가 대답했다. "비행기에 오르는 조나단의 사진을 액자에 넣어서 아시아에게 줬었어요. 당신들이 미냐콩카로 떠날 때 모습이었죠. 하지만 아이가 그 사진을 어떻게 했는지는 모르겠어요. 아시아는 아빠 없이 자란 것에 대해 억울하게 생각해요."

아시아와 친구들이 도착했다. 잠시 후 그녀가 입을 열기 시작했다. 그녀는 내게 스노우보드를 아주 좋아한다고 말했다(이후 그녀는 미국 주니어 스노우보드팀에 들어갔다). 그녀는 암벽등반을 배우는 데에도 관심이 있다고 말했다.

"올 여름에 이본과 내가 널 그랜드티턴에 데려갈 수 있을 거야." 내가 말했다. "박스터 피너클에서 레슨을 해주지."

"와우, 그거 멋진데요." 그녀가 말했다.

하지만 다른 일로 바빠져서 그 약속을 지키지 못했다. 콜로라도 대학 1학년을 마칠 무렵, 아시아가 전화를 해서 여름에 캘리포니아에 오고 싶은데 오하이에서 우리와 지내도 좋은지 물었다. 그녀는 아버지의 뒤를 이어서 프로 사진작가가 되겠다는 꿈을 갖고 있었다. 그 무렵 나는 아웃도어 사진작가들의 대행사를 시작했고 덕분에 그녀는 그해 여름 우리 회사에서 아르바이트를 할 수 있었다.

그녀가 우리와 함께 지내고 몇 주가 지난 후, 나는 점심을 먹기 위해 그녀를 카페에 데려갔다. 나는 그녀에게 눈사태에 대해 이야기해 주었다. 로프로 연결된 우리 네 사람이 가파른 사면으로 밀려 내려오는 수톤의 눈에 갇히게 된 일, 눈 더미가 절벽 위로 쏟아져 내리면서 내가 죽었다고 생각하게 된 일, 눈 더미가 쏟아지는 속도가 느려지다가 멈추고 다시 시작되었다가 마침내 멈춘 일, 나는 어째서인지 무사했지만 이본, 킴, 그녀의 아버지 조나단은 각기 다른 정도로 부상을 입었던 일. 나는 그녀에게 아버지를 품에 안고 눈을 맞추며 괜찮아질 거라고 모두 살아 있다고 말했던 일, 그의 눈동자가 머리 쪽으로 돌아가고 호흡이 멈추었던 일, 내가 숨을 불어넣어 주자 호흡이 돌아왔다가 멈추었던 일을 들려주었다. 나는 그녀에게 우리가 그녀 아버지의 꽁꽁 언 시신을 돌출된 바위로 옮기고 돌로 덮은 뒤 무덤 위에 기도 깃발을 매단 일을 이야기해 주었다.

"몰랐어요." 내가 이야기를 마치자 그녀는 고개를 저으며 말했다. "아직도 그냥 남의 이야기 같아요. 항상 사람들이 물었어요. '아버지는 무슨 일을 하셔?' 저는 '아버지는 《내셔널지오그래픽》의 사진작가였어. 하지만 내가 아기일 때 눈사태로 돌아가셨지'라고 대답했어요. 그러면 사람들은 '세상에, 그런 일도 있구나'라고 말했죠. 그들에겐 현실적으로 들리지 않는 얘기였어요. 어느 정도는 저에게조차 현실적이지가 않아요."

"엄마는 아빠에 대해 얘기하는 것을 좋아하지 않으셨어요." 그녀가 이야기를 이어갔다. "나와 아빠 사이의 유일한 연결 고리는 아빠의 사진뿐이었죠. 대부분이 네팔과 히말라야의 사진이었어요. 그곳이 아빠가 좋아한 곳이라는 걸 알았죠. 제게 아시아라는 이름을 붙인 것도 그 때문이고요. 여덟 살 때 그런 생각을 했어요. 그곳에 갈 수 있다면 아빠가 어떤 사람인지 알 수 있을 텐데. 지금도 그곳에 가고 싶어요."

나는 그녀가 네팔에 가도록 도와 달라는 부탁을 할 것이라고 생각했다. 그녀가 속마음을 털어놓았을 때부터 이미 내 답은 정해져 있었다. 절반은 내가 돕겠지만 나머지 절반은 그녀가 해내야 한다고 말이다.

"저를 티베트에 데려가 주실래요?" 그녀가 물었다. "미냐콩카예요. 산으로 올라가서 아버지 무덤을 찾을 수 있게요."

나는 바로 답을 하지 않았다. 아내와 이야기를 해봐야 했다.

"당연히 데려가야죠." 제니퍼가 말했다. "아시아는 단순히 아버지를 찾는 데 도움을 달라고 부탁하고 있는 게 아니에요. 아버지가 되어 달라고 부탁하는 거예요."

나는 조나단과 미냐콩카 등반 후에 하기로 계획한 여행을 기억하고 있었다. 티베트를 육로로 가로질러 에베레스트로 가서 《내셔널지오그래픽》에 실을 기사를 만들 생각이었다. 그 여행을 아시아와 하면 어떨까? 네팔에서 시작해서 에베레스트 베이스캠프까지 그녀 아버지의 친구였던 셰르파들과 함께 오를 수 있지 않을까? 그 뒤에 육로로 티베트로 갈 수 있다. 어쩌면 봉우리를 등반할 수도 있지 않을까? 하지만 동티베트 산들의 눈은 우기에 습해서 눈사태가 일어나기 쉽다. 그 생각만으로도 소름이 돋았다. 하지만 서티베트라면 눈이 건조하고 안정적이다. 거기에 간다면 카일라스산을 돌며 전생의 업을 지우는 순례자들과 합류할 수도 있을 것이다. 아시아에서 가장 신성한 산을 순행하는이 일은 조나단이 꿈꾸었던 것이기도 했다. 우리는 계속해서 외딴 창탕고원, 어쩌면 아루 분지까지 갈 수도 있을 것이다. 아루 분지는 거의한 세기 동안 그것을 본 서구인으로 저명한 생물학자 조지 샬러가 유일했던 곳이다. 나는 그의 책과 기사를 탐독했다. 샬러 박사에게 연락을 해보는 것은 어떨까? 그가 크리스탈산맥이라는 이름을 붙였던 곳을 찾아 오르도록 도와줄 수도 있을 것이다. 나는 그 산줄기 전체가 어떤 등반가도 발을 들여 본 적이 없는 곳이란 것을 알고 있었다. 그 후아시아와 나는 다시 티베트를 가로질러 미냐콩카로 가서 산의 측면을타고 그녀 아버지의 무덤을 찾아갈 수 있을 것이다.

아시아는 망설임 없이 대답했다. "좋아요!" 그녀는 조나단이 즐거운것을 만날 때마다 "우우위!"라고 외치던 것과 꼭 같은 열정으로 소리쳤다.

네팔과 에베레스트를 들러 티베트 서쪽 창탕고원의 탁 트인 스텝 지대를 지나 몬순이 휩쓸고 간 동티베트의 산맥으로 가는 우리의 여정은두 달이 걸렸다. 에베레스트 남쪽의 쿰부에서는 조나단을 좋아하는 세르파들과 하이킹을 했다. 우리는 카일라스산을 3일에 걸쳐 도는 수백명의 불교 순례자들의 대열에 합류했다. 크리스탈산에서는 아무도 등반한 적이 없는 이름 없는 약 6400미터 봉우리의 정상에 올랐다. 육로로(약 1609킬로미터에 이르는 오프로드 여행) 라싸로 되돌아간 우리는 항공편으로 청두에 가서 3일에 걸쳐 미냐콩카에 이르는 트레일 출발점

북서 티베트의 고원. 약 1609킬로미터에 걸친 아시아 라이트와의 오프로드 여행 중에. 사진: 릭 리지웨이

까지 우리를 데려다줄 차편을 마련했다.

  그리고 마침내 콘카 곰파 사원의 작은 방에서 아시아, 노승과 함께 잠을 깼다. 아직 어두웠지만 양피지를 바른 창으로 희미한 빛이 들어왔다. 비가 오는 소리는 없었다. 강물이 흐르는 소리만 들릴 뿐이었다. 멀리서이긴 하지만 불안감을 남기는 저음이었다. 나는 조용히 침낭 지퍼를 열고 여행 기록이 든 봉투와 쌍안경을 챙겨 안뜰로 난 가파른 계단을 내려갔다. 사원 밖에 나오니 짙은 회색 구름이 미냐콩카의 가장 낮은 측면을 제외하고 모든 것을 덮어 버린 것을 볼 수 있었다. 나는 봉투에서 사진들을 꺼내 자세히 들여다봤다. 우리가 조나단을 묻은 부벽 위의 장소가 찍힌 사진 중 한 장에 원을 그렸다. 하지만 구름이 너무 많아서 지금은 그곳이 보이지 않았다.

아침을 먹으면서 아시아와 계획을 짰다. 우리는 최소한의 장비와 음식만을 들고 측퇴석을 올라 1980년 우리가 베이스캠프를 만들었던 고산 초지에서 야영을 할 예정이었다. 그리고 다음 날 날씨가 허락한다면 그녀 아버지를 찾아볼 것이다.

승려들이 사원 앞으로 모여 우리에게 행운을 빌어 주었다. 30분 후 우리는 빙하가 만들어 낸 볼더(boulder, 물이나 비바람에 씻겨 반들반들해진 바위-옮긴이) 위를 내달리는 강에 이르렀다. 건너기에는 폭이 너무 넓었다. 상류를 정찰하던 우리는 좁은 곳에 걸쳐진 젖은 통나무 하나를 발견했다. 반대편으로 간 우리는 철쭉 관목이 우거진 가파른 사면을 올랐다. 짙은 안개로 나무에는 이슬이 맺혀 있었다. 우리는 가시가 있는 들장미 가지를 쥐지 않도록 조심하면서 잡목 숲을 헤쳐 갔다.

측퇴석 산마루에 다다라 한 시간 동안 길을 따라갔다. 돌풍이 다가오고 있었다. 우리가 어디에 있는 것인지 확실치 않았다. 좁고 평평한 지대에 도착해서 우리는 야영을 하기로 결정했다. 우리가 막 텐트 펴는 것을 마쳤을 때 돌풍이 들이닥쳤다. 텐트 안에서 나일론 천을 통해 번개가 치는 것을 볼 수 있었다. 눈사태 이후의 시간이 기억났다. 나는 베이스캠프로 돌아왔고 다른 사람들은 짐을 챙겨 이본과 킴을 도우러 떠났다. 나는 혼자였고 번개가 치더니 이내 천둥이 쳤다. 조나단의 영혼이 떠나는 소리처럼 들렸다.

나는 밤새 비가 텐트를 때리는 소리를 들었다. 나는 헤드램프를 찾아 여행용 알람시계에 비췄다. 새벽 4시였다. 빛은 텐트 문을, 강 가장자리에 표식으로 미리 봐두었던 작은 덤불 위를 비췄다. 강이 둑을 넘어 우리 텐트로 밀려들 때까지 약 2.5센티미터 남은 것을 볼 수 있었다. 나는 생각했다. '이런 날씨에는 무덤을 찾을 수 없을 거야.' 그러면서도 여전히 마음속으로는 챙길 것을 헤아렸다. 나침반, 헤드램프, 점심, 카메라, 필름, 참조용 사진, 쌍안경. 그런 다음 차를 만들기 위해 스토브를 켰다. 나는 아시아에게 머그잔을 건넸다. 그녀는 자리에 앉으며 고맙다고 말했다. 이내 비가 그쳤다.

"무슨 생각을 하세요?" 그녀가 물었다.

달빛 속에서 빙하의 끄트머리가 구름 밖으로 혀처럼 늘어진 것이 보였다.

"비가 가늘어지고 있어." 내가 대답했다. "어쩌면 해낼 수 있을 것 같아."

해가 뜰 무렵 길을 나섰다. 강과 나란히 난 야크 트레일을 따라갔다. 지난 번 나는 팔걸이를 하고 이 길을 걸었었다. 이본은 내 뒤에 있었다. 부러진 갈비뼈에서 오는 고통으로 그의 호흡은 짧았다. 킴은 훨씬 뒤에 있었다. 그는 허리와 무릎에 부상을 입었다. 그는 입술을 꼭 다물고 멈칫대며 걸었다. 모르핀으로 흐려진 그의 푸른 눈은 상대와 이야기를 나눌 때에도 먼 곳에 초점이 맞춰진 것 같았다.

측퇴석이 강과 만났고 아시아와 나는 미끄러운 볼더에서 볼더로 건너뛰며 나아갈 수밖에 없었다. 우리는 느슨한 측퇴석을 오르기로 결정했다. 그곳 산마루에서 희미한 자취를 발견했다. 앞쪽으로 세 개의 평행한 부벽이 구름 아래로 내려와 있는 것이 보였다. 그중 하나가 약간 눈에 익었다. 쌍안경을 통해서 내가 본 것과 사진을 비교해 보았다.

"어떤 것인지 아시겠어요?"

"잘 모르겠어." 내가 답했다. "똑같아 보이지가 않네."

이후 나는 무슨 일이 일어난 것인지 깨달았다. 20년 동안 지구 온난화로 측면 빙하가 많이 줄어들어서 알아보지 못한 것이다.

"이것 봐." 나는 사진을 가리키며 말했다. "1980년에는 빙하가 여기에 있었어. 지금은 훨씬 위에 있지. 그런데 이 바위들 보여? 이 바위가 눈사태가 멈췄던 곳인 것 같아. 바로 여기 왼쪽에 네 아버지를 묻었어."

측퇴석의 꼭대기가 뾰족해서 균형을 잡기 위해서는 팔을 펴고 걸어야 했다. 아시아는 내 뒤에서 10미터 정도 떨어져 있었다. 나처럼 생각에 잠겨 있는 것 같았다. 나는 무덤 자리까지 그녀 아버지를 옮기던 날을 다시 체험하고 있었다. 얼굴 한쪽은 햇볕으로 따뜻했고 그의 차가운 몸 때문에 다른 한쪽은 서늘했다.

앞에 있는 것이 우리가 베이스캠프를 세웠던 초원이라는 것을 알아볼 수 있었다. 위를 보자 부벽 기슭으로 갔던 루트가 보였다. 나는 뒤에 있는 아시아를 확인하면서 꾸준한 속도로 그쪽을 향해 비스듬히 올라갔다. 아시아는 나와 어느 정도 간격을 유지하고 있었다. 생각을 정리하기 위해 그렇게 하고 있다는 느낌이 들었다. 계곡을 채웠던 구름층이 계속 걷혀 나갔다. 한 시간 후 나는 자갈 비탈의 꼭대기에 이르렀고 물을 마시기 위해 걸음을 멈췄다. 아시아가 도착했고 우리는 조용히 있었다. 우리가 있는 곳에서 몇 백 미터 위에 눈사태가 멈췄던 곳이, 그리고 그 왼쪽으로 우리가 조나단을 묻었던 곳이 보였다.

나는 쌍안경으로 그 지역을 살폈다. 그의 무덤이 아직 거기에 있다면 앞으로 드러난 절벽 뒤에 숨겨져 있을 것이다. 오른쪽으로 올라가는 길이 있지만 그 길은 빙하 끝에 위태롭게 서 있는 세락 아래였다. 그 지형이 보이는 것만큼 어려웠는지 기억이 나지 않았다. 우리는 가파른 부분의 시작점으로 계속 이동했다.

"겁이 나요."

"보기에만 그런 거야." 내가 그녀의 어깨에 손을 올리며 말했다. "잘할 수 있을 거야."

"그런 게 아니에요. 우리가 찾게 될 것 때문에 두려운 거예요."

"그래도 가고 싶어?"

그녀가 고개를 끄덕였다.

"네가 앞장 서. 내가 볼 수 있게." 내가 말했다. "여기에 발판이 있고 저기에 손잡이 두 개가 있어. 몇 미터 올라간 뒤에 왼쪽의 저 작은 이면각(바위와 바위가 맞닿아 있는 벽)을 향해 갈 거야."

"좋아요."

"내가 바로 뒤에 있을게."

아시아는 첫 발판 위에 부츠를 올리고 손잡이를 잡은 뒤 위로 올라갔다. 그녀의 마음속에 어떤 생각이 있는지 확실히 알 수는 없었지만 그녀의 몸은 자신감 있게 움직였다. 나는 그녀의 뒤를 따랐다. 나는 확실하게 그립을 유지하기 위해 한 번에 한 손이나 한 발씩만 신중하게 움직였다. 그래야 아시아가 미끄러졌을 때 잡아줄 수 있을 것이다.

"잘하고 있어. 이제 왼쪽으로 횡단해. 이면각 쪽으로."

바위 표면에서 꺾여 들어간 이면각은 까다로워 보였다. 하지만 더

음산한 비, 불어난 강물, 미끄러운 돌… 그녀 아버지의 무덤으로 가는 동안 이 모든 것이 긴장을 더해 갔다. 사진: 릭 리지웨이

큰 문제는 하산하는 것이었다. 특히나 빗속에서 말이다. '돌아가야 하나?' 나는 계속 가기로 결정했다. 이면각 꼭대기부터는 내가 다시 선두에 서서 느슨한 바위들로 이루어진 사면을 올랐다. 산마루의 정상이 이제 3미터쯤 앞에 있었다. 나는 다섯 걸음을 걷고 위를 올려다보았다. 바로 그 사면을 알아볼 수 있었다. 산사태가 멈추었던 곳, 조나단이 죽었던 곳이었다.

　나는 가방을 벗었다. 아시아는 15미터 정도 밑에서 꾸준히 움직이고 있었다. 나는 위로, 옆으로 시선을 주었다. 거기에 있었다. 조나단의 무덤이.

"어떻게 이렇게 가까울 수 있지?"

어깨에 그의 시신을 메고 가던 그날 아침에는 너무나 멀게 느껴졌다. 하지만 뭔가 달라졌다. 무덤은 우리가 만들었을 때만큼 높지가 않았다. '무슨 일이 일어난 거지? 시신이 마르면서 내려앉은 건가? 옆에 삐져나온 건 뭐지? 빛바랜 나일론? 그러네. 끝에는? 그의 등산복? 그렇군.'

아시아는 이제 불과 몇 미터 떨어져 있었다. 하지만 그녀는 발의 위치에 집중하며 아래를 보고 있었다.

"아시아?"

그녀가 움직임을 멈추고 위를 쳐다봤다.

"네 아버지 무덤이 보인다. 온전하지가 않으니까 마음의 준비를 하도록 해."

그녀의 시선이 나를 지나쳐 아버지의 깨진 관대에 고정됐다. 이후 그녀는 시선을 돌리고 아무 말도 하지 않았다. 나도 입을 열지 않았다.

"올라가고 싶지가 않아요."

"내가 있는 곳으로 와. 쉬기 좋은 곳이야."

그녀가 마지막 몇 걸음을 올라와 내 옆에 시더니 눈물을 흘리기 시작했다. 어깨가 오르내렸다. 그녀의 눈물은 속 깊은 곳에서 나오고 있었다. 나는 그녀의 머리를 내 머리 옆에 댄 채 그녀를 지나쳐 내가 죽어가는 그녀 아버지를 안고 있었던 곳을 바라봤다. 그의 딸을 안고 있는 지금 다시 한번 나는 그와 있었다. 무릎에 그의 머리를 올리고. 그녀는 눈물을 그치지 못했다.

"가방을 벗고 앉아 봐."

아시아는 눈물을 닦고 바위 위에 앉았다.

"내가 올라가서 살펴볼게. 여기 있을 수 있겠어?"

그녀는 여전히 눈물을 훔치며 고개를 끄덕였다. 나는 천천히 무덤 쪽으로 걸음을 옮겼다. 부츠 밑에서 납작한 자갈이 내는 소리가 들렸다. 내 어깨 위의 그가 얼마나 차가웠는지가 다시 기억났다. 무덤 앞에 이르렀다. 등산복의 다리 하나가 나와 있었다. 나일론은 색이 바래고 오래되어 곧 부서질 것 같았다. 다른 다리는 여전히 돌에 덮여 있었지만 재킷의 일부가 보였다. 나는 노출된 다리로 손을 뻗어 천을 옮겼다… 그는 거기에 없었다.

눈표범일까? 돌을 옮기려면 강력한 뭔가가 필요했을 텐데. 다음으로 그리핀이 마무리를 했겠지. 나는 몸을 굽혀 또 다른 돌을 들어 올렸다. 아직도 새것처럼 밝은 푸른색의 긴 내의가 있었다. 가슴에 붙은 커다란 낡은 라벨에는 파타고니아라고 적혀 있었다. 내의가 찢어진 곳으로 친구의 몸이 보였다. 허리뼈, 갈비뼈, 쇄골. 나는 돌을 또 하나 치웠다. 그의 두개골은 사라지고 없었지만 머리카락은 여전히 좋은 상태로 남아 있었다.

나는 손가락으로 머리카락을 만지면서, 그의 머리카락을 쓸어 넘기며 이본을 올려다보고 "이본, 방금 조나단이 죽었어요"라고 말하던 때로 돌아갔다. 나는 과거에 있었다. 그리고 나는 현재에 있었다. 나는 눈물을 흘리고 있었다.

"조나단, 내 오랜 친구."

나는 눈물을 닦고 일어섰다. 다시 그를 묻어 주어야 했다. 그의 유골 위에 돌을 다시 쌓고 우리가 가져온 새로운 기도 깃발을 달아 주어야 했다. 그런 후라면 아시아가 제대로 된 무덤에 올라올 수 있을 것이다.

우리는 무덤을 새로 만들고 아시아 라이트의 친할아버지, 할머니가 우리 편에 보낸 황동 현판을 고정시켰다. 그리고 20년 전 내가 했던 것처럼 아시아가 마지막 돌을 얹었다. 사진: 릭 리지웨이

나는 아래를 보았다. 놀랍게도 그녀가 이미 나를 향해 오고 있었다.

"아시아, 아버지 옷이 여기 있어. 그런데 유골의 일부는 없어졌다. 정말 올라오겠니?"

"내가 갈게요."

21

창탕, 인간 없는 세상을 걷다

해가 뜨기 두 시간 전 나는 텐트의 지퍼를 열고 밖을 내다봤다. 헤드램프에서 나온 불빛이 15센티미터나 쌓인 눈을 비췄다. 전날 밤, 우리 세 등반 친구들(콘래드 앵커, 갈렌 로웰, 지미 친)과 나는 아침 일찍 지면의 상태가 좋을 때 출발하기로 결정을 내렸었다. 태양이 단단한 바닥을 무른 진흙으로 만들기 전에 무게가 110킬로그램 가량 되는 인력거를 끌고 가능한 멀리까지 가고 싶었다. 그러나 이제 그게 문제가 아니었다. 눈을 헤치고 인력거를 끄는 것도 그만큼이나 힘들 것이다. 다른 선택지가 없을 때는 인내가 가장 쉽다는 것을 스스로에게 상기시켰다.

나는 따뜻한 침낭에서 빠져나와 차가운 바지를 입고 우리에게 닥친 상황에 대해 생각했다. 트레킹은 5일차였다. 우리는 여행 일정을 30일로 잡았고 그동안에 다른 사람을 볼 확률은 낮다고 판단했다. 내 멘토이자 안내자인 조지 샬러 박사는 사료를 이용해 자신을 비롯한 티베

--→

443킬로미터에 걸쳐 인간이 지구의 이 외딴 곳에 살았다는 아무런 표식도, 신석기 유물조차 없었다. 사진: 갈렌 로웰

트의 이 북서쪽을 여행한 모든 서양 탐험가들이 밟은 길을 지도상에서 추적했다. 하지만 우리 계획처럼 길의 중앙을 가로지른 사람은 없었다. 너무나 황량하고 고도가 높아서(평균 고도가 약 4876미터가 넘는다), 두꺼운 피부를 가진 서부 티베트의 유목민 드로크파족조차 이곳을 지나는 모험은 하지 않는다.

조지 샬러 박사는 당대 최고의 생물학자로 여겨진다. 내가 아시아 라이트에게 티베트를 가로질러 그녀 아버지의 무덤으로 가자고 제안했을 때 창탕에서 산을 오른다는 아이디어를 얻은 것도 샬러의 글과 책 덕분이었다. 북서 티베트의 창탕은 샬러 박사가 그 지역의 야생동물에 대한 많은 연구를 진행한 곳이다.

샬러 박사에게 아시아와의 여행 계획을 도와줄 수 있겠냐는 편지를 쓰기 전부터 그는 이미 내게 모험과 자연보호에 대한 헌신에 영감을 준 중요한 인물 중 하나였다. 그에 대해서 처음 알게 된 것은 내셔널 북 어워드를 수상한 피터 마티센의 책 《눈표범》을 통해서였다. 이 책은 마티센이 샬러와 네팔의 오지 돌포 지역을 트레킹한 이야기이다. 샬러 역시 광범위한 현장 연구를 묘사한 그의 여러 저서 중 하나인 《세렝게티의 사자》로 내셔널 북 어워드를 수상했다. 그의 이런 현지 조사에는 재규어, 호랑이, 고릴라, 판다 등 세계에서 가장 상징적인 종들에 대한 기초 연구가 포함되어 있었다.

나는 브롱크스 동물원에 있는 사무실에서 그를 만나 악수를 나눴다. 60대 중반에 마르고 탄탄한 체격의 그가 방안을 돌아다니는 모습은 걷는다기보다는 가젤처럼 껑충거리고 뛰어다닌다고 표현하는 편이 더 어울렸다. 그는 커다란 지도를 폈다. 접힌 선이 몹시 닳아 있었다. 그는 아루 분지로 가는 길을 보여 주었다. 차로 1609킬로미터의 비포장도로를 달려야 하는 여정이었다. 우리는 오전 내내 지도와 기록을 살폈다. 그는 나를 공항까지 데려다주겠다고 제안했다. 터미널에서 나는 감사의 인사를 하고 돌아섰다. 뒤에서 그가 내 이름을 부르는 소리가 들렸다. 나는 그의 차로 다시 걸어갔다. 조수석 창이 여전히 열려 있었다. 그가 조수석 너머로 몸을 기울였다.

"잊지 말아요." 그가 말했다. "움직이는 걸 멈추자마자 녹이 슬기 시작한다는 걸."

샬러는 아시아 라이트와의 여행 중에 관찰한 모든 야생동물의 수와 위치를 기록해 달라고 부탁했다. 그는 특히 치루(chiru, 티베트 영양)라고 불리는 발굽 동물에 관심이 많았다. 어깨 높이가 약 90센티미터인 치루는 실제로 영양보다는 염소나 양에 가까웠다. 하지만 수백만 년 동안 티베트의 고산 스텝 지대에서 진화를 거듭해[생물학자들이 수렴진화(convergent evolution)라고 부르는 것] 영양과 같은 모습을 얻게 됐다. "치루는 아프리카 평원을 돌아다녀야 할 것 같은 모습이다." 샬러는 이렇게 적고 있다. "그들의 가는 다리는 지평선을 향해 성큼성큼 달리기 위해 고안된 것처럼 보이고 그들의 크고 맑은 눈은 스텝 지대를 훑으며 위험 요소를 찾아내는 데 이상적이다."

샬러는 처음으로 치루 밀렵을 매우 값이 비싼 '샤투슈(shahtoosh)'라는 숄의 생산과 연결시킨 사람이며, 중국 정부로 하여금 약 334만 제곱킬로미터(약 1조 평)의 창탕자연보호구역을 만들도록 설득한 사람이다. 하지만 그렇게 넓은 지역에 순찰은 몇 명에 불과하기 때문에 밀렵이 여전히 성행하고 있고 따라서 치루의 개체수는 계속 감소하고 있다.

한때 수백만에 이르던 치루의 수는 현재 약 7만으로 추정되고 있다.

샬러는 치루 연구 초기에 서쪽 무리(가장 큰 치루 무리)의 암컷들이 매년 5월 말에서 6월 초에 남쪽 산맥을 떠나 쿤룬산맥을 향해 북쪽으로 이동하는 것을 관찰했다. 샬러는《내셔널지오그래픽》1993년 8월호 기사에서 그들은 "태곳적부터 이어진 이동 경로를 따라가 불가사의한 장소에서 새끼를 낳은 후 8월 초 새끼들을 데리고 되돌아왔다"고 말하고 있다. "유목민들도 다가가지 않는 대단히 외진 장소이다. 너무 황량해서 동물들이 먹이로 찾을 수 있는 것이라고는 끝이 뾰족한 마른 사초 잎뿐이다. 무리를 따라가 보려고 했지만 심한 눈보라가 우리를 막았다."

나는 처음 이 글을 읽고 펜을 찾아 거기에 밑줄을 그은 후 여백에 '미래의 원정을 위한 훌륭한 도전'이라고 적었다. 아시아 라이트와의 여행에서 돌아온 후 나는 모든 치루 관찰기를 비롯해 내가 기록한 자료를 검토하기 위해 샬러 박사를 만났다.

"아직도 치루가 새끼를 낳는 곳을 찾고 있어요." 그가 말했다.

"도보로 치루 무리를 따라가 보면 어떨까요?" 내가 물었다.

"치루가 새끼를 낳는 곳까지 따라가겠다고요? 그 지역은 인적이 전혀 없어요. 그러니 물을 비롯한 보급품을 직접 가지고 가야 해요. 시냇물을 만날 때까지 2~3일이 걸릴 수도 있으니까요. 각자가 45킬로그램 이상의 짐을 가져가야 해요. 카메라 장비까지 합치면 90킬로그램은 될 거예요."

우리 두 사람 모두 그 정도라면 기간이 얼마이든 가방으로 운반할 수 있는 무게가 아니라는 것을 알고 있었다. 하지만 나는 그 아이디어를 포기할 수 없었다. 나는 쉰 초반이었다. 하지만 계속 움직이고 있었고 녹이 슬려면 아직 멀었다. 나는 아웃도어 스포츠에 대한 영화를 만드는 데 집중하기 위해 사진과 영화 기획사를 매각했다. 하지만 그 일은 이전만큼 충족감을 주지 못했다. 아시아와 그녀 아버지의 무덤을 찾아간 여행에 대해 책을 썼고 만족감을 느꼈다. 하지만 친구들이 야생과 야생동물 보호에 대한 헌신을 더해가는 것을 지켜보며 나 역시 내 몫을 해야겠다는 자극을 받았다. 더그와 크리스는 아르헨티나와 칠레의 에스탄시아를 사들이느라 바빴다. 이본은 파타고니아 매출(수익이 아닌)의 1퍼센트를 비영리 환경단체에 기부하고 있었다. 비가 오나 눈이 오나, 회사의 사정이 좋으나 나쁘나 자신이 '지구세(Earth tax)'라고 부르는 것을 어김없이 내놓았다.

등반과 모험에 관련된 내 노하우를 이용해서 멸종 위기에 처한 종들을 구하는 데 힘을 보태는 것이 내가 남은 평생 해 나가야 할 일로 생각됐다. 그러나 아무리 노하우가 있어도 외부의 도움 없이 사람이 살지 않는 483킬로미터의 초원을 가로질러 이동하는 게 가능할까?

연 2회 개최되는 아웃도어 소매업체 무역 박람회에 참석하기 위해 솔트레이크시티에 갔을 때도 이 문제에 대한 고민은 이어지고 있었다. 솔트 팰리스 건너 메리어트 호텔 로비에 앉아 있던 나는 한 남자가 아내와 아이를 데리고 있는 청동 동상을 발견했다. 19세기 모르몬교 가족이었다. 그들은 유타를 향해 도보로 대평원을 가로지르고 있었다. 그런데 그 남자는 살림을 실은 인력거를 끌고 있었다!

다섯째 날 새벽 우리는 이름 없는 6096미터 높이 봉우리의 측면을 오르고 있었다. 우리는 최첨단 인력거와 연결된 허리 벨트를 밀었다. 마운틴 바이크와 동일한 인력거 바퀴가 새로 온 눈에 깊은 고랑을 만들었다. 하늘은 맑았고 되새가 노래를 했다. 태양이 구름의 암초를 헤치고 나왔다. 우리 뒤로는 비스듬한 햇살이 언덕을 핑크빛으로 칠하고 있었다. 앞으로는 새벽빛이 차가운 연무 사이로 흩어지면서 보라색, 녹색, 노란색, 붉은색의 긴 띠를 만들어 냈다.

"환수평(circumhorizontal) 무지개다!" 갈렌 로웰이 외쳤다. "보통의 무지개처럼 수증기가 아니라 얼음 결정으로 만들어지는 거예요. 높은 산에서 가끔 볼 수 있죠."

갈렌은 사진작가이자 등반가로 알려져 있었지만 친구들 사이에서는 자연사에 관한 한 잡학 박사라는 평판을 갖고 있었다. 1년쯤 전에 갈렌, 콘래드 앵커와 점심 식사를 하다가 그들에게 샬러가 치루가 새끼를 낳는 곳을 찾고 싶어 한다는 이야기를 했다. 인력거를 끌고 치루의 이동을 쫓아간다는 내 아이디어도 밝혔다. 그들은 바로 참여하기로 결정했고 콘래드는 이후 지미 친이라는 전도유망한 젊은 등반가를 합류시키자고 제안했다.

콘래드와 나는 몇 년 전 《내셔널지오그래픽》에 고용되어 퀸모드랜드라고 불리는 남극대륙 구석의 610미터 스파이어 등반을 촬영하면서 친구가 됐다. 콘래드와 그의 등반 파트너 알렉스 로우가 선등을 하기로 했는데, 그들이 성공한다면 남극에서 최초로 대형 암벽을 등반하게 되는 것이었다. 그 당시 콘래드와 알렉스는 세계 최고의 고산 등반가로 인정받고 있었다. 여섯 명이 전부인 소규모 팀이었다. 그 원정은 어떤 사람들 사이에도 언쟁 한마디가 없던 내가 본 유일한 원정이었다. 몇 주 동안 암벽에 붙어 있어야 했는데도 말이다. 우리는 주변 경관, 거대한 로스코 그림처럼 회색 화강암과 하얀 얼음과 푸른 하늘이 삼면에 펼쳐지는 파노라마에 경탄했다. 벽의 각도는 수직을 넘어섰다. 정상에 도달한 후, 하이캠프(밑에는 공기 외에 아무것도 없는 행잉 텐트 세 개)로 내려온 우리는 침낭을 가방에 넣어 떨어뜨렸다. 침낭은 암벽 바닥에 닿을 때까지 아무것도 부딪히지 않고 610미터 아래로 곧게 떨어졌다.

등반 중에 폭풍을 만난 우리는 암벽에서 벗어나 스파이어 밑에 있는 텐트로 들어가야 했다. 우리는 몇 시간 동안 커뮤니티 텐트에 앉아서 커피를 마시고 이야기를 나누었다. 콘래드는 나에게 해주고 싶던 이야기가 있다고 했다. 그는 캘리포니아 시골의 요세미티 국립공원 입구 근처에서 자라면서 엘 캐피탄을 오르는 등반가들에게 마음을 빼앗겼다. 그러던 어느 날 우편으로 부모님에게 배달된 《내셔널지오그래픽》을 보게 되었다. 나의 K2 등정에 대한 이야기가 실린 잡지 표지에는 나이프 에지를 가로지르는 내 사진이 있었다.

"K2를 오르는 선생님 표지 사진을 보고," 콘래드가 말했다. "이게 내가 하고 싶은 일이라는 것을 알게 됐어요."

나는 콘래드에게 비슷한 나이에 나도 《내셔널지오그래픽》에서 짐 휘태커가 정상에 오른 사진을 보고 '나도 이런 사람이 되고 싶다'는 생각을 했다고 이야기했다.

우리의 남극 여행이 있고 1년 후 우편으로 배달된 《내셔널지오그래픽》에는 퀸모드랜드 대형 암벽에 대한 기사가 실려 있었다. 표지에는 벼랑에 앉아서 빙원 너머 먼 산들을 응시하는 콘래드의 사진이 있었

다. 나는 콘래드에게 전화를 걸었다.

"표지를 장식한 걸 축하해." 내가 말했다.

"감사합니다."

"이게 무슨 의미인지 알지?"

"무슨 얘기를 하시려는 건지 알 것 같지만 그래도 말씀해 주세요."

"어딘가의 12살 난 소년이나 소녀가 지금 부모님 앞으로 배달된《내셔널지오그래픽》표지에서 자네 사진을 보고 '이게 내가 평생 할 일이야'라고 생각한다는 의미지."

지미 친은 이후 콘래드가 우리 팀에 합류하라는 제안을 했을 때 처음 든 생각이 '내가 전생에 무슨 좋은 일을 했기에?'였다고 말하곤 했다. 그러다 여행 닷새쯤 되는 날, 5029미터 고도에서 짐을 끄는 소처럼 113킬로그램의 인력거를 끌고 1.6킬로미터 되는 언덕을 오를 때는 이렇게 자문했다고 한다. '내가 전생에 무슨 죄를 지었기에?'

우리는 지미에게 그가 동영상 촬영을 하게 될 것이라고 말했다. 갈렌을 롤모델로 여기는 스틸 사진작가였던 지미는 동영상을 찍거나 영화를 만들어 본 적이 없었다. 아시아로 가는 비행기에서 우리 선배들은 편안히 소설을 읽었지만 지미는 '캐논 X-1 사용 설명서'를 읽다가 잠들었다.

5일째가 되자 우리의 걱정은 진흙과 눈보다는 치루 무리를 전혀 마

←

남극에 있는 암벽을 오르는 일은 다른 행성에 있는 것과 비슷하다. 사진: 고든 윌시

주치지 못하고 있다는 것으로 바뀌었다. 10~20마리의 무리를 몇 번 봤지만 오랫동안 전해진 깊숙한 장소로 가는 동물들의 긴 행렬은 아니었다. 이미 이동이 끝난 건 아닐까? 샬러 박사가 마지막으로 방문한 이후 경로가 바뀐 것은 아닐까? 더 심각하게는, 밀렵이 너무 심각해서 살아남아서 이동하는 치루가 몇 마리 안 되는 것은 아닐까?

그날 오후 2시에는 눈이 그쳤다.

"녹지 않네요." 갈렌이 말했다. "건조한 공기 속으로 승화돼요."

우리는 헤이시베이후 호수(혹은 블랙록 호수)에서 남쪽으로 이틀거리의 우리가 캔자스라고 부르던 평평한 스텝 지대를 지나고 있었다. 멀리에서 비를 동반한 돌풍이 무대 위의 짙은 색 커튼처럼 움직였고, 지평선은 따뜻한 공기의 상승파 사이로 반짝거리고 있었다.

"동물이에요." 지미가 소리쳤다. "수백 마리예요."

나는 쌍안경을 들었다. 하지만 동물에 초점을 맞추자 보이는 것은 공기 대류로 왜곡된 수십 개의 검은 돌이었다. 지미는 그 소식을 웃는 얼굴로 받아들였다. 스물여덟의 그는 내 아들뻘은 될 만큼 젊었지만 결단력도 있고 호기심과 유머 감각도 뛰어났다. "늙은 염소들로부터 많은 걸 배울 수 있길 기대하고 있습니다." 그가 여행 전에 말했다. "아, 죄송해요. 제 말은 멘토들로부터요."

다음 날에도 우리는 계속 스텝 지대를 건넜다. 이른 점심을 위해 현무암 산등성이 기슭에서 걸음을 멈췄다. 작은 견과류 한 봉지, 마른 과일, 육포, 에너지바. 전날 먹었던 것과 똑같고, 다음 날 먹게 될 것과 똑같은 음식을 먹었다. 우리는 매일 먹는 칼로리보다 더 많은 칼로리를 소모했고 이미 체중이 줄어들고 있었다.

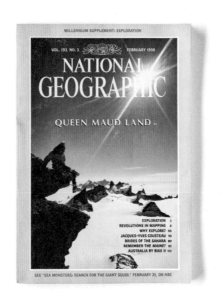

표지에 콘래드 앵커가 등장한 《내셔널지오그래픽》 1999년 2월호. 사진: 고든 윌시, 내셔널지오그래픽협회 제공

우리는 산마루를 올랐다. 한 걸음 한 걸음이 역도선수의 레그프레스 같았다. 하지만 고개로 보였던 것 위에 이르자 그 뒤에 더 높은 또 다른 산마루가 보였다. 곧 또 다른 고개 위에 이르자 다시 더 높은 산마루가 보였다. 여전히 치루는 보이지 않았다.

나는 계속 기침이 나고 폐가 아팠다. 마지막 고개에 이르자 다리에 쥐가 났다. 쉰둘의 나이에 결승선까지 갈 수 있을지 의문이 들었다. 우리는 현무암 볼더 사이에 자리한 야영지를 선택하고 인력거의 끈을 푼 뒤 경치가 보일 만한 바위 위를 향해 걸어갔다.

정상 근처에서 갈렌은 조용히 하라는 몸짓을 했다. 몇 마리 치루를 발견한 것이다. 우리는 살살 기어가 연한 노란색 풀이 덮인 언덕으로 둘러싸인 계곡을 넘겨다보았다. 우리 아래쪽에 치루 70마리가 일렬로 걷고 있었다. 몇 마리가 북쪽으로 사라지자 남쪽에서 몇 마리가 더 나타났다. 이주하는 치루를 발견한 것이다.

우리는 얼음으로 뒤덮인 헤이시베이후 기슭에 이르렀다. 이제 치루와 함께 걷고 있는 우리는 새끼를 낳는 곳까지 따라갈 수 있겠다는 자신감을 얻은 상태였다. 동물들은 겁이 많았다(밀렵꾼들로부터 많은 충격을 받았다는 것에 의심의 여지가 없었다). 하지만 조심스레 따라가면 경계하는 귀 안쪽의 흰색 반점이나 주둥이를 감싸는 어두운 털 색깔의 눈, 불룩해진 배를 덮고 있는 양털 질감의 황갈색 털을 볼 수 있을 만큼 접근할 수 있다는 것을 발견했다.

우리는 무거운 수레를 끌고 있었기 때문에 약 322킬로미터를 이동하는 임신한 암컷 치루와 충분히 공감할 수 있었다. 그들은 왜 이런 일을 하는 것일까? 풀이나 먹이 때문일 리는 없다. 먹이는 산맥의 남쪽에 더 풍부했다. 북쪽에 포식자들이 적은 것일 수도 있다. 그러나 그런 긴 이동의 스트레스가 장점을 상쇄하지 않을까? 샬러는 북쪽으로의 이동이 암컷이 '영양적인 면에서 적응했던' 시대와 관련된 잔재 행동이라고 믿고 있다. 화분층면(pollen profile, 퇴적물 속의 화분립의 수직 분포-옮긴이)과 고대 해안선을 통해 추정하면 5000년에서 1만 3000년 전, 창탕은 비교적 푸른 풀이 많은 곳이었다.

그런 미스터리 때문에 이 이동에 대한 우리의 흥미는 더욱 커졌다. 다음 이틀 동안은 치루를 따라 북쪽으로 이동했다. 신장으로 들어가는 국경을 건너고 창탕보호구역에 있는 이 동물의 피난처에서 벗어났다.

창탕고원 도보 횡단 여행 25일째. 섭취하는 칼로리보다 소모하는 칼로리가 많은 나날이었다. 왼쪽이 나. 등을 대고 뻗어 있는 사람은 세계에서 가장 뛰어난 등반가로 알려진 콘래드 앵커. 사진: 지미 친

멀리서 치루가 모두 같은 방향으로, 같은 속도로 가고 있는 것을 볼 수 있었다.

땅이 평탄하면 종종 우리는 서부영화에서 평원을 달리는 카우보이들처럼 수레를 나란히 끌었다. 우리의 대화는 우리가 가 보았던 야생의 장소 쪽으로 진행되는 때가 많았다. 갈렌은 동유럽에 사람들이 여전히 여러 면에서 중세와 같은 방식으로 살고 있는 곳이 있다고 이야기했다. 그가 한 번 가 보았던 카르파티아산맥의 외딴 농장에서는 두 형제가 한 명의 아내를 공유하고 있었다.

"저도 비슷한 경우라고 할 수 있겠네요." 콘래드가 말했다. "가장 친한 친구의 아내였던 사람과 결혼했으니까요."

콘래드는 자신의 가장 친한 친구 알렉스 로우를 이야기하고 있었다. 우리가 남극의 스파이어를 등반한 이후 세 가지 사건이 콘래드의 삶에 끼어들었다. 모두 다 있을 것 같지 않은 사건이었다. 첫 번째 사건은 남극 등반이 있고 2년 후에 일어났다. 콘래드는 에베레스트로 돌아갔다. 1924년 조지 리 말로리에게 있었던 일을 재구성해 보려는 원정에 참여한 것이다. 말로리와 그의 파트너 샌디 어바인은 정상 등반 시도를 하던 중 구름 속으로 사라졌다. 콘래드가 에베레스트에 간 때는 히말라야에서는 드물게 건조한 해였다. 평소보다 눈이 적었다. 콘래드는 8200미터 등고선에서 혼자 사면을 횡단하던 중 뭔가를 발견했다. 시체였다.

콘래드는 이후 내게 "노출된 피부는 하얗지만 눈과는 다른 색조였습니다"라고 말해 주었다. 다른 일행은 그의 위쪽으로 횡단하고 있었다. 그들을 무선으로 부르기 전 그는 혼자 시체 옆에 앉아 있었다. 모직 옷으로 미루어 오래된 시체임을 알 수 있었다. 그 시기에 그런 높은 고도에서 실종된 등반가는 두 명뿐이었기 때문에, 그는 그 시체가 어바인이나 말로리일 것이라고 짐작했다. 등반가의 다리가 부러져 있는 것을 볼 수 있었다.

콘래드는 "저는 수색이나 구조 작업을 많이 했기 때문에 사체가 추락한 후 의식을 잃었을 때 어떤 모습인지 알고 있습니다. 그의 자세를 통해 그가 즉사하지 않았다는 것을 알았습니다. 엎드린 채 팔을 뻗어 땅을 움켜쥐고 있었죠. 그는 마지막까지 싸웠던 겁니다"라고 말했다.

콘래드는 죽은 등반가의 오른손 옆에 앉았다. 몇 분 후 그는 다른 사람들을 불렀다. 도착한 사람들은 시신을 살폈고, 양모 재킷 안에서 편지들이 들어 있는 봉투를 발견했다. 말로리 앞으로 보내진 편지였다. 영국에 있는 말로리의 연인 스텔라로부터 온 것이었다. 그들은 'GLM'이라는 이니셜이 새겨진 회중시계도 찾아 시신이 조지 리 말로리라는 것을 확인했다.

다른 사람들이 도착하기 전, 콘래드는 죽은 등반가와의 섬뜩한 유대를 느꼈다. "말로리와 어바인은 1933년과 1934년 이어진 원정의 무대를 마련했죠." 그는 내게 말했다. "젊은 시절 그 원정에 참여했던 텐징 노르게이는 이후 1952년에 스위스팀과 1953년에는 영국팀과 등반했고, 영국 원정대와의 등반에서 힐러리와 최초로 정상에 올랐죠. 그것은 또다시 1963년 최초의 미국인 원정을, 다음으로는 선생님이 참여한 1976년의 200주년 원정의 무대를 만들었습니다. 다음으로는 1980년대의 원정이, 이후 1990년대 제 첫 에베레스트 원정이 있었죠. 말로리의 시신 옆에 앉아서 말로리와 어바인이 길을 닦지 않았더라면 제가 거기 없을 수도 있었을 것이라는 사실을 깨달았기 때문에 섬뜩했습니다."

그리고 콘래드는 그의 옆에 시신이 되어 누워 있는 사람, 산에 '왜' 가느냐는 끊임없는 물음에 "산이 거기에 있어서"라고 간결하게 대답함으로써 정상에 이르고자 하는 유혹에 대해 정의를 내린 사람과 또 다른 유대감도 느꼈다. 그것은 말로리가 완전히 혼자 죽음을 맞았다는 것이었다. 거의 항상 두움을 청할 무전기를 휴대하는 오늘날이 등반가들과 달리 말로리는 그 자신 외에 아무도 없었다. 그러나 그는 계속해서 노력했다. 팀원을 위해서든, 연인 스텔라를 위해서든, 그 자신을 위해서든 그는 마지막까지 포기하지 않았다.

같은 해 콘래드와 알렉스 로우는 히말라야의 8000미터 봉 시샤팡마를 오르고 있었다. 정상 밑에서 눈사태가 일어났다. 두 사람 외에 한 친구가 더 있었는데 세 사람은 각자 다른 방향으로 달렸다. 콘래드는 아이스 액스로 제동 자세를 취했다. 눈사태가 지난 후 콘래드는 무사했지만 알렉스와 친구는 목숨을 잃었다.

집으로 돌아온 콘래드는 알렉스의 아내 제니와 세 명의 아들을 최선을 다해 위로했다. 콘래드가 그들 가족과 많은 시간을 보내게 되면서 그와 제니는 사랑에 빠졌고 결혼을 발표했다. 1년 후 내 아들 코너와 나는 콘래드 가족의 몽골 여행에 합류했다. 나는 콘래드가 매일 아이들과 놀아 주고 책을 읽어 주고 하이킹을 하고 필요할 때는 말로 훈육하면서 자신의 시간을 바치는 모습을 지켜봤다.

어느 맑은 날 푸른 하늘 아래, 제니와 나는 캠프 위의 넓은 잔디 계곡을 지나는 하이킹을 했다. 그녀는 아래로 손을 뻗어 작은 푸른색 꽃을 꺾었다.

"고산 물망초네요. 알렉스가 제게 꺾어 주곤 했죠."

그녀는 눈물을 닦고 말했다. "콘래드는 저와 아이들에게 정말 잘해 줘요. 모르겠어요… 잃는 것이 있으면 얻는 것이 있나니, 자신이 처한 상황에 감사하라."

그녀는 내게 그 꽃을 주었고 나는 그것을 일기장에 넣어 두었다. 사랑을 잃은 아픔에는 사랑이 가장 좋은 약이라는 것을 일깨워 주는 물건이었다.

열두째 날, 이동하던 무리가 눈 덮인 고원을 가로질러 여러 갈래로 흩어졌다. 모든 발굽 자국은 높지 않은 언덕 마루를 향하고 있었다. 우리는 지형도에 따라 사르 쿨 분지를 향한 완만한 언덕길로 보이는 것을 따라갔다. 우리는 진흙 속에 얼어붙은 약 100마리 치루의 발자국을 발견했다. 다만 걱정되는 것은 동물들이 우리를 새끼 낳는 곳으로 이끌지가 아니라 그들을 따라 통행이 불가능한 협곡으로 가고 있는 건 아닌지였다.

진흙과 자갈 대신 이제 소파 크기의 바위 위로 수레를 끌고 있었다. 바퀴가 바위에 부딪힐 때마다 세 명이 팀을 이뤄서 수레를 끌어 올려야 했다. 한 사람이 당기는 동안 두 사람은 밀면서. 우리 모두는 머릿속에서 울리는 경고음을 듣고 있었다. 협곡을 통과할 수 없게 되면 되돌아가야 할까? 그렇게 한다면 식량이 떨어지지 않을까?

콘래드는 대안을 가늠해 보기 위해 협곡 가장자리로 기어 올라가 보았지만 협곡보다 건너기가 더 어려워 보이는 가파른 언덕들이 줄지어 있었다고 전했다. 우리는 1미터씩 힘겹게 나아갔다. 그날 저녁까지 채 3킬로미터도 전진하지 못했다. 다음 날은 협곡이 더 좁아졌다. 우리는 수레를 끌며 얼음같이 찬 개울을 지났다. 발에 감각이 없었다. 한 지점에서부터 45미터 높이의 협곡 벽들이 3미터 간격으로 좁아졌다. 갑자기 퍽 하는 큰 소리가 들렸다. 농구공 크기의 바위가 약 6미터 떨어진 강바닥에 부딪히면서 나는 소리였다. 따뜻한 햇살 때문에 낙석이 더 많아질 것이 분명했다. 콘래드는 수첩에서 제니와 아이들의 사진을 꺼내 티베트 불교도들이 행운을 빌면서 신성한 물건을 다룰 때 하듯이 몇 초간 자신의 이마에 댔다.

"절망의 협곡이군." 나는 한숨을 쉬었다.

쉬기 위해 걸음을 멈추고 보니 내 인력거 바퀴의 접합 부위에 금이 두 개 가 있었다. 콘래드의 것에는 금이 4개 있었고 지미 것의 접합 부위 하나는 떨어져 나가 있었다. 짐을 져 나른 뒤 빈 수레를 더 큰 바위 위로 옮기는 것밖에는 다른 방법이 없었다. 우리는 30킬로그램이 넘을 때까지 가방에 짐을 채웠다. 그렇게 하고도 두 번을 더 날라야 했다.

오후가 되어 우리는 협곡 밖으로 이어지는 잘 다져진 길을 발견했다. 우리는 그것이 새끼를 낳는 장소로 가는 치루의 길이라고 추측했다. 하지만 비탈이 가팔랐고 수레를 올리려면 로프를 사용해야 했다. 우리는 분지에 이르면 번식지를 발견하리라는 기대로 협곡에서 머물기로 결정했다. 저녁 6시가 다 된 시간이었다. 강에서 4미터 떨어진 단구를 찾았다. 콘래드는 야영을 하자고 제안했지만 갈렌은 해가 질 때까지 4시간이 남았고, 그 정도면 협곡을 충분히 빠져나갈 수 있을지도 모른다고 반대했다.

"그렇게 하지 않으면 갑자기 불어난 물에 갇힐 수 있어."

"하지만 우린 너무 지쳤어." 내가 반대했다. "발목을 다칠 위험이 있어."

"제가 돌아볼게요." 갈렌이 말했다. 그는 협곡 아래로 사라졌다가 한 시간 후에 돌아왔다.

"좁은 길이 하나 더 있어요. 수레로 가려면 힘들긴 하겠지만 분명히 나갈 수 있어요."

나는 내 의견을 고수했고 콘래드와 지미도 내 생각에 동의했다

지미 친(왼쪽), 콘래드 앵커 그리고 나(가운데). 인력거로 절망의 협곡을 통과하고 있다. 사진: 갈렌 로웰

"다수의 의견을 따르겠어요." 갈렌이 말했다. "하지만 제 카메라 장비와 필름은 오늘 밖으로 옮길 거예요."

"아침에 하지 그래." 내가 제안했다.

"아침에는 안전하지가 않을 것 같아서 그래요."

나는 그가 짐을 꾸려 협곡 아래로 사라지는 것을 지켜봤다. '나머지가 다 백기를 들었는데도 밀고 나가는 저런 능력은 어디에서 나오는 것일까? 비결이 뭘까?' 하지만 나는 비결 같은 것은 없음을 알고 있었다. 오로지 열정과 의지가 있을 뿐이다.

다음 날 아침, 콘래드는 텐트 문을 열고 갈렌과 내게 커피가 준비됐다고 말했다. 우리는 강물 소리 때문에 그의 말을 듣지 못했다.

콘래드가 말했다. "간밤에 수위가 높아졌어요. 어제보다 거의 두 배나 불었어요."

그가 걱정하며 말했다. 갈렌이 옳았다.

한낮이 되어서야 짐을 다 옮길 수 있었다. 마침내 우리는 절망의 협곡을 벗어나 넓은 샤르 쿨 분지에 도착했다. 우리는 다시 한 시간 동안 철사와 테이프로 카트를 보강했다. 콘래드가 말했다. "효과가 있는지 봅시다." 안 되면 어떻게 해야 하는지에 대해서는 아무도 말하지 않았다.

치루를 보게 되자 행운이 따른다고 느껴질 지경이었다. 처음에는 스무 마리에서 서른 마리 되는 무리였고, 다음에는 130마리의 무리였다. 치루가 너무나 많아서 비탈이 키 큰 풀이 바람에 움직이는 것처럼 보였다. 쌍안경으로 언덕을 훑으면서 산허리에 돌무더기가 흩뿌려진 것 같이 보이는 것에 초점을 맞췄다. 갑자기 하나의 바위가 그리고 또 하나, 또 하나가 서서히 움직이는 것이 아지랑이 속에서 어른거렸다.

갓 태어난 아기 치루. 사진: 갈렌 로웰

"언덕이 덮여 있어. 치루로 뒤덮여 있어." 나는 다른 사람들을 불렀다.

우리는 치루가 새끼를 낳는 곳을 발견했다. 눈으로 훑어보니 대략 1300마리 정도였다. 더 넓은 지역에 걸쳐서 3500마리가 더 있을 것으로 추정됐다. 이제 그들의 탄생을 기록해야 했다. 우리는 텐트를 세우고 거기에 '분만 병동(Maternity Ward)'이라는 이름을 붙인 뒤 식량을 헤아렸다. 이틀을 버틸 수 있었기 때문에 매 시간을 중요하게 생각해야 했다. 좋은 장면을 포착하기 위해 가까이 접근하고 싶었다. 갈렌은 우리에게 언덕과 도랑을 이용해 몸을 숨기면서 천천히, 조용히 접근해야 한다는 것을 상기시켰다.

다음 날 아침 콘래드와 내가 숨어 있는 동안 갈렌과 지미는 위장 그물을 뒤집어쓰고 협곡으로 몰래 기어 올라갔다. 곧 그들은 무릎과 팔꿈치를 이용해서 치루 무리를 발견했던 산마루를 향해 천천히 이동했다. 갈렌과 지미는 엎드려서 몸을 더 낮췄다. 산마루 너머로 치루 무리가 조용히 풀을 뜯고 있는 것이 보였다. 모두가 새끼를 밴 암컷이었다. 단 한 마리, 새로 태어난 새끼가 젖을 빨고 있었다. 어미가 몇 걸음 옆으로 이동했다. 갈렌과 지미의 카메라가 웅웅거리며 돌아가는 가운데 갓 태어난 새끼가 가느다란 다리로 비틀대며 어미를 따라갔다.

하루 뒤, 나는 혼자 언덕에 올라서 새끼를 밴 18마리의 암컷과 어린 새끼를 데리고 있는 어미 한 마리를 지켜봤다. 그들은 나를 보지 못했지만 내가 한 시간 전 큰 늑대를 보았던 방향으로 고개를 들었다. 치루들은 여전히 천적을 경계해야겠지만 여기 있는 몇 주 동안은 밀렵꾼을 걱정하지 않고 새끼를 낳을 수 있을 것이다.

창탕의 다른 곳에서는 사냥꾼들이 치루를 잡고 있었다. 샬러의 추정에 따르면 연간 2만 마리가 희생되고 있다. 치루가 새끼를 낳는 곳 주변으로 새로운 보호구역을 만드는 데 성공하기는 했지만, 그것은 샤투슈 숄을 구입하는 뉴욕, 파리, 밀라노의 여성들을 비롯해 치루 털 교역에 관계하는 모든 사람들이 해결해야 할 문제이다.

우리에게는 먼저 해결해야 할 문제가 있었다. 문명과의 재회를 위해서는 약 161킬로미터를 더 걸어야 했다. 3일 후, 인력거를 끈 지 스물닷새 만에 갑자기 문명이 다가왔다. 굽이를 돈 우리는 커다란 지뢰를 보고 소스라치게 놀랐다. 쌍안경을 통해서 불도저와 크레인, 수십 명의 사람들을 볼 수 있었다. 불과 1년 전 조지 샬러가 황야를 발견했던 곳이었다.

광부들은 음식과 차를 내주며 우리를 친절하게 대했다. 100명에 이르는 사람들이 약 79톤의 사금을 채취하는 작업을 하고 있었다. 그들

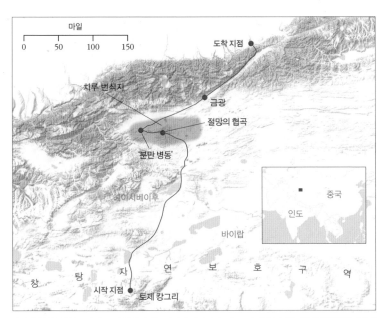

우리의 횡단이 있기 3년 전, 조지 샬러 박사는 낙타와 당나귀가 끄는 포장마차로 남쪽에서 쿤룬산맥을 가로지르는 여행을 했다. 치루가 새끼를 낳는 위치를 확인하기 위한 시도였다. 여행이 너무 고되어서 동물 몇 마리가 죽었고 샬러 박사는 치루가 새끼 낳는 것을 확인하기 전에 돌아올 수밖에 없었다. 그의 답사 자료를 통해서 우리는 루트의 시작과 끝이 어떤 모습일지 알았지만 중간 부분은 어떤 외부인도 본 적이 없었다.

은 인근의 고속도로로부터 96.6킬로미터의 비포장도로를 만든 것을 비롯해 3개월도 안 되는 시간 동안 자신들이 해낸 일을 자랑스럽게 여기고 있었다.

그 비포장도로 덕분에 집으로 가는 길이 쉬워졌다. 우리는 비교적 매끈한 표면 위로 수레를 끌었다. 하지만 그 길은 밀렵꾼들도 치루가 새끼를 낳는 곳에 쉽게 접근하게 해줄 것이다. 광산에서부터 사륜 자동차로 국토를 횡단하는 데에는 이틀이 걸릴 것으로 예상됐다. 우리에게 한 달이 넘는 시간이 필요했다는 면에서 생각하면 기운이 빠지

트렉의 끝. 콘래드 앵커, 갈렌 로웰, 지미 친 그리고 나(왼쪽부터). 사진: 지미 친 소장

는 일이다.

이틀 후 우리는 643킬로미터 만에 처음으로 마을을 만났다. 계획대로 우리가 탈 차가 마련되어 있었다. 우리는 뒤에 수레를 실었다. 차가 움직였다. 나는 사이드 미러를 보기 위해 창밖으로 몸을 기울였다가 머리가 희게 변한 것을 보고 적잖이 놀랐다.

22

어슬렁거릴 자유

창탕 횡단은 내 생애 가장 고된 원정이었다. 떠날 때만 해도 갈색이었던 머리가 돌아올 때는 백발이 되었다. 하지만 가장 큰 충족감을 준 여행이기도 했다. 내가 등반가로서 발전시켜온 힘과 기술, 특히 쉬지 않고 한 발 한 발을 내딛는 능력이 아낌없이 발휘된 여정이었다. 전략적인 사고와 팀워크, 육체적인 스트레스 아래에서 갈등을 피하는 일도 필요했다.

가장 좋았던 부분은 이번 여행이 팀 내의 어느 한 사람을 위한 일이 아니라 우리들이 평생 축적해 온 기술을 이용해서 한 생물 종을 구하는 데 도움을 주는 일이라는 점이었다.

목표는 매우 단순했다. 치루를 멸종에서 구하기 위해 우리의 몫을 하는 것. 하지만 목표에 이르기 위한 전략은 달 탐사선을 띄우는 것 못지않았다. 도보 횡단으로 치루들이 새끼를 낳는 장소를 찾아 사진과 영상으로 새끼를 낳는 장소를 기록한 우리는, 시각 자산을 이용해서 치루 학살에 관한 가능한 많은 매체를 만듦으로써 치루가 새끼를 낳는 곳을 보호하도록 중국을 설득하기로 했다.

우리가 창탕에서 돌아오고 1년도 되지 않아 조지 샬러 박사는 우리의 치루 목격에 대한 논문을 국제자연보전연맹(International Union for Conservation of Nature and Natural Resources, IUCN) 회보에 발표했다. 원정은 물론 수많은 후속 매스컴 홍보에 자금을 지원한 《내셔널지오그래픽》은 잡지에 내 글과 갈렌의 사진으로 우리 모험에 대한 기사를 게재했고 지미의 영상으로 '탐험가' 시리즈를 위한 TV 프로그램을 만들었다. 나는 책을 썼다. NPR에서는 라디오 방송을 했다. 지미, 콘래드, 나는 전국에 강연을 다녔다. 작가 재클린 브릭스 마틴은 샬러의 연구와 우리의 인력거 횡단을 내용으로 하는 어린이 도서 《티베트 고원의 치루》를 냈다.

샬러는 언론을 이용해 밀렵꾼들이 도착하기 전 번식지 주변에 보호구역을 만들도록 중국인들을 설득하는 작업을 벌였다. 중국인들이 동의했다. 샤르 쿨 자연보호구역의 면적은 1300제곱킬로미터(약 4억 평)이다. 중국인들이 새로운 지역을 그들의 운영에 통합할 수 있을 때까지 첫 3년은 파타고니아 주식회사와 야생동물보전협회가 현장 순찰 비용을 나누어 부담했다. 2년째 되는 해에는 순찰팀이 치루가 새끼를 낳는 장소로 향하던 밀렵꾼들을 돌려보냈다.

조지 샬러의 연구가 시작되고 15년 만에 처음으로 치루의 개체수가 증가하기 시작했다. 그러나 이 승리를 마냥 달콤하게 맛볼 수는 없었다. 갈렌이 함께 기쁨을 누릴 수 없었기 때문이다. 우리가 돌아오고 한 달 후, 그와 그의 아내 바바라는 경비행기 사고로 목숨을 잃었다. 치루를 따라가는 30일 내내 나는 갈렌과 텐트를 공유했다. 그가 다음 날 달리기나 스키나 등반을 하러 시에라 동부로 가자고 전화를 걸어오지 못한다는 사실을 받아들일 수 없었다.

　2년 후 내셔널지오그래픽협회에서 전화가 왔다. 워싱턴 DC에 와서 달라이 라마를 만나라는 초대였다. 협회는 티베트의 환경·문화 보전 계획에 참여했던 몇 명의 사람들이 프레젠테이션을 해주길 원했다.

　"4분의 시간을 최대한 활용하도록 하세요."

　모임은 16번가와 M가가 만나는 곳에 있는 오래된 건물에서 열렸다. 19세기 말 협회가 시작된 천장이 높은 방이었다. 성하가 입장해 우리에게 고개를 끄덕였다. 모두가 절을 했고 많은 사람들이 손을 마주 댔다. 협회의 고위 임원들 모두가 그 자리에 있었고 내셔널지오그래픽의 CEO는 달라이 라마에게 티베트에 대한 기사가 있는 원본 잡지 모음집을 선물했다. 프랜시스 영허즈번드가 1904년 라싸에 진입한 사건과 OSS(Office of Strategic Services, 전략사무국) 장교였던 레프 톨스토이의 손자 일리아 톨스토이가 2차 대전 중 일본인들이 중요한 보급로를 막아버리자 버마 로드를 대체할 경로를 찾기 위해 티베트를 횡단한 이야기가 담겨 있었다.

　성하는 그 책을 선물받고 기쁨에 손을 들어 올렸고 바로 페이지를 넘기기 시작했다. 시간이 제한된 와중에 그가 잡지의 사진을 보는 데 지나치게 많은 시간을 보내자 참모들 일부가 긴장하는 것을 알 수 있었다. 하지만 달라이 라마는 매우 몰두해 있었다. 그가 불과 일곱 살일 때 일리아 톨스토이의 알현을 받았던 이야기에서는 특히 그랬다. 흥분으로 얼굴이 밝아졌다. 달라이 라마는 우리에게 톨스토이가 루스벨트 대통령으로부터 건네받은 시계를 자신에게 바쳤다는 이야기를 들려

주었다. 그는 활짝 웃으며 자신의 법의 주머니에서 그가 평생 보관한 금색 파텍 필립 회중시계를 꺼냈다.

성하가 중앙에, 내셔널지오그래픽 CEO가 그 맞은편에 앉은 긴 회의 탁자에서 프레젠테이션이 진행됐다. 나는 우리의 창탕 인력거 횡단과 번식지 보호에 대한 이야기를 20장 남짓한 슬라이드에 요약하기 위해 열심히 노력을 했었다. 그 노력이 효과를 본 것 같았다. 다른 세 개의 프레젠테이션도 마찬가지였다.

"성하, 어떠십니까?" 내셔널지오그래픽 CEO가 물었다.

"릭의 여행이 마음에 듭니다."

"왜일까요?"

"그와 그의 친구들에게는 목표와 계획이 있었습니다. 거기에는 중국을 설득하는 일이 포함되었죠. 그것이 목표를 이룰 수 있는 유일한 방법이었으니까요. 그리고 그들은 그 목표를 달성했습니다."

발표가 끝나자 달라이 라마는 몸을 기울여 테이블 끝의 나를 보고 고개를 끄덕였다. 나는 손을 들어 감사의 표시를 했다.

"릭," 달라이 라마가 말했다. "당신은 그런 여행을 더 하고 있습니까?"

"농담이시겠죠? 그 여행 때문에 거의 죽을 뻔했단 말입니다!"

CEO를 비롯한 다른 사람들이 긴장하는 것을 느낄 수 있었다. 성하라는 호칭을 사용하며 더 공손히 이야기해야 했다는 것을 떠올렸다. 하지만 달라이 라마는 활짝 웃었다. 그는 이런 격의 없는 행동을 즐기는 것이 분명했다.

"아쉽네요." 그가 말했다.

"우리는 원하는 것을 가지는 법이 아닌 가진 것을 원하는 법을 배워야 합니다"라고 말하는 사람에게 어떻게 반하지 않을 수 있을까? 사진: 레베카 헤일, 내셔널지오그래픽협회

"당신도 함께 간다면 여행을 또 해보도록 하겠습니다."

모두가 다시 한번 긴장했다. 달라이 라마만이 더 활짝 웃었다.

"좋습니다. 같이 가도록 하죠. 하지만 저를 인력거에 태우고 가야 합니다."

"우리 둘 다 좋을 게 없을 것 같은데요."

우리 두 사람은 크게 웃었다. 참모들이 그의 귀에 무언가를 속삭이자 그는 회중시계를 확인했다. 떠나야 할 시간이었다. 그는 일어서서 방을 돌며 재빨리 악수를 나눴다. 내 앞에 이르자 그는 고개를 들지 않은 채 형식적으로 악수를 나누고 다음 사람에게로 갔다. 하지만 이후 고개를 들자 미소가 되돌아왔다. 그는 손을 뻗어 내 손을 다시 잡고 살며시 몸을 기울여 그의 이마를 내 이마에 댔다.

창탕 여행은 내 경력에서 가장 만족스러운 반면 육체적으로는 가장 힘든 여행이었다. 이 여행을 통해 나는 이제 50대 중반이 된 내가 인생의 다음 장을 위해 무엇을 해야 하는가 하는 문제를 고민하게 되었다. 나는 극영화 몇 편의 제2제작진으로 활동했었다. 직접 TV 드라마나 장편 영화를 만들까 생각해 보았지만, 내가 만나 본 제1제작진의 사람들(제작자, 감독, 일부 배우들)은 대개 내가 함께 일하고 싶은 사람들과는 정반대의 이기적이고 돈밖에 모르는 사람들이었다. 책을 더 쓸 수 있겠지만, 아이들은 대학에 다니고 있었고 제니퍼는 20년 동안 일했던 파타고니아에서 은퇴한 상태였다. 나는 자랑스럽게 여겼지만 찔끔찔끔 들어오는 인세는 제니퍼의 관심을 끌지 못했다.

이후 파타고니아가 정규직을 제안했다. 여러 환경 사업을 운영하던 직원이 회사를 떠나게 됐고 그들은 내가 그 자리를 이어받을 수 있을지 알고 싶어 했다. 나는 확신이 없었다. 이본은 내 가장 친한 친구였다. 내가 그의 회사에서 일을 한다는 것은 그와의 충돌을 피해야만 한다는 의미였다. 그런 면에서 나는 내가 회사라는 곳에서 일을 할 수 있을지 의심이 됐다. 나는 평생 자영업을 했다. 나는 제니퍼의 생각을 물었다.

"당신은 항상 새로운 일을 시도하는 걸 좋아하잖아요. '평범한 직장인'이 되는 일도 시도해 봐요."

'평범한 직장인'이 되어야 한다면 파타고니아의 지속 가능성 사업과 환경 사업을 운영하는 것이 가장 좋을 것이다. 나는 그 자리를 맡았다. 지속 가능성 부분은 상황을 파악하기 위해 공부를 해야 했지만 야생 환경보호 부분은 나와 잘 맞아떨어졌다. 파타고니아는 1~2년에 한 번씩 새롭게 부상되는 환경 문제에 초점을 맞춰 광고를 진행했다. 나는 다음 광고의 주제로 야생동물 통로를 통한 서식지 연결을 제안했다. 야생동물을 위협하는 요소 중 하나는 시가지 확산, 도로와 고속도로, 공업형 농업, 습지의 축소, 초원의 과도한 방목, 녹지의 울타리 등 인간의 개발로 인한 서식지의 단편화와 그에 따른 고립이다. 내가 파타고니아에 합류했을 당시 생물학자들 사이에서 야생동물들이 지구 온난화에 따른 서식지 변화 때문에 위협을 받고 있다는 인식이 커지고 있었다. 파편화된 서식지를 이동 통로들을 통해 연결하는 것은 이런 위협에 대응하는 중요한 전술로 생각됐다.

기후 변화가 야생동물 서식지(는 물론 지구 전체)에 미치는 영향에 대한 나의 이해는 자연 속에서 시간을 보낸 내 경험과 직결되어 있었다. 파타고니아에서 일을 시작하기 몇 년 전, 나는 신문에서 "남극대륙의 대형 빙붕이 엄청난 속도로 해체되고 있다"는 헤드라인의 기사를 읽은 적이 있었다. 이 기사는 라르센 B 빙붕에서 떨어져 나온 로드아일랜드 크기의 얼음 덩어리가 어떻게 웨들해로 흘러들어갔는지 설명했다. 그리고 1만 2000년 전 마지막 빙하기가 끝난 이래 이 지역이 개빙구역(open sea, 부빙이 수면의 10분의 1 이하인 바다 – 옮긴이)이었던 적은 없다는 과학자의 말을 인용했다. 그 기사는 빙붕 해체가 대기 중의 온실가스 배출의 증가와 관련이 있다고 결론짓기는 이르다(기사가 공정하게 보이도록 하기 위한 의식적인 노력으로 보인다)면서도, 전문가들이 다른 설명을 찾는 것이 점점 어려워지고 있다고 말했다.

내 마음은 라르센 개썰매 여행으로 되돌아갔다. 첫날, 우리가 실 누나타크 사면에서 야영했을 때가 떠올랐다. 남쪽으로 322킬로미터 이상 떨어진 라르센 빙붕이 보일만큼 고도가 높은 곳이었다. 원정 마지막 밤에 침낭에 누워서 얼음이 갈라지는 소리를 들었다. 빙하가 갈라지는 소리 같은, 울림이 없는 날카롭고 얇은 소리였다.

당시의 나는 그 균열의 중요성을 십여 년 후의 나와 같은 방식으로 이해하지 못했다. 기후 변화 문제의 규모에 대한 나의 인식은 그 원정 다음 해에 이본에게 책 한 권을 건네받으면서 급격히 진전했다. 그 책은 우리 종이 지구에 미치는 영향에 대해 내가 생각하는 방식을 바꾸어놓았다.

"이 책 좀 읽어 봐." 그가 말했다. "이전에도 문제가 있다고 생각했는지 모르겠지만 앞으로 닥치게 될 문제와는 비교가 되지 않을 거야."

환경사상가 빌 맥키벤의 《자연의 종말》이라는 책이었다. 뒤표지에는 "야생을 향한 노래, 야생을 잃어 가는 것을 애통해 하는 비가, 그 복원을 위한 탄원"이라는 《뉴욕 리뷰 오브 북스》의 서평이 적혀 있었다. 이 책은 당시 '온실효과'라고 불리던 것이 지구의 자기조절 체계를 근본적으로 변화시켰기 때문에 우리는 더 이상 자연을 우리 종의 활동과 별개로 움직이는 존재로 생각할 수 없다고 말하고 있었다.

사실 내가 기후 변화에 대해서 처음 알게 된 것은 《자연의 종말》을 통해서가 아니었다. 80년대 후반, 나는 미 항공우주국 과학자 제임스 한센의 의회 증언을 읽은 적이 있었다. 그는 대기 중 탄소의 증가가 가져올 결과에 대해 경고했다. 하지만 그 문제에 대해서 깊이 생각하기 시작한 것은 맥키벤의 이 글을 읽은 후부터였다. "자연이 인간의 활동과 별개인 영원한 것이란 인식은 씻은 듯 사라지고 곧 우리가 어떤 짓을 했는지 분명히 목격하게 될 것이다."

우리가 이전까지는 지질학적 시간으로만 측정되어 왔던 변화를 인간의 시간으로 목격하는 증인이 되고 있다는 데 경악하지 않을 수 없었다. 이후 2017년 라르센 빙붕의 가장 큰 부분인 라르센 C 조각이 떨어져 수조 톤 무게에 델라웨어주 크기의 빙하가 만들어졌다는 소식을 접했다. 한때 지질학적인 시간으로만 측정할 수 있었던 변화에 가속도가 붙는 것까지 목격하고 있다는 것을 깨닫는 순간이었다.

나는 환경운동가인 친구 데이브 포맨의 이야기를 떠올렸다. 황무지(wilderness)라는 말은 고대영어 'will-deor-ness'에서 비롯되었다는 얘기였다. 'will'은 의지, 'deor'는 사슴을, 더 넓게는 자연을 뜻한다. '땅(ness)'은 자연의 의지에 좌우된다는 것이다. 하지만 이제 자연은 더 이상 의지를 발휘하지 못하고 우리의 의지에 휘둘리고 있다. 우리는 운전석에 앉아 경이롭고 불가해한 복잡성의 행성을 조종하고 있다. 우리가 어디로 가고 있는지는 물론이고 어떻게 목적지에 이를 수 있는지까지 알 수 있다고 믿었던 것이 이해를 넘어선 오만이었다는 것을 깨달았다.

멸종 위기를 완화하기 위한 방편으로 파편화된 서식지를 야생동물 통로를 통해 연결한다는 개념은 이미 수십 년 전부터 존재했다. 따라서 파타고니아 광고의 목표는 야생동물 통로에 대한 인식을 높여 일반

대중들의 지지를 호소하고 정부와 지주들도 그것을 지지하게끔 영향력을 행사하는 것이었다. 우리는 이 캠페인을 '배회의 자유(Freedom to Roam)'라고 불렀다. 다음 한 해 동안 회사는 카탈로그에 대규모 야생지역 연결의 과학적 논거, 야생동물 이동 통로 보호의 정치학, 야생의 형제들에게 배회의 자유를 주는 방식으로 인간의 활동을 진행한다는 생각을 지지하는 커뮤니티 건설에 대한 글을 게재했다. 워싱턴 DC에서 육·해군 고위 장성들과 회의를 가지면서 우리가 좋은 이름을 선택했다는 것을 알게 되었다. 우리는 군 기지 주변, 장교들이 '울타리 밖'이라고 부르는 민감한 지역에 야생동물 친화적인 완충지대를 만드는 것에 대해 논의했다.

"이름이 정말 좋습니다." 한 장성이 말했다. "우파인 지주에게 이야기할 때는 '자유'라는 부분을 강조하고, 좌파인 지주와 이야기할 때는 '배회'라는 부분에 초점을 맞추면 되겠네요."

파타고니아는 이와 동시에 야생동물 이동 통로 보호의 필요성에 대한 인식을 높이는 작업도 진행했다. 나는 국립야생동물연맹과 세계자연기금을 비롯한 다른 단체와 접촉해 야생동물 이동 통로 보호에 보다 관심을 기울여 달라고 요청했다.

나는 파타고니아에서 일을 시작하기 전부터 내셔널지오그래픽협회에서 갖고 있던 직책을 유지했다. 원정이나 기타 프로젝트의 금전적 지원을 원하는 모험가들이 보낸 지원서를 검토하고 협회에 조언을 하는 원정 자문위원회 소속이었다. 이 프로그램은 18~25세의 모험가, 과학자, 환경보호 운동가에게 소정의 보조금을 수여하는 '젊은 탐험가' 발

나는 파타고니아 주식회사의 동료들에게 캘리포니아주의 깃발을 배회의 자유라는 로고와 합쳐서, 야생동물을 멸종으로 몰고 간 개발의 주체인 주가 멸종 위기에 처한 종을 주의 상징으로 채택한 아이러니를 표현하자고 제안했다.

굴 계획까지 아우르게 되었다. 나는 발견에 대한 흥분과 창의력으로 그 나이 때 나의 열정(집착이라고 부르는 사람도 있지만)을 상기하게 하는 탐험가를 찾을 수 있지 않을까 하는 기대로 그들의 신청서를 읽었다.

어느 날 저녁 나는 〈가지뿔영양의 길〉이라는 제목의 신청서를 읽고 있었다. 조 리스라는 이름의 스물한 살 난 사진작가가 보낸 신청서였다. 조는 2년간 그랜드티턴 국립공원에서 여름을 지내고 와이오밍 붉은 사막에서 겨울을 보내는 가지뿔영양을 촬영해 왔다. 그들이 이동하는 통로는 소규모 목장 구획, 울타리, 고속도로 등 산업화로 인한 위협이 점점 커지고 있었다. 조의 계획은 도보로 이동하는 가지뿔영양을 뒤따르면서 약 160킬로미터가 넘는 영양의 이주 경로 전체를 상세히 촬영하는 것이었다. 치루의 이동을 뒤따른 내 여행을 생각나게 했다.

내가《내셔널지오그래픽》에 보낸 제안 덕분에 조는 보조금을 얻었고 나는 그의 여정에 동참할 수 있었다. 어쨌든 21살 청년에겐 멘토가 필요한 법이니까.

조는 사우스다코타주 피어 외곽에서 자랐고 그의 아버지는 사우스다코타주의 수렵감시국에서 일했다. 그는 넓은 어깨와 굵은 팔을 가지고 있었고 예의 바른 미소와 겸손한 태도를 보여 주었다.

"만나게 되어서 영광입니다, 선생님."

"그냥 릭이라고 불러요."

"예, 선생님."

조는 치루의 이동을 추적한 내 기사를 읽은 터라 그의 여행에 합류해도 되겠냐는 이야기를 꺼내자마자 기꺼이 동의했다. 조에게 구체적으로 언급하지는 않았지만 나는 조가《내셔널지오그래픽》사진작가라는 목표를 향해 나아가는 데 도움을 줄 수 있는 이 기회를 진지하게 받아들였다. 내가 그것을 '기회'라고 표현하는 것은 창탕 횡단을 통해서 누군가가 세상에 나오는 것을 돕는 일이 얼마나 흐뭇한지 알게 되었기 때문이다. 지미 친은 우리의 인력거 여행에서 동영상을 촬영하는 데 최선의 노력을 기울였고 훌륭하게 일을 해냈다. 그 결과물은 내셔널지오그래픽 케이블 채널의 30분짜리 TV 프로그램이 되었고 결국 지미가 사진작가이자 영화 제작자로서 커리어를 키워 가게 해주었다.

조는 우리의 여행이 9~10일 정도 걸릴 것이라고 예상했다. 우리는 그랜드티턴 국립공원의 앤텔로프 플랫에서 출발했다. 그날은 철에 맞지 않게 따뜻했다. 더운 날씨 때문에 영양들은 아직 이동을 시작하지 않았다. 한 시간 뒤 우리는 소그룹의 영양들이 빙퇴석으로 뛰어 올라가는 것을 보았다. 그들은 우리의 존재를 감지하자 특유의 침 뱉는 소리를 내면서 달려가기 시작했다. 그러다 갑자기 멈춰서 다시 풀을 뜯었다. 인디언 서머 동안 계곡 바닥에서 먹이를 구할 수 있는 것이 만족스러운 모양이었다. 조와 나 역시 만족스러웠다. 다음 2주일 동안 날씨가 추워지면서 이동을 촉발할 것이 거의 확실했기 때문이다.

정오에 우리는 그로반트강(Gros Ventre River) 위에서 점심을 먹었다. 파타고니아에서 급한 일이 있었기 때문에 나는 식량을 구입하는 등의 여행 준비를 도맡아 하겠다는 조의 제의를 받아들였다. 그는 가방에서 밀가루 토르티야 한 봉지를 꺼냈다. 땅콩버터 뚜껑을 연 그는 토르티야에 얇게 버터를 발라 내게 건넸다.

"맛있네." 토르티야를 먹은 내가 말했다. "다음은 뭐지?"

"다음이요?"

"점심 말이야."

"그게 점심이에요."

짐작했어야 했다. 조의 검소하고 엄격한 스파르타식 생활 방식과 일치하는 스파르타식 식단이었으니까. 그는 녹슨 토요타 트럭 뒷자리에서 스티로폼 조각을 깔고 살았고, 촬영을 하기 위해 접근할 때 앞세우고 다니는 막대에 붙은 가지뿔영양의 실물 크기 사진 위에서 휴식을 취했다. 사진을 팔아 들어오는 얼마 안 되는 수입은 음식이 아닌 필름을 사는 데 썼다.

"더 드릴 수 있어요." 그가 말했다. 억양으로 판단하건대 그것은 제안이 아닌 질문이었다.

"아니, 괜찮아. 나는 됐어."

우리는 미리 약속을 해둔 국립공원청 소속 생물학자와 만났다. 가지뿔영양에 대해 많은 지식을 갖고 있는 그녀는 남은 오후 동안 우리와 함께 하이킹을 했다. 차를 세워 둔 비포장도로로 걸어가고 있는 그녀에게 내가 물었다. 공원 경계와 인접한 마을에 살고 있는 두 친구에게 쪽지를 전달해 줄 수 있느냐고.

"이본과 말린다 쉬나드예요." 내가 말했다. "그들을 아세요?"

"두 분이 어디 사시는지 알아요."

나는 그로반트 유역을 빠져나가기 전 우리가 며칠 내로 비포장도로를 가로지르게 될 것임을 알고 있었다. 쪽지에는 건너게 될 도로의 방향과 식료품 목록이 적혀 있었다.

그날 하루가 끝날 무렵 우리는 티턴이 한눈에 들어오는 능선 위에 텐트를 쳤다. 조는 저녁으로 라면 한 봉지를 끓였다. 내 몫을 다 먹은 뒤에도 배가 고팠다. 다음 날은 비가 왔다. 여전히 너무 따뜻해서 비가 눈으로 바뀌어 영양들의 이동을 서두르게 할 것 같지는 않았다. 가문비나무 숲 사이로 멀리서 지나는 ATV(all-terrain vehicle, 험한 지형에도 잘 달리게 고안된 소형 오픈카-옮긴이) 소리가 들렸다. 우리는 사냥꾼일 가능성이 높다는 것을 알고 있었다. 사냥철이었다. 우리는 사냥꾼들이 우리를 엘크로 오인하지 않도록 가능한 탁 트인 장소에 머물러야 했다. 다행히 그건 쉬운 일이었다. 이동 경로가 풀이 있는 개활지를 따라가는 경향이 있었기 때문이다.

"가지뿔영양은 트인 곳에 있는 것을 좋아해요." 조가 설명했다. "천적을 볼 수 있는 곳이죠."

가지뿔영양이 지나는 길 한 지점에 자동으로 작동되도록 카메라를 설치하고 있는 조 리스. 사진: 조 리스 소장

　사냥꾼들 외에 가지뿔영양에게 큰 위협 요소는 퓨마였다. 하지만 트인 곳에서는 어떤 퓨마도 그들을 잡을 수 없었다. 가지뿔영양은 서반구에서 가장 빠른 사족동물로 시속 88킬로미터가 넘는 속도로 달린다. 진화생물학자들은 가지뿔영양이 치타보다 빨리 달리도록 진화한 것으로 추정한다. 현대의 치타보다 30퍼센트 큰 아메리카 치타(아프리카나 아시아 치타와 밀접한 관련은 없지만 수렴 진화로 인해 비슷한 모습을 가지고 있다)는 1만 2천 년 전 북아메리카의 거대동물 80퍼센트가 멸종한

홍적세 때 사라졌다. 아메리카 치타는 로스앤젤레스 라 브레아 타르 피츠에서 발견되었고 차보 횡단 이후 나는 그들을 연구했다.

가지뿔영양이 달리는 것을 보자 홍적세에 멸종된 아메리카 치타와 다른 동물들이 떠올랐다. 거기에서 내가 내린 결론은 기술과 결합된 기회가 있을 때마다 에이브러햄 링컨이 우리의 '선량한 본성'이라고 말한 것을 떠올리지 않는다면 우리는 그들을 사냥하고 서식지를 빼앗으리란 것이다. 남은 것이 박물관의 뼈뿐일 때까지 말이다.

간헐천이 만들어 낸 산비탈의 습곡을 횡단하는 길에는 부침이 있었다. 우리는 노란 잎이 잿빛 하늘과 반가운 대조를 이루는 작은 사시나무 숲에서 야영을 했다. 통나무 위에 앉아 커피를 마시고 있자니 조가 자신의 이야기를 더 들려주었다.

"제 아버지는 새와 짐승을 사냥하셨어요. 사냥을 아주 좋아하셨죠. 우리 가족의 삶에는 사냥이 중심이었어요. 거기에서 식량을, 최소한의 고기를 얻었으니까요. 할머니 아르테미스도 영향력이 크세요. 할머니는 아흔여섯이신데 의사에게 가 본 적도 약을 드신 적도 없어요. 아스피린조차도요. 할머니는 새로운 사람을 만나면 거리를 두고 괜찮다는 확신이 들 때까지 관찰하시죠."

"자네도 그런 특성을 이어받았나?"

"음, 저도 사냥을 좋아해요. 지속 가능한 사냥이죠. 저는 사냥을 하면서 자랐고 야생동물에 대한 애정도 거기에서 비롯된 거예요." 그 뒤 그는 씩 웃으며 덧붙였다. "하지만 저는 새로운 사람과 잘 지내는 법을 익혔죠."

이번에는 내가 활짝 웃으며 내 커피 잔을 조의 잔에 부딪쳤다. 빠듯한 식량과 빠듯한 예산에도 불구하고 내가 커피를 좋아한다는 이야기를 들은 조는 식료품 쇼핑을 하면서 점원에게 캔커피 중에서 가장 좋은 브랜드를 추천해 달라고 부탁했다.

"그렇게 해서 이 유반(Yuban)이라는 커피를 사온 거예요." 조는 내게 말할 때 '유븐'처럼 발음을 했다. 나는 그것을 지적하지 않고 매일 더 좋아지고 있는 이 젊은 청년에 대한 감사의 뜻으로 그 브랜드를 '유븐'이라고 부르기 시작했다.

아침에는 이동 경로 내의 여러 병목 구간 중 하나인 레드 힐스라는 황량한 언덕을 횡단했다. 우리는 길모퉁이에서 발을 멈췄다. 일주일 전 조가 카메라 트랩(camera trap, 걸쳐 놓은 막대를 건드리면 카메라가 자동으로 작동하도록 해놓은 장치-옮긴이)을 설치해 둔 곳으로, 카메라는 없고 조명과 카운터만 있었다. 《내셔널지오그래픽》은 트레킹을 위한 장비를 준비해 주었고 그는 카메라가 도착한 후부터 트랩을 설치할 장소를 결정하기 위해 노력했다.

"가지뿔영양은 겁이 대단히 많고 모든 움직임에 민감하기 때문에 저는 카메라 트랩이 근접 촬영을 할 수 있는 유일한 방법이라고 판단했어요." 그가 말했다. "아무도 그 일을 해낸 사람이 없어요. 그게 제 꿈이죠. 가지뿔영양의 초근접 사진을 최초로 찍는 것 말입니다."

조가 처음 '젊은 탐험가' 보조금을 받았을 때 《내셔널지오그래픽》의 사진 부문 편집장은 영양의 이동을 따르는 트레킹에 노련한 사진작가를 보내고 싶어 했다. 나는 분통을 터뜨리면서 프로젝트의 진정한 주인이 될 기회를 가로채면서 어떻게 새로운 세대의 사진작가들을 길러

내길 기대하냐고 물었다. 특히나 이 경우에는 조가 제안한 프로젝트인데 말이다. 그들은 결국 물러섰고 조에게 직접 사진을 찍게 해주었다.

조는 카운터를 다시 세우고 우리는 하이킹을 계속했다. 나는 걸음을 멈추고 쌍안경으로 새를 관찰했다.

"뭔가요?" 조가 물었다.

"'윌리엄슨의 딱따구리'라는 새야."

"윌리엄슨은 누군가요?"

"조사관이야. 19세기에 대륙횡단철도를 놓을 가장 좋은 경로를 파악하려던 사람들 중 하나지."

조가 내 쌍안경으로 그 새를 봤다.

"수컷이야." 내가 말했다. "암컷은 머리가 갈색이고 저렇게 검은색과 흰색이 아니지."

"멋진데요. 어떻게 새에 관심을 갖게 되셨어요?"

나는 10대에 할아버지와 꿩을 키운 이야기를 들려주었다. 언젠가 아시아의 산과 밀림으로 가서 고향에 있는 그 새들을 보는 것을 꿈꾸게 되었다는 것도.

"그 뒤 어머니가 25살 생일 선물로《오듀본 조류도감》을 사주셨어." 내가 설명했다. "하루는 책상에 앉아 있는데 창밖에 벌새가 보였어. 나는 조류도감에서 그 새를 찾아봤고 '안나 벌새(Anna's hummingbird)'라는 것을 확인했지. 조류도감에는 교미기가 오면 수컷 안나 벌새가 똑바로 날아올랐다가 방향을 틀고 급강하를 한 뒤 꼬리 깃털을 펼치면서 평 하는 소리를 낸다고 적혀 있었어. 그 소리가 벌새의 짝짓기 신호라는 거야."

"며칠 후 자동차를 만지고 있는데 벌새가 직선으로 날아올랐다가 똑바로 곤두박질치는 장면이 눈에 들어왔어. 그리고 펑 하는 소리가 들렸지. 조류도감에 있는 이야기와 똑같았어. 1분 후에는 또 다른 펑 하는 소리가 들렸어. 나는 선 채로 눈을 감고 귀를 기울였어. 1분마다 동네와 언덕 주변에서 펑 하는 소리가 계속 들렸지 나는 그 소리가 하루 종일, 한 주 내내, 짝짓기 철 내내 계속되리라는 것을 깨달았어. 진짜 1분마다 펑 하는 소리가 났어. 그동안은 전혀 의식하지 못했던 소리였지."

조는 고개를 끄덕이며 쌍안경을 내게 다시 건넸다. 우리는 계속 걸었다. 이 이야기를 할 때마다 나는 마지막에 안나 벌새의 펑 소리에 귀를 기울이는 법을 배운 것이 관심을 기울이는 법을 배우려는 평생의 노력이 시작된 때였다고 덧붙이곤 했다. 하지만 조에게는 그 점을 지적할 필요가 없을 것 같았다.

그날 저녁 우리는 며칠간은 바깥세상과의 마지막 만남이 될 비포장도로 끝 근처에서 캠핑을 했다. 아침에 우리는 길 끝에서 조의 친구를 기다렸다. 그가 조의 낡은 트럭을 타고 와 말린다 쉬나드가 전하는 식료품 봉지를 넘겨주자 마음이 놓였다. 조는 가방을 열고 짐을 나누기 위해 물건들을 내게 건넸다. 그가 치즈 덩이를 집어 들고 라벨을 읽는 것이 보였다. 가격표가 그대로 붙어 있었다. 그는 나에게 그것을 건넸다. 수입된 바스크산 양젖 치즈였다. 아마도 조의 주급보다 비쌀 것이다.

"정말 맛있는 치즈인가 봐요." 그가 사랑스런 미소를 지으며 말했다.

이 여행이 성공하려면, 그러니까 가지뿔영양의 이동통로를 보호해야 한다는 데 대한 인식을 높이고《내셔널지오그래픽》에서 조의 입지를 쌓는 두 가지 목표를 달성하기 위해서는 가지뿔영양과 이동을 함께 해야만 했다. 하지만 계절에 맞지 않게 따뜻한 날씨 때문에 이동이 늦어졌고 때문에 여태 우리는 몇 마리 영양만 만났을 뿐이었다.

우리는 그로반트산맥의 산마루를 가로질러 그린강 계곡으로 내려갔다. 다음 3일 동안 우리는 미리 출입 허가를 받은 개인 목장들을 지났다. 단 한 곳이 허가를 내주지 않았다. 우리는 정확히 가지뿔영양과 동일한 이동 경로를 계속 따르고 싶었다. 그리고 그것은 협조를 거부한 목장을 가로질러야 한다는 의미였기 때문에 남은 방법은 어두워질 때까지 기다리는 것뿐이었다. 하늘이 어두워지기 시작하면서 어둠의 시작을 알렸다. 우리는 가시 철조망 아래에서 몸을 꿈틀꿈틀 움직였다. 울타리를 넘을 수도 있었지만 우리는 아래로 기어가기를 원했다. 영양들도 그렇게 할 것이기 때문이었다. 그들은 빠르게 달리도록 진화했기 때문에 앞다리 뼈가 대단히 가볍고 약해서 다리가 부러질 위험을 감수하지 않고는 울타리를 뛰어넘을 수 없었다.

너무 어두워서 앞이 잘 보이지 않았다. 하지만 목장 주인이 우리를 발견할까 겁이 나서 감히 헤드램프를 켤 수가 없었다. 자정이 막 지났을 때 나는 오소리 굴에 빠졌다. 다행히 발목을 삐거나 무릎을 다치지는 않았다. 목장 반대편 울타리 아래로 기어 나와 텐트를 친 것은 새벽 3시였다. 눈이 오기 시작했고 우리가 잠에서 깨 텐트 문밖을 내다봤을 때는 새로 난 발굽 자국이 있었다. 우리는 커피를 만들고 트레킹을 계속했다. 뇌조 한 마리가 공중으로 솟구쳐 올랐고 우리의 맥박은 빨라졌다. 우리는 몇 분마다 걸음을 멈추고 뒤를 돌아봤다. 아직 가지뿔영양은 보이지 않았다. 한 시간 후 우리는 다시 뒤를 보았고 이번에는 멀

우리는 가지뿔영양의 이동을 연구한 생물학자들의 GPS 추적을 이용해 가지뿔영양이 걷는 산비탈을 걷고 그
들이 건너는 강을 건넜다. 사진: 조 리스

리서 긴 줄의 영양들이 우리를 향해 오고 있는 것이 보였다.

"150마리가 넘어." 나는 쌍안경으로 영양을 살펴며 말했다.

우리는 산쑥 뭉치 뒤에 웅크리고 앉아 있었다. 나는 움직이지 말라
는 주의 경고를 따랐다. 가지뿔영양은 무슨을 구분하는 능력이 달리기
실력만 못하다. 동물들은 일렬로 걷고 있었고, 곧 우리를 지나치기 시
작했다. 몇 마리가 멈춰 산쑥을 둘러봤다. 우리는 얼어붙은 듯이 그대
로 있었다. 두 마리는 우리로부터 겨우 6미터밖에 떨어지지 않았다. 그

들은 갑자기 멈춰서 우리를 똑바로 쳐다보더니 이내 그들의 어미에게로 달아났다. 무리 전체가 갑자기 달리기 시작했고, 우리를 지나치자 그들은 다시 모여 이동을 계속했다.

정오까지 300마리가 넘는 동물들이 우리를 지나쳐 갔다. 그날 오후 늦게 우리는 잭슨과 파인데일 사이의 고속도로에 도착했다. 가지뿔영양들은 고속도로에 접한 울타리 뒤에 무리를 짓더니 두세 마리씩 그 아래로 기어 들어간 뒤 도로를 가로질러 맞은편 담장 아래로 기어 들어갔다. 세미트레일러 한 대가 다가오다가 세게 브레이크를 잡았다. 거의 로드킬을 당할 뻔했다. 암컷 한 마리가 당황해 담장을 뛰어넘으려 했지만 뒷다리가 철조망에 걸렸다. 우리가 막 도우러 달려가려 할 때 영양이 몸을 풀어냈다. 우리는 그 영양이 많이 다치지 않고 살아남기를 빌었다.

700마리의 가지뿔영양이 고속도로를 건너는 것을 확인했다. 트럭이나 자동차와 부딪힐 뻔한 경우가 더 있었지만 다행히도 충돌 사고는 없었다. 우리는 9일 동안 걸은 뒤였고 여행은 막바지에 다다랐다.

마침내 조의 카메라가 도착했다. 그는 서둘러 레드 힐스로 돌아가 이동하는 가지뿔영양의 밀착 사진을 최초로 촬영했다. 《내셔널지오그래픽》은 그 사진들을 웹사이트에 게재했다. 조는 할 수 있는 한 많은 곳에 사진을 배포했다. 그 사진과 목장주, 사냥꾼, 환경운동가, 가지뿔영양의 보호에 나선 많은 사람들의 영향으로 와이오밍 주지사와 주의회는 그들의 '선량한 본성'에 귀를 기울이고, 잭슨-파인데일 고속도로를 건너는 야생동물을 위한 다리를 만들 재원 마련을 승인했다. 조는 거기에서 처음 그 다리를 건너는 영양을 촬영했다. 이제는 그랜드티턴 국립공원에 사는 혹은 국립공원으로 이동하는 모든 가지뿔영양들이 다리를 사용하는 법을 배웠다. 조는《내셔널지오그래픽》의 대표적인 야생동물 사진작가로서 자리를 잡아 나갔다.

《내셔널지오그래픽》으로부터 카메라를 받은 후 조가 포착한 그로반트산 레드 힐스를 가로지르는 가지뿔영양의 모습 중 하나. 사진: 조 리스

23

세계 최고의
국립공원을 꿈꾸다

잭슨-파인데일 고속도로를 건너는 야생동물 다리 건설은 가지뿔영양의 통로를 보호하기 위해 많은 사람들이 힘을 합친 결과이다. 하지만 그 결과에서 큰 몫을 한 것은 조 리스였다. 그는 음식 대신 필름을 샀고, 트럭 뒷자리에서 실물 크기 가지뿔영양 사진 위에 스티로폼을 깔고 잠을 청하며 하루를 마무리했다. 또한 자신이 신성시하는 동물의 최초 근접 사진을 포착하기 위해 카메라 트랩의 위치를 어떻게 잡아야 할지 생각하며 잠들었다.

'강박'이라는 말은 정신 건강과 연관되면서 억울한 누명을 쓰고 있다. 인간이 달성한 것들의 역사를 훑어보면 그 대부분이 한 사람이 목표에 강박적으로 집중했기에 일어난 일이라는 것을 알 수 있다.

우리가 창탕에서 돌아오자 조지 샬러는 우리가 여행에서 발견한 것들을 이용해 중국 정부를 설득함으로써 1300제곱킬로미터의 자연보호구역을 만들 수 있었다. 새로운 보호구역은 역시 샬러 한 사람의 설득 결과인 기존 창탕보호구역과 인접해 있다. 이 두 자연보호구역의 넓이를 합치면 독일의 면적과 비슷하다.

2001년 가족들과의 칠레 파타고니아 자동차 여행. 차카부코 계곡으로 들어서고 있다. 우리 중 누구도 20년 후 이곳이 트립어드바이저가 선정한 칠레 10대 공원에 들어가는 국립공원이 될 것을 예견하지 못했다. 사진: 릭 리지웨이 소장

　　다만 샬러가 이룬 성과에는 약점이 있었다. 중국 내 자연보호구역에서 이루어지는 보호의 수준이 낮다는 것이다. 새로운 금광에 접근하기 위한 수백 킬로미터에 걸친 도로 공사를 막을 만한 정도에 미치지 못했다. 이런 문제를 해결하는 것이 크리스와 더그 톰킨스가 칠레와 아르헨티나에 국립공원을 만들고 확장하는 전략을 세우는 데 강박적으로 집중하는 이유였다.

　　"자네는 세계를 둘러봤잖나." 더그가 말했다. "국립공원은 기준 중의

기준이야."

크리스와 더그는 개인 땅을 사들이는 것에서부터 국립공원으로 자리를 잡기까지 많은 시간과 노력이 필요한 일이 될 것을 잘 알고 있었다. 하지만 2000년대 초반에 들어서면서 그들은 몇 가지 성과를 올리기 시작했다. 그들은 크리스가 관리하는 새로운 재단을 이용해 마젤란해협 북쪽 대서양 연안의 에스탄시아 두 곳을 사들였고 이 땅은 2004년 아르헨티나 최초의 해상 국립공원이 되었다. 몬테레온 국립공원은 약 35.4킬로미터의 자연 그대로의 해안선을 아우르며 50만 마리의 펭귄과 천 마리 이상의 바다표범이 살고 있는 서식지를 보호하고 있다.

다음 해 칠레는 푸말린 남쪽에 코로코바도 국립공원을 만들었다. 더그가 정부 측에서 약 50만 에이커(약 6억 1천 평)의 연방 정부 부지를 내놓는다면 그와 피터 버클리가 매입한 20만 에이커(약 2억 4천 평)의 부지 또한 국립공원으로 내놓겠다고 설득한 결과였다.

동시에 크리스와 더그는 더 야심찬 계획을 이루기 위한 일을 하고 있었다. 파타고니아 중심에 국경을 품은 공원, 옐로스톤 국립공원보다 규모가 큰 공원을 조성하는 것이었다. 양쪽 나라에서 동등하게 통용되는 동시에 정치적으로 중립적인 이름이 필요했기 때문에 그들은 이 미래의 프로젝트를 '미래 파타고니아 국립공원'이라고 불렀다.

크리스와 더그는 수년 동안 이 지역에 눈독을 들이고 있었지만 이 미래 공원의 아이디어에 본격적으로 시동이 걸린 것은 나와 우리 가족이 크리스와 더그로부터 빌린 차를 이용해서 칠레 쪽을 돌아보고, 크리스와 더그가 다른 차로 아르헨티나 쪽을 조사한 2000년부터였다. 이 여행은 우리 세 아이들에게 크리스 이모와 더그 삼촌이 어떤 일을 하려고 하는지 보다 직접적으로 알려 주고 싶은 제니퍼와 내 생각에서 시작되었다. 자동차 여행의 일정을 짜면서 아이들에게 허락된 2주의 크리스마스 방학보다 더 긴 시간이 필요하다는 것을 깨닫게 되었다. 반대하는 교사들이 있었다. 나는 더그에게 전화를 해서 이 여행이 성사될 수 있을지 확실치가 않다고 말했다. 나는 이 이야기가 그를 짜증 나게 하리라는 것을 예상하고 있었다. 10학년 때 학교를 그만두고 다시 돌아가지 않은 그가 학교에 대해 어떤 생각을 가지고 있는지 잘 알았기 때문이다. 그는 나를 실망시키지 않았다.

"가서 선생들에게 아이들 교육을 방해하지 말라고 말해." 더그가 대답했다.

우리의 여행은 푸말린에서 크리스, 더그와 3일을 보내는 것으로 시작됐다. 더그는 아이들을 데리고 등산을 했다. 거기에는 공원에서 가장 큰 칠레 삼나무를 돌아보는 일이 포함됐다. 2천 살이 넘은 나무였다.

"언젠가 이 나무, 이 숲, 이 모든 건물, 트레일, 야영장을 칠레에 돌려 줄 생각이야." 더그가 아이들에게 말했다. "그렇게 되면 이 나라의 국립공원 시스템이 커지겠지. 하지만 더 중요한 건 그렇게 해서 공원에 대한 기준이 더 높아지고 사람들이 공원에 대해 가지는 자부심이 강해지는 거야. 자부심이 강해지면 공원을 더 잘 보호하고 싶어지겠지?"

다음 날 아이들은 우리가 빌린 SUV 위에 짐을 묶는 것을 도왔다. 우리는 푸말린을 떠나 안데스 산마루와 나란히 이어진 1287킬로미터 길이의 비포장도로 카레테라 아우스트랄을 남쪽으로 달렸다. 한편 크리스와 더그는 다른 차로 국경을 건너 아르헨티나로 향했다. 우리는 닷새 뒤 미래 국립공원의 중심을 가로지르는 외딴 국경에서 만나기로 했다.

그다음 3일 동안 우리는 텐트에서 자거나 작은 산장에서 묵었다. 넷째 날 우리는 카레테라 아우스트랄에서 벗어나 미래 국립공원의 칠레 쪽에 있는 17만 3000에이커(약 2억 1천 평) 규모의 양 목장, 에스탄시아 바이예 차카부코 본부로 향하는 보조도로를 따라갔다.

제니퍼와 아이들이 차에서 기다리는 동안 나는 목장 사무실로 가 문을 두드렸다. 피부가 두꺼운 중년 남자가 문을 열었다.

"아내와 아이들을 데리고 여행 중인데요," 내가 차를 가리키며 말했다. "에스탄시아에서 야영을 해도 좋을지 여쭤보려고요."

"마음에 드는 곳 어디든지요." 그가 미소를 지으며 말했다.

"감사합니다. 정말 감사해요."

"독일인이오?"

"아닙니다. 북아메리카에서 왔어요. 캘리포니아요."

"캘리포니아?" 그가 얼굴을 찌푸리며 고개를 저었다. "거긴 정말 형편없죠."

그 뒤 표정이 밝아졌다. "하지만 여긴," 그가 주변의 언덕을 손으로 가리키며 말했다. "정말 좋죠."

크리스마스 날이었다. 저녁 7시인데도 아직 해가 지려면 3시간이 남았다. 우리는 갈대가 늘어선 호수에 멈춰 서서 다섯 마리의 검은 목 백조를 감탄하며 바라봤다. 과나코(guanaco, 남미 안데스산맥의 야생 라마 무리-옮긴이)가 우리를 보기 위해 낙타와 같은 목을 길게 늘였다. 내가 사진을 찍기 위해 울타리 기둥에 카메라를 반듯이 올리는 동안 카리사는 우리 캠코더로 영상을 찍었다. 《내셔널지오그래픽 트래블러》에서 이 여행에 관한 기사에 관심을 갖고 있었는데 웹사이트에 올릴 동영상이 필요했다. 영상 제작에 관심이 많은 카리사에게 좋은 기회였다.

우리는 계곡을 구불구불 흐르는 작은 강 옆에 풀이 자란 평평한 지대를 발견하고 텐트 두 개를 쳤다. 코너와 내가 모닥불을 지피는 동안 제니퍼는 캘리포니아에서부터 조심해서 들고 온 뵈브 클리코 병의 에어캡 포장을 벗겨냈다. 나는 다섯 개의 금속 컵에 샴페인을 채웠고 우리는 완벽한 크리스마스 축배를 들었다.

크리스마스의 아침은 반나절 동안 리우 베이커 인근에서 래프팅을 하는 것으로 시작되었다. 리우 베이커, 베이커강은 헤네랄카레라 호수에서부터 흘러나온다. 이 호수는 대단히 큰 자연 수역으로 아르헨티나까지 이르는데 그곳에서는 이것을 라고 부에노스 아이레스라고 부른다. 빙하로 덮인 봉우리들이 둘러싼 이 호수는 그 안의 미네랄 성분을 먹고 사는 규조류 때문에 옥빛을 띤다. 너도밤나무 숲이 줄지어 있는 계곡으로 흘러내리는 베이키강도 보석과 같은 청록색이다.

"이 강은 초당 35세제곱피트의 속도로 흘러요." 래프팅 가이드가 말했다. "그게 얼마나 되는 양인지 아세요?"

"몰라요." 코너가 대답했다.

"우유 1갤런(약 3.8리터)이 얼마나 무거운지 알아요?"

세 아이 모두 고개를 저었다. 내가 우유 1갤런은 8파운드(약 3.6킬로그램) 정도라고 말해 주었다.

"한 번에 우유를 몇 갤런쯤 들 수 있어요?" 그가 코너에게 물었다.

"2갤런 정도요?"

"이 강에서는 매초 25만 갤런(약 94만 6천 리터)의 우유가 흐르는 셈이에요."

그게 아이들에게 깊은 인상을 준 모양이었다. 그 뒤의 댐 이야기도 마찬가지였다. 칠레 정부가 검토 중인 댐이 만들어진다면 이 나라 최대의 안전류(자유롭게 흐르는 강)의 한 부분이 수몰될 것이다. 댐과 공원 계획이 모두 실현된다면, 미래의 방문객들은 새로운 공원 입구에서 한 방향으로는 수천 에이커의 복원된 초원을, 다른 방향에서는 후버댐(Hoover Dam)과 유사한 거대한 콘크리트 구조물을 보게 될 것이다.

크리스마스 다음 날 아침, 내가 텐트를 접는 동안 아이들은 학교 야영 때의 교본에 따라 '흔적 남기지 않기'를 실천하느라 야영지 주변을 샅샅이 뒤졌다. 계곡 쪽으로 운전을 해 올라가던 나는 여러 개의 측퇴석과 종퇴석을 가리키며 설명했다. 마지막 빙하기에 빙하가 계곡을 깊게 파내어서 차카부코는 습하고 바람이 드는 면의 식물, 곤충, 동물이 건조하고 바람이 없는 쪽의 생물과 뒤섞인 남부 안데스에서 몇 안 되는 장소가 되었고, 때문에 칠레의 국립공원 관리국이 오랫동안 탐내왔을 정도로 이례적인 생물 다양성을 보여 주는 계곡이라고 말이다.

우리는 국경 검문소에 도착했다. 국경 수비대가 미소를 띠며 우리를 맞이했다. 그들은 작은 사무실 안에서 천천히 서류를 처리했다. 그들이 비효율적이어서라기보다 외롭고 누군가 같이 있는 것이 좋았기 때문이라는 인상을 받았다. 또 다른 차가 도착했다. 이 외딴 검문소에서는 이례적인 일이었다. 창을 통해서 아이들이 손을 흔드는 것이 보였다.

"서부 시대 같네." 이본 쉬나드는 파타고니아를 이렇게 표현했다. "사람이 없는 것만 빼고." 몇 사람은 있었다. 크리스마스에 차카부코강 옆에서 야영한 우리 가족을 포함해서. 사진: 릭 리지웨이

"친구인가요?" 수비대원이 물었다.

계획대로 도착한 크리스와 더그였다. 서류 작업이 끝나자 우리는 그들을 따라 '솔 데 마요(Sol de Mayo, 5월의 태양)'라는 시적인 이름을 가진 거대한 에스탄시아를 향해 비포장도로를 달렸다. 이제 우리는 아르헨티나 쪽, 안데스의 비그늘(rain shadow, 산으로 막혀 강수량이 적은 지역-옮긴이)에 있었다. 우거진 낙엽송 너도밤나무가 숲을 이룬 언덕, 다발풀이 무성한 강가의 저지대, 쇠뜨기가 테를 두른 습지대는 불그스름한 절벽으로 바뀌었다. 메사(mesa, 꼭대기는 평평하고 등성이는 벼랑으로 된

언덕-옮긴이)의 가장자리에는 단층이 노출되어 있고 메사가 둘러싼 계곡 저지대의 시내 비탈에는 푸른기가 돌고 있었다. 구름 없는 하늘이 먼 지평선을 내리누르는 거대한 돔 같았다. 유타, 아이다호, 몬태나를 떠올리게 했다. 다만, 도시와 사람은 없었다.

"200년 전의 미국 서부 같군." 이본이 탁 트이고 야생 그대로인 상태로 남아 있는 지구상의 이 장소를 묘사하며 말한 적이 있었다. 이곳에서 받은 영감으로 그는 자신의 회사 이름을 만들었다.

솔 데 마요의 주인은 우리를 반갑게 맞이하면서 본관 옆 잔디밭에 텐트를 치게 해주었다. 그는 크리스와 더그가 방문한 이유를 알지 못하는 것이 확실한 것 같았다. 칠레나 아르헨티나의 어디를 가든 더그의 평판이 알려져 있었기 때문이다. 호텔이든 식당이든 거리에서든 그를 만나는 시민들은 두 나라의 거대한 땅을 사들이는 미국인으로 더그를 생각했다. 그의 의도를 둘러싼 음모론이 계속 그를 따라다녔다. 주인이 그런 소문에 신빙성을 두고 있는지는 모르겠지만 그의 환대로만 판단하면 소문을 믿는 것은 아닌 듯했다.

"오늘 아사도(asado)를 할 겁니다." 그가 말했다. "큰 파티죠. 여러분들이 아르헨티나 파타고니아에 온 것을 환영하는 의미에서."

파티를 시작하기 전 몇 시간 동안 우리는 솔 데 마요와 근처의 에스탄시아들을 돌아보았다. 우리는 라고 푸에르레이돈이 굽어보이는 자갈 해변에서 피크닉을 했다. 259제곱킬로미터(약 7천 8백만 평)가 넘는 이 깊은 호수는 국경 너머까지 이어지며 칠레 쪽에서는 라고 코크라네로 알려져 있다. 북쪽의 자매호인 헤네랄카레라와 같이 물은 옥빛이었다. 이 두 거대한 호수들이 유럽이나 미국에 있었다면 거대한 자연의 불가사의로 전 세계의 인정을 받았을 것이다.

"이제 상상이 되네요." 내가 말했다. "공원의 남쪽 끝은 이 호수와 맞닿고, 북쪽 끝은 헤네랄카레라와 맞닿게 되는 거군요. 그 사이에는 칠레 쪽의 헤이니메니산(Jeinimeni Mountains)과 차카부코 계곡, 아르헨티나 쪽의 평원과 고원이 있고요. 정말 멋질 거예요."

"5성급이지." 더그가 빼어나게 아름다운 어떤 것을 설명할 때 즐겨 쓰는 표현을 이용해서 대답했다. "최고의 국립공원이 될 거야. 남아메리카에서만이 아니라 전 세계에서."

크리스와 더그는 이후 3년 동안 주기적으로 솔 데 마요에 들러 주인의 매각 의사를 타진했다. 하지만 그 상냥한 아르헨티나인은 시골 생활이 주는 위안을 즐기고 있어서 팔 생각이 없다고 말했다. 반면 칠레의 에스탄시아 바이예 차카부코의 주인들은 예고도 없이 땅을 팔겠다고 나섰다. 그런데 17만 3천 에이커(약 2억 1천 평) 땅의 호가는 크리스와 더그가 감당할 수 있는 금액을 넘어섰다. 푸말린을 완성하고 이미 진행 중인 다른 프로젝트들을 완성해야 하는 재정적인 부담 때문이었다. 크리스가 운영하는 공익 재단, 콘서바시온 파타고니카에서 다른 자선가들로부터 자금을 조달할 수 있을까?

크리스가 가능성이 있는 기부자들과 대화를 시작하고 있을 때 또 다른 매수 희망자가 등장했다. 크리스는 일단 매수 제의부터 하고 주건부 날인을 해두고 있는 동안 부족한 돈을 마련할 것인지 결정해야 했다.

"잠을 못 자겠어요." 그녀가 내게 말했다.

"에스프리 사무실의 더그 책상 위에 붙어 있던 글귀를 기억해요? '일

더그와 크리스. 언젠가 초국가 파타고니아 국립공원이 될 아르헨티나 파타고니아 조사를 마치고. 사진: 릭 리지웨이

단 저지르고 그다음에 해결하라.'"

그녀는 매수 제의를 했고 주인들은 수락했다. 조건부 날인 상태에서 크리스는 밤낮으로 자금을 조달하기 위해 애썼다. 마침내 계약이 성사되었다. 다음 해 콘서바시온 파타고니카는 인접한 땅 2만 2000에이커(약 2천 7백만 평)를 매입했다. 크리스는 언젠가 공원을 아르헨티나까지 확장해서 캐나다와 미국의 워터턴-글레이셔 국제평화공원과 같이 국경을 넘는 평화공원을 조성하겠다는 꿈을 포기하지 않았다. 하지만 일단 가까운 미래의 초점은 칠레 쪽 땅을 늘리는 것이 될 것이다.

2년 후 파타고니아를 다시 방문했다. 이번에는 나처럼 이 프로젝트의 규모에 경외심을 품은 두 명의 잠재 기부자와 함께였다. 그들이 경외의 마음을 가진 것은 규모 때문만이 아니고 꿈을 현실로 바꾸는 데 필요했던 엄청난 노력 때문이기도 했다. 나는 더그가 건축가들을 만나서 건물과 야영지의 디자인을 검토하는 것을 지켜봤다. 나는 더그, 현장 책임자와 함께 미래에 트레일이 될 곳의 위치를 표시하기 위해 1킬로미터마다 땅에 박아 넣은 말뚝을 조정하는 작업에 합류했다. 일이 마무리되면 그 트레일은 진주를 엮듯이 일련의 고산 호수를 연결하게 될 것이다.

더그는 모든 것에 최상의 품질을 고집했다. 그렇게 해서 새로운 공원이 그가 우리 아이들에게 설명했던 것처럼 칠레 전체 공원 시스템의 기준을 높이도록 말이다. 건물들은 공원 내에서 채석한 돌로 지어졌고 일꾼들은 또 다른 칠레산 재료인 구리로 지붕을 만들었다. 공원 본부 건물의 지붕을 모두 합치면 남아메리카에서 가장 큰 구리 지붕이 될 것이다.

사람들은 물론, 더그의 친구들조차 그의 이런 집착이 광기에 가깝다고 했다. 몇 년 전 더그의 도전을 피츠카랄도에 비유한 《애틀랜틱》의 기사가 떠올랐다. 표면적으로는 밀림 한가운데 오페라하우스를 짓기 위해 증기선을 아마존 지류 사이의 산으로 끌어올린 고무 남작(rubber baron, 페루 출신의 카를로스 피츠카랄도는 고무 붐으로 큰돈을 벌어 고무 남작으로 불렸다-옮긴이)과 유사할 수도 있다. 그러나 나는 그 기사에 실린 마나우스의 오페라하우스에 가본 적이 있다. 그곳은 너무나 멀었다. 공원 본부에서 시작하는 이 트레일, 지금은 공식적으로 '센데로 데 라구나스 알타스'로 불리는 트레일 역시 그렇다.

2006년, 여전히 '미래'의 파타고니아 국립공원이었던 그 지역에 또 방문할 기회가 있었다. 나는 파타고니아에서 일하고 있었다. 그곳의 서핑 대사(파타고니아의 서핑 앰배서더) 중 한 명인 크리스 말로이가 이본과 더그가 1968년 피츠로이를 오르기 위해 캘리포니아 남부에서 아르헨티나 남부까지 한 재미를 찾는 녀석들의 자동차 여행에서 영감을 얻은 영화를 만들자고 제안했다. 당시 더그는 '여행의 경비를 마련하는' 영화를 만들어야 한다고 다른 사람들을 설득했었다. 그들은 16밀리 볼렉스 중고 카메라를 구입하고 사진작가인 팀원 중 한 명을 촬영기사에 임명했다. 그 결과물인 〈폭풍의 산〉은 몇몇 등반 마니아 외에는 아무도 모르는 영화가 되었다. 거의 40년 후 크리스는 낡은 커버 안에 '피츠로이'라는 라벨이 붙은 VHS 카세트를 찾아냈다.

그 영화에서 영감을 얻은 크리스는 젊은 등반가와 서퍼들이 팀을 이루어 그 여행을 재현한다는 아이디어를 떠올렸다. "단순히 등반과 서핑만 하는 것이 아니라 지구상에서 가장 사람의 손을 타지 않은 곳에서 스포츠의 진정한 의미를 찾는 거죠." 그가 덧붙였다.

우리는 크리스가 감독하고 내가 제작하는 영화를 만들기로 결정했다. 젊은 등반가들과 서퍼들이 파타고니아에 도착하면 이본과 더그가 합류하는 계획을 세웠다. 이제 반백의 노인이 된 그들이 젊은 세대에게 여행이 단순한 스포츠가 아니라 스포츠의 진정한 의미를 찾고, 더 나아가 스포츠를 하는 대자연을 구하는 일임을 보여 주는 것이다.

우리는 젊은 서퍼와 등반가들이 밴을 몰고 가는 것이 아니라 보트를 타고 파타고니아로 간다면 더 흥미로울 것이라고 의견을 모았다. 하지만 배를 사거나 빌리는 돈을 어디서 구해야 할까? 우리 팀원과 함께 기꺼이 남쪽으로 항해를 할 누군가를 찾을 수도 있지 않을까? 나는 항해

커뮤니티에 소식을 알렸다. 믿기 힘든 일이 일어났다. 칠레 남부에서 자라 현재 시애틀에 살고 있는 남자가 있다는 것을 알게 된 것이다. 그는 16미터 길이의 소형 쾌속선을 얼마 전 구입해 파타고니아의 고향으로 항해를 해 돌아갈 계획을 세우고 있었다.

크리스와 나는 시애틀로 갔다. 배는 완벽했다. 주인은 비용의 일부를 부담한다면 우리 팀을 태워 주겠다고 말했다. 주인 역시 우리 영화의 아이디어를 마음에 들어 했다. 그는 더그 톰킨스를 만난 적은 없지만 새로운 공원을 조성하기 위한 더그의 노력에 대해 잘 알고 있고, 개인적으로는 그 계획을 지지하지만 논란이 있다는 것도 알고 있다고 설명했다.

"목장을 사들여서 공원으로 바꾼다는 것은 대부분의 칠레 사람들에게 대단히 이해하기 어려운 일입니다." 그가 말했다.

"더그가 그 일을 설명할 때 말하는 것이 있어요." 내가 대답했다. "절벽으로 이르는 길을 가다가 그 끝에 다다르면 당신은 어떻게 할까요? 한 발을 더 내딛을까요? 아니면 180도 방향을 돌릴까요?"

"영화 제목으로 제격이네요." 그가 대답했다.

"어떻게요?"

"180도 방향을 바꾼다는 것 말입니다. 파타고니아로 가는 나침반 방향과도 딱 맞아떨어지네요. 남쪽으로 180도."

배도 있었고 영화 제목도 생겼다. 우리 팀과 카메라맨은 40년 전 더그와 이본이 포드 밴을 타고 벤투라에 있는 이본의 대장간을 떠났던 것처럼 벤투라 항구를 출발했다. 쾌속정 항해는 잘 진행되었다. 하지만 라파 누이에서 800킬로미터 떨어진 해상에서 돛대 받침줄이 끊어지면서 돛대가 갑판으로 무너져 내렸다. 다행히도 다친 사람은 없었다. 크리스 말로이와 나는 몇 명의 카메라 팀과 함께 외딴 섬으로 가 팀원들이 임시로 돛대를 만드는 과정을 필름에 담았다. 거의 한 달이 걸렸고 일정은 미뤄졌다. 하지만 우리는 돛대가 부러진 사건이 우리 영화에 흥미로운 부분이 될 것이라고 생각했다. 이본이 자주 말하듯이 모험은 일이 잘못될 때부터 시작되는 법이니까.

배가 칠레에 도착했고 우리 팀은 푸말린으로 향했다. 거기에서 그들은 이본과 더그를 만났다. 그 무렵 칠레 정부가 푸말린을 공식 자연보호구역으로 지정해 달라는 청원을 받아들였다. 우리는 더그가 젊은 서퍼와 등반가들에게 미래의 국립공원을 보여 주는 모습을 촬영했다. 이본이 합류했고 우리는 두 노인이 야생지 보호의 중요성에 대한 자신들의 견해를 젊은이들과 공유하는 것을 카메라에 담았다.

"대부분의 사람들은 자연을 자연자원이 담긴 바구니쯤으로 생각하지." 더그가 말했다. "인간의 경제에 유익을 주는 보고로 말이야."

"사람들은 우리가 자연 없이도 살 수 있다고 생각해." 이본이 덧붙였다. "혹은 그들이 자연을 조종할 수 있기 때문에 자연보다 우월하다고 생각하지. 자유롭게 흐르는 강이 필요하다는 생각을 하지 않아. 연어가 올라올 길이 막히면? 문제없지. 연어를 양식하면 되니까."

"그들은 자연 위의 유리상자 안에서 살 수 있다는 착각들을 해." 더그가 말을 이었다. "그들은 문명이 생명만큼이나 연약하다는 것을 몰라. 쾅, 어느 날 갑자기 죽게 되는 건데. 오스만, 로마, 그리스, 마야. 어느 세계주의자도 그런 가능성을 보는 것을 원치 않아."

"언젠가 죽는다는," 이본이 말했다. "모두가 언젠가 죽을 것이란 사실, 모든 사회에 시작과 끝이 있다는 사실을 받아들이는 것이 삶을 포기해야 한다는 의미는 아냐. 그 끝을 앞당기는 일에 동참해도 괜찮다는 의미도 아니지. 그 문제에 대해서 더그와 나는 의견이 같아. 하지만 다른 면에서라면 우린 반대지. 그는 사회의 종말, 어쩌면 인류에 대해서 더 신경을 써. 나는 '내가 할 수 있는 일을 하겠다. 그거면 됐다'고 말하는 느긋한 선불교도일 뿐이야."

"그런데 친구," 더그가 씩 웃으면서 말했다. "자네는 모든 좋은 불교도는 세상이 모두 깨달음을 얻을 때까지 깨달음을 포기해야 하는 보살서약을 한다는 걸 잊은 모양이네."

영화의 주제가 우리가 스포츠를 즐기는 장소들을 구한다는 것이긴 했지만 우리는 여전히 스포츠를 하고 싶었다. 하지만 파타고니아의 태평양 해안에는 파도가 많지 않았다. 바깥쪽 외딴 섬들의 긴 사슬이 큰 너울을 막고 있었기 때문이다. 하지만 푸말린 바로 남쪽에는 그 사슬이 끊어진 곳이 있었고 우리는 그 부분이 파도가 들어올 수 있을 만큼 넓지 않을까 생각했다. 만약 그렇다면, 더그가 칠레 정부와 새로운 국립공원 조성 논의에 한창이었던 코르코바도 해안을 따라 어딘가는 서핑을 할 만한 파도가 있을 수 있었다. 새로운 공원의 이름은 단 한 번의 등반 기록밖에 없는, 더그가 혼자 최초 등반에 성공한 빙하가 덮인 화산의 이름을 따랐다. 우리 생각이 맞다면 아무도 타본 적이 없는 파도를 타고, 단 한 사람밖에 등반하지 않았던 산을 오를 수 있을 터였다. 우리 영화의 중심인물 중 한 사람이 구한 그곳에서.

우리가 전세 낸 작은 낚싯배가 우리 서퍼와 등반가팀을 태우고 한 지점을 돌자 이론은 현실이 되었다. 우리는 너도밤나무 숲으로 둘러싸인 작은 만에 완벽한 모양의 1.2~1.5미터 파도가 밀려드는 것을 보았다. 만 뒤쪽으로 코르코바도 화산이 완벽한 원뿔 모양으로 솟아 있었다. 오후 햇살에 화산 꼭대기의 빙하가 어슴프레한 빛을 냈다. 우리는 파도를 타며 하루를 보낸 뒤 화산을 등반하기 위해 이동했다. 등반에는 왕복 4~5일이 걸릴 것으로 예상됐다. 배의 돛이 부서지는 바람에 일정이 지연되어서 시즌에 늦은 상태였다. 등반은 원만하게 진행됐다. 봉우리 밖으로 솟은 수직에 가까운 암석 원정구(plug, 점성이 큰 용암이 지표에 분출하면서 그다지 퍼지지 않고 화구 위에 부풀어 올라 형성된 원형의 구릉-옮긴이)에 이를 때까지는 말이다. 더그가 이 산을 올랐을 때는 정상의 원정구가 얼음에 싸여 있었다. 지금은 얼음이 녹아서 노출된 암석이 단단하지 못했고 우리는 발받침이나 손잡이가 부서지거나, 심지어는 앵커가 풀려 떨어질까 봐 겁이 났다. 정상을 60미터 남겨 두고 되돌아올 수밖에 없었다.

크리스 말로이와 나는 영화를 위한 성공적인 등반을 하지 못한 데 실망했고 등반가들은 정상을 눈앞에 두고 포기해야 했다는 데 실망했다. 우리는 정상 원정구 기슭까지 팀과 함께했던 이본을 인터뷰했다. 이후 후반 작업 단계에서 크리스는 이본의 인터뷰를 한 장면에 입히기로 했다. 이후 그 장면은 영화에서 우리가 가장 좋아하는 부분이 되었다. 팀원들은 산에서 내려와 위쪽으로 코르코바도의 빙하가 빛나고 있는 청정 만에서 서핑을 하고 있었다. 이 장면에서 러브 애즈 래프터라는 그룹의 대표곡 〈코코넛 플레이크〉가 흘렀다. 노래가 잦아들고 이본의 목소리가 나온다.

"돌아온 팀원들은," 이본이 말했다. "진이 다 빠졌더군요. 어느 산이든 안전한 때가 있고 엄청나게 위험할 때가 있습니다. 시기가 맞지 않았던 것뿐이죠. 실망했을 테죠. 하지만 이건 성배를 찾는 일과 같습니다. 누가 성배에 신경을 쓴답니까? 중요한 건 도전, 자신 안에서 일어나는 변화입니다."

코르코바도에서 이틀 동안 차를 타고 미래의 파타고니아 국립공원으로 갔다. 등반가들과 서퍼들이 자원봉사자들과 합류해서 약 800킬로미터에 이르는 철조망을 치울 계획이었다. 이전 100년 동안 양과 소가 살던 목장이 사라졌기 때문에 더 이상 철조망은 필요치 않았다. 8년 전 가족들과의 자동차 여행에서 처음 방문했던 그 지역은 동물들에 뜯긴 짧은 풀 그루터기만 남아 있거나 그마저도 사라져 맨땅이 드러나 침식이 진행 중이었다.

나는 이미 자원봉사자들이 482킬로미터의 철조망을 제거했다는 것을 알고 있었다. 그 자원봉사자 중 두 명이 내 아이들 캐머런과 코너였고 나는 아이들을 볼 생각에 신이 나 있었다. 공원에 들어서자 놀라운 변화가 눈에 띄었다. 풀이 다시 자라고 있었다. 양이 나가자 과나코가 들어왔다. 프로젝트 본부에 도착한 나는 캐머런과 코너를 안아 주고 크리스를 안아 주기 위해 돌아섰다.

"어때 보여요?" 그녀가 물었다

"잠깐만 봐도 알겠어요." 내가 대답했다. "그런데 보는 게 아니라 느껴지는 것에 가까워요. 야생처럼 느껴져요."

다음 한 주 동안 우리는 우리 팀원들이 남은 철조망 제거에 참여하

코르코바도 등반 중 베이스캠프에서 허세를 부리는 중. 오른쪽의 티미 오닐은 충분히 근육남이라고 불릴 만했지만 이본과 나는… 음… 우리는 언제나 그런 척할 수 있다. 사진: 지미 친

는 모습을 촬영했다. 현장에 있는 것이, 자원봉사자와 아이들과 작업하는 것이 내게는 선물 같았다. 캐머런과 코너는 모두 대학을 휴학하고 있었다. 학교가 자연의 교육에 간섭하도록 놓아두지 않는 그들을 보는 것이 만족스러웠다.

영화를 완성하는 데 필요한 거의 모든 것이 있었고 마무리가 가까웠다. 해는 여전히 길었다. 저녁 식사 후 나는 미래 국립공원의 본부가 내려다보이는 언덕 꼭대기까지 올라갔다. 주석 지붕의 목장 건물들을 구리 지붕 구조물로 바꾸는 작업은 아직 반에 못 미쳤다. 더그는 모든 것을 마치려면 몇 년이 더 필요하다고 말했다. 이전 목장의 사무실이었던 낡은 건물이 아직 서 있었다. 나는 아이들과의 자동차 여행 중에 크리스와 더그로부터 빌렸던 차에서 내려 에스탄시아에서 야영을 허락받던 날을 떠올렸다.

그때의 내가 미래를 볼 수 있었다면 어땠을까? 지금 보고 있는 것을 볼 수 있었다면 어땠을까? 이런 상념 끝에 영화가 묘한 방식으로 내 삶의 변화를 반영하게 되었다는 생각이 들었다. 우리 영화에 출연하는 서퍼와 등반가들처럼 나 역시 스포츠에 초점을 맞췄었다. 스포츠를 하는 장소를 살리는 데 더 집중하게 되기까지 긴 진화를 거쳤다.

여전히 그 모든 것의 중심은 스포츠다. 스포츠가 아니었다면 우리는 야생의 세계에 있지도 않았을 것이고, 야생이 아니라면 우리는 자연의 아름다움과 사랑에 빠지지도 않았을 것이고, 자연에 대한 사랑이 아니었다면 우리는 자연을 구하는 데 헌신하지도 않았을 것이다.

'그래도 코르코바도 정상을 오르지 못한 것은 너무나 아쉽다.' 나는 생각했다. '나도 중요한 것은 도전이지 성배가 아니라는 것을 안다. 하지만……'

크리스도 같은 느낌이었다. 프로젝트를 마무리하는 과정에서 아이디어가 하나 떠올랐다. 미래 공원의 중앙에는 삼각형을 이루며 서 있는 봉우리가 있다. 그 특유의 아름다움은 수년 간 더그의 눈을 사로잡았다. 그와 이본이 1년 전 등반을 시도했지만 실패했다. 등반이 어려워서가 아니었고 이본(세계적인 등반 장비를 만드는 사람)이 28년 전 미냐 콩카 등반을 시도했을 때 신었던 부츠를 그대로 가져왔기 때문이었다. 크리스와 말린다가 더그와 이본을 등반을 시작하는 지점까지 태워다 줬지만 이본이 차에서 내려 몇 걸음 떼지도 않았을 때 경화된 낡은 부츠의 윗부분이 산산조각 나 버렸다.

우리는 더그와 이본에게 그 등반을 다시 시도할 생각이 있느냐고 물었고 두 사람 모두 좋다고 대답했다. 첫날은 봉우리의 기슭까지 돌로 된 능선을 오래 걸어야 했다. 이번에는 이본이 새로운 부츠를 가져왔다. 하지만 그의 크램폰과 아이스 액스는 여전히 70년대 것이었다. 더그는 그의 트레이드마크인 잘 다린 치노 바지와 흰 옥스포드 셔츠, 빵모자, 넥 크라바트 차림이었다.

"저것 좀 봐. 톰킨스 씨는 테니스화를 신고 등반을 해." 등반가 한 사람이 믿지 못하겠다는 목소리로 속삭이는 것이 들렸다. "테니스 칠 때 신는 그 테니스화."

능선의 끝까지 그리고 등반 구역의 기슭까지 가는 데 하루가 거의 다 지났다. 우리는 텐트를 쳤다. 하늘은 맑았고 바람은 없었다. 우리는 태양이 북쪽 빙원으로 넘어가고 마지막 빛이 헤네랄카레라 호수에 반사되는 것을 지켜봤다. 이본은 저녁을 만들었다. 식사 후 차를 다 마실 때까지도 날이 훤했다. 밤사이 눈이 왔지만 우리가 캠프를 떠난 직후 날씨가 개었다. 여전히 바람은 없었다. 등반에 완벽한 날이 되어 가고 있었다. 우리는 짧은 빙하를 건넌 뒤 가파른 베르크슈룬트를 올랐다. 로프는 묶지 않았다. 모두의 능력 범위 내였다. 우리는 정상과 이어지는 능선에 도착했다. 난이도가 5급 이상인 곳이 간간이 있었지만 아무도 로프를 필요로 하지 않았다.

정상을 향한 마지막 구간까지 마친 때는 늦은 오후였다. 광활한 새 공원이 한눈에 들어왔다. 우리는 그 산의 정상에 오른 최초의 사람들

우리는 영화에서 얻은 수익금으로 리우 베이커와 인접한 강에 댐을 세우는 데 반대하는 시위자들을 지원했다. 그들은 이 운동을 '파타고니아 신 레프레사스(Patagonia Sin Represas, 댐이 없는 파타고니아)'라고 불렀다.

일러스트레이션: 셰퍼드 페어리, obeygiant.com 제공

이었다. 봉우리에는 이름이 없었다. 하지만 몇 년 전 칠레 정부는 공식적으로 그 봉우리를 세로 크리스티나로 명명해 달라는 더그의 청원을 받아들였고, 크리스가 새로운 공원 조성에 중심적인 역할을 했음을 인정해 주었다.

촬영을 끝내고 더그, 이본, 나는 정상에 앉아 있었고 우리가 촬영팀의 일원으로 고용했던 지미 친이 사진을 찍어 주었다. 프롤로그에 있는 사진이다. 그때는 몰랐다. 세로 크리스티나 최초 등정이 두 보이즈의 마지막 등반이 될 줄은.

두 보이즈의 마지막 탐험

세로 크리스티나를 오르고 몇 년 후, 두 보이즈는 리우 베이커를 따라 바다까지 카약을 타기 위해 미래의 파타고니아 국립공원에 모였다. 더그의 일흔 번째 생일을 축하하는 모임이었다. 이번에는 크리스와 더그를 위해 새 공원의 총지배인으로 일하고 있던 나딘 레너라는 젊은 여성이 합류했다.

"이제 여행에 두 걸을 포함시킬 때도 됐죠." 크리스가 장난을 쳤다. 완전히 농담만은 아니었다. 나딘은 아웃도어 스포츠에 탁월한 사람이었고 우리 나머지 일행은 종종 스스로를 '노인네'라고 칭하기 시작한 나이였기 때문에 나딘이 우리 생일 축하 모임에서 가장 강한 구성원일 수 있다는 점을 냉정하게 받아들였다. 수십 년 동안 이어진 우리 여행에서 의식적으로 여성을 배제한 것은 아니었다. 하지만 '차별 철폐 조치'라고 부를 만한 일을 한 적도 없었다. 남녀가 종종 어울려 어드벤처 스포츠를 즐기는 오늘날의 틀에서 보자면 큰 간극으로 느껴질 것이다. 하지만 우리에게 죄가 있다면 그것은 과실이라기보다는 태만의 죄이다. 나딘은 우리 패거리에 꼭 맞는 사람이었고 우리 모두 두 걸과 함께

하는 두 보이즈의 리우 베이커 여행을 마음껏 즐겼다.

2년 후 두 보이즈 여행을 또 한 번 떠나야 할 시간이 된 듯했다. 우리는 또 다른 카약 여행을 하기로 결정했다. 이번에는 리우 베이커의 수원인 라고 헤네랄카레라 북쪽 기슭을 따라갈 계획이었다. 짐 엘리슨과 나에게는 완벽한 타이밍이었다. 일 때문에 그 지역에 갈 예정이었기 때문이다. 아웃도어 스포츠에 대한 열정 외에도 짐과 나에겐 기업 지속 가능성 분야에서 일을 하고 있다는 공통점이 있었다. 내 경우 파타고니아에서 그 분야의 일을 맡고 있었고 짐은 자문회사에서 일을 했는데 그들의 자문이 월마트가 환경 발자국을 줄이기로 선택하게 된 중요한 촉매가 되었다. 우리는 코퍼레이트 에코 포럼이라는 연합체에 참여하고 있었는데 이 단체는 지속 가능성에 관한 일을 하는 사람들에게 매년 현장 견학의 기회를 마련해 주었다. 이 여행은 해마다 지구상의 다른 야생의 장소에서 이루어졌다.

짐과 나는 다음 여행지로 미래의 파타고니아 국립공원을 추천했고 에코 포럼은 그것을 기꺼이 받아들였다. 짐과 나는 공원에서 애플, 티파니, 디즈니, 보잉 등 《포춘》 50대 기업의 전문가 8명을 맞았다. 우리는 더그가 이 사람들에게 자신이 '환경의 곤경(environmental predicament)'이라고 부르는 것에 대해 이야기할 수 있도록 시간을 마련해 놓았다. 화까지 내지는 않더라도 그의 견해를 도전적이라고 받아들이는 사람이 있을 것이라고 예상했다. 더그는 대기업들의 지속 가능성 노력을 무시하는 것으로 유명했다. 그는 그런 일을 영향을 줄이기보다는 매출을 늘리려는 의도에서 비롯된 그린워싱(greenwashing, 친환경적이지 않지만 마치 친환경적인 것처럼 홍보하는 위장환경주의-옮긴이)으로 여겼다. 더 나아가서, 그는 연평균 성장률을 기반으로 하는 자본주의 체제가 '자발적 내재 논리'를 가진 기술을 만들고 있고 이 논리가 사회와 생명을 유지하는 지구 능력을 계속 초과해서 사용하게 하고 있다는 확신을 갖고 있었다.

"현재의 개발 모델이 그렇게 좋다면," 더그가 통렬한 비판을 쏟아냈다. "왜 그것이 멸종 위기를 만드는 것일까? 제게 알려주세요. 생물 다양성의 위기가 모든 위기의 원인이 아니라면 도대체 뭐가 원인인가요?"

더그는 마지막 건물을 마무리하고 있었다. 그가 전 세계 어느 국립공원의 방문객 안내소와도 차별화시킬 것이라고 약속했던 건물이었다. 성당을 연상시키는 외관은 거의 완성됐지만 내부에는 테이블 톱, 연장, 목재 더미들이 뒤섞여 있었다.

"들어오면 바로 보이도록," 더그가 사람들에게 말했다. "여기 입구 벽에 공원과 야생동물들의 사진을 크게 걸어놓을 겁니다. 그리고 여기 중앙에는 공원의 3D 모형을 둘 거고요."

우리는 툭 트인 건물 안에서 둥그렇게 서 있었다. 높은 창문을 통해 들어온 햇살이 성당 안에 있는 듯한 느낌을 강화하고 있었다. 미래의 방문객들은 여기에 들어와서 야생의 신들을 경배하지 않을까 하는 생각이 들었다.

"작업 중이기 때문에 정해진 길을 따라가야 합니다." 더그가 말을 이었다. "여기 첫 번째 방은 곤경의 방입니다. 우리가 처한 곤경을 묘사하고 있기 때문이죠. 너무나 많은 사람들이 지구가 다시 채울 수 있는 것보다 많은 자원을 사용합니다. 우리가 곤경이라는 단어를 사용하는 것

파타고니아 국립공원의 방문객 안내소 입구. 사진: 릭 리지웨이

은 곤경에는 쉽지 않은 해법만이 있기 때문입니다. 그래서 우리는 기후 변화, 해양 산성화, 민물 부영양화 등 과도한 자연 자원 사용의 결과를 보여 주는 것들을 전시할 예정입니다. 물론 세계 인구의 폭발에 대한 것도요."

"이제 저를 따라오세요. 다음 방에서는 무분별한 자원 사용의 최종 결과인 멸종 위기를 보게 됩니다. 여기 이 벽은 높게 만들어질 것이고 거기에 수백 점의 그림이나 모형이, 아직 확실치는 않습니다만 수백 종의 생물을 표현하는 것을 설치할 것입니다. 전성기 때의 모든 동물과 곤충을요. 단, 한 가지 문제가 있습니다. 모두 멸종되었다는 것이죠.

오로지 하나의 이유 때문에 모두 멸종되었습니다. 그 하나의 이유는 바로 우리입니다."

우리는 더그를 따라 다음 방들을 둘러보았다.

"여기는 자연의 아름다움을 나타내는 구역이 될 것입니다." 그는 우리를 안내하며 말을 이었다. "사람들이 그저 아름다움을 보고 감상하길 바라는 것이 아니라 왜 그것이 중요한지 이해하게 만들고 싶습니다. 아름다움이야말로 자연에 대한 사랑에 이르게 만드는 것이니까요. 크리스의 말대로 사랑하지 않는 것을 구하지는 않겠죠."

우리는 더그를 따라 마지막 방으로 들어갔다.

"이 방은 조금 다를 겁니다. 우리가 이곳을 '활동가의 방'이라고 부르기 때문이죠. 발을 멈추고 우리가 방금 본 것에 대해 생각하게 되는 곳입니다. 방금 본 것들을 생각하고 그에 대해 어떤 행동을 해야 하는지 생각하는 방입니다. 보세요. 우리가 어떻게 참여할 수 있는지에 대한 전시물이 자리할 것입니다. 바로 당신이 어떻게 참여할 수 있는지를요. '이제 우리의 문제야. 우리가 망쳤으니 우리가 고쳐야 해.'"

요점을 납득시키기 위해 더그는 우리를 마지막 방에서 나와 '좁은 복도'라는 곳을 걷게 했다. 한 번에 한 사람씩만 빠져나갈 수 있는 곳이었다.

"바로 여기에서 모두가 떠나기 전에 발을 멈췄으면 합니다. 우리는 이 벽에 전신 거울을 놓을 것입니다. 잠시 서서 자신을 바라볼 수 있도록요."

투어가 끝난 후 나는 더그가 늘 그렇듯 잘 다려진 치노 바지를 입고, 빵모자를 쓴 채 빠르고 경쾌한 걸음걸이로 멀어지는 모습을 지켜봤다.

"잘 끝났네요." 짐이 말했다. 그의 목소리에는 놀라움과 안도, 기쁨이 공존했다.

"더그가 변했어." 내가 답했다.

"어떻게요?"

"부드러워졌어. 크리스와 결혼하고 지난 25년간, 조금씩, 매년, 더 포용적으로 변했어. 그가 대명사를 사용하는 방식도 달라졌어."

"대명사요?"

나는 짐에게 30년 전 부탄에서 더그가 했던 말, 자신은 존 로스켈리와 친구가 될 수 없을 거라고 했던 말을 들려주었다. 존이 동사를 명령형으로 지나치게 많이 사용하는데 더그는 그것이 존의 완고함을 보여주는 징표라고 느꼈기 때문이었다.

"그렇지만 동사가 아니라 대명사라고 하셨잖아요."

내가 짐에게 말했다. "방금, 더그는 내가 아는 한 가장 많은 복수형 대명사를 사용했어: '나는'이나 '나를'이 아니라 '우리는'과 '우리를'이었지."

나는 존과 그의 가족이 공원을 방문할 수 있는지 알아봐야겠다고 생각했다. 존은 경력의 후반을 정치에 할애해서 그의 고향 스포캔 주변의 카운티 감독관이자 지역 환경보호 운동의 주도자가 되었다. 나는 그들이 함께할 수 있다면 이번에는 친구가 될 것이라고 생각했다.

에코 포럼의 젊은 간부들은 집으로 돌아갔고 그날 하루는 라고 헤네랄카레라 북쪽 기슭을 따라 카약 여행을 할 준비를 하며 보냈다. 더그, 짐, 나 외에도 이본이 합류할 것이고 짐의 래프팅 친구인 로렌조 알바레스 루스, 조나단 라이트의 친구이고 조나단이 죽었을 때 미냐콩카에

같이 있었던 에드가 보일즈의 아들 웨스턴 보일즈도 함께할 예정이었다. 말린다와 제니퍼도 따라왔다. 두 사람은 뒤에 남아 우리가 배를 타는 동안 크리스를 방문할 예정이었다.

우리는 가방에 아침, 점심, 저녁 음식을 담고, 함께 사용할 장비(텐트, 스토브, 연료)를 같은 무게로 나눠 보트에 실었다.

"제가 위성 전화를 가져갈게요." 짐이 말했다.

더그와 이본은 야생으로 기술을 가져가는 것에 불평을 했지만 말린다와 크리스는 우리가 위성 전화를 가져가야 한다고 고집했다. 다음 날 아침 일찍 우리는 밴을 타고 호숫가의 생태 휴양지로 갔다. 그곳에서 우리와 장비를 반대편 기슭까지 태워다 줄 배를 전세 냈다. 반대편은 오랫동안 사람이 발을 들이지 않은 곳이었다. 우리는 이틀 동안 맑은 하늘에 산들바람만이 부는 호수 기슭을 따라 동쪽으로 카약을 탔다. 파타고니아에서는 흔치 않은 조합이라는 것을 아는 우리들은 한두 시간에 한 번씩 이렇게 말했다.

"세상에, 우리 날을 정말 잘 잡았어."

배는 네 척이었다. 더그와 내가 2인용 카약을, 짐과 로렌조가 또 2인용 카약을, 이본과 웨스턴이 1인용 카약을 탔다. 유일한 골칫거리는 우리 배의 키가 제대로 작동하지 않는 것이었다. 하지만 바람이 없었기 때문에 노만을 이용해서도 쉽게 조종할 수 있었다.

우리는 북쪽 호반에서 유일하게 규모가 좀 있는 도시 푸에르토 이바네스에 도착하는 것을 목표로 5일의 예산을 짰다. 그 도시에서 차를 구해서 공원으로 돌아올 예정이었다. 상황이 도와준 덕분에 즐거운 시간을 보냈다. 둘째 날은 아벨라노강 유역에 가까운 비바람이 가려지는

짐 엘리슨이 라고 헤네랄카레라를 건너는 두 보이즈를 셀카로 찍었다. 사진: 짐 엘리슨 소장

작은 만에서 야영을 했다. 우리는 다음 날 아벨라노 계곡을 오르기로 결정했다. 더그는 그가 좋아하는 2인승 허스키로 그 상공을 여러 번 비행하면서 언젠가는 땅에서 보기를 오랫동안 바라고 있었다. 대부분의 계곡은 한 집안 소유였다. 그들이 매각에 관심이 있었더라면 보호구역이 되는 기회를 얻었을 텐데.

우리는 다음 날 아침 식사를 마친 후 출발했다. 두 보이즈의 방식대로 곧 모두가 성장이 위축된 너도밤나무 숲을 제 나름대로 통과해 갔다. 가끔씩 다른 사람의 위치를 확인하고 있다가 곧 짐, 이본과 마주쳤다.

"웨스턴과 로렌조는 저기 있어요." 내가 말했다.

"더그는 어디 있죠?" 짐이 물었다.

"뒤에 있는 것 같아." 내가 말했다. "그가 따라잡을 때까지 여기서 기다릴까?"

우리는 작은 언덕 위에 있었다. 너도밤나무 꼭대기가 내려다보일 정도로 높은 곳이었다. 위에서 보니 나무보다는 덤불에 가까웠다. 약 90미터 앞에 움직임이 있는 것을 알아차렸다. 동물인가? 목장주? 나는 쌍안경의 초점을 맞추고 흰 모자가 위아래로 움직이는 것을 보았다. 혼자서 빠르게 움직이고 있는 그 모자의 주인은 멈추고 돌아보는 법이 없었다.

"더그가 뒤에 있는 게 아니었네." 내가 말했다. "그는 앞에 있어. 훨씬 앞."

세 시간 후 우리는 멈춰서 점심을 먹었다.

"5성급이야." 더그가 내 쌍안경을 빌려 계곡을 올려다보며 말했다.

"매수 제안을 할 생각이에요?" 내가 대답했다.

"모르겠어. 벌여 놓은 일이 너무 많아. 하지만 여길 좀 봐. 여긴 공원이 되어야 해!"

"저지른 뒤에 해결해야죠." 내가 더그에게 말했다.

"그렇지, 나 자신의 충고에 귀를 기울여야지."

몇 개월 전 더그와 나눴던 대화가 떠올랐다. 1980년대, 내가 에스프리의 더그 책상 뒤 벽에 걸려 있던 그 글귀를 봤던 때부터 그 말을 명심하고 삶에 적용했다는 이야기를 더그에게 들려주었었다.

"그래?" 그가 장난스럽게 웃으며 말했다. "나폴레옹한테 받은 건데."

늦은 오후, 우리는 캠프로 돌아왔다. 하늘은 맑았고 바람은 잔잔했고 공기는 따뜻했다. 우리는 호수에 뛰어들었다가 괴성을 지르며 수면

위로 올라왔다. 물의 온도는 섭씨 약 3도였다. 파스타로 저녁을 만들고
모닥불 둘레에 앉아 이야기를 나눴다. 호반의 낮은 절벽 아래, 공기는
평온했지만 높은 곳에는 구름이 형성됐다. 강한 바람이 파타고니아를
상징하는 접시 형태의 구름을 만들었다. 해가 질 때 우리는 렌즈 구름

라고 헤네랄카레라 위의 렌즈 구름. 사진: 린데 웨이드호퍼

(lenticular cloud, 원반형 또는 유선형의 렌즈 모양 구름 – 옮긴이)이 진한 오렌지색으로 바뀌는 것을 지켜보았다.

우리는 아름다움에 대해, 우리 모든 생명의 토대가 되었던 자연의 아름다움과 길들여지지 않은 세상의 아름다움에 대해서 간간이 이야기하는 것 외에는 조용했다. 우리가 좇았던 스포츠에서 드러나는 아름다움은 가장 깔끔한 선이었다. 이본이 말한 적이 있듯이, 그 가장 깔끔한 선은 암벽의 사면을 올라가거나 물결의 사면을 따라 내려갈 때의 가장 우아한 길이었다. 이본과 더그의 경우, 자연계의 아름다움이 회사에서 만드는 제품 디자인에 영향을 주었다. 파타고니아의 디자인팀은 야생으로의 여행을 통해서 앞으로의 시즌에 영감을 얻었고, 에스프리에서는 자연의 아름다움이 원피스나 셔츠나 액세서리는 물론이고 모든 마케팅, 사진, 이미지, 심지어는 본사와 매장의 건축에까지 통합되었다. 더그는 이제 그의 디자인 감각(우리 나머지 사람들보다 세련된)을 새로운 국립공원에서 건설 중인 건물을 만드는 데 쏟고 있다.

그날 밤 우리가 있는 만을 둘러싼 능선 위 나무들 사이로 바람이 부는 소리가 들렸다. 아침에는 쌀쌀해서 우리는 떠나기 전 옷을 껴입었다. 더그는 긴팔 셔츠 위에 점퍼를 입고 넥 크라바트를 매고 모자도 썼다. 우리는 아침으로 오트밀을 만들었고 이본은 더그와 내가 사용하는 2인용 카약의 키를 점검했다. 더그는 호수의 모래를 연마제로 사용해 냄비가 새것처럼 빛날 때까지 그을음을 문질러 닦았다.

"이제 키의 작동이 조금 나아질 거야." 이본이 말했다.

장비를 싣고 배를 물속에 어느 정도 밀어넣은 후 노를 지팡이처럼 이용해서 호수 바닥의 자갈을 밀어냈다. 만을 떠나자마자 서풍의 힘이 느껴졌다. 등 뒤에서 불어오고 있어서 물 위에서 속력을 내는 데 도움이 됐다. 5킬로미터 정도 앞에 호수 쪽으로 들어온 곳(바다 쪽으로 부리

모양으로 뾰족하게 뻗은 육지-옮긴이)이 보였다. 우리는 계획을 세우기 위해 네 대의 카약을 나란히 붙였고 곶의 끝 쪽까지 곧바로 노를 저어 간 뒤 바람이 가려지는 곳으로 들어가기로 결정했다.

만으로 노를 저어 들어가면서 네 대의 배가 나눠지기 시작했다. 이본의 노력에도 불구하고 우리 카약의 키는 계속 오작동을 했고, 바람이 계속 강해지고 파도가 1미터까지 높아지면서 더그와 나는 서서히 뒤처지기 시작했다. 우리는 가파른 파도에 오른 뒤 짜릿하면서도 무서운 속도로 내려왔다. "조심해야겠어." 뒷자리에서 더그가 소리쳤다. "키가 여전히 말을 안 듣네."

"알겠어요." 나는 주의가 흩어져 한 타라도 놓칠까 봐 고개를 돌리지 않고 소리쳤다.

이제는 파도가 1미터가 넘었다. 바람의 세기는 여전했지만 아벨라노 계곡에서 내려오는 돌풍으로 인해 방향을 바꾸면서 선미가 아닌 선폭에 부딪혔다. 2인용 카약을 탄 집과 로렌조, 1인용 카약을 탄 이본과 웨스턴이 보였다. 우리가 배의 방향을 곶 쪽으로 틀기 위해 애를 쓰고 있는 동안 다른 세 척의 배는 빠르게 이동하고 있었다.

다른 사람들은 곶에 도달해서 바람이 닿지 않는 안전한 곳으로 사라졌다. 더그와 나는 거기까지 약 183미터를 남겨 두고 있었다. 빨리 갈 수 있을 것 같지는 않았다. 우리 배는 파도의 정면을 따라 속도를 높이다가 왼쪽으로, 파도와 십자 방향으로 돌아갔다. 키 페달에 발을 올린 더그는 방향을 되돌리기 위해 페달을 세게 밟았고 우리 두 사람은 가능한 세게 노를 당겼다. 보트의 방향이 잡혔고 우리는 바람을 맞아 점점 희게 변하는 물 위를 빠르게 나아갔다. 배가 다시 왼쪽으로 당겨지자 또 다른 파도가 우리를 들어올리기 시작했다. 나는 감히 고개를 돌리지 못했다. 하지만 우리와 부딪치기 직전에 물마루가 깨어지는 소리만으로도 파도가 얼마나 큰지 알 수 있었다.

몸이 뒤집힌 채 보석 같은 푸른빛 물속에서 보니 표면이 손에 닿지 않는 곳에 있었다. 처음 든 생각은 스프레이 스커트(spray skirt, 카약이나 카누에서 물이 들어오는 것을 막고 사람이 자리에서 이탈하는 것을 방지하기 위해 조정석 위를 덮고 있는 갑판 - 옮긴이)에서 빠져나와야겠다는 것이었다. 하지만 체중만으로도 스커트에서 충분히 빠져나올 수 있었다. 구명조끼의 도움으로 바로 수면 위로 올라왔다. 한 손으로는 노를 다른 한 손으로는 뒤집힌 배를 잡았다. 더그가 수면 위로 올라왔다. 어찌된 일인지 그의 머리 위에는 여전히 흰 모자가 있었다. 우리는 서로를 바라봤다. 그의 눈빛에서 그도 나와 같은 생각을 한다는 것을 읽을 수 있었다. 몇 초 만에 모든 것이 바뀌었다. 이제 우리는 살아남기 위해 싸우고 있다.

"배를 뒤집자." 더그가 소리쳤다.

나는 뱃머리로 이동했고 하나-둘-셋 하는 구호에 맞춰 배를 뒤집었다. 우리는 각자의 자리로 가기 위해 애를 썼다. 내 일기장이 담긴 노란색 방수백이 배 근처에 떠 있었다. 나는 그것을 건져 조정석 안에 던져 넣었다. 우리는 서로 배의 반대쪽에 있었다. 또 한 번 하나-둘-셋을 세고 배 위로 몸을 끌어올렸다.

"이제 걸터앉아 보자." 더그가 소리쳤다.

우리 두 사람은 배에 다리를 걸치고 앉았다. 우리는 여전히 노를 갖고 있었다. 균형을 유지하려 노력하면서 우리는 노를 물에 넣기 시작했다. 상체로 바람이 몰아치자 물속에 있을 때보다 더 추웠다.

불과 2초 뒤에 또 다른 파도가 왔고 배는 다시 뒤집혔다.

"다시 한번 해봐요." 내가 소리쳤다.

우리는 다시 배를 뒤집고, 배 위로 기어올라 앉았지만, 다시 파도를 맞고 물에 빠졌다. 그것이 유일한 선택지 같아서 우리는 다시 시도를 했지만 또다시 물에 빠졌다.

"바람 때문에 곶에서 계속 멀어지고 있어요." 내가 말했다.

더그는 대답이 없었다. 할 말이 없었던 것이다. 우리의 상황은 암울한 정도가 아니라 희망이 없는 것에 가까웠다. 물 위로 그리 멀지 않은 곳에 뒤집힌 카약의 모습이 보였지만 바람을 받아 물살만 있을 때보다 더 빨리 호수 중앙을 향해 나아가고 있었다. 곶은 아직 멀지 않은 곳에 있었다(아마 182미터 정도). 하지만 우리는 그곳으로부터 빠르게 멀어지고 있었다.

"수영해서 갈 수 있을까요?" 내가 소리쳤다.

"자네는 어떻게 생각해?"

"모르겠어요. 빠르게 밀리고 있어요."

"다른 사람들은 안 보여?"

"안 보여요. 계속 가고 있을 거예요."

우리는 배에 매달렸다. 물속에 있은 지 몇 분이 지났다. 얼마나 더 버틸 수 있을까? 15분? 20분? 1미터쯤 떨어진 곳에 내 일기장이 담긴 방수백이 보였다. 올해가 끝나면 내가 25살부터 보관해 왔던 일기장이 있는 선반에 꽂아 넣게 될 일기장이었다. 하지만 회수하기에는 너무 멀었다. 누군가 찾아줄 수 있을까? 내가 지난밤 쓴 일기를, 아름다운 석양에 대한 일기를 누군가 읽게 될까?

"수영으로 한번 가봐야 할 것 같아." 더그가 말했다.

"그게 유일한 기회일 수도 있어요."

우리는 둘 다 배를 놓았다. 헤엄을 치기 시작했지만 구명조끼 때문에 쉽지 않았다. 몸을 뒤집어서 배영을 했다. 그 편이 더 나았다. 파도가 계속 얼굴을 적시긴 했지만. 나는 잠시 멈추고 호흡을 고르면서 노를 이용해서 배영을 하려 노력하고 있는 더그를 봤다. 나도 노를 갖고 있을 걸 그랬나? 주위를 둘러봤지만 노는 보이지 않았다.

'수영에 집중하자. 배영이 가장 좋다. 발을 차고 팔로는 당겨. 또 파도다. 입을 다물어. 좋아. 이제 헤엄쳐. 열심히. 또 파도……'

제때 입을 다물지 못하는 바람에 기침을 하며 목에서 물을 빼냈다. 숨을 고르자 나는 다시 자유형을 해보기로 결정했다. 하지만 구명조끼 때문에 힘들었다.

'구명조끼. 이게 왜 이러지? 머리를 위로 들어 줘야 하는 거 아냐? 숨을 참고 얼굴을 물에 넣고 헤엄을 쳐 보자. 한 번, 두 번, 세 번. 올라가서 숨을 쉬고. 다시 얼굴을 물에 넣고 두 번, 세 번. 올라가서 호흡.'

하지만 마침 머리를 들 때 파도가 들이닥쳐서 물을 먹었고 켁켁거리며 물을 뱉어야 했다. 더그를 찾았다. 그는 훨씬 멀리 있었다. 그는 더 이상 노를 들고 있지 않았다. 노를 이용하는 게 효과가 없었나? 자신의 몸이 배인 것처럼 노를 이용하려 하다니 더그다웠다. 언제나 생각하고 언제나 새로운 것을 시도한다.

'배영. 팔로 당기고 발로 차고 발로 차고. 입을 다물고 호흡하고. 발로 차고, 팔을 젓고.'

또 다른 파도가 나를 덮쳤다. 또다시 기침을 하며 물을 뱉었다. 나는 곶을 바라봤다. 비슷한 거리에 있었다. 멀어지지는 않았지만 그렇다고 가까워진 것도 아니었다. 견디고는 있었지만 그것으로는 충분치 않을 것이다. 더 힘차게 헤엄을 쳐야 했다. 나는 배영으로 되돌아갔다. 하지만 호흡을 할 때마다 파도가 덮쳐서 물을 뱉어내야 했다. 더그는 더 이상 보이지 않았다. 나는 곶을 봤다. 사람들이 서 있었다. 둘, 어쩌면 셋. 짐, 로렌조, 웨스턴, 이본. 우리를 봤을까? 손을 흔들었지만 그들은 손을 흔들어 주지 않았다. 소리를 질렀다. 그러나 거리와 바람 때문에 소리를 쳐 봐야 소용이 없다는 것을 깨달았다. 나는 다시 손을 흔들었다. 아무도 반응이 없었다. 갑자기 그들이 사라졌다. 우리를 봤을까?

'우리를 봤을 거야. 하지만 계속 헤엄을 쳐야 해. 곶에 가까워져야 해. 배영이 나아. 팔을 젓고, 또 젓고, 파도다, 입을 막아, 팔을 저어, 팔을 저어, 파도다……'

물을 뱉기 위해 멈췄다. 구명조끼가 효과가 없는 것 같았다. 가라앉기 시작했다. 곶은 저쪽에, 여전히 같은 거리에 있었다. 시간이 얼마나 더 있을까? 10분? 나는 구명조끼에 머리를 기대고 호수 너머 봉우리를 바라봤다. 짙은 청색 하늘을 배경으로 하얀 눈이 덮인 봉우리들. 오늘이 그날이구나. 2015년 12월 8일. 앞으로 항상 달력에 표시될 날.

나는 주위를 둘러봤다. 봉우리는 너무나 아름다웠다. 모든 것이 빙빙 돌던 뉴사태 때와 달리 이번에는 잠시 모든 것을 멈추고 아름다움을 즐겼다. 이번에는 평화로웠다. 나는 몸을 뒤집어 얼굴을 물속에 넣고 눈을 떴다. 보석 같은 푸른색. 깊이를 잴 수 없는, 푸른 세상. 푸른 세상의 푸른 아름다움.

'물에서 얼굴을 들어! 뭐하고 있는 거야? 포기할 거야? 나는 절대 포기하지 않아.'

나는 할 수 있는 한 큰 소리로 외쳤다. "아니!" 다시 "아니!" 소리를 치자 목에 있는 물이 빠져나오면서 호흡이 더 쉬워졌다. 젖 먹던 힘까지 짜내 소리쳤다. "아니!"

그러고는 몸을 돌려 헤엄을 쳤다. 팔을 두세 번 젓고는 멈추고 호흡을 고른 뒤 다시 팔을 저었다. 물을 삼킬 때마다 나는 "아니!"라고 소리쳤다. 목이 트였다. 내 몸이 더 이상 움직이지 않을 때까지 헤엄치는 걸 멈추지 않을 거야.

그때 배에 탄 친구들이 보였다. 두 척의 배가 우리를 향해 오고 있었다. 나는 멈추고 손을 흔들었다. 배 한 척이 나를 향해 방향을 틀었다. 친구들이 우리를 구하러 오고 있어. 우린 해낼 거야! 우린 살아남을 거야!

배가 다가오자 2인승 카약의 짐과 로렌조인 것이 보였다. 1분 후 그들은 내 옆으로 왔다.

"배에 올릴 수가 없어요." 짐이 말했다. "백 루프를 잡으세요."

나는 선미의 로프 고리를 오른손으로 잡았다. 짐과 로렌조가 곳을 향해 노를 젓자 물이 내 옆으로 움직이는 것이 느껴졌다. 나는 눈을 감고 손에, 고리를 잡고 있는 데만 집중했다.

"괜찮으세요?" 짐이 물었다.

"괜찮아. 더그는 어떻게 됐어?"

"웨스턴이 맡았어요."

'웨스턴이 더그를 구했구나.' 나는 생각했다. '이제 우리가 할 일은 버텨내는 것뿐이다. 그럼 여기서 살아서 나갈 수 있어.'

'꽉 잡아. 손가락에 힘을 줘. 너무 오래 걸리네. 도착할 때가 되었을 텐데.'

나는 눈을 뜨고 물가를 봤다. 바위 하나를 정하고 거기에 집중했다. 우리는 그것을 지나쳤다. 하지만 속도는 아주 느렸다. 나는 고리를 쥔 손에 집중할 수 있도록 다시 눈을 감았다.

'시간이 꽤 걸리네. 하지만 난 아직 괜찮아. 심지어는 편하기까지 해. 집이 나를 부르는 건가? 대답하려 하지 마. 그냥 손에 집중해. 시간이 꽤 걸려.'

내 밑에 돌들이 있었던, 그리고 돌 위로 끌어올려지던 흐릿한 기억이 있다. 아니면 내가 걸으려 한 걸까? 확실치는 않다. 하지만 그다음 명확한 기억은 내가 보고 동시에 느낀 것이었다. 불이었다. 내 앞에 불이 타오르고 있었다. 불, 그리고 얼굴에 느껴지는 따스한 느낌.

"괜찮아요, 릭?"

집의 목소리였다. 나는 침낭 속에 있었다. 그 역시 침낭 속에서 나를 자신의 몸에 가까이 붙여 안고 있었다. 몸이 경련을 일으키며 심하게 떨렸다. "괜찮아. 다른 사람들은?"

"이본은 해안에 있어요. 하지만 가까이에 있어요. 그는 괜찮아요. 우리가 위성 전화로 헬기를 불렀어요. 헬기가 와서 로렌조를 태우고 웨스턴과 더그를 찾으러 갔어요."

나는 또다시 몸을 떨면서 구조대가 도착했다는 소식에 안도해 눈을 감았다. 더그와 웨스턴도 괜찮을 것이다. 나는 떨림은 열을 되살리는 내 몸 나름의 방식이라고 스스로에게 말했다. 열. 온기. 내 눈꺼풀 안쪽은 오렌지색과 붉은색, 불의, 열의, 온기의 색상이었다.

나는 의식적으로 깊고 고르게 숨을 쉬었다. 몇 분이 지나자 떨림이 잔잔한 파도처럼 응축되는 것을 느낄 수 있었다. 그리고 파도의 흐름 속에서 몸의 온기가 돌아오는 것이 느껴졌다. 누군가 집에게 이야기하는 목소리가 들렸다. 누군지는 몰랐지만 단어를 구분할 수 있었다.

"웨스턴이 이본과 돌아왔어요." 그 목소리가 말했다.

"더그는요?" 나는 집이 묻는 것을 들었다.

"돌아가셨어요."

인간과 야생의 완충지대,
파타고니아 국립공원

집은 자신이 나가 봐도 될 정도로 회복이 되었냐고 내게 물었다. 나는 그렇다고 대답했다. 그는 더그가 죽었다고 얘기한 어떤 사람과 자리를 떴다. 나는 여전히 불 앞에 있는 침낭에 누워 있었다. 10분이나 20분쯤이 흘러(정확하지는 않다) 헬기가 착륙하고 떠나는 소리가 들렸다. 몇 분 뒤 웨스턴이 내 이름을 부르는 소리를 들었다. 그는 불 옆에 서서 떨고 있었다.

"어떻게 된 거야?" 내가 물었다.

"헬기가 절 내려줬어요. 로렌조와 집은 타고 있고요. 더그의 시신을 코이아이케의 병원으로 이송할 거예요."

"내 침낭에 들어와."

웨스턴은 침낭으로 기어 들어왔고 나는 그를 안았다. 그는 주체할 수 없이 몸을 떨고 있었다. 나도 경련이 계속되고 있었지만 훨씬 쉽게 호흡하고 명료하게 생각할 수 있었다. 누구인지 몰랐던 목소리, 집과 내게 더그가 죽었다고 말한 목소리가 누구 것이었는지 깨달았다. 헬기의 조종사나 부조종사였을 것이다.

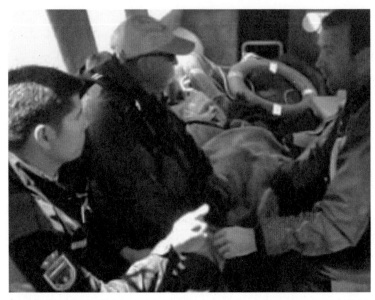

구조된 후 칠레 해군의 론치(launch, 모터가 달린 대형 보트-옮긴이)로 호수를 건너고 있다. 나는 여전히 저체온증에서 회복중이었다. 구조대원 한 명이 나를 담요로 감싸주었다. 사진: 칠레 해군

"집이 위성 전화로 헬기를 불렀어요." 웨스턴이 설명했다. "그들이 견인용 로프로 저를 물가로 끌어올렸어요. 더그를 제 배에 태웠는데… 그 뒤 그가 의식을 잃었어요." 그는 말을 멈췄다가 다시 말했다. "그를 살리려고 할 수 있는 일은 다 했어요."

그는 울고 있었다. 그것이 떨림을 한층 강하게 만들고 있었다. 나는 그를 안았다. 15분이 또 흘렀다.

"이본에게 돌아가 봐야 해요." 웨스턴이 말했다. "선생님, 지금 2인용 카약을 탈 수 있으세요?"

"얼마나 먼데?"

"1킬로미터나 2킬로미터쯤 돼요."

나는 일어났다. 다리가 버텨 주었다. 웨스턴도 일어섰다. 그는 조금 나아진 것 같았다. 우리는 집과 로렌조의 카약이 있는 자갈 해변으로 천천히 걸어갔다. 나를 구조할 때 사용한 카약이었다. 그리고 노를 잡았다. 우리는 배를 돌리고 물에 띄운 후 해안에서 멀지 않은 곳에 있는 이본을 향해 노를 젓기 시작했다. 이후 회색 정찰정이 다가오는 것을 보았다.

"칠레 해군이에요." 웨스턴이 말했다.

대원 한 명이 우리 카약 옆에 배를 댄 후 웨스턴과 내가 배에 오르도록 도왔다. 이후 이본이 있는 위치로 향했다. 그를 배에 태운 후 우리는 호수를 건너기 시작했다. 아르헨티나와의 국경에 면한 남쪽 호반의 작은 마을 칠레치코가 목적지였다.

"좀 나아졌어?" 이본이 물었다.

"전 괜찮아요."

우리는 작은 선실 안에 조용히 앉아 멍하니 마루판을 응시했다. 호수를 건너는 데 한 시간이 걸렸다. 경찰이 우리를 차에 태워 병원으로 갔고 그곳에서 우리는 진찰을 받았다. 헬기가 더그의 시신을 코이아이케로 데려갔다는 이야기를 들었다. 라고 헤네랄카레라에서 가장 가까운 대도시였다. 헬기가 돌아와 우리를 태워 닷새 전 우리의 모험이 시작됐던 에코 산장으로 데려다줄 것이라고 했다.

헬리콥터가 도착했다. 우리는 헬기에 올랐고 헬기는 이륙했다. 바람이 너무 강해서 앞으로 나아가기가 쉽지 않았다. 에코 산장까지 97킬로미터 거리를 가는 데 30분이 걸렸다. 착륙하자 우리는 천천히 식당으로 걸어 들어갔다. 나는 나무가 타고 있는 스토브 옆에 섰다. 주인이

식탁에 따뜻한 수프를 차려 주었다. 나는 내 수프를 봤다. 그릇에서 김이 올라오고 있었다. 내 얼굴에 닿는 김을 느낄 수 있었고 냄새를 맡을 수 있었다. 나는 이본을 보았다. 그와 더그는 60년 동안 가장 가까운 친구였다. 두 사람은 아웃도어 스포츠계에서 가장 상징적인 브랜드가 된 회사들을 세웠다. 그들은 우리 고향 행성에서 야생으로 남아 있는 부분을 지키는 운동의 리더가 되었다. 이본이 즐겨 말하듯이, 비행 청소년에서 시작한 그들의 삶은 규칙을 만드는 사람은 규칙을 어기는 것을 걱정할 필요가 없다는 격언에 충실함으로써 성공으로 이어졌다.

그들에게는 너무나 많은 이야기가 있었다. 내가 가장 좋아하는 것은 그들이 처음 만난 1960년의 이야기이다. 이본은 군에 징집되어 샌프란시스코 프레시디오에 배치되어 있었다. 더그는 가방과 등산 장비를 챙겨 오토바이를 타고 부대 앞에 나타나곤 했다. 그는 공중전화에서 이본의 지휘관에게 전화를 걸었다.

"아무개 소령이다. 쉬나드는 어디 있지?"

"모르겠습니다, 소령님."

"찾아보도록. 여기 정문 앞으로 나오라고 해. 당장 여기로 와야 한다고. 반드시 휴가증을 끊어 주도록 하고."

"예, 알겠습니다!"

이본은 수프를 한 수저 떠먹고 고개를 들었다.

"수프가 맛있네." 그가 말했다. "자네도 좀 먹어 둬."

차가 우리를 태우고 코이아이케로 갔다. 더그의 시신은 작은 부티크 호텔의 리셉션 옆방에 있었다. 크리스와 더그가 이끄는 칠레 국립공원 팀의 핵심 멤버들이 도착했고 우리 모두가 크리스를 도와 장례를 준비

이본 쉬나드와 더그 톰킨스가 영화 〈180도 사우스〉 촬영 중 푸말린 보호구역에서 인터뷰를 하면서 마테차를 마시고 있다. 사진: 영화 〈180도 사우스〉의 한 장면

하는 등 당면한 일을 처리했다. 사람들이 미래의 공원까지 오기는 어려울 것이므로(가까운 상용 공항에서 비포장도로로 6시간) 더그의 관을 비행기편으로 톰킨스 재단의 본부가 있는 푸에르토 바라스로 보내기로 결정했다. 거기서 3일 밤을 보낸 뒤 공원에 매장할 예정이었다.

본부에 도착한 우리는 더그의 관을 아래층 응접실에 두었다. 이후 3일 동안 수백 명의 사람들이 그 앞을 지나갔다. 수백 개의 기사가 전 세계 신문에 실렸고 수십 가지의 논평이 텔레비전과 라디오로 방송되었다.

저녁이면 제니퍼는 크리스를 안고 함께 잠을 잤다. 짐과 나는 응접실에서, 관 속에 누운 더그 곁에서 잠을 잤다. 잠들기 전에는 그의 차가운 이마에 손을 얹고 잘 자라는 인사를 했고 일어나면 아침 인사를 건넸다. 유럽, 북아메리카, 남아메리카에서 친구들이 도착했다. 셋째 날

뒷마당에서 장례식이 있었다.

많은 사람들이 추도사를 했지만 크리스의 추도사가 지금도 기억에 남는다. 그녀는 긴 소매의 검은 원피스에 한 줄로 된 진주 목걸이를 걸고 있었다. 밝은 색 립스틱을 바르고 있었고 흰머리(흰머리가 생기자 그녀는 염색을 하고자 했지만 더그가 강력히 반대했다)는 핀으로 고정하고 있었다. 그녀는 메모를 본 뒤 고개를 들었지만 말을 하지 못했다. 길게 숨을 마시고, 뱉고, 몸을 폈다.

"남편과 나는 부부로서 많은 시간을 함께했습니다. 우리는 서로에게 평생의 사랑이었지만 동시에 모든 야생의 것들과 사랑에 빠져 있었습니다."

그녀는 말을 멈추고 다시 숨을 들이쉰 뒤 입을 꼭 다물고 고개를 끄덕였다. 마치 머릿속에서 한 목소리가 '난 못하겠어'라고 말하자 다른 더 큰 목소리가 '아냐, 넌 할 수 있어'라고 말하는 내적 대화가 이루어지고 있는 것 같았다.

그녀는 더그와 외딴 곳에 살았지만 외롭지 않았다고, 함께 일하는 팀과 팀의 가족들이 대가족이 되었다고 말했다. 그녀와 더그에게는 세계 각지에서 찾아오는 친구들이 있었다. 모두가 자연을 보전하고 보호하는 데 대한 공통의 열정으로 연결된 사람들이었다.

"더그는 그가 사랑하는 일을 하다가 죽었습니다. 물 위에서, 가장 가까운 친구들과요. 평생의 친구 이본, 짐, 거의 죽을 뻔했던 릭, 더그와 끝까지 함께 싸웠던 젊은 웨스턴. 이들 모두, 여러분 모두, 우리 모두는 전사입니다. 우리는 더그와 마찬가지로 명확한 비전을 가지고 더 열심히 더 빠르게 일하면서 앞으로 나아갈 것입니다."

우리는 칠레의 부유한 한 지지자가 제공한 전용기에 관을 싣고 푸에르토 바라스에서 미래 파타고니아 국립공원과 가장 가까운 가설 이착륙장이 있는 코크란까지 갔다. 구름이 없는 날이었다. 남쪽으로 날아가면서 코르코바도를 볼 수 있었다. 더그가 에스프리 시절의 친구이며 동업자인 피터 버클리와 만든 코르코바도 국립공원의 이름을 딴 산이었다. 피터 역시 우리와 비행기를 타고 있었다. 코르코바도는 더그가 겨울철에 단독 등반을 해서, 정상에 선 최초의 인간이 된 봉우리였다. 우리는 더그와 내가 함께 오른, 역시 최초 등정을 한 얀텔레스도 지났다. 지평선을 향해 보이는 모든 것이 더그가 구입한 땅이었고, 곧 푸말린 더글러스 R. 톰킨스 국립공원이 될 곳이었다.

우리는 칠레 파타고니아의 최고봉 산 발렌틴 주변 빙하 가까이로 비행했다. 조종석 창으로 보이는 것은 얼음뿐이었다. 크리스는 부조종석에 있었다. 그녀는 빙원, 봉우리, 피오르드, 초원, 그녀와 죽은 남편이 보호했던 황무지를 바라봤다. 코크란에 근접하자 세로 산 로렌조(Cerro San Lorenzo)가 보였다. 그 멋진 동쪽 사면은 20년 전 더그가 두 보이즈의 끝나지 않은 프로젝트를 상기시켰던 사면이다.

불과 1년 전 나는 말했다. "모르겠어요." 매년 그렇듯 그 동쪽 사면 등반에 대한 이야기가 나왔을 때였다. "이 나이에는 던 보이즈[Done Boys, 던(done)은 두(do)의 완료형—옮긴이]가 되어야 하지 않을까요?"

"자네나 그렇게 해!" 더그가 대답했다.

코크란의 이착륙장에는 승합차가 기다리고 있었다. 우리는 관을 싣고 공원 본부로 향했다. 직원들이 더그가 사랑해 마지않던 칠레 삼나무(자연에서 쓰러진)로 만든 소박한 관에 그의 시신을 옮겼다. 미래 국립

공원의 모든 건축물과 마찬가지로, 더그는 몇몇 가우초와 그 가족들이 묻힌 작은 공동묘지의 복원을 감독했었다. 새로운 공원을 건설하기 위해 일해 온 많은 팀원들과 그의 친한 친구들이 번갈아 가며 관을 들고 새로운 산장을 지나 공동묘지까지 가 무덤 안에 내려놓았다. 이후 한

코르코바도. 더그 톰킨스와 피터 버클리가 조성한 코르코바도 국립공원에서 이름을 딴 봉우리. 더그가 어느
누구보다 먼저 로프 없이 단독 등반한 봉우리이기도 하다. 사진: 지미 친

사람씩 관 위에 흙을 뿌렸다.

　매장에는 많은 현지인들이 참석했다. 더그가 자신의 비전을 지지해

달라고 설득한 사람들과 공원 입구 리우 베이커의 댐 건설을 반대하는

파타고니아 신 레프레사스 운동에 참여했던 사람들이었다. 그 운동이 성공한 데에는 더그의 재정적, 창의적 지원이 큰 몫을 했다. 운동은 이 나라 역사상 가장 큰 규모의 시민 시위로 절정에 달했었다. 대통령 관저 앞에서 3만 명이 "파타고니아 신 레프레사스"를 외쳤다.

무덤이 흙으로 채워지자 현지인 중 한 명, 그 운동의 중심이었던 중년의 여성이 서서 주먹을 머리 위로 올렸다. "파타고니아 신 레프레사스!" 그녀가 소리쳤다. 그녀는 다시 주먹을 들고 소리쳤다. "파타고니아!" 사람들이 이어받았다. "신 레프레사스!" 그녀가 또 한 번 주먹을 들었다. "파타고니아!" 다시 사람들이 주먹을 들고 외쳤다. "신 레프레사스!"

크리스와 가까운 사람들은 더그의 죽음으로 그녀가 팔다리가 잘린 꼴이 되지 않을까 걱정했다. 그녀와 더그가 지난 30년 동안 만든 여러 보호구역을 국립공원으로 지정되도록 하는 일들이 그녀를 구해 주길 바랄 뿐이었다.

짐은 이후 몇 개월 동안 자신의 지속 가능성 자문회사를 통해 크리스와 그녀의 팀과 협력하며 모든 프로젝트를 자본 조달 플랜이 있는 전략적 체계에 집어넣는 작업을 했다. 이를 통해 크리스와 그녀의 팀은 그 땅을 칠레와 아르헨티나의 국립공원으로 바꾼다는 궁극의 목표를 향해 나아갈 수 있게 되었다.

100페이지가 넘는 전략 계획에는 모든 프로젝트를 5년 내에 공원으로 전환한다고 적혀 있었다. 크리스는 300명이 넘는 팀원을 한데 뭉치게 하는 놀라운 능력을 발휘했고 그들 팀은 단계별 목표들을 계획보다 앞당겨 달성하기 시작했다. 우리가 바랐던 대로 회의, 전화, 전략 구상, 자금 조달자들로 가득한 날들이 그녀에게 목표를 주었고 그것은 다시 그녀에게 계속할 힘을 주었다.

하지만 나는 일로 가득한 긴 하루 뒤에도 밤이 길다는 것을 알고 있었다. 더그가 죽은 직후 3일 동안 제니퍼는 그녀를 안고 함께 잠을 잤다. 이후로도 두 사람의 그런 친밀한 사이는 계속되었다. 크리스는 일 외에도 자연의 야생 생물들 사이에서 보내는 시간 속에서 유예와 위안을 찾았다. 그녀는 여행을 늘려갔고 그녀의 여행지들 대부분은 전 세계의 다른 보호구역이었다. 그녀는 그런 본보기들을 통해 야생 구역이 야생동물을 어떻게 보호하는지, 야생동물 일부가 사라진 지역에 야생의 동물을 돌려보내는 작업은 어떻게 이루어지고 있는지를 배울 수 있었다.

제니퍼는 이 모든 여행에 크리스와 함께했다. 재규어를 보기 위해 브라질 판타나우로 갔고, 코끼리, 코뿔소, 특히 사자를 가까이서 보기 위해 아프리카로 갔다. 크리스와 제니퍼는 인도를 여행했다. 그들의 가이드는 숲에서 야생동물들이 호랑이가 다가오고 있다는 것을 다른 생물들에게 알릴 때 사용하는 신호를 해석할 줄 알았다.

호랑이를 보기 위해 인도로 간 것이 이런 여행의 시작이었다. 그들이 여행을 떠난 것은 더그가 죽고 두 달도 되지 않은 때였다. 크리스는 수십 년 동안 야생의 호랑이를 보고 싶다는 꿈을 갖고 있었다. 첫 이틀 동안 두 사람은 사파리용 자동차를 타고 호랑이가 자생한다고 알려진 국립공원을 돌아다녔다. 하지만 호랑이는 없었다. 셋째 날 사파리 차가 속도를 늦추고 멈췄다. 가이드가 거의 협곡에 가까운 도랑을 가리

켰다. 물줄기를 따라 은밀하게 움직이고 있는 커다란 암컷 호랑이가 있었다. 그러나 크리스는 쌍안경을 드는 대신 차 바닥에 주저앉아 몸을 웅크렸다. 그토록 꿈꿨던 거대한 고양이를 찾았지만 대면할 수가 없었던 것이다. 크리스는 몇 년 후 내게 말했다. 다른 사람들이라면 일어나서 그토록 멀리서부터 보기 위해 찾아온 그 호랑이를 보라고 그녀를 격려했을 것이라고 말이다. 하지만 제니퍼는 좌석을 가로질러 뛰어가 크리스의 허리에 무릎을 대고 원해도 일어나지 못하게 그녀를 붙들었다.

제니퍼는 크리스와의 많은 여행에서 신중한 태도를 보였다. 나와의 여행에서도 그랬다. 하지만 나는 그녀가 단순히 크리스가 호랑이의 얼굴을 보지 못하게 하려던 것이 아니라, 크리스가 호랑이의 얼굴을 볼 준비가 될 때까지 그녀와 함께 있어 줄 생각이었다는 것을 알 수 있었다.

"제니퍼는 나를 억지로 끌어올리려고 하지 않았어요." 몇 년 후 크리스가 말했다. " 나와 함께 바닥까지 가서 내 옆에서 함께 몸을 기울이고 깊고 어두운 우물 속을 들여다봐 줬죠."

결국 크리스에게 그 깊은 우물은 신비로운 것이 되었고 그녀는 어둠에서 방향을 바꿔 빛을 마주하는 법을 배웠다.

"나는 결혼 생활이 결코 끝나지 않는다는 걸 깨달았어요." 크리스가 말했다. "형태가 바뀔 뿐이죠."

←
파타고니아 국립공원의 오지에 있는 크리스 톰킨스. 사진: 지미 친

칠레의 보호구역을 국립공원으로 전환하는 데 있어서 가장 큰 문제는 정부의 지지를 얻어내는 것이었다. 사유지를 국가의 공유지로 귀속시키도록 정부를 설득하는 것은 겉보기에는 매우 쉬워 보인다. 하지만 현실은 훨씬 복잡했다. 게다가 크리스는 제안된 국립공원에 보호가 이루어지고 있지 않거나 미비한 공유지를 추가할 것을 요구했다. 크리스와 그녀의 공원 조성 계획을 지지하는 칠레 대통령 미첼 바첼레트의 임기가 2년밖에 남지 않았다는 것도 부담이었다. 대통령이 한배에 타고 있는데도, 입법부와 내각의 각료들이 토지 이전을 지지하도록 설득하는 것이 쉽지 않았다.

모든 장애 앞에서도 크리스는 그것을 뛰어넘는 방법을 찾았다. 열심히 일하는 것이 방법이 아니었다(그녀와 더그는 항상 열심히 일했다). 방법은 잃을 것이 없다는 태도로 일하는 것이었다. 정부에게 1:1 비율로 그녀가 기부하는 땅과 같은 면적의 땅을 요구하는 대신, 그녀는 10:1 비율을 주장했다. 그녀가 기부하는 땅 1에이커에 대해서 정부가 10에이커를 추가하는 것이다.

크리스는 이것이 협상 불가능한 조건임을 못 박았다. 많은 사람들은 이 요구를 슬픔 속에서도 남편을 땅에 묻자마자 상복을 벗고 일에 뛰어든 미망인에 대한 존경의 마음으로 받아들였다. 이런 분위기는 크리스가 더그를 미국이 아니라, 미래 파타고니아 국립공원 본부 근처의 작은 공동묘지에 묻었다는 것이 알려지면서 더 강해졌다. 더그의 비석은 몇 세대 전에 에스탄시아 차카부코에서 일을 하다가 죽은 가우초와 그 가족들의 비석 사이에 있었다. 그녀의 결정은 많은 칠레인들에게 톰킨스 부부의 이야기가 진심이었음을 확인시켜준 계기가 되었다. 이 땅을 사서 복원하고 공원 인프라를 구축한 다음 당신들에게 되돌려주 겠다는 약속 말이다.

더그를 묻고 1년이 지나지 않아, 크리스는 정부와 토지 이전의 세부 사항을 정한 협약서에 서명을 했다. 그로부터 10개월 후 우리는 미래 파타고니아 국립공원 식당 앞에 모여 크리스 톰킨스가 칠레 대통령 미 첼 바첼레트와 나란히 서서 새로운 국립공원 다섯 개를 만들고 세 개 를 더 확장하는 합의안에 서명하는 장면을 지켜보았다. 크리스는 1백 만 에이커(약 12억 2천 평)를, 정부는 1천만 에이커(약 122억 평)가 좀 넘 는 땅을 내놓아 옐로스톤 국립공원의 다섯 배에 이르는 국립공원을 조 성할 계획이었다. 역사상 개인이 거둔 자연보호 성과로 가장 큰 것이 었다.

다섯 개의 새로운 공원에는 현재 '푸말린 더글러스 R. 톰킨스 국립공 원'이라고 알려진 푸말린, 이제 더 이상은 '미래'라는 말을 붙일 필요가 없는 '파타고니아 국립공원'이 포함되었다.

행사 후 우리는 공원 본부가 내려다보이는 크리스 집 거실에서 점심 식사를 하며 와인을 마셨다. 제니퍼가 나와 함께 있었고, 이본과 말린 다, 크리스 보존팀의 핵심 멤버들(대부분이 칠레인과 아르헨티나인), 다른 주요 칠레인 지지자들이 있었다.

점심 식사를 하고 대통령을 비롯한 다른 사람들이 떠난 뒤에, 크리스 는 혼자 거실 벤치에 앉아서 정면의 창을 내다보았다. 가까이에는 과나 코 무리가, 멀리에는 초원과 습지가, 더 멀리에는 산과 빙하가 자리 잡 고 있었다. 이제 이 모든 것이 나라로부터 가장 높은 수준의 보호를 받

칠레 대통령 미첼 바첼레트가 크리스 톰킨스와 다섯 개의 새로운 국립공원을 만들고 세 개를 더 확장하는 협약에 서명하고 있다. 사진: 지미 친

고 있었다. 그녀는 앤드루 와이어스의 그림 〈크리스티나의 세계〉 속의 크리스티나 같았다. 집 안에서, 오차 없이 맞물린 여러 개의 나무 프레임 창을 통해 풍경을 보고 있다는 것만 다를 뿐.

나는 더그에게 집의 창(다른 공원 건물들도 마찬가지로)을 왜 통창으로 하지 않는지 물은 적이 있었다. 그는 그것이 통창보다 더 아름답고 덜 산업적이며, 자연의 한 단면에 집중하게 하고 작은 부분들이 모여서 큰 아름다움이 되는 것에 대해서 생각할 수 있는 방식으로 전경을 보여 주기 때문이라고 말했다.

두 보이즈의 계관 시인인 로빈슨 제퍼스는 이렇게 적고 있다.

진실은 완전하다.

가장 큰 아름다움은

유기적 총체, 생명과 사물의 총체,

우주의 신성한 아름다움이다. 사랑하라,

거기에서 분리된 사람이 아닌 그것을.

우리는 크리스에게 혼자 있을 시간을 좀 주기로 결정했다. 나는 언덕을 내려가 토종 방석 식물과 보라색 열매를 맺은 매자나무 앞에 이르렀다. 걸음을 멈추고 한 움큼을 땄다. 새로운 공원 본부 쪽으로 가자 나무로 만든 커다란 안내판이 나왔다. 그 안내판에는 '파르케 파타고니아(Parque Patagonia, 파타고니아 공원)'란 글씨가 손으로 양각되어 있었다. '파르케'와 '파타고니아' 사이에는 직사각형의 공간이 있었다. 더그가 그런 식으로 디자인한 것이다. 언젠가 때가 오면 작업자들이 새로운 안내판을 만들 필요 없이 안내판을 다시 작업장으로 가져가 '나치오날(Nacional, 국립)'이라는 세 번째 단어를 새겨 넣을 수 있게 말이다.

'중요하지 않은 세부 사항이란 없다.' 에스프리의 더그 책상 위에는 이런 글이 적혀 있었다.

나는 식당, 사무실, 방문객 안내소를 지났다. 안내소 안의 전시는 이제 거의 완성 단계에 있었다. 더그의 디자인을 충실히 반영한 것들이었다. 그의 디자인 철학은 생태학에 대한 깊은 믿음을 바탕으로 했다.

그는 인간이 스스로를 구하기 위해서는 우리의 동료인 야생동물과 조화롭게 살아야 하고, 그 생물들이 생존뿐 아니라 번성하는 데 필요한 야생의 땅을 보호해야 한다고 생각했다. 또 인간이 위안을 얻기 위해서는 자신이 어디에서 왔는지 계속 상기해야 한다고 믿었다. 그렇게 해야 우리가 가야 할 곳이 어디인지 상상해보는 비전을 가질 수 있기 때문이다.

나는 공원의 건물들 사이를 흐르는 작은 개울을 건너 작은 공동묘지로 향하는 자갈길을 걸어 내려갔다. 몇 년 후 순례자들이 이 지구의 끝으로 와 지구를 어떻게 구할 것인지에 대해 깊이 생각하며 같은 길을 걷는 것을 상상했다. 나는 묘지로 걸어가 손으로 짜 맞춘 아름다운 목조 아치 밑의 문을 열고 더그의 묘비 앞 풀밭에 앉았다.

그의 이름 아래에는 '버디(Birdie)와 롤로(Lolo)'라는 단어가 있었다. 나는 미래의 방문객들이 이 이름들이 무슨 의미인지 궁금해하는 상상을 했다. 나는 그것이 더그와 크리스가 서로를 부르는 별명이라는 것을 알고 있었다. 그들 식의 애칭이었다. 내 친구는 자기 아내 버디가 이룬 것을 보면 얼마나 자랑스러울까.

언덕 아래로 가져온 매자 열매 한 줌을 그의 무덤 위에 뿌렸다.

"매자를 먹는 자는 파타고니아로 돌아가리라." 나는 현지의 속담을 읊었다.

무덤을 떠나 묘지를 둘러싼 작은 울타리 문으로 되돌아갔다. 문 위의 아치 뒤 나무판자에는 더그가 마지막으로 남긴 글귀가 조각되어 있었다. 그가 좋아하는 문구 중 하나로 존 뮤어의 말이었다.

"아름다움보다 완벽한 신의 동의어는 없다."

파타고니아 국립공원 본부의 작은 공동묘지에 있는 더그 톰킨스의 묘비. 사진: 릭 리지웨이

길을 잃고 길을 이으며 그렇게 나아간 길

내가 더그와 함께 죽었다면 어땠을까? 내 아내 제니퍼는 보트 사고로 남편 둘을 잃게 되었을 것이다. 그녀가 그런 충격에서 헤어 나올 수 있었을까? 크리스를 구하는 구명 튜브가 되어 줄 힘이 있었을까? 그녀를 구하고 그녀가 마법처럼 비극을 굳은 결의로 바꾸도록 지지해 줄 수 있었을까?

나는 제니퍼가 나보다 먼저 죽는다는 것은 상상조차 해보지 못했다. 그렇지만 제니퍼는 그렇게 생각하지 않았다. 자신이 먼저 죽을 것이란 확신을 가졌다기보다는 누구도 우리의 삶이, 우리가 더없이 아끼는 주변 사람의 삶이, 언제 끝날지 모르며 그 끝이 우리를 불시에 덮칠 수 있다는 걸 받아들이고 있었다는 것이다. 물론 모두가 아는 사실이다. 하지만 이런 인식을 모든 활동에, 모든 결정에 통합시켜 중요한 문제인

→

더그 톰킨스가 죽고 3년 후 동아프리카 사파리에서 제니퍼 리지웨이(서 있는)와 크리스 톰킨스. 사진: 크리스 톰킨스 소장

506

지 중요치 않은 문제인지를 가려서 일상을 살아가고, 평범한 것에서 즐거움을 찾고, 정말 의미 있는 것을 삶에 받아들이고, 심오한 자각으로 순간을 온전히 살아가는 지혜를 가진 사람이 몇이나 될까?

우리는 제니퍼의 예순아홉 번째 생일에 그녀가 암에 걸렸다는 소식을 들었다. 우리의 나이는 4개월밖에 차이가 나지 않는다. 그 후 8개월 동안, 그녀의 좌우명은 "다 그런 거지"였다. 그런 수용은 우리 가족 모두에게 힘의 원천이 되었다. 수용은 운명이나 곤경을 받아들이는 것이지만 곤경이 정신을 퇴색시키도록 두지 않는다는 것이기도 했다. 우리는 병원을 드나들었고 병원에 입원할 때마다 하루나 이틀이면 제니퍼는 간호사와 의사들이 가장 좋아하는 환자가 됐다. 암병동에서도 정신을 다잡았기 때문이었다.

그렇게 정신을 붙잡을 수 있었던 데에는 아이들과 손주들이 돌아가며 병원을 찾아 제니퍼의 손[손주들은 그녀의 손을 아마(Ama, 여성 가장)의 손이라고 불렀다]을 잡아 준 것이 큰 몫을 했다. 모두가 집안의 기둥을 지키는 일에 힘을 보탰다. 가족, 그녀의 가족, 내가 자리를 비운 많은 시간 동안 회사와 집에서 쉼 없이 일을 하며 그녀가 낳아 기르고, 영감을 주고, 훈육하고, 사랑한 그 가족들이.

그녀는 자신의 곤경이 자신의 정신을 무너뜨리게 허락하지 않았다. 어느 날 정신과 의사가 병실을 찾았다. 그녀가 자살 충동을 느끼지 않는지 정신 상태를 평가하기 위해서였다.

"환자 분을 화나게 하는 일이 있나요?" 의사가 물었다.

"네!" 제니퍼가 단호하게 대답했다.

"뭔가요?"

"인종 차별이요!"

"아… 네 그렇군요. 그건 괜찮고."

"또 다른 것도 있어요!"

그녀가 흥분하는 것이 느껴졌다.

"뭡니까?" 의사가 물었다.

"이민자들에 대한 편협한 태도요. 그게 정말 저를 화나게 해요."

세 아이와 나는 제니퍼로부터 인생에 직접적인 영향을 받은 사람들로만 참석자를 제한하기로 결정했다. 그렇게 결정된 인원은 400명이 조금 넘었다. 장례식은 파타고니아 강당에서 열렸다. 수십 년에 걸쳐 제니퍼가 멘토링을 한 직원들이 파타고니아의 사진 편집장으로 일하던 시절 그녀가 만든 카탈로그에서 사진들을 선별해 벽에 걸었다.

나는 문 앞에 서서 친구들을 맞이했다. 나는 톰 브로코우, 메러디스 브로코우와 포옹을 했다. 톰은 감정이 북받쳐서 말을 잇지 못했다. 짐 엘리슨과 마시 엘리슨 부부. 나를 뭍으로 끌어올린 짐이 아니었다면 나는 가장 먼저 죽었을 것이다. 댄 에밋과 레아 에밋. 댄은 내 멘토로서 항상 조언과 본보기로 나를 이끌어 주었다. 이본 쉬나드와 말린다 쉬나드. 나와 눈사태를 겪으면서 죽었다가 살아난 이본. 제니퍼와 내가 아들로 여기는 지미 친.

아시아 라이트와 그녀의 남편, 여덟 살, 여섯 살 난 두 아이들. 아버지의 무덤을 찾는 여행 이후, 아시아는 어머니와의 관계를 재정립하고 사랑하는 남자와 결혼을 했으며 광고와 마케팅 분야에서 성공적인 커리어를 쌓고 있었다. 제니퍼와 나에게 아시아는 딸이나 마찬가지였다.

존 로스켈리는 아내와 함께 오지 못했다. 우리 둘 모두 그 이유를 잘 알고 있었다. 그가 와준 것에 너무나 감사했다. 불과 몇 주 전 그의 아들 제스가 캐나다 로키에서 어려운 등반을 하다 목숨을 잃었다. 오래 전 내 어린 딸과 같이 캠핑을 갔던 그 어린 소년이 말이다. 존과 나는 서로를 꼭 안았다.

더그 피콕의 딸 로렐 피콕이 도착했다. 내 큰 딸과 로렐은 고등학교 동창이었다.

"더그는 어디 있니?" 내가 물었다.

로렐은 아버지가 보즈먼 공항 TSA(Transportation Security Administration, 교통안전국)에 붙잡혀서 비행기에 탑승을 하지 못했다고 말했다. 폭발물 반응이 나왔다는 것이다. 우리 두 사람은 웃음을 터뜨렸다. 제니퍼도 분명 웃었을 것이다.

나는 그녀를 안아주며 말했다.

"하이듀크는 살아 있다!(Hayduke Lives! 동명의 소설 제목.《몽키 렌치 갱》의 속편이다. 주인공 하이듀크는 더그 피콕을 모델로 한다 ─ 옮긴이)"

나는 무대에 올라 제니퍼의 사진 앞에서 잠시 멈춰 섰다. 포스터 크기의 그 사진은 메리골드 화환으로 장식되어 있었다. 400명의 참석자들이 내 등을 보고 있다는 것도, 제니퍼가 빛나는 미소를 지으며 나를 그리고 나를 지나쳐 모든 친구들을 보고 있다는 것도 알 수 있었다.

"벨라, 우리 여기 다 있어." 나는 큰 목소리로 말했다. "모두 당신을 위해 여기에 왔어."

연단에 선 나는 메모를 펴들고 수백 명의 친구들을 보면서 천천히 돋보기를 끼고 추도사를 했다.

"1981년 10월 저는 뉴욕의 리틀 이태리에 있는 작은 식당에서 제니퍼와 저녁 식사를 했습니다. 그곳에서 그녀에게 청혼을 했죠. 값비싼 식당은 아니었습니다. 그녀는 철없이 살고 있는 저의 청혼을 받아들였습니다. 우리가 만나고 6개월도 되지 않았을 때였죠. 제니퍼는 결혼까지 오래 기다릴 필요가 없다고 생각하고 결혼 날짜를 발렌타인데이로 잡았습니다. 그녀가 말했습니다. '그렇게 하면 기념일이나 발렌타인을 잊어버리지 않을 거예요.' 그 뒤 눈썹을 올렸습니다. 이후 저는 그 표정에 대해서 아주 잘 알게 되었죠. 그러면서 덧붙이더군요. '그렇지 않아요?' 저는 그녀가 '그렇지 않아요?'라고 말하는 방식에 미묘한 차이가 있다는 것을 알아보았습니다. '그렇지 않아요?' 그것은 질문이 아니었습니다."

이후 나는 친구들에게 제니퍼와 내가 카트만두의 야크앤예티 호텔에서 만난 이야기, 조나단 라이트와 내가 쓰기 시작한 《내셔널지오그래픽》의 사가르마타(에베레스트산) 국립공원에 대한 기사, 그러나 눈사태로 그가 내 품에서 죽으면서 끝내지 못한 그 기사를 마무리하기 위해 그곳에 갔었다는 이야기, 제니퍼가 뉴기니 해안에서 요트를 타던 중에 해일로 남편이 죽었다는 사실을 털어놓은 이야기, 결혼한 이후 《어린 왕자》를 읽은 이야기, 어린 왕자가 '중요한 문제'에 대해서 어떻게 이야기했는지, 중요한 문제와 중요치 않은 문제를 구분하는 것이 어떻게 우리 결혼, 40년 가까이 이어진 우리 결혼의 원칙이 되었는지 이야기했다.

"병원에 있던 어느 날 오후," 내가 말했다. "제니퍼와 내가 보고 있던 텔레비전의 클래식 음악 채널에서 드보르자크의 〈꿈속의 고향(Going Home)〉이 연주되기 시작했습니다. 저는 그녀의 침대 옆에 서 있었습니다. 손을 뻗어 그녀의 손을 잡고 가사를 들었습니다. 노래가 끝나자 그녀는 나를 보며 말했습니다. '일이 잘못되면 이 곡을 제 장례식에서 틀어 주세요.'"

새벽별이 길을 밝힐 때
잠들지 못하는 밤은 끝났다.
그림자는 사라지고, 동이 트면
진정한 삶이 시작된다.
휴식도 없고 끝도 없는
영원한 삶이.
미소를 지으며 잠에서 깨어나라,
그렇게 나아가라, 나아가라……

40년의 결혼 생활 중 30년을 오하이에 있는 집에서 살았다. 미국 최초의 성공한 흑인 건축가 폴 윌리암스가 옛 스페인풍으로 설계한 곳이다. 우리는 벽마다 그의 자립정신이 채워져 있는 것을 느낄 수 있었다. 제니퍼는 그 벽을 인상파 화가들이 좋아한 프로방스 색상들로 칠했다. 더그 톰킨스는 여러 친구들에게 우리 집이 세상에서 가장 마음에 든다고 말하곤 했다. 나는 "Su casa es su casa(당신다운 집이군)"이라고 말했다.

한 친구가 제니퍼의 유골을 담을 작은 상자를 만들어 왔다. 이웃의 땅에서 죽은 오크나무로 만든 상자였다. 모서리의 아귀가 정교하게 맞물려 있었다. 내 요청으로 그는 상자 앞에 낡은 타일을 상감해 넣었다. 제니퍼가 멕시코에서 산 것으로 과달루페의 성모를 묘사한 것이었다. 멕시코는 제니퍼가 가장 좋아하는 나라였고, 멕시코인들은 그녀가 가장 좋아하는 사람들이었다. 그녀는 종교가 없었지만 영혼을 믿었다. 그녀는 영혼들 일부가 수호자라고 생각했고 과달루페는 자신의 수호자라고 여겼다. 나는 과달루페가 그녀를 버렸다고 생각지 않는다. 과달루페가 그녀와 함께하는 것이 가능하다는(대부분의 일들이 가능한 것과 같은 방식으로) 생각이 든다. 나로서는 알 방법이 없다. 따라서 내놓고 말할 수는 없지만 나 자신은 기꺼이 받아들이고 있다. 그것이 마음을 편하게 해서가 아니라 신비로움을 불러일으키기 때문이다.

　나는 끝이라는 생각을 믿지 않는다. 그것은 죽음에 대한 잘못된 이해에서 나오는 반응이다. 사랑하는 사람의 죽음이 남긴 간극을 외면하기보다는 직면하는 것이 건강한 자세이다. 더 이상 사랑하는 사람의 목소리를 귀로 들을 수 없다는 고통에 직면해서도 마음속으로는 그 목소리를 계속 들을 수 있기 때문이다.

　그러나 죽음이 끝이 아니라는 자세는 삶을 간소하게 정리하고 싶은 욕구를 조금 어렵게 만들었다. 선체에 자리 잡은 따개비들처럼 수십 년 넘게 늘어난 제니퍼의 유품을 정리하는 일이 특히 그랬다. 그녀가 22년 동안 모은 《고메》의 과월호들은 그나마 쉽게 정리할 수 있었다. 허리가 휘어지게 재활용품통까지 들고 가야 하기는 했지만 말이다. 하지만 그녀가 공들여서 마련한 옷가지들은 정리가 쉽지 않았다. 한 벌한 벌에서 떠오르는 그녀의 모습이 정리에 방해가 되었다. 옷에는 아직도 그녀의 체향이 배어 있었다. 아직 한참은 더 쓸 수 있는 옷이고 딸이나 친구들이 입는 것이 좋겠다고 스스로에게 말했다. 옷이 '생명'을 찾는다고 생각하니 위로가 됐다.

수십 년간 물건을 쌓아 온 것은 제니퍼만이 아니었다. 항상 자동차가 아닌 물건을 보관하는 데 사용되어 온 차고에서 나는 두 열의 삼공 바인더를 마주했다. 바인더 표지마다 원정의 이름이 적혀 있고 그 안에는 해당 원정에 관련된 서류들이 꽂혀 있었다. 1976년 에베레스트, 1980년 미냐콩카, 1983년 보르네오, 1992년 아라티티요페, 1998년 퀸모드랜드, 2002년 창탕……. 35년의 모험에서 나온 40개의 바인더. 나는 바인더를 하나하나 훑어보며 버리기에는 아쉬운 사진들과 지도 두어 장을 보관했다. K2 바인더에는 내 K2 등정에 대한 책을 읽은 후 보낸 프리츠 비스너의 편지가 들어 있었다. 동료가 자신감을 잃어 정상을 앞에 두고 돌아와야 했던 1939년의 마지막 구간에 대한 이야기가 있었다. 나는 그것을 전미알파인클럽에 보내 그들의 자료실에 영구 보관하도록 했다.

나는 쓰레기통을 채워 집 앞 진입로로 나갔다. 다음 날 아침 열려 있는 창밖으로 쓰레기차가 오는 소리가 들렸다. 커피 잔을 들고 나는 집 앞으로 나갔다. 트럭이 도착했고 무선으로 움직이는 갈퀴가 쓰레기통을 들어올렸다. 나는 바인더의 서류들이 운전석 뒤의 커다란 수집용기에 들어가는 것을 보았다. 옛날 흑백영화에서 수십 년에 걸친 달력 페이지가 빠르게 넘어가는 장면 같았다. 트럭이 쓰레기통을 내려놓고 사라졌다.

나는 빈 쓰레기통을 한 손에, 커피 잔을 다른 한 손에 들고 집으로 들어왔다. 나는 하던 일을 멈추고 떡갈나무에서 들려오는 새소리에 귀를 기울였다. 내가 사는 곳에서 겨울을 보내는 새들의 노래가 아니었다. 그것은 휘파람새의 소리였다. 한 해에 두 번씩 끊임없이 떠나고 돌아오는 새들의 소리였다. 봄맞이 이동이 시작됐다.

결혼하고 3년 후, 동아프리카 사파리에서의 제니퍼와 나. 사진: 릭 리지웨이 소장

감사의 말

이 책은 긴 경유 시간을 보내야 했던 산티아고 공항의 바에서 시작됐다. 티미 오닐과 나는 크리스 톰킨스에 대한 영화를 만들고 있는 지미 친과 파타고니아 국립공원에 다녀오는 길이었다. 첫 잔의 맥주를 반쯤 비우고 이야기를 시작했다. K2 등반과 같은 이 책 속 사연들이 포함된 이야기였다.

"베이스캠프까지 편도로 241킬로미터를 걸어야 했어. 450명의 포터와 함께였지." 내가 그들에게 말했다.

"포터가 450명이라고요?" 지미가 믿어지지 않는다는 듯 물었다.

"물건을 옮기는 380명에, 380명의 식량을 운반하는 50명이 필요했지. 음식을 나르는 사람들의 음식을 나를 사람이 좀 더 필요했고."

"사진이 있으세요?" 지미가 물었다. "인스타그램 계정을 만드셔야겠어요."

"해시태그 구식(#oldschool)." 티미가 덧붙였다.

그들이 내 아이폰을 가져갔다. 맥주를 한 잔 더 마셨을 즈음에는 나에게 인스타그램 계정이 생겼고 설명이 달린 첫 사진을 게시한 뒤였다. 곧 몇천 명의 팔로워가 생겼다.

이 프로젝트를 시작하게 해준 티미와 지미에게 감사를. 지미가 그의 아내 차이와 함께 〈프리 솔로(Free Solo)〉로 오스카 연단에 걸어 올라가는 모습을 지켜본 것은 '자랑스러운 아들'을 보는 것 같은 순간이었다. 지미는 우리가 인력거를 끌고 창탕고원을 가로지른(말린다 쉬나드는 친구들에게 "릭과 친구들이 쇼핑 카트를 끌고 티베트를 가로질렀어"라고 말했다) 이후 큰 성공을 거두었다.

어머니를 뒤이어 파타고니아의 사진 편집자가 된 내 딸 캐머런 탐바키스와 같은 부서의 동료, 유진 프레리크스는 내 인스타그램 팔로워가 되었고 인스타그램 계정을 책으로 바꾸어 보라고 얘기해 주었다. 캐머런, 유진, 고맙구나. 내 또 다른 딸, 카리사 튜더와 남편 드와이트는 책의 제목을 지어 주었다.

책을 마쳤을 때는 50개의 이야기가 있었다. 이쯤에서 책의 틀을 정할 수 있게 도와준 엘리자베스 하이타워 앨런에게 감사의 인사를 해야겠다. 사용 허가를 받는 데 도움을 준 리즈 그래디에게도 감사를 전한다. 파타고니아 북스 팀의 칼라 올슨, 존 더턴, 크리스티나 스피드, 아네트 샤이드, 제인 시버트, 소니아 무어, 서스 코레즈, 라파엘 던 그리고 내 에이전트 수잔 골롬브와 라이터스 하우스의 그녀 팀도 빼놓을 수 없다. 수잔, 나에게는 더 많은 책을 만들 더 많은 아이디어가 있어요. 그러니 기다려 줘요.

그리고 독자 여러분, 여러분이 방금 읽은 이 책에는 내가 언급한 50개의 이야기가 아니라 25개의 이야기만이 있다는 것을 알아차리셨을 겁니다. 그 이유는 초고를 끝내고 파나마에서 함께 체포되어 감옥에 갔던 이야기를 해도 좋은지 묻기 위해 원고를 보냈던 때로 돌아갑니다.

저는 40년간 캔디스와 연락을 하지 못했습니다만 그녀가 베이 에어리어에서 변호사로 성공적인 삶을 살고 있다는 것을 알고 있었죠. 인터넷을 검색해서 그녀가 식별 밴드를 달아 주기 위해 새그물로 잡았던 독수리를 들고 있는 사진을 발견했습니다. 사진을 본 나는 아이들로부터 배운 대로 "오, 예!"를 외쳤습니다.

"릭!" 전화 연결이 되자 캔디스가 소리쳤습니다.

목소리는 그대로였습니다. 저는 아이 셋과 네 명의 손주가 있다고 이야기했습니다. 38년간의 결혼 생활 끝에 아내가 암으로 세상을 떠났다고 설명했죠. 캔디스는 두 아이가 있는데 독립한 지 오래이고 그녀와 남편은 여전히 베이 에어리어에 살고 있다고 말했습니다.

나는 그녀에게 책에 대해 설명했습니다. 감옥에 간 이야기를 읽고 출판해도 좋은지 이야기해 달라고 부탁했습니다.

"책 전체를 읽을 수 있어요?" 그녀가 물었습니다.

2주 후 그녀는 초고를 읽었고 대답을 할 준비가 되었다는 문자를 보내왔습니다. 긴장이 됐습니다. 감옥 이야기를 하면 안 된다고 말하는 건 아닐까? 아니, 책 자체가 마음에 들지 않았으면 어쩌지?

저는 그녀에게 전화를 했습니다. 화기애애하게 소소한 이야기를 나눈 후 그녀는 책이 마음에 든다고 이야기했습니다. 영상 통화였다면 그녀는 내가 안도의 한숨을 쉬는 것을 볼 수 있었을 것입니다.

"그런데 누구를 대상으로 책을 쓴 거예요?" 그녀가 물었습니다.

"무슨 뜻이에요?"

"그 책을 누가 읽었으면 하냐고요."

"등반가, 아웃도어 스포츠를 즐기는 사람들, 어쩌면 환경보호론자들? 생각을 안 해봤어요."

"사람들이 그 책으로부터 배웠으면 하는 게 뭐예요?"

캔디스가 법정 변호사가 아니었나 하는 생각이 들었습니다. 그것에 대해서도 생각해 본 적이 없다고 말했습니다.

"그 문제에 대해서 생각을 좀 해보는 게 좋겠어요. 자서전을 생각하고 50개의 이야기를 썼는데, 자서전이 되려면 집중이 더 필요해요. 자신을 더 드러낼 필요가 있어요."

저는 생각할 시간이 며칠 필요하다고 얘기했습니다. 다음 날이 되자 저는 그녀의 말이 맞다는 것을 깨달았습니다. 우선, 책이 너무 길어서 자서전이라기보다는 저를 향한 문을 열어놓는 문버팀쇠에 가까웠죠. 저는 그녀에게 전화를 걸어서 파타고니아 북스에 책을 다시 쓸 동안 출판을 미뤄야겠다는 내용의 이메일을 보냈다고 이야기했습니다.

"내가 도울게요." 캔디스가 말했습니다.

"캔디스, 당신은 변호사예요. 편집에 대해 어디에서 배운 거예요?"

"우리가 한참 연락을 못했다는 걸 자꾸 잊네요. 법률 이외에 나는 30년 동안 저술 코치로 일했어요."

그러니, 독자 여러분, 이 책을 재미있게 읽으셨다면 감사할 사람은 제가 아닌 캔디스 대번포트입니다.

'파타고니아 정신'이 궁금하신 분들에게

_파타고니아코리아 환경팀 팀장 김광현

《파타고니아, 파도가 칠 때는 서핑을》이라는 책은 제 인생을 바꿨습니다. 이본 쉬나드 파타고니아 창업자가 쓴 이 책은 저뿐 아니라 전 세계 사람들에게 지금도 영감을 주고 있습니다. 처음 읽은 것이 10여 년 전인데도, 그때의 감동과 전율을 잊을 수가 없습니다.

많은 분들이 '파타고니아는 어떤 기업이냐'고 묻습니다. 그럴 때면 부족한 설명 끝에 저 책을 추천하곤 했습니다. 이제 추천할 책이 하나 더 늘었습니다. 《지도 끝의 모험》은 파타고니아 정신이 궁금한 사람들에게 권하고 싶은 책이자, 한 명의 단독자로 지구에 태어난 모든 사람들에게 건네주고 싶은 책입니다. 릭 리지웨이 선생님의 삶과 성취와 철학이, 힘든 우리 인생길에 따뜻한 위로가 되고 선물이 될 것 같기 때문입니다.

릭 리지웨이 선생님이 한국을 방문하셨을 때 가까이에서 뵌 적이 있습니다. 2017년 〈울주산악영화제〉의 세계 산악 문화상 첫 수상자로 한국을 찾으셨을 때였습니다. 일정을 마치고 설악산 백담사 인근, 눈

부시게 맑은 계곡이 흐르는 아름다운 산길을 함께 걸었습니다. 이야기를 나누는 동안 저에게 가장 특별하게 다가왔던 건, 선생님의 겸손함과 소박함, 친절함과 따뜻함, 그리고 설악산의 깊은 계곡처럼 맑은 눈빛이었습니다. 함께 보낸 시간은 짧았지만 선생님께 받은 특별한 인상은 지금도 생생하게 남아 있습니다.

극한의 경험을 좇아 수천 미터의 암벽을 등반하고 세상의 오지를 모험하는 일에 몰두하다 보면, 자칫 성격은 모질어지고 사람들이 모여 사는 사회에서 고립되기 쉽습니다. 사회적 성공과 경제적 욕망의 달성에만 집중해 성공했다고 믿는 사람들은 자기도 모르는 사이 교만함과 거만함에 젖기도 합니다. 도시와 암벽, 현실과 이상, 꿈과 가정 사이에서 균형을 찾는 일은 쉽지 않은 일입니다.

릭 리지웨이 선생님은 전 세계 8천 미터 이상 봉우리 중 가장 험하기로 유명한 K2를 미국 최초로 무산소로 오른 산악인, 수많은 세상의 오지를 모험하면서 다큐멘터리와 영상을 제작하여 에미상을 수상할 정도로 뛰어난 성취를 이룬 감독이자 제작자, 비즈니스의 지속 가능성 분야에서 세계적으로 존중받는 기업 '파타고니아'의 임원, 자연을 진심으로 사랑하고 환경보호를 위해 열정을 쏟는 활동가, 가족에게 존경과 사랑을 받는 남편이자 아버지이면서 성자처럼 맑은 눈빛과 겸손한 자세를 갖고 있는 사람입니다. 이 분은 어떻게 이 모든 것을 이룰 수 있었을까 저는 늘 궁금했습니다.

이 책을 감수하면서, 영어와 한글 단어를 하나하나 비교해 읽으면서 저만의 답을 찾아낼 수 있었습니다. 릭 선생님께서 우리가 감히 상상할 수도 없는 엄청난 대자연을 맨 몸으로 마주했던 경험들은 자연이라는 신을 대면하고 사랑하게 되는 과정이 아니었을까, 수많은 등반과 모험, 영상 촬영과 제작 경험들은 자연에서 배움을 얻는 수행이 아니었을까, 자연 속에서 경험으로 얻은 깨달음을 일과 일상에 자기만의 방식으로 적용해 왔던 것이 아닐까, 자연에서 느꼈던 무력감이 오히려 삶에 대한 겸손함의 뿌리가 된 것은 아닐까, 저는 감히 추측해 봅니다. 나중에 선생님을 다시 뵙게 되면 직접 여쭤보고 싶습니다.

릭 리지웨이, 제가 존경하는 위대한 분의 이야기를 우리나라에 전하는 데 작은 힘을 보탤 수 있어 큰 영광입니다. 자신만의 꿈과 길을 찾아 세상으로 나서는 분들, 일상을 평안하고 겸손하게 살아가기 위해 애쓰는 모든 분들께 진심 어린 응원을 보냅니다. 힘들고 막막하고 앞이 보이지 않을 때, 이대로 살 수도 죽을 수도 없다고 느껴질 때, 이 책을 펼쳐 보시길 권해 드립니다. 그리고 산과 숲, 강과 바다, 자연을 느낄 수 있는 어디로든 나서 보시면 좋겠습니다. 어느 순간 '자연'의 신성을 느끼고 삶의 나침반이 보일지도 모릅니다.

'인생이 한 번뿐인 모험이라면, 바라건대 릭 리지웨이처럼.'

$\longrightarrow$
1978년 9월 K2정상에 오른 릭 리지웨이. 사진: 존 로스켈리

지도 끝의 모험

초판 1쇄 인쇄 2023년 7월 4일
초판 1쇄 발행 2023년 7월 14일

지은이 | 릭 리지웨이
옮긴이 | 이영래

발행인 | 정상우
편집인 | 주정림
디자인 | 석운디자인
펴낸곳 | (주)라이팅하우스
출판신고 | 제2022-000174호(2012년 5월 23일)
주소 | 경기도 고양시 덕양구 으뜸로 130, 1131호
주문전화 | 070-7542-8070 팩스 | 0505-116-8965
이메일 | book@writinghouse.co.kr
홈페이지 | www.writinghouse.co.kr

한국어출판권 ⓒ 라이팅하우스, 2023
ISBN 979-11-978743-9-0 (03300)

그린란드

13 누나부트, 서머싯섬

북 아 메 리 카

9 워싱턴, 레이니어 국립공원

와이오밍, 잭슨홀 **5** ● **9** 와이오밍, 그랜드티턴 국립공원

22 와이오밍, 붉은 사막

태 평 양

대 서 양

4 파나마, 파나마시티

● **14** 베네수엘라, 아라티티요페

남 아 메 리 카

21 퀸모드랜드

12 라르센 빙붕

남 극 대 륙

● **8** 빈슨산

6 칠레, 아콩카과

15, 17 칠레, 푸말린 국립공원

24, 25 칠레, 라고 헤네랄카레라

23 칠레, 파타고니아 국립공원

11 칠레, 마젤란 피오르드

이야기 속 위치

1 에베레스트를 위한 기도(네팔 에베레스트)

2 K2 삶과 죽음의 경계에서(파키스탄 K2)

3 구름 속에 남은 사람(중국 미냐콩카)

4 모험의 시작(중국 베이징, 파나마 파나마시티)

5 잃는 것과 얻는 것 중 무엇이 더 문제인가?(네팔 카트만두)

6 세븐 서미츠 오디세이(네팔 에베레스트, 칠레 아콩카과)

7 보르네오섬 횡단(보르네오섬)

8 등반의 새 역사를 쓴 초보 산악인들(남극대륙 빈슨산)

9 재미를 찾는 녀석들, 두 보이즈(와이오밍 그랜드티턴 국립공원, 워싱턴 레이니어 국립공원)

10 용들이 있는 곳(부탄 강카르 푼섬)

11 미답의 땅, 칠레 마젤란 피오르드(칠레 마젤란 피오르드)

러시아

유럽

러시아 비킨강 **16**

4 중국, 베이징

중국

파키스탄, K2 **2**

21 티베트, 창탕

네팔, 에베레스트 **1, 6**

3, 20 중국, 미냐콩카

인도

10 부탄, 강카르 푼섬

네팔, 카트만두 **5**

아프리카

18 케냐, 차보

7 보르네오

19 케냐, 사바키강

인도양

오스트레일리아

12 남극대륙의 마지막 개썰매 팀(라르센 빙붕)

13 벨루가에게 말을 걸다(누나부트 서머싯섬)

14 타인의 문명(베네수엘라 아라타티요페)

15 지구를 위한 한 걸음(칠레 푸말린 국립공원)

16 환경운동가가 된 기업가들(러시아 비킨강)

17 일관성은 소인배의 증거(칠레 푸말린 국립공원)

18 먹이사슬 속의 삶(케냐 차보)

19 긴 활을 가진 사람들(케냐 사바키강)

20 두 번의 장례식(중국 미냐콩카)

21 창탕, 인간 없는 세상을 걷다(티베트 창탕고원)

22 어슬렁거릴 자유(와이오밍 붉은 사막)

23 세계 최고의 국립공원을 꿈꾸다(파타고니아 국립공원)

24 두 보이즈의 마지막 탐험(칠레 라고 헤네랄카레라)

25 인간과 야생의 완충지대, 파타고니아 국립공원